《中外文明互鉴与中国国情发展系列》
编委会

主　编：林如鹏　宋献中

编　委：夏　泉　孙　彧　翁　健　庄汉文　麦尚文

　　　　潘启亮　蒲若茜　纪宗安　程京武　张振江

　　　　张小欣　李云飞　代　帆

中外文明互鉴与中国国情发展系列
暨南大学国情教育系列教材

丛书主编　林如鹏　宋献中

丝绸之路与中外文明交往

纪宗安　刘永连◎编著

暨南大学出版社
JINAN UNIVERSITY PRESS

中国·广州

图书在版编目（CIP）数据

丝绸之路与中外文明交往/纪宗安，刘永连编著．—广州：暨南大学出版社，2022.8
（中外文明互鉴与中国国情发展系列/林如鹏，宋献中主编）
ISBN 978 - 7 - 5668 - 3453 - 9

Ⅰ.①丝… Ⅱ.①纪… ②刘… Ⅲ.①中外关系—文化交流—文化史—研究 Ⅳ.①K203

中国版本图书馆 CIP 数据核字（2022）第 112252 号

丝绸之路与中外文明交往
SICHOUZHILU YU ZHONGWAI WENMING JIAOWANG
编著者：纪宗安　刘永连

出 版 人：张晋升
项目统筹：张晋升
责任编辑：王莎莎　黄　斯　陈绪泉　刘　蓓
责任校对：张学颖　周玉宏　林玉翠　黄晓佳
责任印制：周一丹　郑玉婷

出版发行：暨南大学出版社（511443）
电　　话：总编室（8620）37332601
　　　　　营销部（8620）37332680　37332681　37332682　37332683
传　　真：（8620）37332660（办公室）　37332684（营销部）
网　　址：http：//www.jnupress.com
排　　版：广州市天河星辰文化发展部照排中心
印　　刷：深圳市新联美术印刷有限公司
开　　本：787mm×1092mm　1/16
印　　张：17.75
字　　数：380 千
版　　次：2022 年 8 月第 1 版
印　　次：2022 年 8 月第 1 次
定　　价：76.80 元

（暨大版图书如有印装质量问题，请与出版社总编室联系调换）

总　序

文明是人类在漫长历史长河中的结晶。人类通过实践创造文明，通过交流互鉴不断传承、发展和创新文明。交流互鉴是推动人类文明进步和世界和平发展的重要动力。在全球化浪潮加速不同文明汇聚的今天，人类应对安全危机、环境危机等挑战，选择、认同、重塑新文明体系的过程，进一步加速了人类命运共同体的构建。文明交流互鉴与融合成为 21 世纪人类可持续发展的重要动力。中华文明源远流长、博大精深，世界其他文明也具有独特价值，中华文明自古就以开放包容闻名于世，在同其他文明的交流互鉴中不断焕发新的生命力，在与其他文明共生共长中促进世界文明不断前进。

习近平总书记在中共中央政治局第三十九次集体学习时强调：要坚持弘扬平等、互鉴、对话、包容的文明观，以宽广胸怀理解不同文明对价值内涵的认识，尊重不同国家人民对自身发展道路的探索，以文明交流超越文明隔阂，以文明互鉴超越文明冲突，以文明共存超越文明优越，弘扬中华文明蕴含的全人类共同价值，推动构建人类命运共同体。要立足中国大地，讲好中华文明故事，向世界展现可信、可爱、可敬的中国形象。要讲清楚中国是什么样的文明和什么样的国家，展现中华文明的悠久历史和人文底蕴，促使世界读懂中国、读懂中国人民、读懂中国共产党、读懂中华民族。

《中外文明互鉴与中国国情发展系列》立足世界百年未有之大变局、国际秩序深度调整的新形势，以习近平新时代中国特色社会主义思想及系列讲话精神为指导，以宽广的胸怀展开中外文明对比，从中外文明互鉴视角向港澳台侨青年学生及留学生讲清最真实的中国国情，助力青年学生构建正确文化观、国家观和世界观。丛书以青年学生类别为依据，个性化设计《"一国两制"与民族复兴》（面向港澳台学生）、《华侨华人与中国发展》（面向华侨华人学生）、《丝绸之路与中外文明交往》（面向留学生）、《海外华人中国国情十讲》（面向海外华人学生，特别是海外侨领）4 本教材。

　　丛书自 2020 年 12 月启动编写，历时近两年辛勤耕耘，于 2021 年 10 月在暨南大学面向港澳台侨学生及留学生开展课堂试用，并根据学生的使用反馈进行修订完善。在此，特别感谢钱乘旦、张国刚、吴玉贵、张西平、李明欢、任贵祥、李道湘、沈桂萍、翁贺凯、张梧等专家对丛书编写的鼎力支持与指导。百尺竿头须进步，恳请广大读者在使用过程中提出宝贵意见，我们将积极吸纳并定期对丛书进行修订。

丛书编委会

2022 年 6 月

前　言

　　《丝绸之路与中外文明交往》是中央统战部为在新时代加强海外统战工作实施的重要措施之一。其编写目的在于让留学生了解丝绸之路发展与中外文明交往的历史，尤其是了解历史上中国与世界各国之间友好且密切的关系，了解中国通过丝绸之路联动世界各国、与世界各国共荣共生的对外关系理念和积极态度，了解中华文化在五洲四海传播和影响的重要历史地位。本教材既要讲清中华文化的特质和内涵，更要突出中华文化在海外的积极影响和突出地位。

　　本教材主要讲述丝绸之路产生、发展和繁荣的历史，并在此基础上介绍中华文明与其他各区域文明不断交往、融合的历史。从时间上说，起于史前时代中外文明交流始有曙光之时，经历漫长和复杂变幻的古代历代王朝，穿越大航海时代及近代百余年，直至当代改革开放以后的中外关系新时代。从内容和形式上讲，本教材利用考古发现和典籍文献以及近现代档案等各种史料，讲述历史上中国与域外各国之间所开展的政治、经济、文化等各个领域的活动，以及大小事件及其内在发展线索。

　　本教材是一部针对留学生编写的思政教材。由于中外文明交往涉及的内容非常广泛，教材不可能面面俱到，不分主次。为了达到最佳教学效果，本教材采取以时代主线与重要问题相结合的编纂体例，全书按时代顺序设置十五个专题，分为上、下两编。

　　上编"古代的中外文明交往"。从第一章至第七章，讲述宋元以前丝绸之路与中外文明交往的典型专题事例，主要内容有：人类文明的肇始与交流；丝绸之路的形成、拓展与变化；古代中国与西方世界及东亚世界的紧密联系与影响：从人员交往到物质文明、精神文明的碰撞，从中外宗教文化的交流到丝绸之路上的耀眼明珠——敦煌石窟与敦煌艺术，等等。

　　下编"近代以来的中外文明交往"。其中第八章至第十三章，讲述明清至改革开放以来的中外政治、经贸、文化关系，具体包括大航海时代开启后中国与世界的密切交往，典型事例有传遍世界的中国茶、惊艳世界的外销瓷、风靡西方百年的"中国热"，近世中西方文明的冲突和影响等。第十四章梳理了马克思主义中国化的历史线索，同时重点介绍新中国成立到 20 世纪 70 年代末的中外交往和文化交流。第十五章介绍了 2013 年以来"一带一路"倡议结出的硕果及"人类命运共同体"理念与"一带一路"倡议的关系，以及其形成的背景和包含的内容。

书后附有"一带一路"大事记（2013—2020）和阅读参考书目，供学有余力的学生课余时间修读。

本教材的内容结构既保障学生能了解中外文明交往历史概观，又选择性地深入剖析重大历史问题，加深学生对中外文明交往历史的理解和认识。

本教材的内容选题和撰写特点在考虑留学生中外历史知识的客观基础和教学规律后，遵循以下几点编纂原则：

（1）秉持弘扬中华文化的教育宗旨，以中华文化在海外的影响为主线来精选各章内容。

（2）具有明朗的编写风格，行文通俗、简洁、活泼，便于留学生阅读；每章体量保持基本均衡，为 2~3 万字。

（3）前后章节之间注意相关性和逻辑性，避免平面化、碎片化和拼盘式。

（4）教材经反复修改打磨，力求精益求精。进入教学实施后关注收集学生的反映，以便再版时加以修订，不断完善，以适应留学生的需求，达到良好的教学目的与效果。

编　者
2022 年 2 月

目　录

上编　古代的中外文明交往

第一章

人类文明的曙光与丝绸之路的凿空

教学目的

古老的地球不仅生生不息地创造着物质文明和精神文明，而且自然而然地发生着不同种族民族、不同地域社会之间的交往交流，从而繁衍出许许多多可以共享的灿烂要素，为今日中国倡建的"人类命运共同体"做了几千年的铺垫。本章旨在使学生了解人类古老文明的发生、发展与交流，了解丝绸之路的发生、发展、变化及影响，特别是经久不息、不曾断裂的中华文明作出的不可替代的贡献！

重点与难点

本章的重点是"丝绸之路"的概念。作为中外文化交流的代名词，其内涵深邃，外延丰富，又是全书主线。其难点在于识读多种文字的古文献及大量参考资料，此外还需要借助前人成果来丰富背景知识。

第一节 世界古老文明的出现与交往

一、欧亚古老文明的形成和延续

在欧亚古老广袤的大地上，曾出现过四大文明古国，代表着世界四大古代文明①。其分别是古巴比伦文明（位于西亚，今地域属伊拉克）、古埃及文明（位于西亚及北非交界处，今地域属埃及）、古印度文明（位于南亚，地域范围包括今印度、巴基斯坦等国）和中华文明（位于东亚）。这四大文明古国，实际上对应着世界四大文明发源地，分别是两河流域、尼罗河流域、印度河流域、黄河流域这四个大型人类文明最早诞生的地区，由此可以看出人类的生存繁衍多发生在大河流域，而且多是两大河流域。四大古文明的意义并不在时间的先后，而在于它们是后来诸多文明的渊源。四大文明是原生文明，而其他文明属于派生文明，深受邻近地区原生文明的影响。

（一）从考古学上来辨析四大古文明

在这里特别说明一下，什么叫作文明？文明是人类发展史上的特殊阶段，是人类脱离动物界后进一步脱离了原始野蛮状态的阶段。我们怎么从考古学上来判断呢？考古学发现和研究古代的物质遗存，现在我们要依靠考古来论证文明起源，就需要在考古方面找到文明的标志。

四大文明中首推古巴比伦文明，也叫两河文明（幼发拉底河和底格里斯河）。两河文明在西方叫美索不达米亚文明。两河流域是迄今最早发现人类文明的地方，也是文明最早成熟的地方。巴比伦文明高度成熟时，中华文明仅仅初露曙光。其主要的文明标志有：最早出现的两河城邦文明；苏美尔人的楔形文字；世界最早的金银矿、青铜、铁器冶炼术和苏美尔人的历法；与印度教并列的犹太教等。但有一点很奇怪，文明的原址——现在的伊拉克总是恐怖主义频发，灾难不断、炮火连连，这完全是一个逆反的状态。伊拉克已很少能看到巴比伦文明的遗存。文明虽然古老，但它没有任何存档，现在满眼看到的就是冲突的战场和饱受灾难的人民。

其次是尼罗河边上的古埃及文明。其主要标志有：最早的统一王朝（帝国）美尼斯统一上下埃及建立埃及第一王朝（5 100 年前）；古埃及数学（5 200 年前）和古埃及几何（5 000 年前）；最早的专用书写工具——芦苇笔、莎草纸（5 000 年前）等。但如

---

① 梁启超 1900 年写的《二十世纪太平洋歌》认为："地球上古文明祖国有四：中国、印度、埃及、小亚细亚是也。"

今在埃及则是另一种情形，什么是象形文字搞不懂，法老的后裔在哪找不到，现在埃及的亚历山大城所能遇到的几乎都是白种人，这是欧洲侵略的混血结果。首都开罗可遇到零星的阿拉伯人，那也是战争以后的混血结果。

再次是古印度文明。其主要的标志有：最早的系统宗教——印度教（4 000 年前，与犹太教并列）；印度数字，最早的三角函数出自《太阳悉檀多》（1 世纪）；最早的日心说出自《阿利耶毗陀论》（499 年）。印度表面上看起来这些文明都有遗留，但遗憾的是它的历史无数次中断、国家无数次灭亡，连这个过程都没有人记述下来。它的历史已不清晰，许多事实靠中国文献记载，特别是玄奘的《大唐西域记》，里面歌颂的佛教 13 世纪时已在印度消亡，现在的佛教是倒传回去的。

留存延续到今天的比较完整的文明只有中华文明。其古文明遗存的考古标志主要有：最早的农业——江西万年县万年仙人洞遗址驯化水稻、栽培稻植硅石（1.2 万年前）；良渚文化遗址中基本成熟的犁耕稻作、精美而丰富的玉制礼器以及相当丰富的生活器具（12 000～6 685 年前）；最早的酿酒技术——河南舞阳贾湖遗址果酒沉淀物（9 000 年前）；最早的乐器——河南舞阳贾湖遗址骨笛（9 000～8 600 年前）；最早的造船技术——浙江萧山跨湖桥遗址独木舟（8 000 年前）；最早的哲学著作——老子《道德经》（2 500 年前）；最早的军事学著作——孙武《孙子兵法》（2 500 年前）等，不一而足。

综上所述，四个古文明中没有灭亡、能够不中断地发展到今天、比较完整的只有一个文明，就是中华文明。中华文明是唯一从 4 200 年前进入文明后，再也没有中断的古老文明。

（二）对古老中华文明的基本认知和证误

中华文明诞生于黄河、长江流域，从公元前 21 世纪夏朝开始，源远流长。其虽然历经各种战乱和异族入侵，但仍然是世界上唯一一个没有中断的文明。秦汉时期，强大的华夏民族拒匈奴于长城之外，同时打通了东西方交流的丝绸之路。在西罗马帝国被蛮族所灭的时候，中华文明却能薪火相传、生生不息，且行且强大。唐宋时期，古代中国立于世界之林，达到了新的高峰，无论是唐诗宋词还是"预告资产阶级社会到来的三大发明（火药、指南针、印刷术）"，都使中华文明告示全球，翻开了崭新的一页。而它的强大生命力，甚至能吸收、融合当时世界上最强大的力量（扫荡欧洲的蒙古铁骑），然后共建发展。在中国历史上，无论是五胡十六国还是辽、金、西夏、元、清，在经过汉文化的融合后，都成为中华文化的一部分。即便是佛教等三大外来宗教，也在发展过程中克服了自身的排他性而与中华文化相结合，成为另一种本土文化，并且继续向周边他国传播。这里要强调的是，在中华文化的重要内核——儒家的战争观里，提倡的是"国君好仁，天下无敌焉""以至仁伐至不仁"，因此中华文明对于战争是保守的、克制的，不会走上穷兵黩武的道路。

另外，对中华古老文明的认知，有两点是需要辨析和澄清的。

一是对中国人种的探讨，曾有"中国人种西来说"的言论。300 年来，欧洲史学家对中国人种起源议论颇多，认为中国人种来自西方某一地，遂成为中外文明交往史上一桩公案。明末清初以降，来华教士始对中国有所介绍，引起众人兴趣，认为中国载籍中，时道及西方，如各书之记周穆王西巡昆仑会见西王母；《逸周书·王会解》所载来朝各国中，多为西方古国，如渠搜（或云渠与搜为二国）、月氏、大夏等；又如《诗经》有"西方美人"、《列子》有"西方圣人"之语，而黄帝登昆仑及命伶伦赴昆仑采竹以制乐器之传说等，均成为此说之依据。具体而言，又有诸多分说，如埃及说、巴比伦说、印度说等。除此之外，还有多种外来说，兹不一一赘举。当然亦有不少西方人主张中国文化为自己发生，独立发展，未借他助，此乃明智之识。

二是对中华文明起源的讨论，以关于仰韶文化（即彩陶文化）与西方彩陶之关系的争论为代表。所谓彩陶，即内有红色，表面磨光，而有彩绘之土器。中国彩陶，因最初发现地为河南渑池县仰韶村，故中国"彩陶文化"亦称"仰韶文化"。中国彩陶与西方彩陶有无关系也是中外关系史上一长期有争议的问题。中国彩陶文化西来说是瑞典人安特生于 1923 年提出的，原因是彩陶文化普遍存在于中亚、西亚和欧洲，而中国的彩陶文化和旧石器时代之间恰恰出现了一块尚待填补的空白，使新石器时代晚期文化突然降临在黄河中下游，于是彩陶文化西来便成了似乎合理的一说。而实际上，已有许多考古发现确证山陕黄土高原是仰韶文化的故乡，仰韶文化应是中原地区土生土长的统系分明的彩陶文化；而且仰韶文化和以后的龙山文化遗存所表现的大多是东部的早于西部，说明以河、陕为中心的仰韶文化和河南龙山文化（陕县庙底沟二期）是由东向西传播的。现已查明，以仰韶文化开始的中原彩陶文化，在中国境内曾广泛扩散，其西支由甘肃、宁夏入新疆，上限为公元前 5000 年，下限为公元前 1000 年，新疆西部的和阗、皮山、沙雅、伊犁河流域是至今所知的中原彩陶文化西传的终端。

二、中外古老文明的相互交往与影响

"国于天地，必有与立"，无论产生于何时何地的古老文明，都自然而然地在相互交流和影响，中华文明也不例外，并且总是以她博大的胸怀不断吸纳聚集着其他文明的精华。

（一）早期华夏农耕文化与草原游牧文化的接触

可举例论证的首先是草原文化与华夏文化的早期接触。一般认为，中西之间的交通，最早被利用的是草原路。它位于北纬五十度左右，横贯欧亚大陆，由东至西，穿过蒙古草原，西伯利亚森林及草原，哈萨克斯坦、吉尔吉斯斯坦草原，里海、黑海以北草原，进入欧洲平原。在这条贯穿东西的大动脉上，一批叱咤世界的风云人物：大流士、亚历山大、汉武帝、唐太宗、萨珊朝诸王、阿拉伯帝国诸哈里发、成吉思汗及其子孙帖木儿等，留下了活动的痕迹。而早期的东西文化交流，也以此道路为桥梁和动脉，以一批草原骑马民族为载体和媒介，往来传递，经久不息。远自公元前7世纪以降，广布欧亚草原的塞种人，继而中国大漠南北的匈奴、柔然、嚈哒、鲜卑、突厥、回鹘、契丹、蒙古等游牧民族，相继称霸于草原丝路上，并据此同东西文化圈进行贸易和文化交流。

据希罗多德《历史》第四卷记载，公元前7世纪前半叶，希腊诗人阿利司铁亚斯沿着斯基泰贸易路，从黑海沿岸的塔纳伊斯出发去东方，翻过乌拉尔山，抵阿尔泰山，在布迪诺依有一个周长为5.5公里的希腊人殖民城市。由于斯基泰人远至阿尔泰地区做生意，也使东西文化在这一地区交汇。20世纪初，在阿尔泰山北麓发现巴泽雷克墓出土物品。这是游牧部落首领的石顶巨墓，由于漠北气候和下葬时节的特点，墓土封冻得很结实，很好地保存了一批反映当时东西文化的珍贵物品。如3号墓出土的一块有花纹的丝织物，其图案和制作技术最为突出。这块织物，一平方厘米为18×24支纱，由一经两纬组成。其红色纬纱和经纱以1/3（即三下一上）斜纹交织，而反面则以3/1（即三上一下）斜纹交织。绿色纬纱的织纹，与红色相反。组织变换，是按照纹布和底布的交替而变换的。5号墓出土的茧绸鞍褥面，特别精致。其制作技术为平纹，一平方厘米为40×52支纱，宽约43厘米，上面的刺绣是用彩色丝线以链环状的线脚绣成的。刺绣主题为凤息于树上，凰翔于树间。按已故苏联B. M. 阿列克谢耶夫院士的研究，认为这类丝织品是中国制造的，供最富有的人们，特别是供公主出嫁时用。刺绣主题选凤凰飞翔于壮硕的梧桐树之间，按朱子注疏，有象征宫廷昌隆之意。同墓还出土一辆当地独一无二的马车，由车厢（舆）和四个多辐的车轮构成。轮高1.5米，车厢上方有篷，内设由树枝编成的专座，并铺有毡毯。座位上方的四角，有四只毡制的天鹅。车前有辕、衡、轭，可驾四匹马。整辆车只需白桦树和皮索，不用丝毫金属。在6号墓中，发现白色金属制铜镜一面，为秦式镜的变形之一（完全相同的镜子在阿尔泰山西麓的一个墓群中也出土一面）。巴泽雷克墓所反映的恰是公元前7世纪以降，以草原游牧民族为主体的早期东西文化交流之情景。①

（二）周天子会见西王母和华夏族周边之戎狄

关于周穆王西征的故事，《竹书纪年》和《史记》均有记载。279年在汲郡战国魏襄王墓中出土的《竹书纪年·穆天子传》记："十七年西征昆仑丘，见西王母。"《史

---

① 本段资料主要来自C. H. 鲁金科《论中国与阿尔泰部落的古代文化》（潘孟陶译），收录于张志尧主编的《草原丝绸之路与中亚文明》。

记》卷五《秦本纪》、卷四十三《赵世家》记造父以骏马骊骅骝骓录献于穆王，穆王命造父驾车，向西巡狩，得见西王母。

周初居住在华夏族以西的共有九国，称九侯，亦作鬼侯。祁连山南北是鬼方羌族游牧地区。北方有猃狁，亦即荤粥或狄族。通过这些民族聚居处，周和葱岭以西民族有了往来，但这种联系又始终被戎狄部落所牵制。周穆王时，犬戎势力扩张，阻碍周和西北方部落来往，于是穆王西征犬戎，"益国二十"，打开了通往大西北的草原丝路。传说中的周穆王曾向西巡狩，直到西王母居住的地方。西王母代表西方极远之处，有说西王母是塞人部落，"西"字兼有音义，取"斯基泰"民族的首音。周穆王西巡自宗周（洛阳）启程后北渡黄河，出关（雁门关）到河套以北，后向西，经乐都、积石，出柴达木盆地到南疆昆仑山北麓。这里盛产美玉，穆王在这群玉之山大量采购玉石，"取玉版三乘，载玉万只"；又每到一处就以丝绢、铜器、贝币馈赠各部落酋长，各地酋长也向他进献大量马、牛、羊等。于是新疆玉石的成批东运和中原地区丝绸铜器的西传，成为早期中西交通的重要内容。

（三）百越文化与东南亚古代文明的相互交往

百越文化是我国南方滨海地区的古文化体系，其母系可追溯至越族先民创造的河姆渡文化。它不仅与其他系统的新石器文化一起参与和推动了中华文化的形成和发展，而且向海外广泛传播，为世界文明作出了最早的贡献。现仅以河姆渡文化中的部分要素为例，分析交往的史实。

1. 稻谷的起源与外传

在河姆渡遗址的第四文化层中，发现大量稻谷遗存，堆积层达 1 米多厚（包括稻粒、稻秆和稻叶），实属罕见。经水稻专家鉴定，其为我国乃至亚洲最早的人工栽培的籼稻和粳稻，其年代经放射性同位素碳 14 测定为公元前 4970 年，距今约 7 000 年。这一发现惊动了全世界，并自然推翻了过去一些西方学者的水稻种植起源于印度，后传入中国之说。因为印度最早发现的稻谷，在其中部的卢塔尔，年代为公元前 1700 年。现中外学者已确认河姆渡是世界上有大量物证的最早水稻产地。我国考古和农业专家还进一步论证了河姆渡是中国稻作农业的发源地，并以它为中心向四周扩散，向东北传到朝鲜和日本，向南传到东南亚各国。今泰国、越南、缅甸都称水稻为"谷"，与南方越族先民称稻为"谷"一致[1]，由此可以想到曾对中国水稻种植产生过影响的越南占城稻，应是先由河姆渡传入越南，经改良后再反流回中国。这如同制糖法和牛痘免疫法一样，是又一例文化交流中的反流现象。

---

[1] 参见夏应元：《亚洲稻作农业的起源及其向太平洋地区的传播》，张海峰主编：《太平洋文集》，北京：海洋出版社 1988 年版。

2. "干栏式"居室的外传及影响

"干栏式"居室是先秦时期沿海越民的一种居室形式，其营造方法是：先打一排排木桩，埋入地下1米多；在木桩上设长达20~30米的地梁，最粗的直径可达50多厘米；地梁上面铺地板，再在其上立柱、架梁、覆盖茅草，底架下面圈养家畜，上面住人。这种"干栏式"居室适宜越族先民滨海而居，因沿海雨水多、气候潮湿，而这种居室以防潮隔水为主，与北方的穴居不同，所谓"南人巢居，北人穴居"正是通过居室形式的不同反映了长江流域与黄河流域文化的差异。这种具有海洋文化建筑特色的"干栏式"居室形式流传甚广，沿用甚久，至今仍可在我国西南少数民族和毗邻的东南亚各地的农村见其痕迹。而且，至今可见的中国古代宫殿和形态各异的亭、台、楼、阁、榭、廊等，其基本形式都是以"干栏式"为基础发展、演变而来，可见它对研究人类居住形式的进化有重要意义。

3. 有段石锛的功效及外传

有段石锛是新石器时代用以造船的先进生产工具，对造船航海起过决定性的作用。它曾在河姆渡遗址中大量出现，年代距今5 500年左右，说明当地先民在5 000多年前，就荡楫泛海了。有段石锛先向近海舟山群岛等地传播，后再从近海岛屿向台湾海峡乃至更远的菲律宾和太平洋地区传播，见证了中华文化同太平洋地区各民族文化之间的频繁交流。[①]

4. 华北、华东地区与东亚古代文化的交往

在航海技术不甚发达的古代，中日文化交流主要通过朝鲜半岛这一与大陆连接的天然桥梁进行。从交通路线看，来中国之路经对马、壹岐到朝鲜半岛，沿海岸北上，转道辽东，后南下抵中国首都。从考古资料看，日本发现距今八万年到一万多年的旧石器文化，与华北的旧石器文化具有共同的文化传统。日本进入以农耕畜牧为主的弥生文化时期后，青铜器、铁器（农具和武器）从中国经由朝鲜南部传入日本，特别是由中国传去了稻米，其途径有三说：一是从华北传到朝鲜半岛南端，再传到九州北部；二是从长江口越海传到九州；三是从华南传到台湾，再到冲绳诸岛，最后传到九州南部。隋以前中日两国已有正式使节往还，还有大量中国移民（渡来人）经朝鲜半岛到日本，对传播中华文化起到很大的作用。

中朝两国间的文化交流也源远流长。早在先秦古籍中就有箕子"走之朝鲜"的传说。箕子在朝鲜"教其民以礼义、田蚕织作"，带去了中华文化。箕子"走之朝鲜"，从考古方面迄今尚未得到直接印证，目前还只能视为传说。但有关朝鲜的大量考古成果

---

① 以上主要参考资料为陈炎《海上丝绸之路与中外文化交流》之首篇论文《中华民族海洋文化的曙光——河姆渡文化对探索海上丝绸之路起源的意义》。

表明，远古时期中朝之间已存在交往，如公元前 10 世纪青铜时代的古朝鲜就有与中国辽宁发现的形制一致的青铜短剑、突脊曲刃。这一时期的墓葬形制可分北方式、南方式两种，前者作桌形，分布于朝鲜半岛中部及以北，与中国辽宁的石棚基本一致；后者作棋盘形，分布于朝鲜半岛南部，与中国山东的石棚基本一致。另外，战国时代的燕国货币明刀钱在朝鲜北部各地大量被发现，多者一次达千余枚，并有战国式的青铜兵器和铁器等与之共存。这些考古成果证实，在古朝鲜时期，中国的山东、辽宁和朝鲜，在文化上确实存在着联系。①

（四）从南越王古墓的考古发掘中反映出早期的中外文化交流

公元前 204 年，河北真定（今石家庄市东）人赵佗，在岭南地区建立了南越王国。象岗南越王墓的墓主人赵眜，是这个王国的第二代王。南越王墓所处的象岗，原是越秀山最西边的小山岗。明代扩建广州城，拓建城北大道，切断了象岗与越秀山的联系，使之成为一座孤山。20 世纪 80 年代初基建工人发现了这座庞大的地下建筑，经考古发掘终于揭开了这座地下宫殿的秘密。南越王墓深埋在山腹中，从未被盗过。出土文物 1 000 多件，其中不乏稀世珍品，共出土 23 枚印章，质料有金、玉、象牙、水晶、玛瑙、铜（鎏金），既有帝印、太子印，也有妃妾宦官之印，这在汉代大墓中实属罕见。其中，与中外文化交流有关的是一个银盒，其原置于墓主棺椁的"足箱"里，呈扁圆形，盒盖、盒身大小相似，其特殊之处是盒盖、盒身上都有蒜瓣形花纹。这种花纹不是中国式的，常见于西亚一带的古代器皿上。制作工艺是用锤打，术语称为"锤揲"，现今在伊朗、伊拉克还可见到这种图案和制作工艺。这个银盒显然是通过海外贸易（直接或间接）从西亚辗转而来的。有意思的是，这个盒子来到中国后，被国人按自己的习惯加以改造，即在底部加一个铜制的圈足（托底），盖上按汉代器皿常见做法，也焊了三个小钮，以致把盒盖上原有的一点刻画文字也遮去一部分。经此改造后，银盒便有了点"中西合璧"的味道了。②

---

① 以上参考周一良主编《中外文化交流史》第 8、9 两篇文章。

② 参见吕烈丹：《南越王墓与南越王国》，广州：广州文化出版社 1990 年版。

第二节　陆海丝绸之路的形成、拓展与变化

丝绸之路是连接世界几大古老文明的纽带，亦是东西文化交流的大动脉。这条横贯东西、连接亚欧非大陆的丝绸之路，将古往今来的东西方文明及各种文化，包括物质的、精神的，通过商旅、僧人、使臣、工匠、士兵等无数人和各种事、行传播开来，并且在这条东西大道和多条支道形成的网络上，促进了亚欧非各国和中国的友好往来，使东西方文化在这里驻留、融合，兼以本地文化特质，不断形成新的灿烂辉煌的世界文明。

一、丝绸的发明与丝绸之路的命名

（一）丝绸的发明与影响

关于中国古代蚕丝的发明与丝绸的织造，目前虽然无法确定其上限，但根据遗存的古物和古籍文献的记载，我们可以将其追溯到距今五六千年前的新石器时代。最迟在殷商时代（前16—前11世纪），中国劳动人民已能用蚕丝制成精美的丝绸。根据如下：

从考古资料看，1926年春在山西夏县西阴村（有说为夏朝遗址）新石器遗址中，发掘出一个经过割裂的茧壳化石，切掉部分约占1/6。专家认为其有可能是用以制作开茧短纤维，然后再制丝纺织。1958年在浙江省吴兴县钱山漾新石器遗址中，发掘出一批安放在竹篮中的纺织品，其中有绢片、丝带、丝线等丝织物，经放射性同位素碳14测定，得出其绝对年代为距今4 815年或4 615年。这是中国也是世界至今发现最早的丝绸残片，而时间又正同于"嫘祖养蚕"传说的黄帝时代。后经过鉴定确认，这些丝织品是经过先缫后织的桑蚕丝。其他零星材料如，商代青铜器花纹中有蚕纹形象；随葬的玉饰中有形态逼真的雕琢玉蚕；尤其重要的遗物是黏附于青铜器体，受铜锈渗透而保存下来的丝绸残片，其中有的是采用高级纺织技术制成的菱形花纹的暗花绸（即绮，有文彩的丝织品）和绚丽的刺绣，反映出殷代的织机已有提花装置，丝织技术已较成熟。所以能够肯定在殷商以前，养蚕织丝技术已经过了漫长的岁月，才达到如此水平。

从文字资料看，一般认为中国殷代以前是无文字历史时期，只有神话和传说。殷商时代，甲骨文中已有形似"蚕""丝""桑"等字。到了周代，文字中出现了"锦"字，专指使用不同色彩的丝线，用当时先进的织造技术和进步的织机工具制成的一种高贵工艺品，常用于赠礼。到了战国，"锦""绣"二字常常连用，代表美丽光滑的织物。现在常称中国的大好河山为"锦绣山河"，便是取意于这些精巧华丽的丝织品，实在

贴切。

美丽的丝绸一经产生，就不仅仅是中国人民喜爱的珍品，也受到世界其他地区与国家人们的青睐。早在远古时代，珍贵的中国丝绸已出现在西方异域。如公元前3世纪印度孔雀王朝月护王的大臣商那自的《政论》一书，就记载了公元前4世纪中国丝绸织品向印度运销的事。另一件常被人们提起的有关丝绸的事，是生活在公元前1世纪的罗马恺撒大帝（前100—前44）因穿着中国丝绸制成的袍子去看戏，竟然引起全剧场的瞩目与哗然，认为其空前的豪华、奢侈。当时欧洲人曾用"赛里斯"（Seres，意为"丝国"）指称中国，于是"丝国"几乎成了中国在西方的代名词。

（二）丝绸之路的源起与称谓

既然中国是丝绸的故乡，而且自古以来在中国对外贸易中，输出的商品又以丝绸最具代表性，所以1877年，德国近代地理学之父李希霍芬首次在《中国》一书中，把"从公元前114年到公元127年间连接中国与河中以及印度的丝绸贸易的西域道路"称为Seidenstrasse①，"丝绸之路"（Silk Road）是其英译名称。以后德国史学家阿尔巴特·赫尔曼在《中国与叙利亚之间的古代丝绸之路》一文中主张："我们应把该名称（丝绸之路）的含义进而一直延长到通向遥远西方的叙利亚。总之，在与东方的大帝国进行贸易期间，叙利亚始终未与它发生过什么直接关系。但是，正如我们首次了解到的夏德研究的结果，尽管叙利亚不是中国生丝的最大市场，但也是较大的市场之一。而叙利亚主要就是依靠通过内陆亚洲及伊朗的这条道路获得生丝的。"② 赫尔曼的这一主张后来得到以格鲁塞为首的许多学者的支持。特别是19世纪末至20世纪初，众多西方的探险家、游历者在自己的著作中，广泛地使用了"丝绸之路"这个名称，从而把古代丝绸贸易以及国与国之间各方面的交往所达到的地区都包括在它的范围之内，使"丝绸之路"逐渐成为一个专有名词，围绕它又形成了一个专门学科"丝路学"。自20世纪中叶以来，中外各方面的专家、学者对这条世界上最长、最古老的商路倾注了前所未有的热情，使"丝路学"成为热门学科，成为显学！

通过这条初从古长安出发，向西经河西走廊、新疆、中亚、西亚，乃至非洲东部和地中海以西欧洲国家等的亘古绵长之大道，2 000多年来这里进行着世界几大文明间的交融往来，包括以丝绸为大宗商品的经济贸易、或战或和的政治外交关系、多种宗教的传播影响等。一批西方汉学家、地理学家、考古学家接受并沿用了这个用来指代自古以来中国与其他国家地区全方位、立体式交往的名词，并逐渐形成共识。改革开放以来，丝绸之路以老百姓通俗易懂、喜闻乐见的多种形式出现在影视广播、文学作品、旅游项

---

① RICHTHOFEN F V. China：Vol. 1. Berlin：D. Reimer, 1877：454.

② HERRMANN A. Die alten Seidenstrassen zwischen China und Syrien. Berlin：D. Reimer, 1910：10.

目甚至各种商店的名称上。其实"丝绸之路"作为一个特定的历史地理专用词，只是一个符号，同样的内涵还可以有多种称谓。例如，以贸易的大宗商品称谓，有陶瓷之路、香料之路、茶叶之路、毛皮之路、黄金之路、麝香之路等；以丝路通过的地区地貌称谓，可以有草原之路、沙漠之路、绿洲之路、南方丝路、海上丝路等；以交通运输工具称谓，可以有骆驼之路、舟船之路、马帮之路等。通过这些不同的称谓，我们大体可了解"丝绸之路"这个名词一经提出就经久不衰，被赋予越来越深邃的内涵和越来越广博的外延的原因，直到"一带一路"倡议的提出，其价值达到顶峰。

二、张骞通西域与丝绸之路网络的形成

（一）张骞持节的两次出使

张骞通西域，指的是西汉武帝时期希望联合月氏（曾世居河西走廊祁连山北麓）夹击匈奴，派遣张骞出使西域各国的历史事件。其结果是让中国人初识大汉以西沿丝路经过的域外各小国，也使"丝绸之路"跃然出现在官修的信史中，所以又有张骞凿空丝路之说。其实先民开凿的交通道路早已有之，只是通过张骞向汉武帝的汇报，使它载入了正史中。

简单说来，张骞两次出使西域的背景及原因是因为西汉建国初期，北方面临强大的游牧民族部落的威胁，即公元前3世纪统称为"匈奴"的部落军事联盟，经春秋战国至秦汉时，其基本控制了中国东北部、北部和西部广大地区，建立起统一的奴隶主政权和强大的军事机器。匈奴奴隶主贵族经常率领强悍的骑兵，侵占汉朝的北面领土，骚扰和掠夺当地居民。汉高祖七年（前200）冬，匈奴冒顿单于率骑兵围攻晋阳（今山西太原）。高祖刘邦亲领32万大军迎战，企图一举击溃匈奴主力，却反被冒顿围困于白登（今山西大同东），七日不得食，只得采用陈平的"奇计"，暗中遣人贿赂了冒顿的阏氏，始得解围。此后刘邦再不敢用兵于北方。之后继位的惠帝、高后和文景二帝，也因物力、财力的不足，对匈奴采取和亲、馈赠及消极防御的政策。但匈奴仍寇边不已，严重威胁着西汉王朝的安全。

西汉武帝刘彻是中国历史上一位具有雄才大略的帝王。建元元年（前140）即位时，年仅16岁。此时的汉王朝历经几代皇帝奉行的轻徭薄赋和"与民休息"之政策，特别是"文景之治"使得政治统一和中央集权进一步加强，社会经济得到恢复和发展，国力已相当充沛。于是，汉武帝凭借这种雄厚的物力、财力，决意反击匈奴的侵扰，从根本上解除来自北方的威胁。

张骞两次出使西域正是汉武帝攻克匈奴战略中的重要一环。除派出卫青、霍去病等将领追剿匈奴外，汉武帝想与受匈奴欺负的月氏人建立起军事联盟"以断匈奴右臂"。

于是下达诏令，公开征募使者。满怀抱负的年轻人张骞，挺身应募，毅然挑起国家和民族的重任，勇敢地走上了征途。

张骞，汉中成固（今陕西城固东）人。据史书记载，"为人强力，宽大信人"，即具有坚忍不拔、心胸开阔，并能以信义待人的优良品质。建元三年（前138年），张骞"以郎应募，使月氏"。

首次西行，张骞奉命率领100多人，从陇西（今甘肃临洮）出发。一路艰辛，途中还被匈奴抓获，关在匈奴王庭达十年之久，待逃出后继续西行找到月氏人新居的大夏地时，月氏人已无意东归助汉伐匈奴。张骞在大月氏逗留了一年多，得不到结果，只好在元朔元年（前128）动身返国。归途中，张骞为避开匈奴控制区，改变去时沿塔里木盆地北部的"北道"，而走沿塔里木盆地南部，循昆仑山北麓的"南道"，终于在元朔三年（前126）初回到长安，前后历时13年。张骞出使时带着100多人，历经13年后，只剩下3个人回来。这次出使，虽然没有达到原来的目的，但对于西域诸国的地理、物产、风俗习惯等有了一定的了解，为汉朝开辟通往中亚的交通要道提供了宝贵的资料。

汉武帝对张骞这次出使西域的成果非常满意，特封张骞为太中大夫，而张骞向汉武帝报告的西域情况正是《汉书·西域传》资料的最初来源，之后汉武帝又封他为"博望侯"。

元狩四年（前119），张骞第二次奉命出使。他率领300人组成的使团，每人备两匹马，带牛羊万头，金帛货物价值"数千巨万"，浩浩荡荡地到了中亚，拜访了诸多小国，并带回乌孙使者数十人到长安，此后安息等国的使者也不断来长安访问和贸易。自此，汉与西域的交通建立起来了。

元鼎二年（前115），张骞回到汉朝后，拜为大行令，第二年去世。他死后，汉同西域的关系通过和亲又得到进一步发展。神爵三年（前59），匈奴内部分裂，对西域的控制瓦解。汉廷设西域都护府，这是汉朝在葱岭以东、今巴尔喀什湖以南的广大地区正式设置行政机构的开端。

（二）丝绸之路网络的形成

张骞通西域后，正式开通了这条从中国通往欧、非大陆的陆路通道。这条道路，从西汉都城长安出发，经过河西走廊，然后分为两条路线：一条出阳关，沿昆仑山北麓、塔克拉玛干沙漠南缘西行，过疏勒（喀什），西逾葱岭，出中亚、西亚，至地中海欧洲国家（丝路南道）；另一条出玉门关，沿天山南麓、塔克拉玛干沙漠北缘西行，出疏勒，西逾葱岭，向西北进入咸海、里海北部草原，抵达欧洲（丝路北道）。

汉通西域，虽然起初是出于军事目的，但西域开通以后，它的影响远远超出了军事范围。从西汉的敦煌，出玉门关，进入新疆，再从新疆连接中亚、西亚的一条横贯东西的通道，再次畅通无阻。这条通道，就是后世闻名的"丝绸之路"。"丝绸之路"把西汉同中亚许多国家联系起来，促进了它们之间的经济文化交流，事例不胜枚举。

张骞通西域凿空的"丝绸之路"在其漫长的历史发展进程中，逐渐编织成一张纵横交错的道路大网。在各自的区域内有主干道、辅道，穿梭交织成网络状。如丝绸之路主体的新疆三道，在新北道与中道（原北道）之间，有连接着东部天山南北平行的十一道；在中道与南道之间，穿越塔克拉玛干沙漠，东端有大海道，西头有库车、和阗道，翻过东部阿尔金山，可与青海道相连；而区域和区域之间亦有道路相通相连，如回鹘道与长安北面的直道相通；经肃南地区、河湟地区的吐谷浑道南下接川北的松潘等县，再一直南下经民族走廊与云南北部相连，进而南下泰国，西去缅甸，将西域丝绸之路与西南丝绸之路连接打通；而海上丝绸之路也表现出通过水陆联运与南方丝绸之路形成网络关系。总之，丝绸之路在中国境内是多区域道路相连相通的一张大网，多出口，呈放射状；在中国境外更是一张多地区、多国家陆海空多条交通线路连接成的国际网，将世界变成"地球村"，这也是目前"一带一路"的倡议者和建设者希望看到的愿景。

三、陆上丝绸之路发展至鼎盛后走向衰落

（一）丝绸之路在魏晋至隋时期的状况

丝绸之路自汉代开通后持续发展，至魏晋南北朝时期中国基本上进入了分裂动乱的年代。大大小小的割据政权林立迭替，对外关系上，不再有大一统王朝之盛势。从表面看，交通受阻，丝路似乎处在一个"低谷""衰势"中，但实际上，多层面、小范围的交往仍在进行，一些地方割据王朝为了自保和找出路，着力加强与周边民族或其他国家地区的友好联系。如北齐、北周、隋、唐均努力结好突厥，蜀国在处理西南夷的问题上采取审慎做法，孙吴政权更是派出使者与东南亚诸小国联系。总之，这一时期的中西交通仍在发展，且内涵丰富，值得探究。

结束了分裂，再次实现大一统的隋朝虽然首尾二主，历时38年，是个短命王朝，但在维护丝路畅通、加强与西方经济文化联系等方面仍承上启下，颇有建树。文帝杨坚在位期间（581—604），发展生产，减缓赋役，与民休息，又提倡节俭，从而使社会生产得到发展，社会财富迅速增加，为炀帝的积极向外开拓提供了条件。炀帝即位（605—617），风格与文帝迥然不同，其"扬威异域"，多次遣使前往西域和南海，与不少国家建立了通贡关系。如遣侍御史韦节、司隶从事杜行满出使西藩诸国，到罽宾得玛瑙杯，到王舍城得佛经，到安国带回五色盐，到史国携十舞女、狮子皮而还；又派出云骑尉李昱出使波斯，返回时，波斯使者、商人随至中原。其中常骏出使赤土，是中国南海航行的重要一步。在这种情况下，出现了一批记述域外地区、国家与民族的专著，其中尤以裴矩的《西域图记》为要。当时，西域和外国商人多至张掖与汉人互市，炀帝

派吏部侍郎裴矩前往管理贸易事务。裴矩知炀帝志勤远略，便留意向胡商探访西方各国的风俗、山川及政治、经济情况，后汇集材料，撰写出《西域图记》三卷，记有45国，并附有详细地图（今佚），系统介绍了从敦煌到西方的交通路线及要塞。此书呈上后，炀帝大悦，对西域诸国及丝路贸易产生了更大的兴趣。而裴矩回张掖后，也更加努力经营，优待西方商人，为之提供种种方便，甚至包括沿途费用，鼓励他们东去长安和洛阳，于是"西域诸胡往来相继，所经郡县，疲于送迎"①。隋朝在负责掌管少数民族和外国事务的鸿胪寺中专门设有"西域使者""互市监及副，掌互市"，而西域诸国朝贡及贸易盛况，在史书中亦不乏记载。

（二）丝绸之路在唐朝的发展及转折

唐朝既是中国封建社会高度发展的鼎盛时代，也是丝绸之路的陆路交通发展繁荣的极盛时期，还是陆路交通由盛而衰，逐渐让位于海路交通的转折时期。这一时期的主要特点是，中央政府加强了对丝路贸易的直接管理，使中外经济文化交流的范围日益扩大。此时的大唐帝国雍容大度，气势恢宏，经略四方，声名远播，开创了大一统王朝盛世外交的局面，其成果表现在拓疆设治、发展交通、增加来往、允许移民、展开经济文化交流等各个方面。

（1）就交通道路而言，唐代陆上丝绸之路沿袭前朝并不断发展，表现在汉魏以来形成的南、北、中三道已显成熟繁盛，支线旁出，襟带有连，构成一个发达的交通网。唐中期以后，由于吐蕃势起，经常遮断陇右河西和葱岭东西，故绿洲之路多受阻，丝路北道和草原丝路日趋重要，更有辅助路线回鹘道、吐蕃道使用，它们是本时期中西交通的一项重要内容和特征。

（2）就中西文化交流之特点来看，一方面，唐朝的对外意识与政策应该说是开放的、成功的，可以唐太宗为代表。太宗李世民的对外意识是比较宽容博大的民族主义，表现在对周边少数民族以羁縻、怀柔政策为主，多实行通贡、互市、和亲，也兼以实行征伐和分化离间等。有唐一代，几乎是在与突厥的斗争中经营西域的，由于成功地解决了突厥问题，7世纪中叶，唐大体上将中亚两河（阿姆河、锡尔河）流域纳入自己的统辖范围，这在历史上是空前绝后的。尽管这种统辖后来受到吐蕃和大食的破坏，但在中西关系方面产生了巨大的实际影响与观念变化。另一方面，唐朝时中国封建社会发展至极盛时期，封建王朝的一切典章制度业已完备，古代文化的各个方面都得到高度发展，唐帝国在当时世界上处于先进地位。正是在这种局面下，唐朝政府在中西文化交流中表现出一种兼容并蓄、广泛而有选择地吸收各种异质文化因素的雅量。如在宗教方面，各种宗教都可以入唐找到自己的立足之地，并得到政府的礼遇。究其原因，主要归之于王

---

① 《资治通鉴》卷一八〇《隋纪》（4）。

朝的强大与自信。

当代学者无不盛赞唐代是中国文化发展的一个高峰，而诸种文化的汇聚正是这个高峰凸起的基本原因之一。有学者论说："对中国文化起补阙作用，与中国文化有亲和力的东西易被吸收，被吸收的东西都经过改造，这是唐代文化汇聚的最大特色。"同时，唐代中国社会及其政权"表现出一种将外来文化因素认同于自身文化，使其'俯就我范'的倾向"，"并蓄兼收的根本目的在于追求大一统的极致"。①

唐代是中西交通、丝路贸易的重要转折时期。8 世纪中叶，怛罗斯大战（751）和安史之乱（755）后，唐朝政府在西域的势力锐减，吐蕃、大食力量迅速增长并东进，加上经济重心南移，长江流域经济迅速发展，国家财政收入更多地仰仗江南，于是丝绸之路由最初的以陆上交通贸易为重渐渐让位于海上丝路贸易。陶瓷、香料等成为与丝绸并重的大宗贸易商品，海上丝路日趋繁盛，始有陶瓷之路、香料之路的称谓出现，丝绸之路进入了一个新的发展时期。

四、陆海丝绸之路中心转移的比较分析

唐代是陆路、海路交通各自出现转折的重要时期。陆路交通由极盛而衰，海路交通代之而起，承担了东西方经济、文化交流的主要任务。

在对陆海丝路重心转移和优劣作比较分析前，我们先对海上丝路和南方丝路作简要追述。

（一）海上丝绸之路概况

海上丝绸之路是以舟船为交通运输工具，东起朝鲜、日本，西抵东非、北非、地中海东岸国家，中经日本海、黄海、东海、南海，绕孟加拉湾，穿越印度洋、阿拉伯海，过波斯湾和红海，将中国与东亚、东南亚、南亚、西亚、阿拉伯半岛、非洲大陆、欧洲地中海国家连接起来的一条水上交通大道。有人又以通过这条商道输入、输出的主要贸易商品命名，称其为"香料之路"或"陶瓷之路"。

海上丝绸之路开辟于西汉初年。当时，南越国割据南方，内地与南方沿海地区的交通不畅。武帝元鼎六年（前 111），遣伏波将军路博德、楼船将军杨仆等率 10 万人平南越，以其地置南海、郁林、苍梧、合浦、儋耳、珠崖、交趾、九真、日南九郡，于是南海海道得以开辟，"中国往商贾者多取富焉"。

据《汉书·地理志》记载，南海海路的航线，是从日南边塞（今越南广治附近）或徐闻（今广东徐闻附近）、合浦（治所在今广西合浦东北）出海，"船行可五月，有

---

① 张广达：《唐代的中外文化汇聚和晚清的中西文化冲突》，《中国社会科学》1986 年第 3 期。

都元国；又船行可四月，有邑卢没国；又船行可二十余日，有谌离国；步行可十余日，有夫甘都卢国。自夫甘都卢国船行可二月余，有黄支国……自黄支船行可八月到皮宗，船行可二月，到日南、象林界云。黄支之南，有已程不国，汉之译使自此还矣"。

这是一条长期以来为中外学者极为重视的珍贵史料。它记载了汉武帝时远航海外的航线，其途经的许多国家与地区众说纷纭，多无定论，现唯有已程不国，公认为是今斯里兰卡，黄支国是今印度南部泰米尔纳德邦的康契普拉姆（建志补罗）等。①

经由海道，《汉书·地理志》上述材料中所记载的那些国家与汉王朝建立起联系，"自武帝以来皆献见"。汉有译长及应募者赍黄金杂缯而往，市明珠、璧流离、奇石异物，"所至国皆禀食为耦，蛮夷贾船转送致之"。中国海舶与"蛮夷贾船"都在这条航线上往来交易。东汉时，南海海道上的交通日益频繁，航路进一步拓展，有更多的国家经由海道与中国建立联系。事例很多，后有详述，此不赘述。但此时中国与印度、大秦等国的交往，还是以陆路为主。所以从总体上看，此时中西陆路交通比海路交通更为频繁、重要。

魏晋南北朝时期，海外交通有一定的发展，主要与地区分裂割据局面的形成以及南方地区的不断开发有关。这一时期地处东南的政权相继是东吴、东晋、南朝（宋、齐、梁、陈）等。有史料记载，东吴黄武五年（226），大秦商人秦伦由海路经交趾抵东吴。此为第一名有确切记载的来华罗马商人。② 另一典型事例是"南宣国化"，即孙权曾派康泰、朱应出使扶南和南海诸国。在实地考察的基础上，朱应撰有《扶南异物志》，康泰撰有《吴时外国传》。惜此二书均佚，仅在《水经注》《北堂书钞》《艺文类聚》《初学记》《通典》《太平御览》《文选注》等书中见到片段引文。

东晋、南朝因受地理条件所限，对外陆路交通不够通畅，故自然而然加强了对外海上交通。当时外来船只一般都在交（交州，今越南北部）、广（广州）登岸，然后北上建业（南京）这一中国南方政治、经济的中心大城。从贸易货物来看，输出的仍以丝织品为大宗，输入商品有香料、珠宝、犀、象、琉璃、火浣布、吉贝等物。贸易的繁荣景象如史载："商舶远届，委输南州，故交广富实，牣积王府。"交州"宝货所出，山海珍怪，莫与为比"。广州"海舶每岁数至"或"岁十数至"。

隋朝国祚虽短，但大一统的局面和经济的发展，使之在海路交通方面颇有建树。突出事例有二：一是与日本国海上交往频繁，互派使节往返四次，遂有大批日本留学生、学问僧留居中国，学习和传播中国文化。二是重视发展与东南亚各国的关系，其中尤值得提出的是炀帝大业三年至六年（607—610）遣常骏、王君政出使南海赤土国（今其

① 有关这条路线的考证可参看：章巽：《我国古代的海上交通》，北京：商务印书馆1986年版；[法] 费琅著，冯承钧译：《昆仑及南海古代航行考》，北京：中华书局1957年版；朱杰勤：《汉代中国与东南亚及南海海上交通路线试探》，《中外关系史论文集》，郑州：河南人民出版社1984年版。

② （唐）姚思廉：《梁书·诸夷传》"中天竺"条。

地望意见不一，多主张在马来半岛）赐帛各百匹，时服一袭而遣。赏物五千段，以赐赤土王，从此双方建立友好关系。

（二）南方丝绸之路概况

汉文史籍又称南方丝绸之路为"蜀身毒道"或"永昌路"。身毒又作"天竺""损笃""贤豆"，都是印度语音译。永昌郡位于今云南保山，四川古称蜀国，其先王名蚕丛，蜀即"葵中蚕"或"桑中蚕"之意。早在秦始皇灭六国之前，秦国首先是向西南发展，《华阳国志·巴志》记载，周慎靓王五年（前316）秦惠文王曾派张仪、司马错救巴伐蜀，后置巴、蜀、汉中、黔中郡，这四郡包括今陕西南部的汉中，以及四川、云南、贵州等省的全部或一部分，时间约在秦始皇二十六年（前221）灭六国之前的100年。《史记·张仪列传》记司马错论伐蜀有利时说："得其地足以广国，取其财足以富民……拔一国而天下不以为暴，利尽西海，而天下不以为贪。"这里的西海指的是波斯湾。秦在灭六国前，早已知道与"西海"交通有利，而印度洋、孟加拉湾沿岸的居民也在唐以前就知道蜀川这个地名。为了便利关中和蜀川这两个经济文化发展较早地区的交通，秦国在秦始皇以前，为征服秦岭的阻碍修筑了栈道①，通过栈道把蜀川和关中紧密联系起来。栈道是秦的创举，自秦至清，保持数千年之久，在交通史上具有特别重要的意义。

两汉时期，四川丝织业已很繁盛，蜀锦闻名全国，并设有专职锦官。三国时丝织品成为蜀国的主要财源。唐代，四川为益州，富甲天下，有"扬一益二"之美称。沃野千里，物产丰盛，经济发达的四川为商业贸易提供了必要的物质基础和优越的前提条件，所以南方丝路的存在不仅是有可能的，而且和西北丝路一样，在漫长的历史中促进了中国与欧亚各国的友好往来。张骞第一次出使西域，在大夏国（今阿富汗北部）见到邛竹、蜀布，推知从中原向西南行，经川、滇可通缅甸、印度。其后尽管官方无由此道通使和经商的记载，但综合文献和实地考察，证实2 000多年前，在我国西南地区确实一直存在着一条从长安、咸阳出发，经川西南入云南，连接南亚、西亚直达欧洲等地中海国家的古老民间大道，沿此道往来通商的主要贸易物品仍然是丝绸。②

总之，自古以来，在我国东南至西南的大片内陆地区，存在着一张由多条水陆通道

---

① 又名阁道、复道，在峭岩陡壁上凿孔架桥连阁的一种道路。相传战国秦伐蜀，修金牛道，后世称南栈道。

② 欲对此问题作进一步的了解，可参阅：［法］伯希和著，冯承钧译：《交广印度两道考》，上海：商务印书馆1933年版，第10－42页；张毅：《南方丝绸之路与海上丝绸之路》，联合国教科文组织海上丝绸之路综合考察泉州国际学术讨论会组织委员会编：《中国与海上丝绸之路》，福州：福建人民出版社1991年版；陈炎：《汉唐时缅甸在西南丝道中的地位》，《东方研究》1980年第1期。

转输相连的交通网。这张网对外有多处出口，除北上与中原、转与西域相通外，南下则可进入北部湾、暹罗湾、安达曼海、孟加拉湾，与海上丝路相交会。于是历史上的南方丝路与海上丝路之间实际存在或构成一种值得密切关注和深入研究的网络关系。

（三）陆海丝绸之路重心转移的原因和比较

陆海丝绸之路重心转移的节点发生在唐玄宗天宝末年（755）的"安史之乱"。其时西域四镇边兵东调长安，边疆空虚。加之此前五年（天宝十年，751），唐边将高仙芝失信石国，引发了怛罗斯大战，唐兵败于大食军，造成唐朝势力在中亚地区消退，大食势力占据了中亚河中地区。不久，吐蕃势力北上，控制陇西至葱岭一带，而回鹘政权又盘踞天山以北，于是西域地区几大势力争斗不已，致使中原内地与西北边疆"道路梗绝，往来不通"。陆上丝路急速衰落，促使唐朝统治者把目光转向了海路，加强了对海外贸易的管理。而陆、海路轻重关系的交替除上述政治原因外，还在于：①从魏晋南北朝起，北方战乱，经济遭破坏，南方经济开始起步，至唐代以后有了迅速发展，到宋代就出现了"国家根本，仰给东南"的局面；②此时对外贸易的主要商品丝绸、瓷器等，优质产品多出自南方，而瓷器又以船运为便（运载量大，安全不易破损，运费低廉），而以香料为主的输入物品也多产自南洋一带，这亦促进了海上贸易的发展；③唐宋时期造船业的发展和航海技术的进步，最重要的是指南针（罗盘）的使用，亦是起到保证作用的有利因素；④当时与中国交往的海外诸国除东南亚国家外，印度、波斯、大食等国也在积极发展海上交通，从外部影响中国，为此唐宋政府都加强了对海路交通的管理。唐廷首先在广州设置了"市舶使"，为宋及其以后的市舶制奠定了基础。到了宋代，市舶贸易在海外贸易中占据了重要的位置，沿海各通商口岸设立了市舶机构，逐渐形成一套比较完备的市舶制度。

纵观丝绸之路陆、海两路的出现、形成、发展、变化的历史特点，我们可以比较一下两者的异同点：①陆路交通出现在前，海路交通出现在后。这是由自然条件、交通运输工具所限制、决定的，因为驮运比舟船出现得早。②陆路交通成点、面、片、网状，波及、影响的地域面较广大；海路交通成点、线状，对海上丝绸之路的具体研究以港口为主，以点连成交通线，不似陆路，存在大量有形实物。③陆路、海路不存在取代关系，海路的出现迟于陆路，但自出现后一直与陆路并存。唐代中、晚期以后，陆路衰落，但亦未泯灭，至元代再度复兴。所以仅仅从繁盛的角度讲，可谓陆先海后，但是从繁荣的时间看，则陆路短，海路长。

丝绸之路与中外文明关系研究是经世之学。2013 年习近平总书记提出共同建设"丝绸之路经济带"与"21 世纪海上丝绸之路"的"一带一路"倡议，非常符合世界发展趋势，是国之大策。我们研读丝绸之路与中外文明交往，不仅是政治、经济的需要，而且是历史、文化和新形势下国际关系的需要。为此，首先需要搞清楚它的历史和内涵，从中外文明交往中去寻求"一带一路"倡议的文化血脉和历史源流，融通古今、交会海内外，完成时代赋予这一学科"经世致用"的宏大课题。

🌸 思考题

1. 你对远古世界文明存在及交往的情况知多少，是通过考古发现还是文献资料来了解的？

2. 丝绸之路从凿空到多条线路织成网络再到陆海丝路中心转移，如此经久不衰的发展轨迹说明了什么？

第二章
古代中国与世界的紧密联系

教学目的

本章一方面讲授古代中国政治生活中的"大一统"天下观，并阐述在此天下观指导下的和平、开放、包容的对外方略，揭示中华文明具有和平根性的事实；另一方面也讲述古代中国在东亚乃至世界的强大政治影响力和经济影响力，表明中国自古以来就在国际体系中占据重要地位。

重点与难点

本章重点在于掌握古代中国对外交往的理念与国策，梳理对外政治交往和经济交往的史实；难点在于理念与国策部分理论性较强，政治和经济交往部分史实繁多难记。

陆海丝绸之路将世界连成了一个整体，人类的历史开始由国别史向区域史、全球史发展。以儒家思想为核心的中华文明秉持着"大一统"的天下观，其实质是建立世界各国各民族共生共荣的命运共同体。在此外交理念指导下，古代中国与域外国家进行频繁的政治交往和经济文化交流，致力于发展友好互惠的国际关系。

第一节　对外交往的理念与国策

中国长期以来是一个统一的多民族国家，在国家的发展过程中，备受重视的是民族之间的融合而非征服。中国对外交往的政策是在处理民族关系的基础上发展而来的，其理论基础是"大一统"的天下观。受这种观念影响，古代中国一直秉持着对外开放的国策，致力于发展互联包容的国际关系。

一、"大一统"的天下观

中国不仅是一个多民族的国家，而且还是多元文明起源的国家，这是"大一统"天下观的基本出发点。

中华文明的核心是华夏文明，它是诞生于黄河中下游一带的农业文明。根据古史传说，公元前3000年左右，今陕西境内出现了以炎帝①和黄帝为首领的两支原始部落。他们联合起来，打败以蚩尤为首领的九黎族，又教导部族百姓制造农具，植种草木，建造舟车，制定衣冠、音律、医学、文字等，发展出了灿烂的文明，在此基础上逐渐形成了华夏族。华夏族与周边的部落不断融合，其势力发展到长江流域，留下了众多的文明遗址。

公元前2100至前770年，华夏族在今河南、陕西一带先后建立了夏朝、商朝、周朝。华夏族自称"夏""华"，兼有"大"和"华彩"之意，在文化上具有相对于周边民族的优越感；华夏族自视居于天下中心，故又有"中华""中国"的说法。"中国"本义是"中央之国"，也有"京师"之意。随着华夏文明的地域拓展，秦汉时"中国"逐渐泛化为全国的统称。"中国"也属文化概念，实行华夏族的生产方式和礼乐文明的民族都成为华夏族的成员，被纳入"中国"的范围之内。春秋战国时期，西方的秦国和南方的楚国、吴国、越国，在中原国家的影响下实现了文化上的转变，从而被中原诸侯所接纳，就是生动的例子。

"天下"广义上具有"世界"之意，有时特指华夏国家的统治区域。周朝所说的"天下"有时将周边民族包含在内，有时又特指周天子统治地区。到了秦汉，随着多民

---

① 关于炎帝部落的兴起之地，现有争论，这里取陕西宝鸡之说。

族统一国家的形成，"天下"概念拓展到了全国，凡是秦汉王朝法令、政令所及之地都可以称为"天下"。

"天下"由华夏国家和周边民族地区所组成，先秦时期人们已经有将周边民族分为"蛮夷戎狄"的说法，其中，南方的民族被称作"蛮"，东方的民族被称作"夷"，西方的民族被称作"戎"，北方的民族被称作"狄"。华夷之别是因为双方客观存在的生产生活方式和文化习俗上的差异。华夏族较早使用金属农具，社会生产出现飞跃性进步，农耕和定居的生产生活方式发展出以家庭伦理为中心的礼仪文化，形成了相对发达的文明，使得华夏族形成对周边民族经济和文化上的优势。

然而文明的异质性和发展的落差在中国并没有导致大规模的种族歧视和冲突。华夏文明虽然长期领先周边民族和世界，但是在对外关系上从来都是强调对域外国家的怀柔而非奴役。孔子提出了一个著名的原则——"故远人不服，则修文德以来之"，即是说中国是利用文化优势和真诚友善的外交态度来吸引周边民族，使其认同中国文化，认同中国的外交政策，由此形成周边民族对中国的向心力。而西方世界却更加强调通过民族征服的野蛮手段来构建世界帝国，例如古罗马在西方世界中具有明显的制度与文化上的优势，然而其开疆拓土却是通过征服战争实现的，其制度文化的传播也是通过征服之后强加于被征服民族的。中华文明具有和平根性，强而不霸，从来没有对外侵略，也没有对外殖民，这个可贵的品质在与西方的比较中更能凸显出来。

在中国势力不能控制的殊方异域，中国往往务实地承认各种民族与政权的存在，没有想要征服他们，也没有强迫他们向中国纳贡，只是将他们视为野蛮、落后的蛮荒之民，他们所居住的土地被称为"荒服"或者"要服"。但是中国并没有完全否定周边文明的可取之处。孔子就说："夷狄之有君，不如诸夏之亡也。"意思是，周边民族和国家如果有开明的君主懂得尊重周天子，懂得施行礼乐和仁政，总比春秋战国时期华夏诸侯礼崩乐坏、僭越犯上为好。孔子还一度想要移居周边国家，有人质疑周边国家落后，孔子说："君子居之，何陋之有！"孔子的话表明中国向来是根据文化而非血统来评价民族和国家，只要认同先进文化，便会对其产生认同感和归属感，不会被视为异类。中国文化的包容性便根源于此。

孔子的这一思想到了汉代发展出"大一统"的天下观。"大一统"的天下观由公羊学派提出，它是在西汉国富民强、多民族统一国家初步形成以及西汉政府对外积极建立以汉王朝为主导的国际秩序的背景下形成的，对汉朝乃至后代的对外政策都具有重要的理论指导意义。

首先，"华夷一体"是"大一统"天下观的首要内涵。周代的"天下观"是由五圈层地域所组成的融合华夷的世界。其中，天子居于中心，天子所辖畿内之地为"甸服"，畿外五百里之地为亲近诸侯的"侯服"，再外一圈为宾贡朝见的"绥服"或者"宾服"，再往外是蛮夷居住的"要服"，最后一圈属于戎狄居住的"荒服"。华夏与蛮夷戎狄由内及外分别处于不同的地域，共同构成一个完整的世界。"大一统"的天下观认为"内其国而外诸夏"是衰乱之世，"内诸夏而外夷狄"是治平之世，"夷狄进至于爵，天下远近小大若一"则是大平之世。也就是说，华夷共存、华夷无别这样的状态是最为理想的天下体系，这也是中国古圣明王和士大夫所要追求的目标。

其次，以"德化"为手段，对外传播中华文明，由此来吸引周边国家认同中国文化，达到文化上一体化的目标。这其实是继承孟子"用夏变夷"的思想，它向来是儒家所认为的传播华夏文化、改造夷狄的根本途径。中国强调建设高度文明的社会，不断地对外传播，让周边国家享受中国发展所带来的红利，不断发展各自的文明，从而建立起和合一体、具有高度礼仪文明的世界体系。这种理想主义的对外关系理念，使得中国的对外政策具有传播文明的使命感，希望把中国的"王化"像阳光雨露一般播撒于周边世界，甚至是远方的世界。

最后，"大一统"的天下观包含着中国的文化自信，其意在确立以中国为中心的天下秩序，即构建以中国为主导的国际体系。在此体系之中，中国所扮演的不是征服者，而是领导者、仲裁者。在长期的历史进程中，我们可以看到中国如何保护藩属国，同时要求藩属国服从"天下"秩序的事实。中国政府通过向藩属国授予官职，提供政治、军事上的保护，给予经济、文化上的利益，来确保其在国际体系中的领导地位。中国历代王朝本质上都坚持这一既有的对外方略，推行这一和平发展的国际体系，因而这一体系在东方世界持续了上千年。中国与周边国家一直良性地共存和发展，直至近代西方殖民势力入侵，这一世界体系才最终被打破，从此中国与周边国家便开始了艰苦的反侵略和反殖民斗争。

中华文明素来坚持共同体形态，这与注重个体本位的西方文明存在较大的差异。在国际关系上，西方文明强调竞争，强调文明的冲突，维持西方的中心地位和对国际事务的话语主导权；中华文明却更注重合作，强调文明之间的整合，旨在强调国与国之间的尊重、互鉴和共存共荣。近些年中国所提出的"人类命运共同体"理念与"大一统"的天下观是一脉相承的。

二、互联包容的外交方略

受"大一统"天下观的影响，中国古代王朝致力于构建以中国为主导的国际体系，通过确立国际道德准则来树立中国在其中的领导地位，由此中国获得了具有道德法律权威的最高权力，确定对外交往的基本礼仪和规则，尽量把所能接触到的国家都纳入这一体系之中。为了达到这个目的，古代中国长期以来实行对外开放的方略，积极与域外国家建立朝贡关系，坚持求同存异、协和万邦的和平外交方针，支持彼此之间的经济、文化交流。

中国古代统治者大多注重强调在世界上扬名立万，因此，以四夷宾服、万邦来朝为核心的对外开放思想在兴盛昌隆的朝代表现得非常明显。汉武帝时期，张骞两次出使西域，与西域各国建立了外交关系，不仅使得西汉王朝"威德遍于四海"，而且开辟了历史上有名的丝绸之路。唐朝处于封建社会的盛世，发达的社会经济和文化艺术大大推动了对外开放活动的发展。唐朝对外来的遣唐使、留学生以及商人、僧侣等，都报以欢迎的态度，给予优待。唐王朝的都城长安、洛阳，成为当时有名的国际化都市。唐朝因其先进的文明和开放的政策，获得很高的政治声誉，影响远及海外。至今世界上还有不少地方，仍然常用"唐人""唐物""唐文化""唐装"等名称。明朝初年也是对外开放活动比较活跃的时期。尤其是明成祖朱棣即位后，大力发展中外贸易和友好事业，派遣陈诚三次出使西域、郑和七次下西洋，与亚洲、非洲的许多国家建立起外交关系，出现了盛极一时的外交盛况。

外交往来虽然是以国家为主体，服务于国家的政治目的，但对外开放也符合中国国内社会经济发展的需要，以及人民渴望探索外部世界、与外国人士友好往来、进行经济文化交流的愿望。明朝中期，由于倭寇和海盗的侵扰，明政府颁布了封关禁海的诏令。这违背了当时国内人民要求扩大对外贸易、开拓国外市场的需要，因而无法抑制民间走私贸易的发展，最后隆庆年间明政府决定开放关禁，更好地与世界联系在一起。明末清初，西方殖民势力东侵，同时也给中国带来了先进的西方科学技术。一些开明人士主张学习西方的先进文化，并加以引进。康熙帝对中西文化交流态度积极宽容，对西方传教士颇为重用，然而罗马教皇却公开、粗暴地干涉中国内部事务，引起朝野强烈愤慨，康熙帝只得下令禁止基督教在华传播；西方殖民势力又试图入侵中国，康熙帝于是颁布封关禁海的谕旨。历史事实证明，对外开放是中华文明长期以来保持世界领先地位的重要保障，而闭关锁国则最终导致近代中国落后于西方。

古代中国在对外交往中坚持"协和万邦"的和平外交政策。所谓"和"，是指人心和善，家庭和睦，社会和谐，世界和平。"和"的基础是和而不同、互相包容、求同存异，所以尊重彼此之间的差异是开展友好交往的前提。"和"的目的是在差异中求得统一，在分歧中谋得共识，所以实现国与国之间的共生共荣是开展国际交往的最终目的。儒家主张行仁政，在国际关系上则表现为以"德化"来吸引域外国家归附，而不是以武力强迫对方臣服，滥用民力、穷兵黩武、好大喜功都不符合儒家传统的思想主张。中国以农业文明为主，中国人民崇尚安土重迁，渴望在安定的环境中发展农业生产，因此中华文明具有和平、内敛的根性。比如明太祖朱元璋就多次告诫臣工，不能凭恃中国富强，随意侵略他国。他在《皇明祖训》中明确规定："四方诸夷，皆限山隔海，僻在一隅，得其地不足以供给，得其民不足以使令，若其不自揣量，来扰我边，则彼为不祥。彼既不为中国患，而我兴兵轻伐，亦不祥也。吾恐后世子孙倚中国富强，贪一时战功，无故兴兵，致伤人命。切记不可。"

朱元璋的话表明，与西方国家强而必霸，必然走上侵略扩张的道路不同，中国历代王朝并不贪图外国的土地和人民，中国外交历来具有内敛性，是自卫型外交而非扩张型外交。朱元璋甚至还规定了周边十五个"不征之国"，分别是：朝鲜、日本、大琉球、小琉球、占城、安南、真腊、暹罗、苏门答腊、爪哇、白花、浡泥、西洋、溢亨、三佛齐。

中国历史学家韩昇在探讨中国古代对外关系准则时指出，中国古代王朝在国际关系中使用武力，所追求的不是军事的征服，而是政治上的胜利。战争始终是政治统率之下的战争，是政治的继续，而非纯粹军事意义的战争。① 防御性战争姑且勿论，中国主动发起的战争往往是为了捍卫国际道义、维护世界和平和建构国际体系。中国取得战争胜利，也没想着要奴役、压迫对方，而是要将失败者重新纳入以君臣关系为核心的国际体系当中。中国强烈反对霸权主义和强权政治，反对恃强凌弱乃至进行赤裸裸的侵略。中国一直是东方世界国际体系的领导者和维护者，而非统治者和掠夺者。

中国古代王朝所领导的国际体系是通过册封和朝贡制度建立起来的。日本学者西岛定生说古代东亚存在一个以中国王朝为中心的册封体制，中国通过对周边国家的册封建构起双方的君臣隶属关系。所谓册封是指中国皇帝授予周边国家国王以爵位和印绶的一种礼仪，由此来确定中国与周边国家的政治隶属关系。受册封国在政治上要承认中国的领导地位，必须承担定期朝贡、质子、调兵作战等义务；中国则认可受册封国的政权合法性，提供政治庇护，给予经济援助，发生战争时也有出兵保护之责。因此，这种册封体制也可称为朝贡体制。根据中国对周边国家影响力的强弱，册封的实际形态有所不同，但是就政治服从的前提来说则是一致的。

朝贡体制其实是周代畿服制度的发展。周天子对内服进行直接行政管理，对外服（即边缘地区）则册封诸侯进行统治，由此形成内服和外服互相拱卫的局面。在中华文明向前发展的过程中，内服地区不断拓展，许多外服地区接受了内服地区的生产方式和思想文化，也成为内服的一部分，而处于边缘地带的"不臣"之国则成为新的外服。

这种朝贡体系，比起近代西方国家所主张的条约体系、殖民体系来说，是一种更显文明和进步的国际关系模式。除了和平的本质特征之外，它又以经济技术交流的单方面让利和先进文明的单向传播为主要特征。

为了让朝贡国感受到中央王朝的富庶和强大，中国古代王朝统治者煞费苦心。从外国使者入境、沿途接待，直到在首都觐见中国皇帝、各种参观游览，中国政府都用心安排，将此作为展现军容国威的机会。因此使者能够观摩到中国先进的政治制度、发达的经济、灿烂夺目的文化，从而心怀仰慕，渴望学习。使臣回国时，中国皇帝还要厚赐重赏。比如魏明帝景初二年（238），邪马台国②卑弥呼女王遣使至洛阳，馈赠男生口（即

① 参见韩昇：《中国古代的外交实践及其基本原则》，《学术研究》2008 年第 8 期。
② 邪马台国，也叫作邪马壹国，这里采用通用说法。

奴隶）四人、女生口六人、班布二匹二丈。曹魏回馈的礼物有绛地交龙锦五匹、绛地绉粟罽十张、蒨绛五十匹、绀青五十匹，另有绀地句文锦三匹、细班华罽五张、白绢五十匹、金八两、五尺刀二口、铜镜百枚、珍珠与铅丹各五十斤。魏明帝并封卑弥呼为"亲魏倭王"，授金印紫绶。中国给予邪马台国的赏赐要远远多于对方的贡品价值，从经济角度计算是亏本的。但是中国外交的政治逻辑是"怀柔远人""厚往薄来"，希望通过经济上的支援来结交外国朋友。

中国在厚赐对方国的同时，往往也应其要求，把典籍、历法、兵器和技术产品相赠，甚至派遣学者和技术工匠到国外，进行文化传播和技术支援。比如，宋文帝元嘉二十七年（450），百济上书献方物，"表求《易林》、《式占》、腰弩"①。梁武帝中大通六年（534）、大同七年（541），百济使节到达建康献方物，"请《涅槃》等经义、《毛诗》博士，并工匠、画师等"②。南朝统治者都满足了百济国的要求。萧梁时因百济"表求讲礼博士"③，精通礼学的陆诩奉诏前往讲学，类似的例子还有很多。这样的文化传播和技术援助与"用夏变夷"的主张是一致的，它提升了周边国家的社会发展水平，也增强了周边国家对中国的向心力。

中国在对外交往的过程中，非常重视对外来优秀文化的吸收。只要是有利于社会经济的发展，有利于人民生活水平的提高，中国都以海纳百川的姿态来包容各种有益的异质文化。但是对异质文化的吸收不是照单全收，而是要建立在符合中国国情的基础上，适应中国的社会文化环境，简言之就是要进行"中国化改造"，使之融入中国多元文化的统一体当中。

中国古代王朝所要建立的国际秩序，以及为此而推行的对外方略，都是建立在中国先进的文明、明显高于周边国家的综合实力的基础上，由此产生了对周边国家的文化吸引力。中国主导了亚洲朝贡体系上千年，不是依赖武力，而是主要依靠先进的制度、法律、文化和技术，使得周边国家受到吸引，自愿输入移植，自愿合作追随。即使是柔性的文化技术，也只有对方自愿接受才得以有效传播和成功移植。正是在这些互联包容的外交方略指导下，古代中国与域外国家长期共存、和平发展。

① （唐）李延寿：《南史》卷七九《夷貊下·百济》，北京：中华书局1975年版，第1972页。
② （唐）姚思廉：《梁书》卷五四《诸夷·百济》，北京：中华书局1973年版，第805页。
③ （唐）姚思廉：《陈书》卷三三《儒林·陆诩传》，北京：中华书局1972年版，第442页。

第二节　屹立东方的世界大国

丝绸之路是使节之路、商旅之路，也是文化传播之路。陆海丝绸之路畅通伊始，中国与西方各国同时表现出了利用丝绸之路开展政治交往和贸易往来的兴趣。古代中国国力强盛、经济发达，是世界上举足轻重的政治体和经济体，因而成为东方国家和西方国家都向往的国度。

一、与域外国家的外交往来

1. 两汉时期的中外政治交往

张骞出使西域后，陆上丝绸之路畅通，中外使者、商贾往来不绝。很长一段时间，陆上丝绸之路上"使者相望于道"，"诸使外国一辈，大者数百，少者百余人"，甚至一年之中，赴西域的汉使"多者十余，少者五六辈"。一批批使臣、商贾络绎不绝地前往西域，"远者八九岁，近者数岁而反"[1]。西汉政府与西域及中亚、西亚、南亚国家的友好往来迅速发展，而且交通线路一直向西延伸到奄蔡（今咸海一带）和条支（今叙利亚一带）等国。

随着西汉王朝通过多次战争取得对匈奴作战的胜利，匈奴再也无法与西汉争衡。公元前60年，匈奴发生内讧，西边日逐王先贤掸降汉，被西汉封为归德侯，匈奴势力从此退出西域。汉朝政府设立西域都护府管辖广大西北边疆。西域都护府最高长官为都护和副都护，下属官员有丞、司马、侯、千人等。西域都护府管辖范围广大，东起敦煌，西至巴尔喀什湖、费尔干纳盆地、帕米尔高原以东，北抵阿尔泰山，南至喀喇昆仑山。西域都护府的职责是实行汉朝政令，确保西域南北道的畅通。东汉时期，丝绸之路出现"三绝三通"的情况，在班超及其子班勇的经营下，丝绸之路依旧繁荣，依然是东西方使臣来往的交通干线："驰命走驿，不绝于时月；商胡贩客，日款于塞下。"[2]

以伊朗高原的安息国为例。汉武帝遣使到安息，安息国王命将迎接于东界，接下来派遣使臣随同汉使来访，"以大鸟卵及黎轩善眩人献于汉"。东汉时，安息国继续与汉通使。公元87年，遣使献狮子以及似麟而无角的"符拔"；公元101年，安息王复献狮子以及产自叙利亚的鸵鸟。

---

① （汉）司马迁：《史记》卷一二三《大宛列传》，北京：中华书局1959年版，第3170页。
② （宋）范晔：《后汉书》卷八八《西域传》，北京：中华书局1965年版，第2931页。

2. 魏晋南北朝时期的中外政治交往

魏晋南北朝时战乱频仍，但总体来说丝绸之路仍然保持畅通，丝绸之路上的使节往来持续不断。魏晋王朝延续东汉后期的做法，在丝路要地高昌设置戊己校尉，恢复西域长史，监护西域诸国。西域诸国与魏晋王朝保持朝贡关系。以费尔干纳盆地的大宛国为例，曹魏元帝咸熙二年（265），大宛王遣使赠送名马。西晋武帝太康六年（285），杨颢出使大宛，赠大宛国王蓝庾"大宛王"尊号。蓝庾之子摩之继立，又遣使洛阳馈赠汗血宝马。永嘉之乱，晋室南迁，据守河西的政权如前凉、后凉、西凉、北凉，因地利之便与西域诸国往来不断。

太延年间，北魏太武帝派王恩生等人出使西域失败后，再派董琬、高明出使，由此揭开北魏与西域诸国通使的序幕。北魏灭北凉，在鄯善、焉耆分别设镇，由此北魏与西域诸国的交往日益紧密。其后北魏对西域军事控制减弱，其经营西域的策略转为以报使往来为主。① 史传可见的北魏使臣，有出使嚈哒的高徽、出使波斯的韩羊皮和张道义以及出使迷密的谷巍龙等，前往西域取经的有宋云、慧生。6 世纪中叶，突厥崛起，控制了漠北和西域；中国北方战乱不休，无力再经营西域，与西域诸国的政治交往不如北魏时频繁。值得一提的是，萧梁时期南朝与西域的交往迎来一个小高潮。南京博物院藏梁代萧绎《职贡图》，为宋人临摹的残本，其中使臣肖像有十二国，属西域的凡七国②，分别是滑国、波斯、周古柯、呵跋檀、胡蜜丹、白题、末国。每位使臣肖像后均有题记一则，介绍该国基本情况。萧梁与西域的交通线路主要通过青海道，另外，滇缅通道和南海海路也是重要的通道。

魏晋南北朝中外政治交往的成就要超过汉代，主要表现在与东南亚、南亚国家外交关系的确立和双方使节来往的频繁上。这得益于这一时期航海造船技术的提高以及连接南海和印度洋的海上丝绸之路有了突破性发展。汉代，与中国有政治交往的东南亚国家局限于叶调国和掸国，然而自东吴的朱应、康泰出使南海诸国，与东南亚国家建立联系之后，东南亚百数十个国家和地区纷纷遣使中国，到了南朝宋、齐之世，前来朝贡的东南亚国家有十余个，双方来往的次数也更为频繁，出现"舟舶继路，商使交属"③ 的盛况。

天竺在东汉和帝时曾遣使进献，后来一度中断，直至桓帝延熹年间两次从南部边陲的日南郡来贡才得以恢复。魏晋南北朝时期，统治印度的是笈多王朝。前秦苻坚建元十七年（381），笈多王朝旃陀罗·笈多二世（即超日王）遣使到长安，馈赠火浣布。北

---

① 参见余太山：《两汉魏晋南北朝与西域关系史研究》，北京：商务印书馆 2011 年版，第 228 –232 页。

② 高昌、于阗、龟兹、揭盘陀等国属中国新疆地区的古国，不列在内。

③ （梁）沈约：《宋书》卷九七《夷蛮传》，第 2631 页。

魏宣武帝景明三年（502）、景明四年（503）、正始四年（507）、永平元年（508）、延昌三年（514），笈多王朝共五次通使洛阳，加强彼此的联系。笈多王朝也通过海路通使南朝。刘宋元嘉五年（428）、泰始二年（466）笈多王朝两次遣使来访，馈赠礼物，明帝封其使臣竺扶大、竺阿珍并为建威将军。萧梁武帝天监二年（503），笈多王屈多遣长史竺罗达奉表，馈赠琉璃唾壶、杂香、吉贝等珍贵礼物。

3. 隋唐时期的中外政治交往

隋代国祚虽短，却是中外政治交往的重要时期。隋文帝即位之初，就派元晖出使伊吾，联络突厥西面达头可汗。隋炀帝即位之初，派遣杜行满、韦节等出使西域各地。当时西域使臣和商旅通过河西走廊来到长安，隋朝热情接待，以致出现"西域诸胡往来相继，所经郡县，疲于送迎"的局面。隋炀帝派吏部侍郎裴矩驻守张掖，以加强管理。隋炀帝曾经在张掖接受高昌、伊吾以及葱岭东西27个地区的国王和使者的朝见。615年，西域各国使臣朝贡长安，不仅有西突厥使臣，而且有葱岭以东的龟兹、疏勒、于阗以及葱岭以西的安国、曹国、何国、穆国等国的使臣。隋炀帝还于607—610年派常骏、王君政出使南海的赤土国，赤土国据说是位于马来半岛南部的一个国家。史籍记载："大业中，南荒朝贡者十余国。"① 隋代与南亚、西亚之间的政治交往通过海上丝绸之路进行，东都洛阳一度出现"以蛮夷朝贡者多"的盛况。

到了唐代，中外政治交往达到了高潮。唐朝打败东突厥、高昌、焉耆、龟兹，使得西域威服，西域诸国纷纷臣属唐朝，奉唐太宗李世民为"天可汗"。唐高宗时，西突厥阿史那贺鲁反唐被平定，唐朝顺应西域诸国民意，在中亚河中地区相继设立大宛都督府、康居都督府等羁縻府州。唐政府以当地首领为都督、刺史，官职世袭，贡赋和版籍不上中央政府，中央政府也不干涉当地的行政，但是羁縻府州要定期朝贡中央政府，要接受中央政府的调兵命令。这意味着中亚已经成为当时中国西部的边疆，唐朝对西域的政治影响力要超过前代。唐政府在西域设立安西、北庭两大都护府，作为最高的军事和行政机构，管理天山南北和中亚的广大地区。这两个机构为中西陆路的畅通和中外政治交往迎来高潮提供了可靠的保证。

在唐朝统治西域和中亚之际，阿拉伯帝国崛起，不断对外扩张，波斯国王几次遣使入唐求援，唐政府没有答应出兵。阿拉伯人也在651年派遣使臣出使唐朝，与唐朝建立起外交关系。不久，阿拉伯帝国征服波斯，并向东侵入唐朝控制下的中亚地区。中亚各国反抗阿拉伯人的苛重勒索和宗教迫害，纷纷向唐朝求助。但是，由于阿拉伯帝国与吐蕃联盟，支持吐蕃攻打唐朝的安西四镇，使得唐朝无力出兵西援。唐朝一方面出兵打击吐蕃，另一方面也组织各国力量对付阿拉伯帝国，双方一度处于均势局面。751年，唐将高仙芝在怛罗斯败给阿拉伯人，形势逆转，四年后安史之乱爆发，四镇边兵被调内

---

① （唐）魏徵等：《隋书》卷八二《南蛮传》，北京：中华书局2019年版，第2059页。

地，唐朝完全失去对中亚的控制。

唐代前期与南亚的政治交往取得了突破。唐朝初年，高僧玄奘游历印度求经，为中印之间政治往来架设了友好的桥梁。贞观十五年（641），曷利沙王朝的戒日王首次派遣使臣来到长安，唐太宗派遣使者回访，从此掀起了双方外交的高潮，成就了王玄策出使印度的佳话。第一次出使在643年，王玄策作为李义表的副使，目的是护送戒日王使者回国，王玄策一行人于646年回国；第二次出使在648年，王玄策作为正使，率领使团30人出行，此行王玄策帮助曷利沙王朝平定了内部叛乱；第三次出使在657年，王玄策奉命往送佛袈裟，于661年返回长安。王玄策出使印度，加强了唐朝和曷利沙王朝的政治交往，带动了南亚诸国与唐朝的建交。乾封二年（667）和天授二年（691），五天竺王皆来长安朝贡，后来中宗、睿宗时期，五天竺王又来贡献方物。泥婆罗、乌苌国、箇失密等南亚国家和地区也和唐朝保持友好关系，尤其是位于今斯里兰卡的狮子国更和唐朝关系密切。

唐代，中国与朝鲜、日本等东亚国家的外交联系也得到空前的发展。汉武帝在朝鲜半岛中北部设立乐浪、玄菟、真番、临屯四郡。魏晋南北朝时期朝鲜半岛出现高句丽、百济、新罗三国鼎立的局面，半岛三国与魏晋南北朝各割据政权使节来往频繁。比如高句丽遣使北魏、东魏、北齐、北周前后有九十余次，有时一年之中遣使三四次。高句丽遣使来东晋、南朝诸政权都城建康访问，馈赠方物，也前后近三十次。唐朝联合新罗，经过多次战争，灭亡高句丽和百济，朝鲜半岛最终统一于新罗。新罗经常派使臣来唐朝，还派遣留学生来学习先进的文化。

魏晋南北朝时期，统治日本的是"大和国"。大和国多次遣使，远涉重洋，到南朝都城建康访问；南朝皇帝也主动遣使，授大和国王"倭王"和"安东将军"位号，并赐予礼物，加强彼此的友好关系。到了唐代，日本经常派遣使团访问中国，一方面是与唐朝维持良好的外交关系，另一方面是由此学习唐朝先进的政治制度和文化。

安史之乱之后，通向西方的陆上交通梗塞难通，但是海上交通却日益兴盛，因此中国与东南亚、波斯湾沿岸国家的政治交往依然密切。阿拉伯帝国阿拔斯王朝改变此前倭马亚王朝的政策，与唐朝加强了友好联系。此时的东南亚国家，延续与隋朝交好的势头，依然和唐朝交往密切。印支半岛上的真腊、苏门答腊岛上的室利佛逝、爪哇岛上的诃陵、越南中部的占婆国、缅甸境内的骠国，都和唐朝建立起平等友好的关系，并未因安史之乱而受到影响。

4. 宋元明时期的中外政治交往

两宋之世，统治中国北方的辽国以及西北、中亚的喀喇汗国和西辽，与西域、中亚有密切的政治关系。辽的西境直达叶尼塞河上游，和高昌回鹘、喀喇汗国邻接，西方各国使臣通过陆路与辽进行政治联系。喀喇汗国辖境大致包括原安西和北庭都护府的大部分地区，成为中西方政治、经济和文化交流的传递者。西辽为西迁西域的契丹贵族耶律大石所建，一度统治新疆、中亚的广大地区，对汉文化的西传起到极大的推动作用，以致西方国家将"契丹"作为中国的代表性称谓。

中国南方的宋朝则主要通过海上交通开展外交。宋朝与东南亚国家、东亚国家和平共处，双方的政治联系很频繁。据统计，宋代占城来使达到40多次，三佛齐来使也有30次之多，其他如交趾、阇婆、浡泥等国，也曾多次派遣使臣来到中国。对方国除了朝贡贸易之外，有时也会提出各种要求，宋朝政府经常会满足对方国的要求。对于东南亚国家之间的斗争，宋朝政府也一直保持中立，绝不轻易介入。

蒙元时期，蒙古的三次西征使得中西陆路交通再次畅通，驿站、水站等各种交通设施的广泛建立也为东西方国家的政治交往创造了有利条件。统治阿姆河以西至叙利亚的伊利汗国与元朝有密切的政治关系。1259年，常德作为蒙哥汗的使者出使波斯。海上丝绸之路的繁荣也促进了东西方的政治交往。朝鲜和日本经常与元朝通使，忽必烈去世后东南亚主要国家也与元朝保持良好关系。1280—1283年，杨庭璧奉忽必烈之命先后四次出使印度，至1286年，响应杨庭璧要求入元朝贡的海外诸蕃有十国。阿拉伯海、红海周边的一些国家在前朝并未与中国建立外交关系，这时开始与元朝建立外交关系。这一对外交往的热潮一直持续到明初，并在郑和下西洋时迎来了高潮。

二、发达的对外贸易和健全的管理制度

古代中国经济发达，通过陆上丝绸之路和海上丝绸之路，中国与域外各国进行着频繁的经济交流。不管是官方组织的朝贡贸易，还是民间自发的私人贸易，都很发达。中国商人和外国商客往来于丝绸之路上，中国的商品和外国的商品随之流动和转移，中国和外国都出现了一些商业繁荣的都市和专门从事海上贸易的港口，并且有一套健全且严格的管理制度。

1. 朝贡贸易与民间贸易

根据组织者和管理者的不同，古代中国的对外贸易可以分为朝贡贸易和民间贸易。朝贡贸易为政府组织并主导，海外国家派来使节，以呈献贡物的名义携带各种物品；中国政府通过"回赐"中国物品的方式来达到政治交往和经济交流的目的。朝贡贸易是封贡体系下的产物，它服务于政府的外交政策，政治色彩很浓烈，并非以市场规律和经济目的为着眼点，往往以"厚往薄来"为原则。民间贸易则是民间自发的对外贸易，陆上的边境贸易和都市贸易称为"关市贸易"，海上的贸易则称为"市舶贸易"。民间贸易要经政府允许、受政府监督、向政府交税，因此能给政府带来可观的财政收入。但是民间贸易也容易受政策影响，政府鼓励之时能够蓬勃发展，政府禁止之时则会受到很大限制。宋朝政府与明朝政府对民间贸易截然相反的政策对民间贸易的影响便是明证。

2. 丝绸之路上的商人与商货

丝绸之路是一条商贸之路，很早就有东西方商人的踪迹。汉代中国商人通过南海—

印度洋航线已经可以直航印度。5世纪前半叶，中国商船已经往返于波斯湾，从事商业活动。根据阿拉伯地理学家的著作记载，在5世纪的希拉城和亚丁各地，曾停泊了大量的中国船只。不过这一时期的民间贸易总体上是以西方商人为主。3—6世纪，大批粟特商人、波斯商人和大食商人游走于东西方的陆海交通线上，掌控了东西方贸易的主导权。这一时期，很多东来西往的僧侣大多是乘坐商船，和商人结伴而行，因此这条南海—印度洋航线一定意义上可说是"佛教之路"。唐代海外贸易繁荣，有大量阿拉伯商人来华贸易，甚至定居。据说唐末广州的蕃商就有十几万，其中大多数是阿拉伯商人。

宋代造船业发达。当时中国的海船是世界上最先进的船舶，活跃于印度洋上，以致阿拉伯人东来也得在南印度改乘中国大船。此时中国海船已经完全掌控了南海和印度洋上的航行主导权。伊本·白图泰曾说："当时所有印度、中国间的交通，皆操于中国人之手。"宋朝政府也鼓励民间商人出海贸易，贸易成绩显著的商人不仅能得到奖励，甚至还会被授予官职。在这些政策的引导下，中国沿海的商人纷纷投向海上贸易，掀起了宋代海上贸易的高潮，宋代以前海上贸易主要掌控在粟特商人、波斯商人和大食商人手中的局面到此时得到了彻底的改变。

宋代来华的海外商人很多，短暂居住的称为"住唐"，在中国出生且长期留居的称为"土生蕃客""土生蕃商"，甚至有"五世蕃商"。宋政府划定专门地方给蕃商居住，称作"蕃坊"，他们专门进行贸易的市场称为"蕃市"。为加强对海外商人的管理，宋政府还在他们之中专门指定管理者，称作"蕃长"。海外商人犯法，除了"徒以上罪"由官府审理外，其余罪由蕃长决定处罚。宋政府还为海外商人子弟建立学校，称作"蕃学"。海外商人主要定居在广州和泉州。广州的蕃坊在今广州市区光塔路一带，泉州的蕃坊则在泉州城南。宋代海外商人以阿拉伯人居多，并多为蒲姓，著名的巨商有蒲寿庚、辛押陀罗。

由于对外贸易长途跋涉，且要面临盗匪的侵扰，因此东西方商人的贸易组织形式往往采取商队的形式。通常商队的运输工具是骆驼、马、骡或者大象，海上商队则是商船。商队一般由零散的商人组成，灵活性较强。在中国还有另外一种组织严密、有明确行为规范的商业团体，称为"商帮"，以互助合作、共同盈利为宗旨。

伴随着东西方商人的脚步，精美的中国商品大量输入域外国家。丝绸和瓷器是中国对外输出的大宗商品，其中丝绸是传统外销商品。汉代，丝绸的外销已成规模。古罗马史家说，中国丝绸流入，使得每年罗马黄金大量外流。唐代，家庭丝织手工业有所发展，官府的丝织手工业工场也很发达，当时丝绸织染工艺达到相当高的水准，由此开启了丝绣工艺的时代。唐代还吸收外来的花色和图案，专门生产外销的产品。如近代以来在今新疆发现的许多对鸟、对兽纹锦，便是专门向西亚出售的产品。阿拉伯人在《中国印度见闻录》中极力称赞中国丝绸和瓷器品质精美。阿拉伯商人将中国丝绸转运到遥远的西方，因此中国丝绸得以销售到世界各地。

瓷器这一大宗商品的外销始于唐代。唐代瓷器质量很高，普遍用高温烧制而成。唐代瓷器分为青瓷和白瓷两类。青瓷为南方产品，色泽青翠；白瓷产于北方，其色洁白。唐代中期以后，中国瓷器生产已经达到很高水平，远销世界各地，深受东西方各国人民的喜爱。瓷器属于易碎品，以船舶运输比较平稳，且船舶容载量大。为了运输的方便和安全，瓷器运输一般采用海运的形式。所以有学者主张，海上丝绸之路更准确来说应该是"瓷器之路"。近代以来，在东非、北非、西亚、南亚、东南亚以及日本、朝鲜等地都有唐瓷碎片出土。比如，开罗南郊的福斯塔特遗址发现晚唐、宋代的中国陶瓷 12 000 多片，其中越窑青瓷数量最多；1998 年在印度尼西亚勿里洞岛海域发现的黑石号沉船，出水文物有 9 世纪上半叶的中国瓷器 67 000 多件。由此可见唐瓷外销数量之多、销售范围之广。

漆器也是中国对外输出的大宗产品。古代西域并无漆器的生产工艺。张骞通西域后，中国漆器经今新疆地区被运往西方。例如民国年间黄文弼曾在罗布淖尔发现不少汉代漆器，朝鲜半岛后来也发现不少中古时期的中国漆器。唐代漆器生产技术有了改进，最重要的是出现了"剔红"。这种漆器工艺十分精湛，是在漆器上以金、银、珠玉等作嵌物，精雕细刻，显得豪华精致。一般高级漆器是以金属薄片嵌于器物表面作装饰，进而将金属薄片刻成极精致、繁杂的纹样和图案，称为"平脱"。这种漆器用料贵重、技艺极精，因而价格昂贵。

域外出口到中国的物品也有很多。首先是植物新物种的传入。汉代以后，由西域传入中国的新品种植物有葡萄、苜蓿、石榴、红兰花、酒杯藤、胡麻、胡豆、胡瓜、胡荽、胡蒜、胡葱、橄榄等。东亚和东南亚也输入不少物品，如甘蔗来自越南，香料来自东南亚，人参等药材则来自朝鲜半岛。动物新物种的传入主要是中亚的良马。珍奇异兽有狮子、犀牛、孔雀、大象等。珍奇物品主要是来自东罗马帝国的珊瑚、海西布、水银、琥珀等，中亚的玛瑙、砗磲等，南亚和东南亚的玳瑁、水珠贝等。手工业品是产自中亚的毛皮和毛织品。域外物品的传入不少是供上层社会享用的，但也有利于我国农业、园艺、医药乃至传统手工业的发展。

在进口的商品中，需要特别提到香料。古代所谓香料包括的范围很广，用途也很广，可供制药、化妆、熏衣、祭祀之用。早在汉代就有苏合的进口，这大概是中国进口最早的一种香料。唐代开始大规模进口香料。香料的生产地主要集中于阿拉伯和东南亚地区，是通过海上丝绸之路运输而来，因此有学者将海上丝绸之路称为"香料之路"。乳香、苏合等香料是当时中国进口商品的大宗，有不少阿拉伯商人因从事香料贸易而成巨富。比如向唐敬宗献沉香亭子材的李苏沙，就是一个归化的阿拉伯富商。

3. 商贸城市和外贸港口

对外贸易的发达使得中国出现了一些商业繁荣的国际化都市和外贸港口。比如北魏时期大量外国商人居住洛阳城，洛阳城里有专门接待外来使者的四夷馆，定居的西方人被赐宅"慕义里"。洛阳城中西方商人云集，商货琳琅满目。唐代长安城的繁华比起北魏洛阳城有过之而无不及。盛唐时期的长安城中设有东、西两大市场。东市是国内市场，西市是国际市场，占地 1 600 多亩，建筑面积 100 万平方米，有 220 多个行业，固定商铺 4 万多家，各式各样的珍奇宝贝应有尽有，被时人称为"金市"，是当时规模宏大、国际贸易繁荣的商业市场。李白《少年行》："五陵年少金市东，银鞍白马度春风。落花踏尽游何处？笑入胡姬酒肆中。"杜甫诗歌的"李白一斗诗百篇，长安市上酒家眠"，都是指长安西市。

汉代，广东的徐闻和广西的合浦是海上贸易的重要港口。在一些广州汉墓中发现绘有犀牛图案的漆盒以及象牙，证明岭南地区很早就是中国对外贸易的窗口。魏晋南北朝，由于海外贸易的发展，建康（今南京）、京口（今镇江）、山阴（今绍兴）、广州治所番禺、交州治所交趾等沿海港口也已发展为重要的外贸港口。外国船只来华，必须在番禺、交趾登岸，然后北上中国的政治中心长安、洛阳、建康。广州是当时的海外贸易大港，"海舶每岁数至"，或"岁十数至"。交趾是另一外贸大港，"宝货所出，山海珍怪，莫与为比"。到了唐代，由广州出发通往印度洋、阿拉伯的海道以及由北方港口出发前往朝鲜、日本的航道都已形成，这时沿海地区出现许多通商口岸，比如潮州、福州、温州、明州（今宁波）、扬州、泉州、广州等。其中，广州是最为繁荣的贸易口岸。据史料记载，唐代后期，"每岁有昆仑乘舶，以珍物与中国交市"，因此外国的货物每日来到广州，各种珍奇物产由此涌入中国。

广州在宋代更为繁荣。12 世纪中期，阿拉伯人爱德利奚所著《地理书》称广州为中国最大港口，海外各国来中国的船舶都以此为终点。北宋的泉州港已经"有番舶之饶，杂货山积"，南宋时更胜过广州，外国商船云集。明州主要是日本、朝鲜商船经常停泊之处，杭州也是中外商贾云集的港口。元代广州、明州依然很兴盛，明州是江浙地区最大的贸易港，广州仍不失为繁荣的交通口岸，但此时的泉州已经超越广州，成为中国最大的通商口岸。据汪大渊《岛夷志略》记载，与泉州发生贸易关系的地区和国家就有 98 个，这远非完备的统计数字，东至朝鲜半岛，西至东南亚地区、印度洋、阿拉伯海、红海及东非沿岸国家，都和泉州有航线相通。泉州港是东西方物资的集散中心：大量的外国商品从泉州输入内地；而泉州本地生产的丝绸和瓷器，以及国内其他地区的产品也由泉州外贩。

4. 外贸管理制度

古代中国对海外贸易有一套完善的管理制度。唐代以前，海上贸易交给沿海州郡地方长官监管，没有设立专门的管理机构。最迟至开元二年（714），唐朝设市舶使于广州，对输入的珍贵物品实行收买和专卖。但是市舶使仍属差遣性质，不是管理贸易的专门机构。宋代开始设立较完备的市舶机构，制定了系统的管理制度。北宋初年在广州、明州、杭州三地各设市舶司管理海上贸易，此后泉州、密州（今诸城）、秀州（今嘉兴）、温州、江阴也相继设司。除了密州、江阴之外，其余诸司到南宋依然存在。市舶官起初由地方任命，后逐步发展为由中央派任，市舶司最终成为一个直属中央的专门管理海上贸易并具系统职能的独立机构。据《宋史·职官志》记载，市舶司的执掌包括：接待贡使、招徕蕃商；检查入港蕃舶；抽解和博买舶货；抽博货物的接纳与出售；管理舶货贩易；管制华商泛海贸易；执行海禁、缉访私贩；监督与管理蕃坊；主持祈风祭海。

元代在海外贸易上大体承袭宋朝的政策，管理制度则更为完备。1277 年，元政府在泉州、庆元、上海、澉浦（今属嘉兴）设立市舶提举司，后来增加广州、温州、杭州三处。按规定，当时出海船只须有市舶提举司发牒以往，归则征税如制。大船由市舶提举司发给公验，柴水小船由市舶提举司发给公凭。如果没有公验、公凭，即视同私贩处理。领取公凭要填清所至之地以及装载何物，次年必须返回原请验凭发船只之舶司抽分，不许越投他处。待手续办妥，方准出卖海货。此外，海外商人出海请给公验，要依例召集，详细记载船员人数、货物以及船主纲首，甚至海船的重量、长阔、樯高若干之类；并且市舶提举司还要差人亲自上船检查，如果不实，连同检视官一并处罚。

1293 年，元政府制定市舶法则 23 条，1314 年修订为 22 条，在中国历史上第一次规定了中外商舶从事海上贸易的细则。其目的在于加强对海外贸易的管理，禁止各种非法贸易活动，保证国家从市舶的抽分与税收中所得的利益。抽分和征税的比例变化较大，元初规定细货二十五分取一，粗货三十分取一；1293 年改为分别是十分取一和十五分取一；1314 年又修订为细货十分取二，粗货十五分取二。市舶法则还规定金、银、铜钱、铁货、兵器等物品不能下海出口。[①] 可见，即便在元代比较开放的对外政策下，政府对海外贸易的控制还是很严的。

❀ 思考题

1. 古代中国人眼中的民族和外交往往分不开，请分析"大一统"的天下观在民族和外交上表现出的区别和联系。

2. 请评价古代中国对外交往方略的得失。

3. 请比较一下朝贡体系和近代条约体系、殖民体系的异同。

---

① 参见黄时鉴主编：《解说插图：中西关系史年表》，杭州：浙江人民出版社 1994 年版，第 277 – 278 页。

第三章

中华思想和制度文明在东方世界的影响

教学目的

本章主要讲述中华文化在东方世界的影响，亦即丝绸之路东段和陆海丝路东线中外文明交往的盛况。在这一章，主要阐述两部分内容：一是着眼于"汉字文化圈"整体考察，让学生了解中华文化在历史上形成的宝贵财富、因其对外传播和影响而构成的文化圈共性要素，以及由此彰显出来的中华文明特质；二是着眼于"汉字文化圈"重要圈层，重点介绍中华制度文化在东亚各国的传播和影响。

重点与难点

本章重点是儒学和汉字的传播、中华制度文化对东亚各国的影响等内容，难点是对文化圈内"中华意识"的理解。

中华文明在与其他区域文明以极其广泛的形式进行碰撞和交流的同时，更以其深厚的思想和制度文明内涵滋润了东方世界，尤其是在其周边筑造起稳固的中华文化阵地——汉字文化圈。这一文化圈的形成，既反映了中华文明宽容开放、兼容并包的博大精神，也成为其数千年来持续发展、不断壮大，并代表东方与西方开展对话的重要基础。

第一节　中华文明与汉字文化圈的形成

谈起中华文明在东方世界的影响，在内容上远远不止物质文明及体育艺术等层面，更多的是思想和制度等层面；在深度上也非简单的传播交流，而是在各地生根发芽，变成属于中华文化框架而又颇具本土特色的内在文化元素。中华文明以文化圈的形式筑牢了东方文明共同体，数千年屹立在世界上。

一、中华文明蕴含的宝贵财富

汉字文化圈，又称儒家文化圈、东亚文化圈、中国文化圈。其实汉字和儒家文化仅是其中比较突出的文化符号，其内涵要从中华文明自身谈起。因而若要认识汉字文化圈，有必要先了解中华文明的内涵。

凭借包含黄河、长江、珠江、黑龙江、淮河五大河流域的广阔区域，以其至少五千年乃至更久的生长期，在以考古遗址六大分区为标志的多元文化发源的基础上，中华民族立足中原，会通周边，创造并集聚了极其丰富的文化财富。如果从人类物质文明和精神文明这两个主要领域来总结的话，曾经对周边国家和地区有所贡献的，我们起码可以归纳为以下几大类：

一在物质生产和经济层面，以农业生产为基础的物种和耕作技术传播，如水稻及其栽培技术、耧车和犁铧等精耕细作的农具及其使用技术；以手工业为基础的工艺品及其生产技术，如丝绸与丝织技术、铁器与冶炼技术、陶瓷与制瓷技术、城市与建筑技术、活字与印刷技术等；以商业为基础的贸易活动，如唐船、唐货与唐商行为方式等，都给中国周边国家和地区带去丰富的物质文化信息和生产习俗等方面的影响。

二在生活习俗层面，中国的春节、清明、端午、中秋、重阳等节日在朝鲜、日本等国亦成为千年沿袭的古老节日礼俗；唐代时装和大明衣冠不但被韩国、日本、越南和琉球等模仿、袭用，而且在朝代变革过程中被尊崇为华夏文明的外在标志；观星象、看风水、识谶纬、学占卜、重养生、好棋艺等习俗中国、韩国、日本、越南如出一辙，各地姓氏制度、婚丧礼仪、家训乡约等也都大致从中原地区发源而来。

三在宗教信仰层面，佛教在完成中国化之后广泛传播到东亚各国，在中国与周边各国之间往来传教取经的僧人比在中国与印度之间多得多；天台山、五台山、九华山等是中国佛教名山，也是日本、韩国、越南等国僧人向往的佛教圣地；曹溪南华寺为禅宗六祖慧能的真身所在地，也是各国禅宗寻根之旅共同的目的地。中国的道教也在周边地区流行起来，不但宫观道场和道冠术士颇多存在，而且玉皇老君、太一灵寿、星君天后等神灵各地相似，醮祭作法、炼丹寻药、祈神禳灾的道士做派相通，而且世俗里贵族财主办道场、文人墨客作青词等深受道教文化熏陶。

四在文化学术层面，汉字在千百年里曾为韩国、日本、越南、琉球等国所共用，在长安或北京会面的四国使者可以借汉字流畅笔谈；史学体例和编纂制度上，四国统统模仿中国，几乎都有"史记""实录""通鉴""大典"等史籍；经学研究上，四书五经流行各国，同时日本亦有朱子学、阳明学、古文经学等许多学派，朝鲜则对朱子学颇有独尊态度；文学领域上，文选学在朝鲜、日本都有更大程度上的偏爱，汉文诗歌、散文乃至书信、揭帖、婚帖、上梁文等韩国、越南酷似中国。

五在制度文化层面，早在远古时代，商王文丁之子箕子"违衰殷之运，避地朝鲜"，为朝鲜半岛带去制度性的"八条之教"；中国的道、州、郡、县等行政区划名称在朝鲜、日本至今采用；省、部、阁、寺等官僚机构名称乃至三省六部基本行政架构在日本、朝鲜等国一直长期存在；律、令、格、式等法律体系各国基本上都是以贞观律、永徽律、开元律等为蓝本，并随机参照了宋、明律令打造而成；作为京城，新罗之庆州、日本之奈良等移植了长安的方正和三层结构形制；土地制度上，朝鲜的柴田制、日本的班田制不过都是唐代均田制的模仿；周边国家五礼、天子法服，也都是从中国典章制度里找到基本依据的。

六在思想文化层面，以儒学为根基的中国政治思想相继成为韩国、日本、越南等国的治国理念，天人合一、法先王思想、正统论、华夷观念无不在各国生根发芽，讲仁政、重民本、大一统等也时常为各国帝王口讲心念。此外，各国同样有崇尚道法自然、无为而治的统治者，也不乏信佛至深、以教治国的另类帝王。其实，这些思想文化既是中国传统文化的核心部分，也是各国对中华文明归属感和向心力的最强体现。

就此观照汉字文化圈，其实这个文化圈正是从上述中华文明各方面择取较为重要的元素而构建起来的东亚文化共同体。

二、汉字文化圈及其彰显的中华文明特质

在汉字文化圈里，包含着一些非常突出的共有要素和文化特征：汉字，儒学，汉传佛教，以唐律为蓝本和基础的法律制度，各国共有的科学知识系统，以汉唐制度为基础的行政体制、教育体制、地方管理、礼仪制度等。正是这些东西，使得东亚各国从语言文字和物质文明，经社会组织、宗教信仰，到制度、思想等层面，构建起肌理相似而且血脉相连的文化共同体。这里只讲两点：汉字文化圈里最基础的东西是汉字文化，它是这个共同体里各成员国相互沟通的语言纽带；最核心的东西是儒家思想，它作为官方和

主流的文化打造了东亚各国的政治思想、治国理念乃至制度架构。

1. 汉字文化的传播

单从文字来看，汉字在中国周边的传播源自上古时期。在朝鲜半岛，有燕国明刀钱出土，还发现刻汉字铭文的秦戈，说明这一区域至迟在战国时期和秦代就有汉字的传播。据《史记》记载，在更早的商、周交替时期（前11世纪），就有箕子东迁朝鲜半岛之事，箕子在那里教人养蚕织丝，并制定"八条之教"管理和教化民众，显然已有汉字通行。在中南半岛，越南地区在秦朝属于中国的版图，隶属岭南三郡之一日南郡，秦王朝设官管理，郡守在当地大力倡办学校，推行教育，汉字肯定也早有传播。

两汉时期，汉字基本上在中国周边地区都有传播了。首先在朝鲜半岛，汉武帝时期汉朝设立乐浪、临屯等朝鲜四郡，由中央政府派遣中原士人充任郡守等官，对该地区实施直接管辖。从这时起，该地区在完全置于中原王朝直接管理的状态下进一步发展。由于设立郡学，并置经学博士，以儒学经典为主要教材来施教，朝鲜半岛已有儒学典籍的传播，汉字传播无疑也加快了速度。西汉末年朝鲜有一首汉文诗歌《黄鸟歌》："翩翩黄鸟，雌雄相依，念我之独，谁其与归！"据传是高句丽琉璃王所写，四言二韵，体例与中原无异，水平亦足比拟。其次在日本群岛，这里不仅发现了王莽时期的不少货币，而且还出土了东汉光武帝所颁发的"汉委奴国王"金印（见图3-1）和曹魏齐王曹芳颁发的"亲魏倭王"印，可见在两汉时期汉字已在日本群岛传播，至迟到东汉初年日本境内政权已经与中国建立了宗藩关系，流通汉字文信。① 这一时期越南北部地区接受中央政权管辖已久，汉武帝时期开始设立郡学，实施教化。据研究，西汉时期已有在郡县担任下级官吏的当地越人通晓汉文。东汉时期交趾太守锡光、九真太守任延等以大力实施教化而出名，他们建立学校，培养地方人才，同时也有越人为谋进身之路到东京洛阳游学，可见汉文化教育已渐可观。

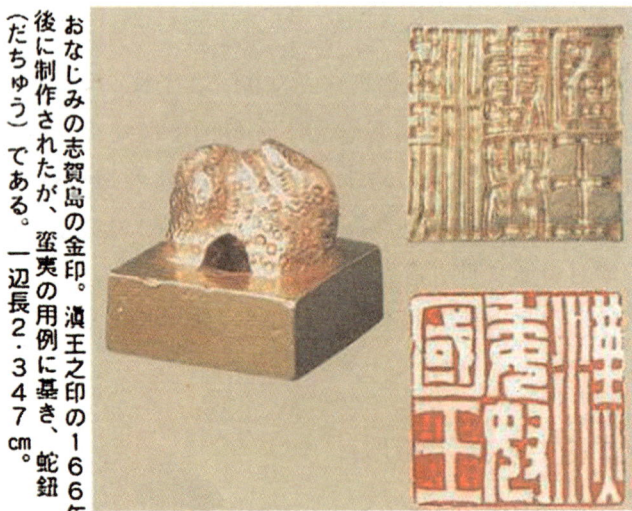

图3-1 日本出土的"汉委奴国王"金印（日本福冈市博物馆藏）

---

① 参见高明士：《天下秩序与文化圈的探索：以东亚古代的政治与教育为中心》，上海：上海古籍出版社2008年版，第228-230页。

魏晋南北朝时期，因中国典籍输出渐多，汉字文化的传播更加强劲，大部分地区达到成熟地步。在中国东北地区和朝鲜半岛北部，高句丽崛起，然其继承和发扬了两汉时期的汉字文化。最能说明这里汉字文化臻于成熟的是刻于414年的好太王碑（见图3-2）。该碑体型高大，碑文达1 759个汉字，以规范而娴熟的隶书刻写，算得上是汉文碑刻的成熟作品。又有472年朝鲜半岛西南部的百济王余庆所上表文，用词已颇典雅；相当于梁陈时代的高句丽僧侣作《咏孤石》一诗，五言四韵，意境奇绝。这说明，当时朝鲜半岛已出现精通汉字和汉文文学的人才。在日本群岛，约在4世纪末，百济博士王仁携带《论语》《千字文》等汉文典籍入境。① 汉文化教育亦由此展开。不少移民过来的汉人及日本王室贵族群体，成为从事文书工作的主要群体。这期间日本对南朝的诸多奏表、国书，基本上都由这些群体主笔。在越南北部，东晋时候不少越人开始跻身于中原王朝的官僚阶层，如交州人李琴仕至司隶校尉、日南人张仲仕至金城太守。稍后至宋齐梁陈，一些越人的汉文化水平开始受人关注，如南梁交趾人并韶就以"富于辞藻"闻名。

图3-2 高句丽好太王碑及其碑文

（李大龙：《探秘历史兴衰的高句丽》，https：//news. sina. com. cn/c/2004 - 07 - 02/12122971167s. shtml）

---

① 《日本书纪》记载，约在285年，中国学者朱云影比照中、韩史籍，认为这一记述不实。参见朱云影：《中国文化对日韩越的影响》，桂林：广西师范大学出版社2007年版，第50页。

唐代是周边地区大力吸收汉文化并达到高峰的时期。朝鲜半岛东南部的新罗由于与唐朝关系最为密切，其在与唐朝往来频繁程度和派遣留学生数量、留学生群体的汉文化学业水平上是其他国家和地区难望项背的。最为突出的表现就是，新罗在唐朝参加科举并中第者——宾贡进士，前后有数十人，文章名家丛出，其中崔致远等人的汉文写作水平即使在唐朝也属优异行列。在日本群岛，大化改新之后其学问僧和留学生来华者渐多，接触汉字及汉文典籍者相应增加，汉字文化开始在各阶层广泛传播开来。至今尚存的日本诗歌总集《怀风藻》，收录了64位日本作者的120首诗歌，据称文中多佳句，甚至可与梁、陈文人相比。日本学者冈田正之统计，这一时期日本有汉文诗歌作者75人，诗歌140首，还有赋、策、传等数篇。日本著名的汉文学家如嵯峨天皇、空海法师、菅原道真等，其作品和故事皆有传世。由此可见，日本汉字流行已到一定程度。在安南地区，由于承平日久，汉文文风益盛。唐代许多著名诗人与安南地区保持联系，安南士人游学中原者也多了起来，著名文士如爱州人姜公辅，其官职做到翰林学士、谏议大夫、同中书门下平章事，相当于宰相职位。

五代宋元时期，朝鲜半岛于958年开始科举取士，照搬唐宋制度推广汉文化教育；高丽成宗又定文臣月课法，限定在京文官每月必须进呈汉文诗三首、赋一篇，并以中国上古诗文总集《昭明文选》为士人必读之书。从此以后，如李奎报、金丘、李齐贤、李穑等文坛大才不断涌现，诗文集子越来越多。日本平安时代，汉文学达到隆盛。当时日本天皇奖励汉学，自上而下掀起学习风潮，中国的《文馆词林》《河岳英灵集》等诗文总集及大量个人文集传入日本，像《白氏长庆集》等优秀作品尤为日本人所喜爱和模仿。这时候，日本的汉文诗作越来越多地涌现出来。安南自宋代独立成国，不过这时候其汉字文化已有相当根基，故其流风余韵绵延不绝。吴、丁、黎、陈诸朝，长于汉文诗赋者大有人在。1088—1179年，安南从考选能文之士为翰林官，到开办古诗和赋、诗、经义等科，科举取士的制度也完善起来。这使得汉字文化在安南进一步兴盛。这时候，朝鲜出现了《老乞大》《朴通事》等汉语教材，反映了朝鲜人学习宋元以来汉语官话的情况。后来，琉球也出现《学官话》《官话问答便语》等汉语教材，表明汉字文化在中国周边许多国

图 3 - 3 日本空海法师《风信帖》

（http：//www.yac8.com/news/11135.html）

家和地区进一步渗透到乡间社会。

此后，在日本尽管出现假名文字，但文人士子不屑于使用，仍然普遍用汉文书写和创作。即便近代日本脱亚入欧，汉字在日本文字书写中仍然占据不可忽视的地位。朝鲜半岛至14世纪已有修文，但多限于谱曲唱歌使用，在文人士子中间使用汉文更加普遍和娴熟。直至日本殖民占领时期，朝鲜半岛一直流行汉文。据韩国文集编纂委员会的发掘、整理，朝鲜半岛竟然有五六千种汉文文集留世。越南（安南）直至法国殖民占领时仍是汉字文化世界。

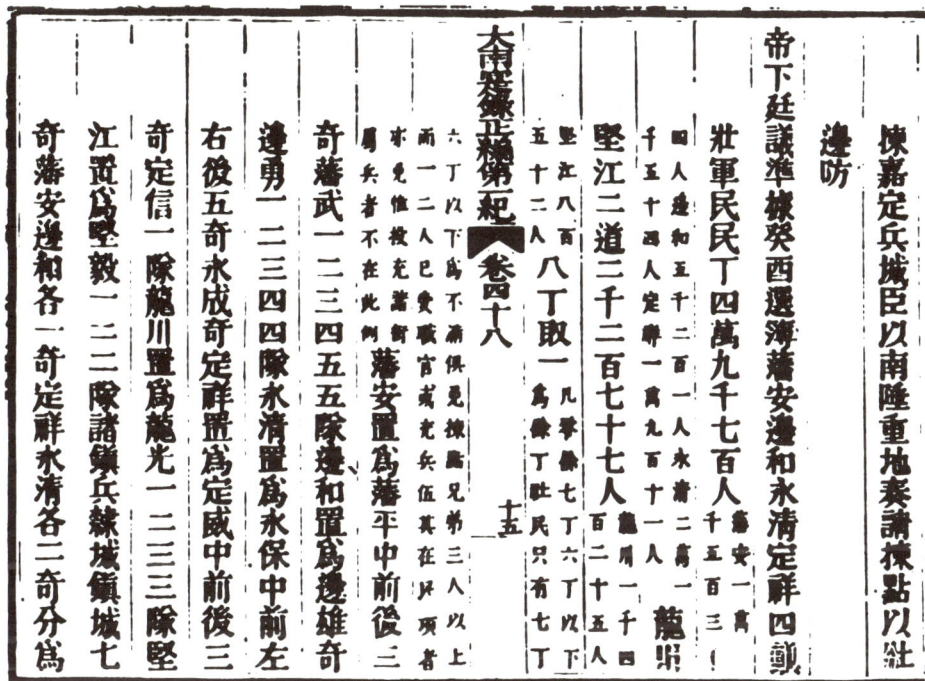

图3-4 安南史籍《大南实录》页面

此外，汉字文化在天山南北早有流行，吐鲁番等地出土文书中汉字文献占到百分之八九十就是很好的证明。琉球虽然立国较晚，但自其与明朝始有交往就大力引进和学习汉字文化，故而不久之后就如同朝鲜、日本和越南，以汉字为通用文字，士子学习汉文典籍，用汉文文学表达思想，在与韩国、日本、越南乃至中国士子交往时不输于人。在东南亚地区，由于华侨大量存在，且各国与中国交往频繁，能通汉文者不在少数，像巴达维亚、三宝垄等地竟有数千册汉文档案留世，诸如兰芳共和国（今加里曼丹岛西部）、新加坡、马六甲等许多华人居住重地直到近现代仍流行华文报纸。汉字文化的影响自不待言。

2. 儒学文化的传播

从典籍和教育角度看，儒学文化在中国周边地区的传播，当从西汉时期就开始了。汉武帝时期，越南、朝鲜之地属汉朝州郡，而朝廷当时大力推行儒学教育，在各州郡建立官学。按当时官学设立经学博士的惯例看，越南、朝鲜也应有了儒学文化的传播。

魏晋南北朝时期，朝鲜半岛地方政权崛起，三国鼎立，其中高句丽、百济先后自主传播儒学文化。在高句丽，小兽林王二年（372）仿照中原王朝设立了太学。在百济，近肖古王在位时期（346—375）也设立太学。在日本群岛，4世纪末百济经学博士王仁入境时携带了《论语》，这是日本儒学传播之始。至6世纪中叶，有五经博士段杨尔、漠安茂、王柳贵等先后东渡，儒学文化受到日本贵族重视，传播速度加快。而在交州之地，早在孙吴时期，就多有中原士人来此避难，至士燮主政时大力推行教化，更使儒士文风大盛。

隋唐时期，新罗在神文王二年（682）开始设立太学。这时候，高丽已然"俗爱书籍……其书有五经及《史记》《汉书》，范晔《后汉书》《三国志》，孙盛《晋春秋》《玉篇》《字统》《字林》，又有《文选》，尤爱重之"（《旧唐书·高丽传》）。不过后起的新罗势头很盛，太学对学生分经授业，很快就流行《周易》《毛诗》《尚书》《礼记》《春秋左氏传》。在日本，8世纪初文武天皇颁布《大宝令》，规定设立太学，教授儒学经典。到奈良王朝和平安王朝前期，形成儒学文化全盛的态势。

也正是隋唐时期，儒学文化在周边地区的传播，开始从典籍层面向思想层面升华。7世纪初，日本圣德太子在颁布的《十七条宪法》中就将儒家思想作为治国理念。如引《礼记·儒行》，讲求"以和为贵"；引《孝经》条文，强调"上下和睦"；引《左传》纪事，教人"惩恶而劝善"；引《论语》，主张"使民以时"。大化改新之后，日本宫廷立意学习中国文化来改造国家，历代天皇常开经筵，公事之余不忘学习儒家经书，吸收儒家思想。在其经筵活动中，《尚书》《论语》《孝经》及三礼（《周礼》《礼记》《仪礼》）、三传（《左传》《穀梁传》《公羊传》）等，是其经常研讨的经典。就大化改新后的日本国家政策看，开始施行仁政，重视民本民生，讲究"节用爱人"。为了加强思想保障，孝德天皇对自己有所要求，知道正人必先正己；淳仁天皇则告诫上下官吏，要求他们涵养品德，"修习仁义礼智信之善"。在经济上，经常下诏劝农，时有免租除税政令；在伦理纲常上，讲究仁爱礼仪，推广《孝经》，宣扬孝道，褒奖孝友义行，不一而足。

在朝鲜半岛更是如此。新罗君臣经常以经传为指引来处理国事，唐玄宗褒奖其国"衣冠知奉礼，忠信识尊儒"。高丽开国，王建即撰写《十训要》，告诫子孙学习并按照经史来治国安邦。此后历代高丽国王无不热心经筵，熟读经书，不但在治国理政上时时寻求儒家思想之指导，而且习惯引用经典奥义勉励他人。当然，具备更高儒学思想水平者还是明确以儒立国的李氏朝鲜王朝。这一时期朝鲜半岛真正做到了完全儒学化，在政治思想上以儒学为至高无上的权威，国家礼仪严格遵守取则中国的五礼，民间生活则完全执行《朱子家礼》。在实践活动中，其尊儒超过当时已经儒佛兼用的中国社会。例如，册立世子仪式，规定新立者务必穿着儒服，入太学行谒圣礼，宣誓为孔子之弟子。作为世子，最为重要的生活内容和政治任务就是拜师学经，钻研儒学，熟悉礼仪。国王治国理政正心勤勉，经筵活动是日常课业，凡讨论国家大事，无不以儒经要义为最高准则。这一时期，朝鲜半岛出现了在中国也少有企及的儒学大家，如李滉、李珥等人，为东亚世界又树起了高如朱子的理学标杆。

在安南，统治者们也在治国理政和社会生活中遵照儒学原则，践行儒学思想。如在政治方面，认为"法令不如仁义"，特别强调仁政，重视正心；政策上也注意收揽人心，时常缓税减赋，抚恤府县。在经济方面，尊奉儒家重农传统，制定"课农桑"之令，劝农不辍；同时倡导简朴之风，节约社会资源。在社会伦理方面，也以三纲五常为至上，强调正风俗、敦礼仪，如黎玄宗制定"教化十四条"之类的具体措施，在全国广泛推行。

琉球之地，在洪武年间尚未统一，然其中山等国与明建立了宗藩和朝贡关系，在其使节来华时就有不少人瞻仰文庙，敬慕儒学文化；出使琉球的中国使节也多饱学之士，对琉球社会有所影响。据说，移民琉球的"闽人三十六姓"自早期就为其奠定了一定的汉文化基础。不久，琉球频繁派遣留学生来华学习，努力吸收儒家文化。在此情况下，琉球风俗大改，文教渐兴。其统治者开始采纳儒学思想为治国理念，如大行仁政，尚敬王尤其重视民本，忧民之所忧；尚圆王善于纳谏，除去弊政以安民心。诸多国王又强调"信"，变朴野之乡为守礼之邦。在官，重视劝农，勤察风俗；在民，不再好斗，安宁祥和。孝友和贞节理念也渐成社会风尚，读书学儒的士人渐渐增多。泉州籍秀才蔡温（1682—1762）学儒有成，被尚敬王奉为国师。他经常教导国王反省自己，涵养品德，同时体恤民众，以德服人。结果使尚敬王威望大增，琉球也教化大行，民风日淳。

图 3 - 5　琉球《历代宝案》封面书影

(http：//www.liuqiu-china.com/portal.php?mod=view&aid=2140)

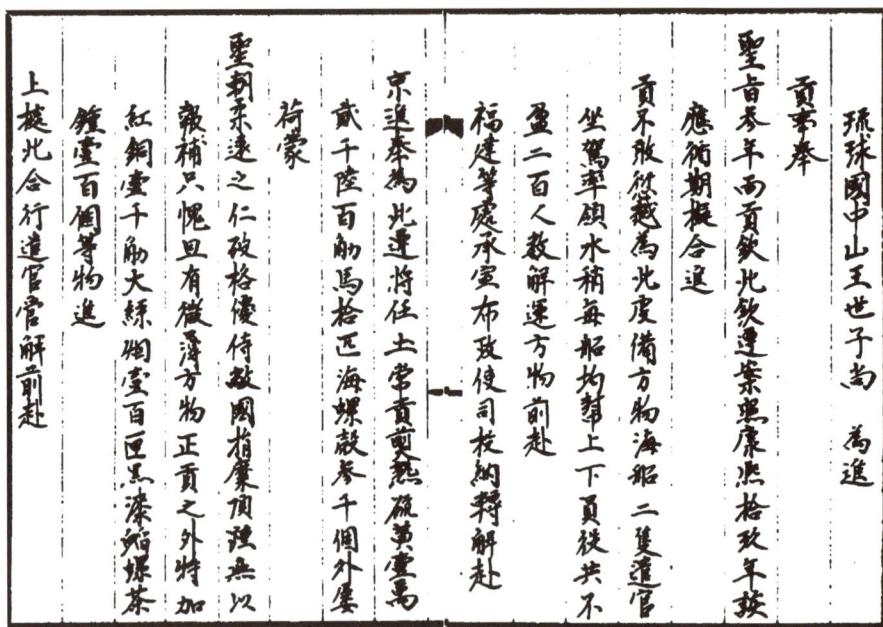

图3-6 琉球《历代宝案》卷内书页
（https：//www. tbmc. com. tw/zh - tw/product/159）

总览汉字文化圈的形成，可谓历史悠久。它发端于中华文明对外传播的早期阶段，可以上溯到秦汉乃至先秦时代，到隋唐时期臻于成熟。从这个文化圈的形成过程中我们可以看到，在整个东亚世界，从最为基础的语言层面到最为核心的思想文化，逐步形成一个高度统一的文化共同体。

3. 朝鲜、日本、越南等国的"中华"意识

不同于其他文明区域的文化圈层，在汉字文化圈内的东亚文化共同体里，由于在中华文明旗帜下的文化统一，衍生出一种根植于朝鲜、日本、越南社会肌理深处和最能彰显东亚一体特性的"中华"意识。

所谓"中华"意识，即在中华文化广泛而且深入传播的基础上，中国周边各国特别是朝鲜、日本、越南等国，由于充分吸收了中华文化成分，自认为业已由夷变夏，成为中华文明的一分子。这种意识，一方面是周边各国在学习、吸收并利用中华文化大大促进其国家和民族发展的过程中，以亲身体会凝结出的对中华文明的高度认同；另一方面是其深受华夷观念影响，在实践上模仿、践行中华文化理念的另一种结果。

这种"中华"意识，广泛存在于周边各国社会。如朝鲜半岛，长期以"小中华"自视；日本群岛，自以本州岛为"中国"；越南之地，自认为与中原地分南北，然教化不差。这种意识的形成蕴含在汉字文化圈的发展过程中。早在统一新罗时期，唐朝皇帝就称赞其为"君子之国"。高丽时期，他们刻意把接待中国使臣的馆舍立匾为"慕华

馆"，然同时他们开始自认为已成为"小中华"。到李氏朝鲜时期，其与明朝关系最为密切，国人习惯称明朝皇帝为"我皇"、自家国王为"殿下"、中国北京为"京师"。在他们的思想和言行里，两国是一体的，明朝是"大中华"，朝鲜就是"小中华"。在日本，其国人普遍认为"宋朝之后无中华"，很早就形成"中华"意识。在他们眼里，元人就是鞑虏，明朝也不如日本中华风正，更讥讽清朝为"鞑国流风鼠辫姿"，已使中国变为腥膻之地。安南时期，越南人将清朝人视为"北方之鬼"，认为自己才是中华正宗。

这种"中华"意识，是东亚社会中一面高高飘扬的思想大旗。它以文化认同为根基，以文明特质为标榜，不但在传统东亚国际秩序中起着统领天下的作用，而且在遭受西方文明冲击的背景下也曾是各国与殖民势力对峙的一大精神力量。

4. 文化圈的历史基础及其根性特质

汉字文化圈的形成不是偶然的，而是有着深厚的历史基础。日本学者菊池英夫等认为，这个文化圈是在中国强大的政治推动下借助册封制度形成的，乃至在军事强压下采用战争手段展开的。其实他们完全忽视了几点重要史实：一是汉字等文化元素在中国周边地区的传播多是在其国家尚未形成的史前时代，根本谈不上册封制度和战争征服；二是文化传播顺畅和文学圈发展较快的不少时段在中国并无强大政权，如南北朝和两宋时期；三是儒学、佛教等文化传播活动多由周边国家主动发起或促动，而请经或派遣留学生活动往往构成其热潮。

其实，除了作为东亚地区最为古老的文明繁荣区域的中国天然形成一座文化高地，其文化元素凭借这种优势自然而然地向周边辐射和流动之外，在多元一体的状态下形成的中华文明萌生或融进了许多优异的文化元素，像汉字之美、儒学之宏，无不是人类文明精华。而其博大的体系，包容的精神，仁爱的根性和以和为贵、礼尚往来的文明特质，更是散发着强大的文化魅力，这就是中华文明最为根本的文化特质所在。正基于此，桃李不言，下自成蹊，东亚世界融为一体，体现了人类文明凝聚和发展进程中自然而然的向心力。

第二节　中华制度在东方的重大影响

制度文化犹如钢筋混凝土，是将国家和社会组成一个框架和体系的重要元素。从东方各国社会制度的构建历程里，我们更能看到中华文化元素所起到的基础作用。这里分地而述之。

一、中华制度在朝鲜半岛的缩影

作为"小中华"，朝鲜半岛政权无疑就是中国的一个缩影。中华制度在这里，与中国形如同构。不过从模仿建制到文物大备，朝鲜有一个不断学习、逐步发展的复杂过程。

朝鲜半岛接受中华制度影响源自上古。周武王灭商之际，箕子东迁后设立的"八条之教"就是殷商制度文化的余绪。4世纪，高句丽兴起，开始模仿中国整备体制。小兽林王二年（372），设立太学以创学制；三年（373），根据晋朝律令奠基法律制度；再后，杂用汉名设立官职，并将通晓汉文的主簿置于高位。在百济，4世纪中期在位的近肖古王开创国家体制，设立司徒、司空、司寇诸官。新罗国祚较长，吸收中华制度文化最为丰富。智证王五年（504），取汉文"德业日新，网罗四方"之意定国号"新罗"，并制定丧服之法；十五年（514），模仿汉制实行谥法；法兴王七年（520），颁发律令；二十三年（536），学行年号。

统一新罗时期是朝鲜半岛国家制度飞跃发展的时期。自真德女王时期（647—654）起，改行唐朝年号，全面仿唐建制；再到景德王在位（742—765），国家制度粲然大备。官制方面，中央机构仿尚书省设执事省，综理国政，下设六部，一如唐制；仿御史台设司正府，仿内侍省设内省。地方上设置9州、117郡、293县，以都督、太守、县令治之。教育制度方面，设置国学（后改太学），隶属礼部，以博士、助教讲授儒经、算学，其教材、学制等亦与唐同。铨选制度方面，模仿科举设立读书出身科。

王氏高丽时期，其制度更加靠近唐宋。政治上，中央设三省（门下、尚书、三司）、六尚书（吏、户、礼、兵、刑、工）、九寺，照搬中国三省六部九寺之制。此外，御史台、中枢院（仿枢密院）、国子监、大理寺、礼宾司、艺文馆等与宋制无差。地方上，学唐制分全国为十道，设节度使，各州县设牧守县令。军事管理上，仿唐制设二军六卫。法律制度上，以唐律为主，略采元明制度。经济上，学均田制实施田柴科制度，仿宋钱铸造"三韩通宝"。教育和选举上，国子监下仿唐宋设国子、太学、四门、律学、算学等六学，皆置博士、助教讲授儒经；958年在宋人的帮助下创制科举，设制述（同进士）、明经二科，并以医、卜、律、书、算、地理等为杂科。

李氏朝鲜时代，500年里从国家法度到民间礼俗，已基本上可与中国混同。仿照中国习惯，朝鲜开始编纂《经国大典》等典章政书，遵照明朝藩国体制设官创制，具体礼法、名物又兼采周代和明朝制度。如其中央官制，将三省合并设议政府，仿三公设领议政、左议政、右议政三员为百官之首；仿明六部设藩国六曹，政务分工不变；分御史台为司宪府、义禁府；为谏官设司谏院；以弘文馆掌管内府图书文翰；以承政院出纳王命。地方行政方面，设道、牧、府、郡和县，以观察使、牧使、府尹、郡县长官治之；模仿御史台行台，设暗行御史。兵制方面，仿屯军卫所设三军五卫，仿周礼设部、统、旅、队、伍等建制。法令制度方面，基本以明律为准，差不多照搬大明律之名例、吏、户、礼、兵、刑、工等七篇及其条文。土地制度方面，又仿周朝制度设科田法，以土地公有为基础，仅以京畿之地赏赐官僚贵族。教育制度方面，袭用高丽改自国子监的成均馆机构，设大司成、祭酒、直讲、博士、学正、学谕等官，下设四学，有教授、训导；学制也仿中国，十五岁先入乡校学习，第一次科举合格可入成均馆，再经文科考试，及第后才有入仕高升的资格。

最后要特别指出的是，朝鲜半岛地方社会与中国最像。如其乡间以乡约为主要组织形式，推选有声望的士绅做约正，制定绅民共同遵守的法定规约，其规条皆是在宋代《吕氏乡约》的基础上发展而来，与宋元明清时期的中国地方治理机制如出一辙。同时，乡有乡校、书院，负教化和祭祀之重任；家族有族规、家训；日常生活遵《朱子家礼》，与中国乡村和家庭毫无二致。

概观朝鲜半岛制度，谓之"泰山小而微之者"绝不过分。这里确实就是一个"小中华"。其国家制度几乎一如中国，除去语言发音问题造成的差异外，几乎所有制度、名物均能在中国找到出处，甚至伴随中国改朝换代，与中国对接、交流毫不费力。非常有趣的一个话题是，在中朝许多文献记载中，中朝两国官员、士子交游往往如鱼得水，通畅融洽。如壬辰战争（即万历朝鲜战争，1592—1598）期间从日本逃亡到福建的朝鲜士人鲁认不但多次被邀请到闽学书院讨论经学，而且大家闲谈起科举趣闻、作弊手段时，竟能心领神会，相视拍案而笑。他们何曾有异地文化、他乡旅客之感？如果顺手拿起朝鲜文集来翻阅，其汉文诗词歌赋等文学作品、探讨经学奥义及修身齐家思想等著述，乃至婚丧嫁娶、祭神上梁等应用文类，除却时空差异，简直与中国士子文集一模一样。如此看，朝鲜半岛与中原大地又有何文化不同？

二、中华制度与日本国家制度的发展

日本群岛孤悬海外，然其制度与中国也是形影相随，某些领域保留的中华文化传统比中国还要持久。

日本以大化改新进入统一的封建国家阶段始，就开始全面学习中国来创建国家制度。这一时期，其君臣以唐朝为理想国度，所有制度几乎都是唐朝制度的翻版。如大化改新时采取的主要新政措施——土地国有和班田制、租庸调制，都是照搬唐制。后来由天智、天武、元正继位天皇颁布的《近江令》《大宝令》《养老令》等典章制度，更是全面袭用唐朝制度。

一看其行政制度。中央有太政大臣，总理全国政务，与主管祭祀的神祇官等是仿中国三公而设。太政大臣直辖设式部、民部、治部、兵部、刑部、中务、大藏、宫内八省，其实是仿照唐六部和尚书省、殿中省等机构建制。而太政大臣之下左、右辩官各分管其中四省，制度上就是唐朝以仆射之下左、右丞分管六部的做法。同时仿照唐御史台，日本设弹正台主管司法纠察；仿照唐府兵十六卫及大将军、将军等制度，设六卫府、军团及将军、副将军等建制，其军队训练也相应采用唐法。

二看其经济制度。仿均田制行班田制，规定男女六岁以上即给口分田，身亡地再入官。赋税制度全照唐制，按田亩情况收租，以户为单位纳庸，调以乡土特产为准。庸布一丈二尺，米五斗，征纳情况和计量单位等也与唐朝相近。此外，日本按职任赏赐的职田和依官阶赏赐的位田，与唐朝分给官员的职分田和官署的公廨田类似；因功劳赏赐的功田也与唐法相近。此外，日本还仿照唐制设铸钱司，以开元通宝模样铸造和同开珎等铜钱，后来由于铸造未精，民不乐用而流通宋钱、明钱。

三看其法律制度。日本律令均以唐朝《贞观律》为蓝本。《大日本史》卷三五六《刑法志》所追述的内容基本上采自唐房玄龄所定十二卷刑律规条。如其主要刑罚，依据唐之笞、杖、徒、流、死五刑设置五种二十等；再如其"八虐"之条，其实就是由唐"十恶不赦"法令裁剪而成；还有议请赎免之法，皆来自唐之"议宾""议贵"等"八议"之条。

四看其教育制度。日本传统学校有京师之太学、地方之国学。太学仿唐朝官学制度，隶属式部省（相当礼部），设置博士、助教及书博士、算博士、音博士等学官。规定招生400人，专收五位以上官员贵族之子弟。国学有博士学官，视地方大小招20～50名学生，与唐朝州县官学相仿。所设课程与唐朝同，先分必修、选修两种，又以《礼记》《左传》等为大经，《毛诗》《周礼》《仪礼》等为中经，《周易》《尚书》等为小经，规定学生凡通二经者可荐举到式部省考试，合格就可做官。仿照中国乡贡、生徒、举人等名头，日本称京师太学荐举的学生为举人，国学荐举的学生为贡人。

在日本早期国家发展史上，曾经急于求成，不顾当时中日两国发展之差异，大规模照搬使用唐朝制度，结果一度出现问题。如其货币制度，虽有唐制之先进，但无发达经济之基础，不适应其社会经济之发展，因而铸币政策行无实效。同时，已经达到高、精地步的唐朝官僚制度等也与日本国情不符，许多官职和政策有名无实。到幕府时代简化制度，慢慢消化，并结合中国与日本国情调和制度，甚至采取了中国早期存在的分封制度，在此基础上日本将某些传统长期保留下来，如二官八省等行政制度、皇帝年号等，甚至到现在仍然延续不辍。

三、中华制度对越南、琉球的影响

除了日本和朝鲜外，中华制度对越南、琉球等国也有着深远的影响。然而，限于篇幅，这里仅作些简单介绍。

先说越南，其实中华文化对其的影响不逊色于日本、朝鲜。由于越南之地特别是北部地区自秦汉至五代上千年为中国之郡县，中华文化的熏陶业已深厚。尽管后来分离出去，但其文化体系仍在中华文明之内。从最早的吴氏政权"置百官，制朝仪，定服色"，直到法国完全将其变为殖民地，这里都是实行中国制度式的国家。丁氏王朝时期，其"上尊号"，建年号，完全是中国模式；其所铸造"太平通宝""太平兴宝"因其形似、名近常被古泉学家误认为是宋朝钱币；其籍田、律令等制度和分全国为路、府、州、县的做法近似宋朝翻版。

李朝时期，其制度初具规模。其名号如六傅（太师、太傅、太保、少师、少傅、少保）之望官、朝廷之重臣（太尉、少尉、检校平章事等）、文武之朝官（文有各部尚书、左右参知政事、谏议大夫、中书侍郎、翰林学士及员外郎、承信郎等，武有都统、总管、左右金吾、上将、诸卫将军等）、地方官员（知府、判府、知州、知县）等，均从唐宋制度借来。其军事管理，既设唐之府卫，也设宋之禁厢。禁军有十卫，用以拱卫京师；地方襄军如同厢兵，兵无定额。其行军作战，采用宋神宗时期的兵法战术。其文化教育和选官制度，设国子监培养人才，科举取士。

陈朝时期，先是参考中国典章制度，编纂《国朝通制》《皇朝大典》等文献，然后据此设官，颁布刑律，制度接近完备。其官僚制度，以三公、三少、太尉、司徒、司空等为荣誉大臣，以左右相国平章事、参知政事、左右辅弼等参决朝政。文官有尚书、侍郎、中书令、中书侍郎、左右仆射及郎中、员外郎等三省六部官名，有御史台侍御史、监察御史等监察官员，有经筵大学士、太史令、大宗正等其他官号；武官有骠骑上将军、禁卫上将军、金吾卫大将军及节度使、都统制等。其地方机构，文有安抚使、知府、通判、主簿等；武有经略使、防御使、观察使及都统、总管、都护等。这些都是唐宋中国常设官职。其文化教育，从太学生中考选进士，也设状元、榜眼、探花"三魁"名头。直至陈朝末年，按期举行科举考试，方法皆取自中国。

再到黎朝、阮朝，进一步仿效中国。行政区划上，分全国为诸道，形成道、路、府、县等行政级别。官僚制度上，仿照明朝设六部尚书、五府军都督府等，还设十三道监察使。其朝廷以六傅为重臣，以吏、户、礼、兵、刑、工为六部，拣选中国九寺九卿设大理、太常、光禄、太仆、鸿胪、尚宝为六寺。阮朝还有翰林院、都察院、钦天监等机构，仿照清朝军机处设立了机密院。五府军都督府，仿唐之羽林、神策等卫，仿宋分前、后、左、右、中军及殿前诸卫，又仿明设锦衣卫等。教育制度上，在京师设国子监，并置祭酒、博士、直讲、教授等官；地方上，诸路和县设置学校；学制、教材、考试等制度一如中国。科举考试上，进一步分进士及第、赐进士出身、赐同进士出身等三甲；阮朝又开乡试、会试。律令上，主要参考《大明律》而制定，阮朝又参考了《大清律例》。

再说琉球。在被日本吞并之前，这里一直是中国的藩属，与中国文化交流最为密切，其国家也基本上在中国制度框架之内。据《中山传信录》等琉球文献可知，琉球国分全境为三省，以中山省为核心和中枢。其官制仿照中国，级别分正、从九品，官有王相、郡侯、法司官、度支官、赞议官、承直郎、承事郎、内使郎、登仕郎等。其官署，中央有国相府、法司、度支等行政枢要，还有宗正府、典膳所、国书院、造金府、东苑监等，地方有巡察官、铁冶局、武备司、转运所等，这些都是唐宋以来中国人耳熟能详的官僚机构。其章服制度特别严格，从正一品穿绿色锦袍、扎锦带、别金簪、戴彩织缎帽，到八九品穿深青色袍、扎杂色花带、别银簪、戴大红绉纱帽，再到里保长穿蓝袍、戴红布帽、别铜簪等，规定细致明确。其官僚俸禄，除尚有采地外，也与明清大致相同。

其法律制度，相对其他国家简单一些。刑罚上重罪分凌迟、斩首等，轻罪分流、笞等，与中国相仿。至于把曝日作为一种惩罚方式，大概是在热带海岛，日光暴烈，足以让人畏怯。1775 年纂的律书《赏例科律》，自称"参视中国诸书和本国旧例"，可见其未出唐宋以来中国法律体系。

其科举制度，模仿明清，三年一举。其"科试"模仿乡试、会试，但无固定考期。考试内容有《四书集注》《易经大全》《书经大全》《诗经》《春秋》，录取官生颇似中国明经考试。据文献记载，有一些琉球学生曾希望与明清考生一样学习八股文。

此外，其军事制度，寓兵于农，平时耕织，战时出征，很像隋唐府兵制度；军官有百夫长、千夫长等，也出自中国旧制。乡村里，农民五家为伍，上有里、保，就是保甲制度。其土地赋税，也有公田、私田两种，公即王国公田，私即官员采地和农民土地。赋税也较简单，不作每年征收，"国有大事则税，事已辄止"。事涉烦琐，在此不再一一列举。

最后，从思想和制度层面来概观东方世界，可知它与西方其他诸多文化圈一样本来文化多元，然而在发展过程中，其他文化圈时聚时散，而汉字文化圈则因强大的凝聚力而稳固下来，甚至思想一统，成为一体。这是中华文明五千年持续发展、弦歌不辍的历史基础，足以使中国人即便在面临西方列强大行殖民政策、冷战思维的严峻形势下，也保持着国家自信和文化自信。

❊ 思考题

1. 谈谈儒学文化在汉字文化圈内的传播情况。

2. 中华制度有哪些元素传播到其他国家？请选择一两项详细介绍一下。

第四章

丝绸之路上的使节与商旅

教学目的

　　本章主要讲述古代丝绸之路上活跃的中外使节和商旅，包括东汉时期的甘英、东吴时期的康泰和朱应、以阿倍仲麻吕为代表的日本遣唐使、宋元时期来华的商人和旅行家、五次出使西域的明使陈诚、七下西洋的太监郑和，试图呈现丝绸之路上中外人员往来的盛况。

重点与难点

　　本章重点在于掌握各个时期中外使节和商旅往来的基本史实；难点在于识记各个历史事件的基本要素，且对每一时期的往来情况有宏观的把握。

古代中国与域外世界有着频繁的人员往来。一方面，中国人欢迎外国人来华学习、经商、通使、传教，增进双方的交流；另一方面，中国人也主动走出去，结交国际友人，发展友好的外交关系，增长对域外的见识。文明之间的冲突并非世界史的核心内涵，和平与发展始终是中外文明交往的主题。

第一节　汉至唐时期的中外使节

汉至唐时期，中国通向西方的陆上丝绸之路和海上丝绸之路皆已形成，而且有所发展。中国与欧洲、亚洲国家的联系日益紧密，彼此之间使臣来往络绎不绝，对彼此的了解也逐渐加深。

一、从甘英出使到中国与罗马帝国的交往

古代中国与欧洲的交往，主要是中国与罗马两大国的交往。中国与罗马交往的可靠记载见于东汉时期，此时的罗马是罗马帝国，东汉文献称之为"大秦"。

73年，东汉政府出兵讨伐北匈奴，并派遣班超经营西域，由此加强了中央政府对西域的管辖。班超通过安息人获知丝绸之路西端有一个和汉朝一样强大的国家——罗马帝国，很想与罗马帝国建立联系，遂于97年派掾吏甘英出使罗马帝国。甘英，生平事迹和家世均不详，只知其曾于东汉和帝时任西域都护属官。一般认为，班超派遣甘英出使大秦的动机，除了要打破安息的贸易垄断、探索远方文明之外，还有宣扬国威、招徕异域外臣来朝的目的。[①]

据《后汉书》记载，甘英率领使团从龟兹（今新疆库车）出发，西行至疏勒（今新疆喀什），逾越葱岭（今帕米尔高原），经大宛（今费尔干纳盆地）、大月氏，到达安息，而后经过条支，抵达西海。一般认为，"安息"是当时统治伊朗的安息王朝，"条支"是塞琉古帝国的故地（今美索不达米亚地区），而"西海"指今波斯湾。

甘英到了波斯湾沿岸，打算继续前行。安息的船夫对甘英说："大海广大无涯，想要渡海要等候顺风，三个月可以渡过；若逢逆风，大约需要两年时间，所以要渡海的人都要带齐三年的粮食。海中有善于唱歌的女妖，以娇媚动听的歌声迷惑航海者，使他们停舟不前，一直到死亡为止。"甘英听了船夫的话，便放弃了渡海的念头。

船夫的话显然是对甘英的欺骗和恐吓。安息当时已经成为东西方丝绸贸易的转运和居间者，他们害怕中国与罗马帝国建立直接联系会损害其经济利益，因此不惜用谎言和

---

① 参见黄时鉴主编：《解说插图：中西关系史年表》，杭州：浙江人民出版社1994年版，第36页。

其他手段阻挠两国直接交往。根据考证，甘英回国走的是罽宾乌弋山离道，大约于永元十一年（99）回到龟兹。

甘英出使罗马帝国的目的没有实现，但他是汉朝使节西行最远的人，并给中原王朝带回许多他收集到的有关罗马帝国的信息。《后汉书》中所载有关罗马生产玻璃器和罗马古典民主制度等内容，大致符合古罗马史实，这反映了自甘英以来中国人对罗马帝国逐渐有了比较清晰的认识和了解。

波斯人的阻挠并没有让中国人与罗马人望而却步。罗马人对中国丝绸的喜爱，中国人对罗马珍奇宝物的向往，这种经济交往的需求驱使着两国通过海上直航建立起了联系。西方很早之前就经由海上通航于印度洋，而中国人和印度人也在 1 世纪以前就开辟了南海—印度洋航线。1 世纪，随着航海技术的提高，往来于印度半岛东西航线上的中外船只日益增多，东西方之间的往来更加频繁。大约从 2 世纪初期开始，罗马船只已越过印度洋进入南海。托勒密《地理学》一书援引 2 世纪初希腊地理学家马利奴斯的记载，马其顿商人梅斯世代经营赛里斯贸易，他与父亲经常派商队前往赛里斯国。①"赛里斯"是丝绸，"赛里斯国"即指中国。永宁元年（120），罗马船只东达缅甸，与该地区的古国——掸国发生联系，掸国国王雍由调向汉朝进献"幻人"，这些"幻人"就是来自罗马帝国的魔术师。东汉延熹九年（166），大秦皇帝安敦派遣使节到东汉都城洛阳，馈赠东汉皇帝象牙、犀牛角、玳瑁等珍贵礼物。这位东汉皇帝是汉桓帝，"安敦"则是罗马皇帝马克·奥理略·安敦尼努斯（161—180 年在位）。虽然有学者认为这是罗马商人为与中国进行贸易而假托政府使节，但这毕竟是罗马人首次由海上来到中国的记载。

罗马人由海路前来中国，中南半岛作为中转地，有的是从缅甸进入中国西南境内，有的是从中国交趾（今越南北部）登陆进而北上内地。东吴黄武五年（226），有大秦商人秦论来到交趾，交趾太守吴邈护送他到建业觐见孙权，孙权差刘威护送秦论归国。可惜刘威中途病故，和甘英一样没有出使成功。当时罗马商人"往往至扶南、日南、交趾"②，由海道远来中国东南海域从事贸易，往返需要三年，因此来往商人不多。西晋太康五年（284），罗马帝国又派使节由广州登陆北上洛阳访问，并馈赠一块珍贵的火浣布。这是西晋时期中国与罗马帝国使节往来的唯一记载。

北魏时期，东罗马帝国和中国联系频繁，曾多次遣使通好，当时中国人称其为"拂林""拂菻""蒲林"或者"普岚"。大量东罗马商人来到中国，北魏首都洛阳城中就有大量的东罗马商人居住。北魏政府特地设立"崦嵫馆"，作为东罗马帝国等西方国家使臣的安置之所。地中海海滨、东罗马帝国叙利亚行省的首府安条克（今土耳其安塔基

---

① 参见张星烺编注，朱杰勤校订：《中西交通史料汇编》（第一册），北京：中华书局 1977 年版，第 32 页。

② （唐）姚思廉：《梁书》卷五四《诸夷·海南》，北京：中华书局 1973 年版，第 798 页。

亚）是中国商队所到达的最西的贸易站，通过这里可以到达东罗马帝国的都城君士坦丁堡，因此安条克城也就成了中国与东罗马帝国贸易的又一中心。

到了唐代，为了对抗崛起的阿拉伯帝国，东罗马帝国主动加强与中国的联系，既为延续同中国的经济往来，也有政治求援的意思。唐政府虽然没有直接出兵帮助东罗马帝国，但是唐朝在中亚地区同阿拉伯帝国的斗争，无疑间接牵制了阿拉伯帝国向西进攻君士坦丁堡的军事力量。

二、康泰、朱应出使南海诸国与南海交通的发展

中国与东南亚国家很早便有交往，很多中国人移民到今越南、缅甸、泰国等地定居，促进了当地的经济开发和文化发展。在中国西南省份和中南半岛国家都曾出土了公元前4世纪至公元1世纪左右的形制相近的铜鼓，这是一种青铜铸造的打击乐器。研究者认为这种铜鼓正是中国音乐文化影响东南亚的有力证据。

汉代，掸国（今缅甸境内）就通过滇缅通道（由缅甸克钦邦经云南永昌、大理入中国境内，再到四川成都）与中国建立起政治联系。这一时期中国的造船水平和航海技术有所提高，中国与东南亚的海上航线也已形成。它属于印度洋—南海航线的组成部分。大抵上说，海船由徐闻（今属广东湛江）、合浦（今广西北海）和日南郡（今越南中部）出发，沿中南半岛东海岸南行，绕过马来半岛南端进入印度洋，经尼科巴群岛、安达曼群岛，到达印度和斯里兰卡。位于今印度尼西亚的叶调国就是由此与汉朝通使交好的。

魏晋南北朝时期，这条海上航线依然发挥着重要作用。东吴统治者努力发展南海海上交通。226年，东吴孙权派交州刺史吕岱平定交趾太守士燮之子士徽之乱，加强了对岭南地区的控制，并转而经营南海，试图与东南亚国家建立友好关系。吕岱多次派遣官员"南宣国化"，出使"西南大海洲上"。这些官员之中最有名的有中郎康泰、宣化从事朱应。230年，孙权派卫温、诸葛直率军入海寻找亶洲和夷洲。有学者认为"亶洲"指的便是菲律宾。这次行动只找到夷洲（今台湾岛），并未找到亶洲，但它与康泰、朱应之行一样，都是东吴在东南亚扩展国际影响力的重要举措。因此，尽管关于康泰、朱应出使南海的时间有一些不同的看法①，但都认为在吕岱担任交州刺史的226—231年的说法是比较可靠的。②另外，康泰、朱应的南海诸国之行究竟历时多久，由于史料，学者的意见也不一。有部分学者认为康泰、朱应游历了东南亚许多国家和地区，时间不会短，应该在十余年以上。康泰、朱应的南海之行不一定只有一次，前后历经多年是很正常的。

---

① 有学者认为康泰、朱应出使南海诸国的时间在扶南国王范寻在位时的245—251年。
② 参见方豪：《中西交通史》（上册），长沙：岳麓书社1987年版，第200-202页。

康泰、朱应前往东南亚走的是印度洋—南海航线。据史料记载，康泰、朱应访问了东南亚一带数十个国家和地区，其中扶南和林邑是主要的目的国。扶南国，于 1 世纪建国，领土包括今柬埔寨、老挝南部、越南南部和泰国东南部一带，是当时东南亚势力强大、户口殷实、物产富饶的国家。康泰、朱应受到扶南国王范旃和范寻的接待和礼遇。康泰、朱应长期留居扶南，进行调查工作。他们注意到扶南国人有裸露的风俗，便向国王范寻提出建议，范寻下令国中男子的腰间都要着"横幅"（即干幔），富贵人家用锦缎材质，一般百姓则可用麻布。这对东南亚地区的移风易俗起到重要作用。赤乌六年（243），扶南王范旃遣使来吴聘问，进献乐师和方物。扶南乐是当时东南亚各国音乐的代表，据说"扶南乐，舞二人，朝霞行缠，赤皮靴"①。东吴特地建扶南乐署教宫人演习。康泰等人在扶南见到中天竺国差派到扶南的使臣陈、宋二人，询问其国风俗。康泰被告知此国是佛教的发源地，定都恒河边，是印度很有影响力的大国。根据此事，多数学者认为康泰、朱应并未到过印度。

林邑国，即占婆国，在今越南中南部，其地原为东汉所有。东汉后期日南郡象林县区逵起兵反汉，建立占婆国，其后不断扩张，成为东南亚的一股强大力量。东吴时，占婆国王曾赠"金指环于吴主"②，这个吴主可能就是孙权。这是康泰、朱应出使南海诸国，与东南亚诸国建立朝贡关系的结果。但是赤乌十一年（248），占婆发兵攻下交州西卷县，东吴与占婆的外交关系彻底破裂。

康泰和朱应回国后，分别著有《吴时外国传》《扶南异物志》，记录自己在南海诸国的见闻。《吴时外国传》也叫《吴时外国志》《吴人外国图》，北宋初年编《太平御览》时大量引用该书的内容，可惜公元 10 世纪以后该书失传了。《扶南异物志》在唐代尚存于世，姚思廉编写《梁书》时还参考了此书。有一种观点认为《扶南异物志》即《扶南以南记》，所记载的内容并不局限于扶南，而是南海诸国，只不过后来残缺，就称为《扶南异物志》。这两本书都是了解中国和南海交通的珍贵史料，反映出当时中国人对东南亚的认识。

康泰、朱应出使南海，加强了中国与东南亚国家的联系。到了南朝时期，中国与东南亚诸国的交流较之前代大有发展，前来朝贡的东南亚国家有十余个，萧梁时期东南亚国家"修贡职，航海岁至，逾于前代矣"③。大量的使节、商人、僧人穿梭于南海—印度洋的海上通道，促进了中国与东南亚国家之间的政治、经济和文化交流。广州番禺、交州龙编、交州日南取代此前的徐闻、合浦，成为南海交通最重要的港口。

---

① （后晋）刘昫等：《旧唐书》卷二九《音乐二》，北京：中华书局 1975 年版，第 1070 页。

② 《林邑记》，转引自（北宋）李昉编纂，任明、朱瑞平、聂鸿音校点：《太平御览》（第六册）卷七一八《服用部二十》，石家庄：河北教育出版社 1994 年版，第 596 页。

③ （唐）姚思廉：《梁书》卷五四《诸夷·海南》，北京：中华书局 1973 年版，第 783 页。

三、以阿倍仲麻吕为代表的日本遣唐使

隋唐时期中国国力强盛、经济繁荣、文化璀璨，对东西方国家产生了巨大的吸引力。当时统治日本列岛的是"大和国"。它兴起于 3 世纪，后来对外扩张并基本统一了日本列岛，成为东北亚的重要国家，南朝文献称其为"倭国"。日本多次遣使，远涉重洋，到南朝都城建康访问，曾有假借中国威势对抗高句丽的意图。7 世纪初，日本派遣以小野妹子为首的使团，数次来访隋朝，希望建立两国平等通使的友好关系。到了唐代，日本继续派遣使团访问中国，这些使团被称为"遣唐使"。

遣唐使是日本派往唐朝的负有政治、经济、贸易和文化交流使命的大型政府代表团。其成员有大使一人、副使一人，以及判官、录事、翻译、领航员、医师、画师、贸易人员和众多的留学生、学问僧等。每次使团船约 4 艘，每艘 100 多人，平均总人数 400 多人，最多时有六七百人。从 630 年开始，到 894 年结束，在两百多年的时间里，前后有 19 次日本遣唐使团来到中国。这一时期日本政局多次更迭，但是对唐朝的友好政策并未改变，遣唐使团也没有中断。

遣唐使一开始是从难波的三津浦出海，经濑户内海向西航行，至九州博多，再经隐岐、对马等岛屿抵朝鲜半岛，沿西南岸北行，横渡黄海至辽东半岛，再抵山东半岛的登州或江苏的楚州（今淮安）登陆。7 世纪末叶以后，遣唐使改走南路，即从九州西岸南下，从萨摩（今鹿儿岛）、益救岛（今屋久岛）、奄美大岛、阿尔奈波岛（今冲绳）等处，再横渡东海，至扬州、明州等地登陆，通过大运河西进，抵达长安。①

在遣唐使中，最引人注目的是阿倍仲麻吕。阿倍仲麻吕，698 年生于奈良，父亲船守，官拜中务大辅。阿倍仲麻吕自幼勤奋好学，尤其酷爱汉文学。716 年，日本政府派出以多治比县守为首、由 557 人组成的第八次遣唐使团，19 岁的阿倍仲麻吕被推举为遣唐留学生。次年，这批遣唐使抵达洛阳，受到唐玄宗隆重接见。阿倍仲麻吕进入国子监学习，他钦慕唐朝先进的文化不肯离开，于是改名为"晁衡"，定居中国。阿倍仲麻吕考中进士，曾担任门下省左补阙、左散骑常侍等官职。他和当时著名诗人李白、王维、储光羲等人有密切交往，常常以诗文唱和。

阿倍仲麻吕对中国感情深厚，很感激唐政府的厚待，但是眷恋乡土之情未减。753年，唐政府批准他回国，并任命他为唐朝回聘日本的使节。他临归日本时留下诗篇："衔命将辞国，非才忝侍臣。天中恋明主，海外忆慈亲。伏奏违金阙，骖骖去玉津。蓬莱乡路远，若木故园林。西望怀恩日，东归感义辰。平生一宝剑，留赠结交人。"当时误传阿倍仲麻吕在归途中遇风暴溺死，李白挥泪写下《哭晁卿衡》的著名诗篇："日本晁卿辞帝都，征帆一片绕蓬壶。明月不归沉碧海，白云愁色满苍梧。"这首诗表达了两

---

① 参见王介南：《中外文化交流史》，北京：人民出版社 2011 年版，第 172－173 页。

人的诚挚友谊，成为中日友谊史上的不朽名作。755 年，阿倍仲麻吕历尽艰险，再次回到长安，他的中国朋友为之惊喜。

安史之乱爆发后，阿倍仲麻吕跟随唐政府迁往四川，两年后又随唐政府回到长安，此时阿倍仲麻吕已六十一岁。阿倍仲麻吕在长安又生活了 11 年，最后官至光禄大夫兼御史中丞。770 年，阿倍仲麻吕在长安辞世，并埋葬于此，享年 72 岁。阿倍仲麻吕是中日两国友好交流的杰出使者，中日两国分别在西安和奈良建有阿倍仲麻吕的纪念碑。

当时著名的遣唐使还有吉备真备。他怀着学习唐朝先进文化的理想，与阿倍仲麻吕一道来到中国，回到日本后再次被委派出使唐朝，先后在长安居住 17 年，对唐朝的经、史、算术、天文等都有研究。总之，从这些日本遣唐使身上，可以看出唐朝文化对日本影响之深。

第二节　宋元时期来华的西方商旅

两宋之世，中国处于南北分裂的局面，此时的中外交往却不减其盛。辽、金、蒙古等中国北方政权仍然通过陆路交通和域外发生交往，南方的赵宋王朝则主要通过海上交通对外发生关系。元代，陆海交通皆畅通繁荣，许多中国人和外国人士频繁往来于亚、非、欧三大洲之间，留下了关于当时中外交通状况的珍贵记录。这些历史文献不仅直接反映了中外人士对彼此的认知，也从侧面展现出中华文明和域外文明共存与互动的历史。

一、从阿拉伯商人辛押陀罗到旅行家伊本·白图泰

8 世纪以后，阿拉伯商人掌握了印度洋上的贸易主导权。来华的阿拉伯商人日渐增多，他们多侨居在广州、泉州以及江浙沿海港埠，往往和波斯人汇聚一处。侨居或定居的阿拉伯移民以千万计，他们自立蕃坊，由蕃长管勾公事。阿曼人阿卜·乌拜达于 758 年以前从事对中国的沉香木贸易，是现今所知最早的留有姓名的来华阿拉伯商人。李彦昇是"住唐"的阿拉伯人后裔，于大中二年（848）以进士及第，可见住唐蕃客受汉文化熏染日深。

宋代海外交通发达，来华的阿拉伯商人日益增多，就数量来说已经跃居来华蕃商之首。他们主要侨居在广州和泉州，依然自立蕃坊，设蕃长管事。宋代蕃长除了管勾蕃坊公事之外，还专门致力于招引、邀请外商来华贸易。例如舶主蒲希密就是在本国收到广州蕃长寄去的招引劝说信件而来华贸易的。这里重点介绍一下广州蕃坊蕃长辛押陀罗。

辛押陀罗何时入华，史无详载。文献只称其"居广州数十年""家赀数百万缗"①，曾担任蕃长，赵宋朝廷赐其号为"归德将军"。《宋会要辑稿》称辛押陀罗来自"大食勿巡国"。"勿巡"即赵汝适《诸蕃志》中的"瓮蛮"国，在今阿曼境内苏哈尔港和马斯喀特一带。来华的阿拉伯商船大多从阿曼的苏哈尔，或者波斯湾北岸的尸罗夫、俄波拉、巴士拉等重要港口起航，沿途行驶四个月左右，才到达广州。阿曼商人在来华阿拉伯商人中来得最早、人数最多。

广州蕃坊，唐代便已存在，具体位置文献无考。根据学者研究，宋代的广州蕃坊位于广州城内西侧，大概在今北至中山六路、南邻惠福路、东接米市路、西至人民中路一带。②

宋朝常常封授阿拉伯贡使将军名号，目的在于重其职权，隆其威望，以使其更好地在海外贸易中发挥作用。这些贡使本身多任职蕃长，比如辛押陀罗就是因为曾以使节的身份来到开封进贡，且招徕海商对宋朝政府贡献大而得封"归德将军"。此外，以蕃长得封的还有蒲诃粟、蒲陁婆离慈、蒲沙乙等。

辛押陀罗久居广州经商，富甲一方。熙宁元年（1068），广州府学徙建于国庆寺之东，辛押陀罗"闻风兴起，亦捐资相助，且售田增之。复置别舍，以徕蕃俗子弟之愿学者"③。熙宁年间重修广州府城，辛押陀罗请求捐助银钱，没有得到宋廷的批准。由于辛押陀罗的贡献，熙宁五年（1072）他离华归国时，朝廷特赐白马一匹、鞍辔一副，以示皇恩。辛押陀罗回国后，被其国王所诛，没能再回来广州。

到了元代，中国与阿拉伯世界的交往仍然继续发展。一些寓居中国的阿拉伯人受到元统治者重用。如蒲寿庚，数代寓居中国，自其父蒲开宗始由广州移居泉州。蒲寿庚在南宋末年担任泉州市舶提举，降元后升任福建行省中书左丞，负责招徕外商，对元初海外贸易的恢复和发展起到了重要作用。

摩洛哥大旅行家伊本·白图泰的来华，则标志着中国同阿拉伯世界交往的高峰。伊本·白图泰出生于1304年，20岁左右去麦加朝圣，从此开始他不平凡的世界游历。1346年左右，伊本·白图泰来到中国，游览了泉州、广州、鄱阳、杭州等地，留下了美好的印象。半年以后，伊本·白图泰离开了中国，回到摩洛哥。他口述自己三十年的游历经过，由伊本·朱扎伊记录，著成《伊本·白图泰游记》。书中详细描述了元代中国的海舶，中国与印度及横跨阿拉伯海的海运贸易，中国烧瓷、烧炭、排罐、发行纸币等基本情形，还注意到中国穆斯林的生活情况。这书至今仍是研究14世纪中国与阿拉伯交往史的重要文献。伊本·白图泰本人也被视为"中世纪四大游历家"之一。

---

① （宋）苏辙：《龙川略志》卷五《辨人告户绝事》，北京：中华书局1982年版。
② 参见马建春、童萌：《宋代大食进奉使辛押陀罗其人其事——兼谈广州蕃坊方位等问题》，马明达、纪宗安主编：《暨南史学》（第九辑），桂林：广西师范大学出版社2014年版。
③ 参见《广东通志》卷二六九《列传二·刘富传》，道光二年刻本。

二、轰动西方的马可·波罗中国之行

在宋元时期来到中国的外国旅行家中，以马可·波罗最具代表性，且影响最大。

马可·波罗（1254—1324）出生于地中海商业中心城市威尼斯。其父古剌·波罗和叔父玛窦·波罗都是威尼斯巨商，经常奔走于地中海东部，从事商业活动。1266 年，古剌兄弟来到中国见到皇帝忽必烈，1269 年回到威尼斯，带回了许多关于中国的见闻。1271 年，出于对这一东方国度的向往，年仅十七岁的马可·波罗随同父亲、叔叔踏上来访中国的旅途。

1271 年 11 月，马可·波罗一行人从威尼斯启程，乘船渡过地中海，到达小亚细亚半岛，经由亚美尼亚折向南行，沿着底格里斯河，过巴格达，到了波斯湾的霍尔木兹。接着他们穿越伊朗高原和阿富汗北部。由于这条路大多是荒漠高原，马可·波罗在到达阿富汗东北角时生病了，不得不留居当地养病。一年后，马可·波罗等人穿越帕米尔高原，进入喀什，经昆仑山北麓的莎车、和田、且末到罗布城，又过河西走廊、宁夏等地，于 1275 年 5 月到达元朝的上都（今内蒙古自治区锡林郭勒盟正蓝旗境内）。

元朝皇帝忽必烈设宴欢迎马可·波罗一行，并且很欣赏马可·波罗。马可·波罗学会了蒙古语和汉语，熟悉宫廷礼仪和行政法规，之后被忽必烈委以要职。1275—1292 年，马可·波罗先后担任枢密副使、淮东道宣慰使、扬州总督等职务。他曾奉命巡视中国各地，足迹踏遍大江南北，还曾奉命出使东南亚各国及印度和斯里兰卡。他经常被忽必烈召入宫中，汇报各地情况，纵谈欧洲的历史和现状，受到忽必烈的垂爱。

马可·波罗久居中国，渴望回到故乡。1292 年夏天，马可·波罗利用护送蒙古公主阔阔真到伊利汗国嫁给阿鲁浑汗的机会，准备回国。他们从泉州入海，经过爪哇、苏门答腊，出马六甲海峡，过印度洋、阿拉伯海，入波斯湾的霍尔木兹到达波斯；接着继续西行，经两河流域、高加索，由黑海乘船到君士坦丁堡，过地中海而返回意大利。1295 年冬，马可·波罗一行人终于到达威尼斯。

马可·波罗回国后，正逢威尼斯和热那亚发生战争，马可·波罗自备战舰参战。结果，威尼斯战败，马可·波罗入狱。他在狱中口述旅游东方二十多年的见闻，由同牢房的作家鲁思蒂谦（Rustichello）笔录，著成《马可·波罗游记》，又叫《东方闻见录》。

《马可·波罗游记》原书分四卷，第一卷叙述他东来上都的沿途见闻，第二卷记载元初政治和宫廷生活以及北京、和林、西安、成都、昆明、大理、济南、扬州、镇江、杭州、福州、泉州等十几个中国城市的繁华情况，第三卷介绍日本、东南亚、南亚及非洲东部等广大地区的情况，第四卷叙述成吉思汗以及蒙古各汗国之间的战争。《马可·波罗游记》的记载基本上符合史实，但也存在夸张和不实的成分，比如游记中说他曾担任的元朝官职，在中文历史文献中找不到任何证明。

《马可·波罗游记》问世后，在西方引起极大的震动。书中描绘的东方世界的富丽繁华超出当时欧洲人的传统认知，该书因其新奇的记载受到欧洲人的喜爱，很快成为畅销书。有些人不相信东方世界的中国会有那么高度发达的文明，怀疑这部著作的真实性，甚至声称这是马可·波罗编造的。在马可·波罗临终之际，有亲友要求他公开忏悔，承认此书系编造，以使灵魂得到救赎。但是马可·波罗最后宣布：这是完全真实的记录，不仅没有言过其实，甚至"所见的异事，尚未说到一半"。后世有一些学者质疑马可·波罗来到中国，怀疑他可能只是在中亚听到了一些有关中国的见闻。中国学者杨志玖从《经史大典》中找到关于伊利汗国阿鲁浑汗所遣使臣回国的记载，人名、时间都与马可·波罗叙述的相符，被认为是马可·波罗的确来到中国的铁证。

到了15、16世纪，欧洲人对东方的地理知识逐渐丰富起来，才证实了《马可·波罗游记》的真实性。意大利航海家哥伦布正是受到此书启发，决定去富庶的中国寻找黄金。哥伦布本意是想去东方，却无意中发现了美洲新大陆。现今葡萄牙里斯本还保存着哥伦布所阅读的那本《马可·波罗游记》，书中的空白处还留有他的许多批注，可见该书对哥伦布的影响之深。《马可·波罗游记》的出现和流行反映出西方对发达的东方文明的向往和建立直接联系的强烈渴求，正是这种向往和渴求促使哥伦布等航海家不惧艰辛，开启了大航海时代，对人类文明的发展起到巨大的推动作用。

除了马可·波罗以外，元朝来华的西方传教士、商人、旅行家还有很多。比如罗马教皇所派方济各会修士柏朗嘉宾、法国国王所派修士鲁布鲁克分别于1245年、1253年出使中国，来到和林，拜见蒙古大汗，回国后分别写成《蒙古行记》《东行记》，向欧洲人介绍蒙古的基本情况。14世纪，又有意大利方济各会教士鄂多立克旅游东方，他的游记作品《鄂多立克东游录》对元代中国的城市、物产、商业、风俗习惯等有所记载，称赞元代中国的富庶繁华。

在马可·波罗、伊本·白图泰等旅行家来华游历的同时，中国的旅行家、使节也前往西方游历。比如由陆路到达中亚、西亚地区的耶律楚材、丘处机、常德等人，到达欧洲的马尔忽斯、列班·扫马。由海路西行者，则有出访印度的杨庭璧，出使真腊的周达观，由泉州两次出海西行东南亚、阿拉伯海沿岸的汪大渊。这个时期中外人员互动很频繁。

第三节　开辟外交兴盛局面的明朝使团

朱元璋（1328—1398）建立明朝后，着眼于稳定国内统治秩序，对外奉行以和平为主的外交政策，明确要与周边国家维持友好互利的外交关系。朱元璋之子朱棣（1360—1424）即位，进一步推行积极的对外交往政策，一方面向西发展，与中亚、西亚国家加强联系；另一方面极力拓展海上交通，加强与东南亚、南亚、非洲各国的政治和经济交往。明初的外交盛景由此形成。

一、陈诚五使西域及明朝与帖木儿帝国的交往

明朝初期，在对抗北元的军事斗争中，明政府陆续在西北地区设置了不少卫所，以加强管辖。比如在甘肃设立河州卫、岷州卫、洮州卫，在青海柴达木盆地西北设立安定、阿端、曲先三卫。为开辟中国通向西方的陆上贸易通道，明政府进一步经营西域。

明朝将东疆要地哈密作为控制西域的有力支点。1391年，朱元璋遣将攻克哈密城。1406年，明成祖册封哈密王安克帖木儿为忠顺王，封其地头目为指挥、千户、百户、镇抚使等职，正式设立哈密卫。哈密卫位于今哈密地区，治所在哈密城，管辖范围西至火州、吐鲁番，东南至沙洲（敦煌一带）诸部，北连瓦剌（准噶尔盆地一带）。哈密卫的职责，一是代表明朝中央政府管理当地日常事务，二是保护东西往来的使节、商旅、僧侣的安全。当时天山南北大部分地区为东察合台汗国所统治，东察合台汗国与明朝中央政府有频繁的政治、经济往来。

明朝统治者决定进一步向西扩大政治影响力，而此时的中亚和西亚正处于帖木儿政权的统治之下。帖木儿（1336—1405），自称成吉思汗后裔，原属察合台汗国蒙古巴鲁剌思部，在合扎罕死后的混乱政局中崛起，建立了帖木儿帝国，汉文史籍称之为"撒马尔罕"。洪武二十年（1387），帖木儿曾派使臣与明朝建立外交关系，之后双方遣使来往频繁，以朝贡方式进行贸易。帖木儿帝国主要出口马和骆驼，明朝与之交换的是丝绸和瓷器等物。帖木儿对西方伊利汗国和北方钦察汗国用兵取得胜利后，便骄横起来，一度扣留了明朝使臣傅安、郭骥等人，断绝了与明朝的外交来往。1404年冬，帖木儿在打败土耳其之后，调兵准备东征明朝，在征途中病死，进军行动被迫终止。

帖木儿之孙哈里勒即位，主张与明朝恢复和平的邦交关系。1407年，哈里勒派遣使臣虎歹达等送还被扣留的明朝使臣傅安等人。明政府再次派遣傅安为使前往撒马尔罕吊祭帖木儿，并赐给新国王银币。1409年，哈里勒被叛将拘系，帖木儿之子沙哈鲁趁机起兵，重新统一帖木儿帝国，且将国都南迁到哈烈，因而明人史籍称其为"哈烈国"。沙哈鲁努力与明朝修复关系，《明史》记载，沙哈鲁在位时向中国遣使共有9次

之多。1419 年，沙哈鲁派遣几百人的庞大使团来访中国。历史学家哈菲兹·阿卡鲁据使团成员吉亚斯·丁的日记撰成《沙哈鲁遣使中国记》，记述了使团沿途所见及明朝政治、经济、人物、民俗、物产等情况。当时沙哈鲁与明朝关系十分友好，如中亚史专家巴尔托里德所说："当时其王沙哈鲁对西方各国君主态度十分倨傲，唯对中国恭谨，奉明朝为上邦。"

明政府也对沙哈鲁的善意予以回应。明朝皇帝朱棣将出使帖木儿帝国的外交重任交给了陈诚。陈诚，字子实，江西吉水人，洪武年间中进士，授官行人。1396 年，他曾奉朱元璋之命出使撒里畏兀儿（今柴达木盆地西北地区），促使明政府在其地建立安定、曲先、阿端三个羁縻卫所。1413 年，任吏部员外郎的陈诚奉朱棣之命与中官李达、户部主事李暹等护送帖木儿国王沙哈鲁使者还国。1415 年，陈诚归国时又偕沙哈鲁的新使节和沿途诸国的使臣同行。1416 年，诸国使臣准备归国，陈诚奉命随行出使。1418 年，陈诚与帖木儿帝国使臣阿尔都沙等回京。同年阿尔都沙归国，朱棣又命陈诚护送其归国，这次直至 1420 年才回来。1424 年，朱棣再次派陈诚出使帖木儿帝国，当他准备出嘉峪关时，因朱棣病死而中途返回。陈诚五使西域，重开丝绸之路，密切了西域与中原的联系，对永乐时万国来朝的外交盛景有重要贡献，中国历史学家谢国桢赞誉陈诚"其功不减于（郑）和"。

陈诚第一次出使帖木儿帝国，行经十七国，途中绘山川城郭，志风俗物产，作《西域行程记》和《西域番国志》二书，叙其见闻。《西域行程记》主要记使团所经路线，从酒泉启程，出玉门关，先至哈密，然后绕天山达伊犁河，过伊塞克湖，至江布尔、塔什干、撒马尔罕、铁门关、巴里黑，最后抵达哈烈。沿途的风土人情是记述的重要内容。《西域番国志》分地记载，有哈烈及葱岭东西 19 个国家和地区，以哈烈的相关记载最为详细。明人涉及西域的文字大多取材于此书。

明代中西陆路交通在永乐以后逐渐衰落，这与中亚地区的长期战乱和明朝对外政策转向保守有关。永乐年间采取积极进取的外交政策，取得很多成就，可是也消耗了大量人力、物力和财力，遭到一些保守派官员的反对。明朝中央政府对新疆的有效控制一直局限在东疆一带，没有积极地经营西域，没有派遣军队前去驻防。1513 年，哈密被吐鲁番占领，明朝退守嘉峪关，对新疆和中亚、西亚的影响受到限制，这使得中西陆路交通的繁荣局面一度不再。

二、举世瞩目的郑和七下西洋

郑和七下西洋是世界航海史上的空前壮举，对明初外交盛况的开辟有突出的贡献。

郑和，姓马，小字三保，回族人，1371 年出生于云南昆明一个世代信仰伊斯兰教的家庭。其祖先为西域人，元初移居云南，其祖父和父亲曾赴麦加朝圣。明军攻占云南，郑和作为元朝梁王府的俘虏被阉割送入燕王府服役，自此成为一名宦官。郑和有智略，知兵习战，在靖难之役中立下奇功。朱棣称帝后，郑和升任内官监太监，被赐姓"郑"，民间称其为"三保太监"。郑和具备军事才能，幼时对海外情况有所了解，因此朱棣特地派他为使团代表，率领庞大的明朝船队出使"西洋"，尝试与海外诸国建立联系。

所谓"西洋"，当时并没有严格界定，大体指今文莱以西，南海和印度洋及其沿岸国家和地区。郑和下西洋可分为两个阶段，前三次行迹局限在东南亚和南亚一带，后四次航程远及阿拉伯半岛和非洲东海岸。

郑和首次下西洋始于永乐三年（1405）六月，海船自苏州太仓刘家港泛海，经福建五虎门，南下至占城，又南至爪哇，于三宝垄附近登陆，后又西航至今斯里兰卡，再到印度的古里，由此返航，经过三佛齐，于永乐五年（1407）九月到京。郑和第二次航行在永乐五年十二月，途经爪哇、暹罗至古里、柯枝，于永乐七年（1409）二月经由斯里兰卡返回中国。永乐七年九月，郑和第三次下西洋，自刘家港出发，十月至福建长乐太平港，十二月由福建五虎门出洋，至占城、满剌加，经锡兰，再到古里、柯枝、小俱兰，由此分遣船队前往阿丹、忽鲁谟斯，永乐九年（1411）返航回国。永乐十二年（1414），郑和船队第四次下西洋，道经苏门答腊、古里，远至忽鲁谟斯，再分遣船队至溜山、阿丹、祖法儿、木骨都束等国，至永乐十三年（1415）回国。永乐十五年（1417），郑和船队第五次出洋，曾到过忽鲁谟斯、阿丹、木骨都束、卜剌哇、爪哇及古里等地，于永乐十七年（1419）七月回航。永乐十九年（1421），郑和船队第六次下西洋，到达忽鲁谟斯，并分遣船队到印度洋各国。此行目的主要是护送各国使臣回国，直至洪熙元年（1425）才归国。郑和最后一次下西洋在宣德五年（1430），当时的明朝皇帝朱瞻基是朱棣之孙，继续支持郑和下西洋。十二月初六，郑和船队自南京龙湾开航，出五虎门，到占城，经爪哇、苏门答腊，过锡兰，到达古里、忽鲁谟斯等地，于宣德八年（1433）二月开船返航，七月初六到达南京。郑和本人途中病逝于古里，遗体按照惯例葬于大海。后来，明朝在南京牛首山建立郑和的衣冠冢，以纪念这位为中外友好交往贡献毕生精力的和平使者。

郑和船队的随行人员留下了三部重要著作，分别是马欢《瀛涯胜览》、费信《星槎胜览》、巩珍《西洋番国志》，都是研究郑和远航和有关各国历史的珍贵史料。南洋、印度洋各地保留不少郑和遗迹，如今印度尼西亚爪哇岛的三宝垄、斯里兰卡南海岸佛堂山的郑和石碑。东南亚多地设有庙宇供奉郑和，如马六甲宝山亭、登嘉楼三保公庙、砂拉越尖山的义文宫三保庙、槟城峇都茅的郑和三保宫以及吉隆坡的三宝庙。

郑和船队每次出洋之前，明朝政府都要准备大量的海舶。郑和船队由成百上千艘大小不同的船只所组成。船队中的主船称为"宝船"，是运载宝货的主要贸易大船。当时宝船较大的长约 44 丈 4 尺、宽 18 丈，中等的也长 37 丈、宽 15 丈，运载重量约 1 500 吨，每船平均可载四五百人，最大者可容千人。船队中宝船数量最多时有 60 多艘，最少也有 40 多艘。数十艘宝船，再配以相当数额的小船，如用来装载马匹的马船，用来运输粮食的粮船，用来作战的战船，由此组成了一支浩浩荡荡的庞大舰队，行驶于万里海域之中，毫无疑问是当时世界上最大的船队。

郑和船队运载着大量外交人员和士兵。据史籍记载，郑和每次都率领两万多名士兵出海。外交人员以郑和为首，还有一位同样优秀的外交家王景弘，他是熟悉航海图和针路簿的航海家。士兵中有官校、旗军、火长以及炮手等，战斗力很强，堪称明朝水师的精锐。另外还有航海方面的技术人员，如舵工、班碇手及铁锚、搭材等工匠和水手，书算手、医生、翻译通事等专业人员，分工细致明确。

郑和船队得以顺利完成航行任务，离不开先进的航海技术。在宋代，中国已经使用罗盘针来指导航向；在郑和下西洋时，船队已普遍使用导航仪器针盘。针盘的使用缩短了航程，加快了航行速度，避免发生海上事故。郑和船队还根据当时的天文学知识利用牵星术来指导航行，与针盘相配合。明末军事家茅元仪《武备志》一书收录有所谓"郑和航海图"，详细描绘了郑和船队的航向、船程、中途泊靠点以及暗礁、浅滩，有力地证明了明朝中国已经掌握当时世界上最先进的航海技术。

有一种说法认为郑和下西洋是为了寻找建文帝朱允炆——那位被其叔叔朱棣打败而后下落不明的明朝皇帝，因为民间传说建文帝一度流亡海外。虽然无法完全排除这种可能性，但是郑和在 28 年中先后七次出海，航行十万余里，显然承载着明朝皇帝赋予他的政治使命，而不至于仅仅是为了抓捕一个流亡者而兴师动众。朱棣希望建立不世功业，因而派遣郑和与海外各国加强联系，扩大中国和海外国家的政治交往，借以提振明朝国威，提高个人政治声望。

郑和船队先后访问了亚洲、非洲的三十几个国家和地区，甚至不辞劳苦地前往赤道以南、非洲东海岸的比剌国、孙剌国。郑和与这些国家的国王广泛接触，双方进行商品贸易，甚至常常无偿赠送精美的明朝物品，以完成与这些国家建立友好外交关系的使命。海外各国有感于明朝强大的国力以及友好互惠的政策，纷纷派遣使臣随同郑和船队来到中国，希望得到明政府的政治认可和经济援助。比如郑和第五次下西洋回国时带回了 17 个国家和地区的朝贡使臣，第六次下西洋则有 16 个国家的使臣随行。来到中国的使节级别很高，不仅有王子、王妃，甚至还有国王。[1] 从 1411 年到 1433 年，满剌加国王及王后四次亲自率领代表团来到中国。1403 年，渤泥国王曾率全家来中国，后来病逝在中国，葬于南京雨花台。在这个时期，明朝成了亚洲、非洲各国公认的政治领袖。

郑和在下西洋的过程中，热情真诚地结交外国朋友，还积极地帮助调解海外各国的纠纷，平定了一些地区的动乱，从而有力地维护了亚洲和非洲和平稳定的国际秩序。比

---

① 参见张国刚、吴莉苇：《中西文化关系史》（第 2 版），北京：高等教育出版社 2013 年版，第81 页。

如郑和第一次下西洋，盘踞巨港（在今苏门答腊）的海盗陈祖义准备发兵偷袭，被郑和打败，明朝直接掌管巨港，设立巨港宣慰司，维护南海交通线的安全。在郑和第三次下西洋返航途中，锡兰国王亚烈若奈尔派兵五万围攻郑和船队，抢劫货物，郑和避实击虚，突袭其王城，擒获国王，平息事变，从此锡兰与中国关系友好。郑和第四次下西洋，在苏门答腊会见国王，国王之弟苏干刺不满，发兵袭击宝船，被明军打败。"自经此役，诸番震服"，明朝在东南亚的威望更高。1406 年，郑和船队途经爪哇，正值其国东、西二土爆发战争，西王误杀明军 170 余人，郑和查明情况后，并未以武力报复。可见，郑和奉行和平政策，并不滥用武力。郑和船队在海外并未抢掠任何财物，从未侵占过一寸外国土地，更未驻军殖民，无疑是一支守卫海上和平的重要力量。满剌加、爪哇为争夺巨港发生冲突，明政府及时调停，使两国免于兵戎相见。1420 年，位于印度斋普尔的沼纳朴儿国入侵榜葛剌国，明政府派遣内官侯显出使沼纳朴儿加以调解。这些史实都与郑和下西洋有直接或间接的关系。

习近平总书记指出，郑和下西洋之所以名垂青史，"是因为使用的不是战马和长矛，而是驼队和善意；依靠的不是坚船和利炮，而是宝船和友谊"。以郑和为代表的丝路人"架起了东西方合作的纽带、和平的桥梁"。

郑和船队之所以引发海盗和域外政治野心家的觊觎，是因为郑和船队运载着大量精良的明朝货物，是一支巨大的国际性贸易舰队。船队每次下海，都要花费庞大的经费开支，比如船只的建造和维护经费，官兵和相关技术人员的酬劳和生活物资，准备送给海外各国国王的金银和礼品，以及购买丝绸、陶瓷、铁器、漆器等为海外人民喜爱的手工业品。这笔开支是由明政府的国库进行保障的，当时世界上还没有一个商队能拥有如此雄厚的资本。

除了政治使命之外，郑和船队还承担与海外各国进行商品贸易的任务，主要采取朝贡和市易两种贸易形式。据马欢《瀛涯胜览》记载，郑和船队来到锡兰国，锡兰国人非常喜爱中国的麝香、纻丝、色绢、青瓷盘碗、铜钱、樟脑，用宝石和珍珠进行交易，锡兰国王常派人携带宝石等物随同郑和的回洋宝船来到中国；又，船队到祖法儿国，郑和开读明朝皇帝诏旨，赏赐国王，国王遍告当地人民，祖法儿国人民争先恐后地用乳香、血竭、芦荟、没药、安息香、苏合油、木别子等特产来交换船队的纻丝、瓷器等物。郑和船队开展的经济活动秉持着"厚往薄来"的政策，强调对海外诸国的经济援助，却不计较回报是否平等，一定程度上满足了海外各国统治者和人民的需要，因而普遍受到海外各国和人民的欢迎。《殊域周咨录》卷九记载："自永乐改元，遣使四出，招谕海番，贡献毕至，奇货重宝，前代所希，充溢库市。贫民承令博买，或多致富，而国用亦羡裕矣。"郑和船队的海外贸易也使部分中国商人得以获利致富，这是符合当时中国社会经济发展需要的。

郑和下西洋是地理大发现之前世界史上最伟大的航海事件。它在一千多年来的印度洋—南海航线的基础上，扫除了阻碍海上交通的障碍，开辟了一些中国东海岸通向东南亚、南亚乃至东非地区和国家的新航道，促进东西海上交通的发展。同时，它以国家力量积极经营航海事业，将中国与东南亚、南亚、中亚、东非的重要地区和国家连接起来，加强中国与亚非各国的政治、经济交往，形成了中国为主导、各国和平往来的良好局面，其历史意义非凡。更为可贵的是，郑和船队本着互相尊重、互惠互利的原则，与海外各国进行各方面交流，帮助海外各国发展经济和文化，这与地理大发现后欧洲殖民者在东方世界和美洲新大陆的所作所为有着天壤之别，这也是郑和船队受到海外国家和人民热烈欢迎的原因所在。

✻ 思考题

1. 请列举汉至明时期中外政治交往的著名使节和重要外交事件。

2. 太监、僧侣充当外交使臣是明朝初年中外政治交往的突出现象，请分析其中的原因和影响。

第五章

丝绸之路与世俗文化交流

本章一方面讲述古代中国科学技术、文艺体育活动对世界的影响，尤其侧重"四大发明"改变世界历史进程的重要意义；另一方面从物质文明的角度讲述外来的文明如何影响中华文明，促进中华文明的蓬勃发展。其落脚点在于揭示文明交流与互鉴的客观规律。

本章重点在于掌握"四大发明"的出现及其对世界历史的巨大影响，了解中华文明如何在各个方面吸收域外文明，从而发展壮大；难点在于内容庞杂，知识点繁多。

一部世界史是多元文明共存共荣的发展历史，文明之间的交流和互鉴是世界历史发展的必然趋向。欧洲并非一直是世界的中心，古老的亚、非大陆同样有高度发达、不逊色于欧洲的文明。古代中国长期是世界的重要一极，灿烂的中华文化对世界文明的发展贡献卓著，而域外文明也对中华文明的繁盛提供了有益的补充。

第一节　改变世界历史进程的"四大发明"

在产业革命之前的漫长历史时期，中国一直位于世界先进行列。一方面，中国不排除吸收外来有益的思想和文化；另一方面，中国也不断对外传播先进的思想和文化，对世界文明的发展起了重大的推动作用。举世瞩目的"四大发明"——造纸术、印刷术、火药、指南针，对人类社会进步产生了不可估量的历史作用，这是众所周知的历史事实。

一、造纸术与印刷术

1. 造纸术

中国早先使用竹简和木牍作为书写材料，后来又增加了丝帛。木简笨重不便，丝帛虽然轻便但是价格昂贵。西汉初年时，虽然用麻、苎造纸，但是质地粗糙，不易书写，只能供包裹、衬垫等杂用。2世纪初，蔡伦总结了人民群众的造纸经验，改进技术，利用树皮、麻头、破布、渔网等废弃物，制成质量高、成本低、可用于书写的植物纤维纸，时人称之为"蔡侯纸"。4世纪以后，在中国，纸张已取代木简、丝帛成为普遍使用的书写材料。

随着丝绸之路的开辟，纸张随着屯田军队和客商传入了西域。1933年，中国学者黄文弼在罗布泊汉代烽燧遗址考察发现一块公元前1世纪的西汉古纸①，质地较为粗陋。1914年，英国探险家斯坦因在罗布泊北端发现一些汉文纸写残卷，其中有西晋泰始、永嘉年号。斯坦因早前在敦煌附近一座汉代长城烽燧遗址发现八封粟特文古信札，学界认为这些是312—313年在中国经商的粟特商人寄往中亚撒马尔罕的信件（因故未发）。这说明中国纸张已经传入中亚河中地区。当时地中海沿岸通行的是埃及苇纸和羊皮纸，中亚流行的是羊皮纸，叙利亚则用树皮书写，中国的植物纤维纸因成本低廉、质地轻软、洁白耐磨，很快行销中亚、西亚各地。到5世纪末期，中亚各地已普遍用中国纸。

---

①　该实物在20世纪30年代毁于战火，今已不存。

古代印度传统的书写材料是树皮、树叶。645 年唐僧玄奘自印度归国，并未提到印度有纸。另一僧人义净于 671 年到访印度，发现印度已开始用纸，如在纸上印造佛像，还使用厕纸。可见，中国纸最晚在 7 世纪后期已传入印度。一般认为中国纸是通过克什米尔传入印度的。有学者认为吐蕃和印度关系密切，印度可能是通过西藏获取了中国纸。不过，当时可供书写的高质量纸张在印度还不多。

学界一般把 751 年当作中国造纸术传入中亚、西亚和阿拉伯的时间。751 年，高仙芝率领唐朝军队与阿拉伯帝国在怛罗斯交战，唐军战败，许多士兵被俘虏，其中就有一些造纸工匠。根据阿拉伯文献记载，当时阿拉伯帝国利用这些工匠在撒马尔罕建立了伊斯兰世界的第一座造纸工场。撒马尔罕盛产用于造纸的大麻和亚麻，因此撒马尔罕纸以其精美适用的优点闻名一时。当时中亚史家泰欧立巴说道："在撒马尔罕的特产中应该提到的是纸，它因为更美丽、更合适、更简便，已经代替了过去书写用的埃及莎草纸和羊皮纸。它只产于此地和中国。"不久，巴格达、也门、大马士革、特里波利、哈马、太巴列等地也相继建立用中国工艺生产纸张的工场。尤其是距离欧洲最近的大马士革，成了供应欧洲用纸的主要产地。因此在一段时间内，"大马色纸"成为欧洲人对纸的另一称呼。

造纸术传到北非和欧洲是借助阿拉伯人之力。9 世纪初，纸张已经传入埃及、摩洛哥等地，并在 10 世纪取代莎草纸成为埃及的主要书写工具。1040 年，波斯游客在开罗发现市场小贩用纸张包裹所售之物，可见纸张的用途已经扩大到日常生活领域。10 世纪以后，摩洛哥的菲斯成为造纸中心，并以此为基地在 12 世纪中叶将造纸术传入伊比利亚半岛，继而传入欧洲各地。到 12 世纪前半叶，西班牙才开始造纸。1189 年，法国才开始出现造纸作坊，之后传到意大利、德国、英国。到 15 世纪，纸张取代羊皮纸成为欧洲通行的书写材料。在 18 世纪以前，欧洲各国造纸工场中采用的技术和设备大致都是中国传统使用的，工艺和质量普遍不及中国宋代的水准。

2. 印刷术

印刷术是中国劳动人民的又一伟大发明。学界认为最迟至 7 世纪，中国已经有雕版印刷术。824 年，唐代诗人元稹在给白居易《白氏长庆集》作序时写道："王公、妾妇、牛童、马走之口无不道，至于缮写模勒，炫卖于市井，或持之以交酒茗者，处处皆是。"所谓"模勒"是模刻的意思，白居易的诗集被翻刻，证明当时雕版印刷已经流行。四川、淮南、洛阳、江南等地是内地比较重要的印刷中心。在今敦煌和新疆各地，发现不少印有小佛像和下面写有文字的卷子。1900 年，敦煌莫高窟发现了一卷 868 年印制的《金刚经》，被认为是中国现存最早的雕版印刷品。这说明雕版印刷术发明后，通过丝绸之路传入河西和新疆地区。

北宋时期，毕昇发明活字印刷术，使印刷术发生飞跃。毕昇所创活字是用胶泥刻字烧硬后印刷，还有许多不足之处。元代农学家王祯创造了木活字印刷术，大大缩短了印刷时间，降低了材料成本。王祯还发明转轮排字法，减轻了排字工人的劳动强度。

13 世纪，蒙古统治了欧亚大陆，为中国印刷术的进一步西传创造了有利条件。考古发现，12 世纪西夏文文献就有活字印刷品，以实物的形式有力地回应了个别研究者对中国人首创活字印刷术的质疑。吐鲁番发现的回鹘文印刷品中最早的属 13 世纪初，20 世纪初在敦煌发现的古回鹘文木刻活字则是 1300 年的遗物。回鹘文木活字不是以字母为字模单位，而是以音节为字模单位，明显受到汉字活字影响。因此，很多学者认为印刷术于 13 世纪由西夏传入回鹘，再进一步西传。①

在印刷术西传的过程中，地处西亚的伊利汗国起到重要作用。伊利汗国曾于 1294 年效法元朝印行纸币，上印汉字"钞"和波斯文"一切非主，只有真主，穆罕默德，主的使者"。这次币制改革仅三天就失败，却是见诸记载的中国印刷术在伊朗被首次成功使用。拉施德丁（Rashid-al-Din Hamadani）在《史集》中详细记载了中国雕版印刷术的方法。1880 年埃及法雍地区挖掘出 50 张左右的阿拉伯文印刷品，包括《古兰经》残卷和其他宗教性文件，写作年代大致为 900—1350 年，其印刷形式和印刷方法都与中国的印刷品相似，无疑来自中国。

在 14—15 世纪，雕版印刷术由伊利汗国传入欧洲。14、15 世纪之交，欧洲出现木板雕印的纸牌、圣像、《圣经》以及拉丁文法课本。现存欧洲最早的雕版印刷品是 1423 年的圣克里斯托弗像。由于活字印刷术对使用拼音字母的西方语言来说更具优势，所以活字印刷术在西方传播更快。传说，有位意大利人因为看到马可·波罗带回威尼斯的几块汉文书籍印块，就学会了印刷术。元朝时到访中国的鄂多立克则在其游记中提到威尼斯人将纸牌从中国带回家乡。这些记载都表明活字印刷术由中国传入西方的事实。据文献记载，德国人古登堡（Johannes Gutenberg）花了二十年设想用小块木头雕成字母，再用字母拼成单词和句子，于 1454 年用活字印刷成拉丁文《圣经》，被视为欧洲首次活字印刷。德国的印刷术很快向欧洲各国传播，对其后欧洲科学与艺术的迅速发展起到不可估量的作用。

二、火药

在唐代，作为火药主要成分的硝石已经被发现，中国人也发明了炼硝术，并将其传入阿拉伯。阿拉伯人称硝为"中国雪"，波斯人称之为"中国盐"。硝一开始被用来治病、制造玻璃和应用于炼金术。到 13 世纪初，阿拉伯人开始知道可以用硝来制造火药，当时称火药为"巴鲁德"，但仍然限于制造烟火、爆竹。

到了宋代，中国人最先将硝石用作制造杀伤性武器的材料。中国人制造出了抛石

---

① 相关情况参见史金波、雅森·吾守尔：《中国活字印刷术的发明和早期传播——西夏和回鹘活字印刷术研究》，北京：社会科学文献出版社 2000 年版。

机，利用杠杆原理将火药包抛射出去；又制造了突火枪，即用竹筒装载火药和子窠的武器，这是管形火器的开始。蒙古军队在征伐西亚时大量使用火器，引起阿拉伯人对火器的注意。被俘虏的蒙古军士将这种火器带到阿拉伯，使得阿拉伯人很快掌握了这项技术。阿拉伯人将这些武器称为"契丹火枪""契丹火箭"，"契丹"是当时阿拉伯人对中国的称呼。阿拉伯人将元朝火器做了改良，进一步发展为长筒、短筒两种，长筒的可射出箭矢，短筒的可射出石球，统称为"马达发"（madafa）。阿拉伯人还发明了一种威力巨大的"回回炮"，这是一种将抛石机和火药技术结合起来的新式武器，杀伤力巨大。回回炮很快回传中国。南宋政府曾于 1273 年颁布制造回回炮的法式给沿边州郡。元朝曾利用这种回回炮攻打襄阳。元政府曾调集蒙古人、汉人、回人等造炮能手，制造新式火器——火铳。火铳是用金属做筒，利用气压发射火药做成的弹丸，能承受大的气压，射程远，威力大，爆破力强。火铳形制有大有小，有铜铸的也有铁铸的。1970 年在黑龙江阿城县半拉城子出土的铜铳，据说是世界上现存最早的管形火器。西安东关景龙池巷、北京通县、河北张家口都出土了 13 世纪末 14 世纪初的铜铳，都是碗口铳。1989 年元上都遗址出土的一支铜铳，是最早有铭文的铜铳，建造于大德二年（1298）。①可见，元代制造火铳的技术已达到相当高的水准。

欧洲人通过阿拉伯人的文献才了解和掌握了火药与火器知识。13 世纪后期，欧洲人翻译了阿拉伯文《制敌燃烧火攻书》，知道了火药。13 世纪末到 14 世纪初，欧洲人在十字军东征中遭到伊斯兰教徒火器的进攻，才了解到火器。1313 年，德国人贝尔托德·施瓦茨（Berthold Schwartz）首次利用火药制造火炮。14 世纪 20—40 年代，法、英、德、意等国相继在战争中使用火药和火器。欧洲现存的最早火器实物是 14 世纪末的几件铁铳和铜铳，形制与中国传世火铳非常相似，明显受到中国的影响。但是当时欧洲的冶炼技术不如中国，这几件火器和中国火铳相比，外形笨重，且射程也稍逊一筹。

三、指南针与罗盘

中国人很早就发现磁石的吸铁特性和指极性。古史有黄帝大战蚩尤而造指南车的传说。到了战国时，出现了可以辨别南北方向的司南，那是一种放在地盘上的勺形磁石，它的柄部在停止时能自动地指向南方。这是我国最早的指南针，但它主要用于陆地，难以应用于海上，还不是现代意义上的指南针。

近代指南针又称为罗盘针。11 世纪初期，中国指南针已经发展成现代意义的罗盘针。北宋时沈括在《梦溪笔谈》中谈到用天然磁石摩擦缝衣针而制造磁针的方法，他还介绍了四种指南针的装置方法，即水浮法、缕悬法、指甲法和碗唇法。其中在航海中最为简易实用的是"水浮法"，即以磁针横穿一根或数根灯芯草，针因此获得浮力而浮

---

①　参见沈福伟：《中西文化交流史》，上海：上海人民出版社 2017 年版，第 317 页。

于水上，从而可以指南；不管船舶怎么颠簸，空气中的水面总有维持平衡的倾向，所以水浮针的指向效果很稳定。沈括还发现磁针指向为南微偏东，这是地磁偏角作用的结果。12 世纪初，朱彧《萍洲可谈》记述了 1099—1102 年广州海运的情况，称晴天可以利用太阳和恒星来指引航行，阴天则可凭借指南针指示航行，可见当时中国人已经将指南针用于航海事业。

南宋时期，水浮针演变为水浮式磁罗盘——针盘。水浮针没有固定的方位盘，它与圆形方位盘结合，便成为针盘，或称为"水罗盘"。自南宋至明中叶，中国航海所用的罗盘都是磁针浮于水面而没有固定支点的水浮针盘。海船使用罗盘导航后，每条航线都由许多针位点连接起来，这就是"针路"。将针位方向以及航路的长短和其他特征记录下来，就是"罗经针簿"，用作海上航行的依据。

指南针用于航海后不久，该技术随着中西海陆交通的繁荣传入西方。阿拉伯人最晚在 13 世纪初便已使用指南针。在阿拉伯海和红海地区，海员使用的罗盘被称为"针圈"（dāira al-ibrah）或"针房"（bayt al-ibrah）；海湾地区的伊朗人则称之为"吉布赖·脑麦"（qibla-nāma），意思是"指针"，完全依循中国传统的称谓。1282 年，阿拉伯人贝拜拉·基勃杰基（Baylak al-Kibjaki）在《商人辨识珍宝手鉴》中说，他在叙利亚海上航行的时候，海员使用借木片或苇箔托浮在水面上的磁针辨别方向；海员们还说航行在印度洋上的船长们用中空的磁铁做一种磁鱼，磁鱼入水后浮在水面上，头尾分别指示北方和南方。这些描述都和宋代中国海船中指南针的使用方法相似，即水浮针和木刻指南鱼。可见，阿拉伯人的指南针技术是从中国传过去的。

根据英国人乔叟（Geoffrey Chaucer）的记载，1391 年左右，欧洲有了一种 32 方位的航海罗盘。从时间来看，欧洲人使用的罗盘当传自中国，但是中国的罗盘如何传到欧洲，迄今仍是未解之谜。英国科技史专家李约瑟认为中国罗盘可能经由当时控制西域、中亚的西辽先从欧亚草原传入俄罗斯，随后进入西欧。

指南针的发明和西传，使世界航海事业发生了巨大变革，为后来的地理大发现准备了必要的技术前提。14 世纪，欧洲出现了一种万向支架，它由两个铜环组成，小环内切于大环，用枢轴连接起来，再用枢轴把外环安装在固定的支架上，然后把旱罗盘挂在内环上。不论船体怎么摆动，旱罗盘始终可以保持水平状态。后来，葡萄牙人远洋航行就是使用这种旱罗盘。这种旱罗盘由欧洲海舶传入日本，16 世纪又由日本传入中国。

印刷术、火药和指南针对世界历史的发展起到了巨大的推动作用。英国科学家弗朗西斯·培根（Francis Bacon）曾说："这三种东西曾改变了整个世界事物的面貌和状态，第一种在文学方面，第二种在战争上，第三种在航海上；由此又产生了无数的变化，这种变化是这样大，以至没有一个帝国，没有一个教派，没有一个赫赫有名的人物，能比这三种机械发明在人类的事业中产生更大的力量和影响。"马克思也高度评价道："火药、指南针、印刷术——这是预兆资产阶级社会到来的三项伟大发明。火药把骑士阶层炸得粉碎，罗盘打开了世界市场并建立了殖民地，而印刷术却变成新教的工具，并且一般地说，变成科学复兴的手段，变成创造精神发展的必要前提的最强大的推动力。"可见，三大发明不仅是在器物意义上，而且在制度意义上推动了人类社会的进步。

第二节　中华文艺体育活动流行域外

中国与周边国家的经济文化交流历史悠久，影响深远。除了汉字、儒学、制度和法律的输出之外，中国的文艺、体育活动也传播到周边国家。以日本为例，时至今日我们依然可以观察到中国的文艺和体育文化对日本的重要影响。

一、诗歌、书法、绘画等文艺活动

魏晋南北朝时期，日本通过直接遣使南朝或者由朝鲜半岛的百济国间接吸收中国文化。那时，中国的生产技术和工艺已经传入了日本，比如日本大量出土的三角缘神兽镜就是由中国吴地工匠东渡日本制作的。[1] 587 年，百济派寺院建筑工太良来、太文、贾古子，露盘博士白味淳，瓦博士麻奈父奴、阳贵文、昔麻帝弥，画工白如等人赴日。显然，日本已开始吸收中国的儒学、佛教、天文、历法、医学、建筑、绘画等文化。到了唐代，随着遣唐使的派遣，中国艺术文化源源不断地涌入日本，在这个东亚岛国落地开花。

这个时期有大量的中国汉籍涌入日本，成为中日文化交流的重要载体，因而有学者提出"书籍之路"的概念。汉籍涌入日本的途径包括：遣唐使求书；入唐日本人获得的私人馈赠；渡日唐人随身携带；中国商船载运以及新罗人、渤海人的传播。据统计，到唐代为止，日本有中国典籍 1 800 余部，经史子集各部均有，大致已摄取隋唐时宫廷藏书的一半。以书籍为媒介，中国发达的艺术文化在日本广泛传播开来。比如入唐学问僧空海来华，除了带走 216 部佛教典籍之外，还带走了包括《刘希夷集》《王昌龄集》《朱千乘集》《贞元英杰六言诗》《杂诗集》《杂文》《王智章集》《诰敕》等大批诗文作品和书法作品。

日本人很快学习和模仿中国的文艺文化。当时唐朝很重视文章诗赋，日本人也热衷于风雅之事，纷纷效仿唐人写作诗赋，使得汉文学在日本流行起来。自 672 年，日本人开始吟咏汉诗，贵族阶级中涌现不少诗人。751 年，日本编成第一部汉诗集——《怀风藻》，共收 64 位诗人 120 首诗，包括奈良时代的大部分汉诗。其中侍宴从驾的诗居多，还有吟咏美人、描述闺情的，以月、雪、梅、菊、酒为题材的，充满着中国文人的情

---

[1]　王仲殊：《日本三角缘神兽镜综论》，《考古》1984 年第 5 期。

趣。以文学渊源论，日本人的作品主要是模仿六朝及初唐的诗作，甚至利用它的词句。到了平安时代，出现了奉敕命编修的三部汉诗集——《凌汉集》《文华秀丽集》《经国集》，大部分是五言、七言律诗和绝句，主要受唐代一些著名诗人的影响。到了9世纪，白居易的诗集《白氏长庆集》流传到日本，因其浅显易懂，很快受到日本文人的喜爱，被争相传诵和仿写。日本诗风为之一变，由过去的从驾宴游的宫廷诗风格，转向揭露时弊、同情劳动人民的现实主义风格。

这时期除了汉诗系统外，还有和歌系统，和歌也受到中国文学的影响。比如日本最早的和歌集《万叶集》受到六朝、唐代的诗歌以及《文选》《毛诗》等作品的影响。平安时代著名长篇小说《源氏物语》，受到《文选》《元稹诗集》《游仙窟》等作品的影响，但影响最大的仍然是白居易的诗作，尤其是《长恨歌》。

书法、绘画领域也受到唐风东渐的影响。书法本是中国汉字的独特艺术，由于中日交往和汉字在日本的传播，日本人开始学习中国的书法。王羲之父子以及唐代书法家欧阳询等人的书法作品传入日本之后，风靡一时，日本人竞相临摹。这个时候出现了以橘逸势、空海、嵯峨天皇为代表的书法家，人称"三笔"，反映出当时日本书法已经达到一定水准，深得唐朝人书法的精髓。其中，空海兼擅篆、隶、行、草各体，神韵跃动，具龙翔凤翥之观，为日本书道宗师，有"日本的王羲之"之称。

在绘画方面，当时主要是佛教画和装饰画。推古朝以前，日本绘画颇受六朝风格影响；进入白凤、奈良时代以后，受唐代风格的影响特别明显。如正仓院保存的鸟毛立女屏风画、药师寺藏地吉祥天画像，都与唐代仕女图的风格极其相似。

宋、元、明时期，随着经济贸易和佛教文化交流的发展，中日双方的僧侣、商人互相往来，形成继唐以后又一个文化交流的高潮。禅宗这一中国佛教宗派在宋代迎来顶峰，在南宋时开始传入日本，受到镰仓幕府和武士阶级的欢迎。以禅宗为媒介，宋元艺术文化被引进日本，产生相当的影响。明代，中日禅僧往来不断，有的担任外交使节，有的在勘合贸易中领衔，在中日交流中作出了贡献。

禅宗师徒间实行"顶相授受"制度，日本禅僧从中国返回日本时经常携带其师画像，由此推动日本肖像画的发展。禅宗提倡精神上的自我修炼，宋元不拘形式、以古淡为贵的水墨画、山水画传入日本，到了15世纪末，雪舟等杨集其大成，人称"画圣"。雪舟等杨在入明前曾向水墨画前辈禅僧周文学画，又吸收了宋元名家夏珪、马远的画风，把当时以水墨画为中心的北宋画加以个性化，达到空前的艺术高峰。差不多同时期，画家狩野正信及其子元信把汉画日本化，形成和汉和衷的新画风。

就书法领域而言，奈良时代的"三笔"完全是学习中国书风。10世纪，随着"国风文化"的抬头，出现了日本风格的书法，涌现出以小野道风、藤原佐理、藤原行成为代表的"三迹"。北宋时，中国人曾赞扬日僧寂照和野人若愚的书法，认为中原的书法家很少有人能比得上。元代，日本人雪村友梅在中国著名书法家赵孟頫书斋作书时，笔势雄浑，使赵孟頫为之惊叹。实翁总秀，元朝皇帝见他书法精妙，下诏不许他"浪书"。北岛雪山曾师从杭州人俞立德学习明代书法大家文徵明的书法，形成了自己的风格，后传其学于细井广泽，最负盛名。这些事实反映出日本的书法在吸收中国书法精髓的基础上，已经发展到相当高的水平。

镰仓时代仿中国禅宗"五山"之制，创立"镰仓五山"。后来又设立"京都五山"，使佛教中心转移至京都附近。五山时代，文字禅盛行，通过诗文创作来表达和领会禅宗奥旨，成为日本禅林一时的风尚。五山禅僧大力提倡汉诗文，摆脱平安时代刻意模仿之习及其中的日本腔调，达到几乎与宋元禅僧无大差别的境界，到14世纪末叶更形成以五山禅僧为中心的汉诗文热潮，史称"五山文学"，成为日本汉文学史上的一块瑰宝。这时期日本著名的汉诗诗人，前期有虎关、雪村、中严，后期有梦窗、义堂、绝海，都是五山僧人。

二、围棋等体育运动

围棋是一种策略型两人棋类游戏，它起源于中国，传说为尧所创，春秋战国时期即有记载。中国古代一般称之为"弈"。唐代统治者很喜欢下围棋，遂围棋成为风靡一时的智力运动，在贵族和士大夫中很流行，当时出现了一批围棋国手，例如唐玄宗时的王积薪、唐德宗时的王叔文、唐宣宗时的顾师言等。

围棋何时传入日本，主要有两种说法：一种说法认为是在大和国早期，经由朝鲜半岛传入；另外一种说法认为是在唐代由留学生带回日本。日本遣唐使和留学生归国后积极宣扬中国文化，是很自然的事，很多人认可桓武天皇时留学生吉备真备将围棋传到日本的这一说法。

相传吉备真备回日本后再出任遣唐使，唐朝人要难倒他，先试他《文选》，通过以后，再试他的围棋水平。吉备真备执白先行，唐朝雍州人玄东执黑，到中盘时，因为吉备真备得到阿倍仲麻吕的暗助，盘面上竟然出现不胜不负的局面，吉备真备乘玄东不备，偷吃黑子一颗，玄东输了。第二局，玄东执白子先行，吉备真备执黑子，中盘时仍然出现第一局那样不胜不负的局面，玄东之妻隆昌在旁观战，预计玄东将输掉半子，也偷吃了黑子一颗，反败为胜。

吉备真备东传围棋的说法未必可信，可以确定的是奈良时代围棋在日本很快传播开来，在日本宫廷、官吏和僧侣中盛行。日本天皇很多都喜欢下围棋，今奈良正仓院珍藏有圣武天皇（724—749年在位）最喜欢的一个十九道紫檀木围棋盘。日本人对棋盘、棋子的制作很讲究。如唐宣宗大中二年（848）来唐入贡的日本王子所带的棋局就是用"揪玉"琢制而成的，棋子则是用集真岛上手谈池中的"玉子"做成的。

日本人的围棋水平发展很快。据《旧唐书》记载，唐宣宗时，日本文德天皇遣王子与唐朝国手顾师言比赛，水平几乎不相上下。这说明日本的围棋高手也有接近唐代先进水平的。10 世纪，日本僧人宽莲写作出版了《模式》一书，已经对围棋的竞技方法和理论有所研究。

进入幕府时期，围棋对局的战略战术与武士精神高度契合，受到武士阶层和幕府将军的倡导，围棋因而在日本走向兴盛。日本日莲宗创始人日莲（1222—1282）擅长下围棋，是日本围棋史上一个重要人物。16 世纪中叶，日本下围棋之风尚兴盛不衰。这个时候，日本棋手僧人虚中来华，住在杭州，与明朝棋艺家林应龙结为密友。虚中逝世时留下未完的棋谱，林应龙为了完成日本朋友的未竟之业，夜以继日，努力完成了两人合编的围棋巨著《适情录》，为中日棋艺交流谱写了新的篇章。到了德川幕府时期，日本古代围棋的棋院制、段位制、棋手俸禄制以及产生围棋名人的制度等都已形成，这方面甚至超越了同时代的明朝。围棋文化已经成为日本文化不可或缺的部分。

第三节　域外文明影响中国

中国在向外输出先进文化的同时，也以海纳百川的包容心态，积极引进和吸收外来的优秀文化。不管是生物物种、手工业产品、科学技术，还是音乐舞蹈艺术和杂技体育运动，只要能够满足中国社会经济发展和人民生活的需要，都有相应的发展空间，对中华文明起到有益的补充作用。璀璨发达的古代中华文明就是由此形成的。

一、外来的生物物种与手工业产品

1. 生物物种

随着张骞通使西域，许多西域物种涌入了中国。目前可以确定由张骞本人引入的有葡萄和苜蓿。最早栽培葡萄的是埃及人，进而传至地中海沿海、中亚。张骞出使西域，自大宛、康居一带引进葡萄，也带回大宛人以葡萄酿酒的信息。苜蓿是营养价值很高的牲畜饲料，张骞在大宛看到当地名马用苜蓿当饲料，回来后向汉武帝报告，汉武帝特地命令汉朝使臣从大宛带回苜蓿的种子，种植在离宫别馆旁边。

其他入华的外来物种虽然并非由张骞引进，但是与丝绸之路的开辟有重要关系。比如石榴，原产波斯，在中亚、南亚、西亚也有种植，大约在西晋时期被引入中国，并且引种十分成功，西晋人称其为"中国珍果"。胡麻，俗称芝麻、油麻，原产大宛，后来被移植中国。胡桃，即核桃，原产波斯北部和俾路支，汉武帝时上林苑始种胡桃。此外，胡瓜、胡荽、胡豆、胡蒜等也是从中亚传入的农作物。唐代引进的外来植物以撒马尔罕的金桃最为著名。贞观十一年（637），康国向唐太宗进献金桃、银桃，唐太宗下令在御苑中种植。所谓金桃，其实就是一种优质的黄桃。据说当时长安有园艺师模仿康国金桃培育过一种"金桃",是将桃树枝条嫁接在柿子树上长成的。

汉唐时期中国引进的外来动物品种以马为代表。养马技术最早始于近东地区,中亚地区在公元前1000年左右开始大规模豢养马匹。中国于何时开始利用马匹难以知晓,但是公元前12世纪崛起于泾渭平原的姬姓周族已经有了养马经验。《穆天子传》记载,公元前10世纪穆天子西巡,为其拉车的有赤骥、盗骊、白义、逾轮、山子、渠黄、华骝、绿耳,号称"八骏"。有学者认为从语言学的对音来判断,这些马匹可能是来自当时西方的游牧民族。① 马匹在中国军事上的运用首先是拉战车,战国后期才开始组建骑兵。中国内地畜牧业并不发达,张骞通西域的一个直接结果是引进西域良种马匹。其中大宛国出产的汗血宝马,头细颈高,四肢修长,皮薄毛细,步伐轻盈,力量大、速度快、耐力强,被视为优良的骏马。汉武帝非常喜欢,称其为"天马",每年大宛都要向汉朝进贡数十匹良马。

唐太宗也是爱马之人,他将陪伴他征战四方的六匹战马镌刻成浮雕,置于自己的陵寝昭陵,因此被称为"昭陵六骏",名字分别是飒露紫、特勒骠、拳毛䯄、青骓、白蹄乌、什伐赤。从名称来看,这些马可能来自中亚地区。

不断输入的西方良马对西北地区和中原地区马匹的改良有重要作用。唐代壁画、浮雕、石刻、陶俑中经常出现体格健壮、外形优美的马匹,无疑是当时的外来良种马或中原改良马的形象。

还有一些中国内地无法长期存活的物种,由外国作为贡物进献后,作为珍稀物种被饲养。比如吐谷浑和吐蕃所献的牦牛,为青藏高原所特有;大象、犀牛、狮子、羚羊、鸵鸟等,为内地所不产,经常作为异国物产被入贡,在宫廷从事表演娱乐或者狩猎专用。

2. 手工业品

汉唐时期传入中国的手工业产品也有很多。毛皮和毛织物是中亚许多游牧民族的特产,它们随着商队和使臣被输入中国。毛皮一直是西域国家进贡唐朝的常规礼品,一些精美的毛织品是西域国家献给唐朝皇帝的礼物。输入中国的毛织品一般分为较厚的毛毡和较薄的毛布;还有西方特色织物——火浣布,是以爱琴海诸岛所产的石棉为原料,在小亚细亚等地织成的防火布;另外,还有水羊毳,是地中海东岸国家用特有的一种贝壳边的细毛织成的细布,非常珍贵。

中国自制玻璃工艺历史较为古老,但其中含有大量的硅酸盐和铅钡,属于铅钡玻璃,与埃及、腓尼基及伊朗所产的钠钙玻璃或钾玻璃有所不同。春秋战国以来,西方玻璃陆续通过北方草原民族输入中国,其中比较有代表性的是一种蜻蜓眼式玻璃珠。汉唐

---

① 参见张国刚、吴莉苇:《中西文化关系史》(第2版),北京:高等教育出版社2013年版,第108－109页。

时期，西方玻璃器输入规模更大，主要来自东罗马帝国和萨珊王朝。

湖北鄂城五里墩 121 号西晋墓中出土的一件圆形磨饰切子圜底玻璃碗，被认为是伊朗西北部 3—7 世纪的产品。研究者认为这是东吴时由海路传来的。南京富贵山六朝墓地和南京东郊仙鹤观东晋高崧家族墓各出土了一件萨珊玻璃碗。宁夏固原北周李贤墓出土有圆形突起装饰切子玻璃碗，北京西郊西晋华芳墓与镇江六朝墓出土的玻璃碗，也都被认为是萨珊玻璃器。① 研究者通过对魏晋南北朝墓葬出土玻璃器的颜色、加工方法、类型、纹饰风格和成分进行分析，发现这些玻璃器都是来自萨珊王朝。

南北朝贵族墓葬中也多发现具有东罗马风格的玻璃器。1965 年，辽宁省北票县西官营子村北燕冯素弗墓出土有五件玻璃器，其中一件淡绿色透明的鸭形器与公元 1—2 世纪地中海地区流行的鸟形玻璃器在造型上有相似之处；其他四件都是钠钙玻璃，与罗马玻璃的基本成分相同。河北定县塔基北魏太和五年（481）石函中发现有西方玻璃器，一般认为是东罗马帝国所制造。河北景县北朝晚期封氏墓群曾出土四件玻璃碗，其中祖氏墓出土了一件淡绿色波纹碗，腹部缠贴三条波浪纹作为装饰，每条波纹有十个波峰，三条波纹互相衔接形成网目纹。这种装饰技法与黑海北岸出土的 5 世纪东罗马波纹网纹玻璃残片很相似，研究者认为中国出土的此类玻璃器可能来源于黑海北岸。1970 年，南京象山东晋王氏七号墓出土了两件直筒形白色透明玻璃杯，完整的一件白中透着黄绿色，经检测这杯子的主要成分与古罗马玻璃的化学成分接近，而与当时国产的铅钡玻璃完全不同，而且这件玻璃器所采用的磨花技法是罗马工匠所熟练掌握的。可见，该玻璃杯应是直接从东罗马帝国运来的。

二、天文、医药等科学技术影响中国

1. 天文学

中国天文学的本土起源说与西方传入说至今仍有争论。不过，可以肯定的是，在华夏文明建立的过程中，中国天文学逐渐形成了自己的体系和面貌，并且在此后的漫长岁月里在世界天文学历史上占有重要地位。

魏晋南北朝乃至隋唐时期，西亚、中亚、印度的各种天文学知识都曾在中国广泛传播，对中国天文学有重要影响。东汉至南北朝时期来华的很多印度高僧都精通天文，比如安世高、鸠摩罗什和求那跋陀罗。这一时期中外僧人所译佛经也包含印度天文历法方面的文献，见诸《隋书·经籍志》的就有《婆罗门天文经》《婆罗门竭伽仙人天文说》《婆罗门天文》《摩登伽经说星图》《婆罗门算法》《婆罗门阴阳算历》及《婆罗门算经》，显然都与印度婆罗门天文学知识有关。印度天文学对中国有明显影响的当属"七

---

① 参见郑仁：《北京西郊西晋王浚妻华芳墓清理简报》，《文物》1965 年第 12 期；安家瑶：《北周李贤墓出土的玻璃碗——萨珊玻璃器的发现与研究》，《考古》1986 年第 2 期。

曜"和与"七曜"密切相关的占星术。所谓"七曜",即岁星、荧惑星、镇星、太白星、辰星这五星,再加上日和月,成为一星期。"七曜"自东汉后期传入中国,被引入历法书中,中国人习得的"七曜"术主要是交食推步术。

唐代印度天文学世家主导政府历法编制,即世称"天竺三家"的伽叶氏、俱摩罗氏、瞿昙氏,其中瞿昙氏最为显赫,瞿昙罗、瞿昙悉达、瞿昙譔、瞿昙晏祖孙四代服务于司天台,掌管唐朝历法制定一百多年。718 年,瞿昙悉达奉唐玄宗之命翻译印度《九执历》,可能是根据几种印度天文学书籍编写而成。后来瞿昙譔会同陈玄景等人指控由僧人一行编制的《大衍历》抄袭《九执历》。唐政府通过检验观象台的天象记录档案,证明《大衍历》是一行的科研成果,就科学性来说遥遥领先于《九执历》。但是也应承认,《大衍历》博采众长,吸收了《九执历》等印度天文学知识,才取得突破前人的成绩。

阿拉伯人在天文历法方面也很有成就。蒙古人在征服阿拉伯帝国后,阿拉伯的天文历法受到蒙古统治者重视。元朝天文机构中设有回司天台,著名天文学家波斯人札马鲁丁(Jamāl ad-Din)和叙利亚人爱薛,都曾主持元政府的天文历法工作。札马鲁丁参照波斯、希腊历法系统,在 1267 年编成万年历,成为元政府批准使用的回回历(供元境内的穆斯林使用)。他还曾在和林观察台制造了七种天文观测仪器,这些仪器代表着当时阿拉伯天文学的最高水平。1274 年,忽必烈将汉儿司天台和回回司天台合并成回回司天台,并在大都重新选址建设。爱薛长期在大都天文台和伊利汗国的马拉格天文台工作,他积极向中国同行介绍希腊和阿拉伯的天文学成就,并参与了马拉格天文台编制《伊儿汗天文表》的工作。《伊儿汗天文表》翻译为汉文后,被称为《积尺诸家历》。1281 年,郭守敬奉命编制的《授时历》就参考了《积尺诸家历》,吸收了回回五星纬度计算周密的优点。此外,郭守敬还受到马拉格天文台的启发,在观测恒星时编制星表,并在马拉格天文台仪器的基础上重新设计了 13 种天文仪器。正是因为吸收了外来历法的优秀成分,《授时历》成为当时世界上最先进的历法,与 1582 年罗马教皇格里高利十世颁布的《格里高利历》是一致的。

2. 医学

中国医学自身有悠久的历史,同时在发展过程中善于吸收外来优秀成果,最为突出的便是印度医学和阿拉伯医学。

古代印度医学发达,不少佛教僧侣都是著名的医学家。汉唐之际印度僧人入华,印度医学随之入华。例如《高僧传》记载的安世高、耶舍、求那跋摩、求那跋陀罗、佛图澄和耆域等人都有治病救人的医术。《隋书·经籍志》著录一些印度医学典籍的翻译本。首先是耆婆医学。耆婆是古印度草药医者的佼佼者。这一时期翻译的耆婆医学著作主要有《耆婆所述仙人命论方》二卷、《大素本草》一卷、《耆婆六十四问》一卷、《耆婆要用方》一卷、《耆婆脉经》三卷、《耆婆五藏论》一卷等。东晋僧人于法开学的就是耆婆医学。其次是婆罗门医学。婆罗门教在中国传教受挫，但其医学却有所传播。主要著作有《婆罗门诸仙药方》二十卷、《婆罗门药方》五卷。孙思邈《千金要方》介绍了婆罗门按摩法，并收录了一些婆罗门药方。最后是龙树菩萨医学。主要著作有《龙树菩萨药方》四卷、《龙树菩萨和香法》二卷、《龙树菩萨养性方》一卷、《龙树眼论》一卷、《龙树论》一卷等。另外，《摩诃出胡国方》十卷、《西域诸仙所说药方》二十三卷、《西域波罗仙人方》三卷、《西域名医所集药方》四卷等书也是重要的印度和西域医学著作。

阿拉伯医学早在汉唐便与中国有交流。《千金要方》《千金翼方》《外台秘要》记载有一些传入中国的阿拉伯医方。据说，阿拉伯医学家穆罕默德·伊本·查布利亚·拉齐（865—925）曾经在巴格达为一位中国医生口译古希腊医学家盖伦的十六卷医学著作的阿拉伯文译本。有学者研究，阿拉伯医学家伊本·西拿（980—1037）在其名著《医典》中提出的 48 种切脉法，其中有 35 种和晋代王叔和《脉经》记载相同。

元代阿拉伯医学在华传播更广。元政府奉行中医与回回医学并重的政策，设有专门掌管回回医药的机构，初名西域医药司，后改广惠司，由叙利亚人爱薛掌管。太医院在 1292 年专设回回药方院和回回药物局两个机构，分管大都和上都的宫廷医药，1322 年将两个机构合并到广惠司。当时在回回药物局任职的著名人物，有回人聂只儿、畏兀儿人答里麻。元代还出现专门的阿拉伯药典，即《回回药方》。《回回药方》原书三十六卷，就残存的四册来看，计有 44 门，3 965 方，涉及药物千余种。有学者认为这本书是中国伊斯兰医生在参考阿拉伯医学典籍后，将其各种药方汇总而成。《回回药方》的出现表明阿拉伯医药学在元代产生了巨大的社会影响。不管是印度医学还是阿拉伯医学，都逐渐融入中国传统医学之中，成为中国医学的重要组成部分。

三、西域音乐舞蹈艺术传入中国

丝绸之路开辟后，西域的音乐和舞蹈艺术源源不断地传入中国，在北朝至隋唐时期甚至成为中原音乐和舞蹈的主流。这些域外音乐和舞蹈艺术经过中国人的改造，逐渐成为中国传统音乐舞蹈艺术的重要部分。

1. 音乐

汉武帝经营西域之后，很多西方乐器传入中国。箜篌原为两河流域苏美尔人的创制，之后陆续传入中亚和印度。汉武帝征服南越后，由南亚传入中国。中国乐师将箜篌稍加改造，使之成为一种类似瑟的小型弦乐器，在西汉时已经与钟、磬等中国传统乐器并列。琵琶起源于美索不达米亚地区，龟兹将其二弦改造成五弦，传入中原时又被改造成四弦，在汉代已经流行于北方黄河流域。觱篥，又称"必栗"，是一种簧管乐器，由西亚或印度传入中亚，在汉代辗转传入中国，东汉时被民间普遍使用，是隋九部乐和唐十部乐中的重要乐器。胡笳，是一种无孔的簧管乐器，传说是张骞自西域带回，一直作为军乐的主要乐器。东汉时有专门编辑胡笳曲的《胡笳调》和《胡笳录》。吹鞭，是状似鞭的军乐器，原是匈奴、楼烦牧马之号。胡角，又名"横吹"，也是来自西域的乐器，与鼓一起组成西汉军乐横吹乐的主要乐器。隋唐时的高昌乐中，胡角被改造成牛角形的铜角，宋代改用皮革、竹木制成，在民间逐渐演变成鼓吹乐的大喇叭。

汉唐时期有大批西方乐师来华，促进西域音乐在华传播，其中以粟特人居多。比如北齐时来华的粟特乐师见诸文献的就有曹婆罗门、曹妙达、安未弱、安马驹等人。唐代粟特乐师更多，多为世家相传。比如唐代琵琶名手曹保、曹善才、曹纲，祖孙三代相传，是源出曹国的音乐世家。《乐府杂录》就载录有唐德宗至唐懿宗年间的乐师十几位，其他历史文献记载的擅长歌舞的粟特艺人也不下十余辈。粟特艺人在长安城中斗艺，成为长安街市的一道风景线。

魏晋南北朝，中原战乱频繁，宫廷雅乐随着乐工散亡、器法湮灭、典章失落而亡失殆尽。在这种背景下，西域音乐对中国音乐产生了巨大影响。北魏太武帝拓跋焘平定北凉，得到西凉乐的前身"秦汉乐"，把它用于"宾嘉大礼"。北周、北齐时期，随着西域人入华，龟兹、疏勒、安国、康国等西域音乐大规模涌入中原，为统治者喜爱。隋唐时，西域音乐正式进入宫廷乐部。隋唐王朝对当时的音乐分部编定，隋代设立九部乐，唐代定为十部乐。这些乐部统称为燕乐或者俗乐，包括除雅乐之外的全部乐舞百戏。从各部名称来看，清乐和燕乐是中国传统音乐，高丽乐来自朝鲜半岛，龟兹乐、西凉乐、疏勒乐、高昌乐、天竺乐、安国乐、康国乐则或来自西域，或受到西域音乐的重大影响。唐玄宗时取消十部之名，代之以"坐部伎"和"立部伎"两类，这是因为西域音乐已经完全融入中原音乐。作为政治象征的雅乐也渗入西域音乐的成分。《旧唐书》有载，唐高祖时修订雅乐，由于南朝旧乐受吴楚文化的影响，北周、北齐的音乐又多杂胡乐，因而"斟酌南北，考以古音，作大唐雅乐"。开元以后，连太常寺的雅乐都崇尚胡乐。可见，唐代的雅乐或者俗乐都受到西域音乐的巨大影响。

2. 舞蹈

胡舞在汉代宫廷和贵族中非常流行。汉灵帝喜欢胡舞，引起洛阳贵族竞相仿效。汉代胡舞的基本特点是跳跃、进跪、用脚打拍子或者身体向后仰，山东嘉祥武氏祠石刻中就有表现这种跳跃翻腾的胡舞动作的形象。汉代还有一种来自西域的骆驼载舞形式，四川新都汉代墓葬出土的骆驼载乐俑画像砖表现出二人跪于骆驼之上举臂扬袖、击鼓而舞。

南北朝时期，胡舞在中原传播更为广泛，成为北朝宫廷不可缺少的节目。北齐武成帝高湛曾在后宫中让祖珽弹琵琶，让另一位宠臣和士开跳胡舞。北齐时期有一种著名的在莲花座上舞蹈的胡舞，就考古资料来看，此舞蹈的基本特征是舞者立于莲花台上，头微仰或扭向右方，下颌贴近左肩，左肩稍耸，右臂侧展或舞过头顶的同时，左臂下垂或向后甩动，一足踏莲花而另一足抬起或跃起，身躯配合扭动。伴舞的乐伎则双腿跪踞在莲花座上吹弹拨弄。南朝宫廷也受到胡舞的影响。刘宋明帝时的殿庭杂舞在原有的盘舞、鞞舞、铎舞、拂舞、白纻这类舞蹈的基础上，又增加了"西伧羌胡杂舞"。

舞蹈艺术原来和百戏艺术联系紧密，到了唐代发展为一个独立的艺术门类。唐代舞蹈按照风格特点分为手持翟、衣长大的软舞和手持戚、衣短小的健舞两大类。软舞动作抒情柔美，节奏比较舒缓，以《春莺啭》《绿腰》等最为有名；健舞则动作矫健有力，节奏明快，以《剑器》《柘枝》《胡旋》《胡腾》名噪一时。唐代传入中原的西方舞蹈以健舞居多，尤其是源自中亚的胡旋舞、胡腾舞、柘枝舞，最引人关注。

胡旋舞出自康国，表演者多为女性，舞蹈以快速、轻盈的连续旋转动作为主，舞者也经常立于一个小圆毯上旋舞。胡旋舞的具体形象在敦煌莫高窟第 220 窟中有最完整的保存。该窟南壁"西方净土变"双人舞，两个舞伎戴宝石冠，上身裸露，下着石榴裙，戴璎珞臂钏，身披飘带，手执飘带旋转，似欲乘风归去。左侧舞伎举左手吸左腿，右侧舞伎举右手吸右腿，立于小圆毯上相对旋转。北壁"东方药师变"右部绘两个上身裸露、下着裙的舞伎，披发散于肩，头戴宝石冠，手握长带平转，飘带萦绕，旋转急促。

胡腾舞来自石国，是一种典型的男子独舞，主要特点是以急速的跳跃和多变的脚踏舞步为主，舞者着窄衫，腰束长带，着锦靴，如鸟儿般飞翔。柘枝舞也是来自石国。柘枝舞以鼓伴奏，舞者对应鼓声的节奏而舞。该舞蹈的常见形式是二人在莲花座上对舞，舞者穿长袖舞衣，并且多是五彩罗衫，腰束装饰珠翠的垂花长带，头戴系飘带或金铃的帽子，显得雍容华贵，与胡旋舞和胡腾舞很不一样。柘枝舞讲究舞姿变化丰富，舞者通常以一足立于莲花台上，另一足则配合手和身体的动作舞蹈，并且二人舞姿要对称。舞姿有蹲、跪、下腰、折腕和旋转等多种动作，变化繁多，节奏明快。

唐朝人对胡舞进行改造，使其更适合中国人的审美标准。比如柘枝舞由独舞变成"双柘枝"的对舞。又据《乐府诗集》，健舞曲有柘枝，软舞曲有屈柘枝，由健舞的柘枝演化而来。宋代宫廷乐府队舞"十小儿队"中有柘枝队，也是由柘枝舞发展而来。文献记载胡旋舞者和胡腾舞者多为西域胡人，柘枝舞者则有很多汉人，这是舞蹈本土化的表现之一。

唐朝人还在吸收胡舞艺术特色的基础上自创舞蹈。最有名的是唐玄宗所创的《霓裳羽衣曲》。它是根据西凉节度使杨敬述进献天竺婆罗门曲并且吸收它的曲调改写而成的。该舞蹈着装像五彩云霞，因而得名。舞蹈开始有一段序曲，不舞，到中序才有拍，缓缓起舞。敦煌中唐 201 窟中的独舞，舞伎上身裸露，吸左足，双臂舒展，似为这种中序慢板。中序后，节奏逐渐急促，叫作"入破"。敦煌盛唐 159 窟中的对舞，舞伎手持飘带奋迅起舞。敦煌盛唐 217 窟南壁的"西方净土变"，两个舞伎在小莲花台上吸腿持带而舞，似在急速连续旋转将停，欲停未停，颇似曲罢长引一声的刹那。杨贵妃因擅长霓裳羽衣舞而受到唐玄宗的垂爱。

四、外来的百戏与体育活动丰富中国文化

百戏的起源和乐舞有关，先秦时中国就有所谓"角抵戏"。丝绸之路开辟后，身怀奇技的异域人士来到中国，丰富了中国的百戏文化。比如印度的杂技、幻术在汉代经西域传入中国，如吞刀、吐火、植瓜、种树、屠人、截马、自缚自解、自肢解、易牛马头等。① 这些项目到魏晋南北朝时已完全被中国杂技、幻术艺人所吸收。两晋时期，有印度人来华，杂技也随之继续传来。《搜神记》载："晋永嘉中，有天竺胡人，来渡江南。其人有数术，能断舌复续、吐火，所在人士聚观。"② 一些大都市和庙会活动，往往有印度人表演杂技。如北魏后期洛阳城每逢佛诞举办行像，"吞刀吐火，腾骧一面；彩幢上索，诡谲不常。奇伎异服，冠于都市"③，其中很可能就有印度杂技。

隋唐时期，统治者对百戏散乐的喜爱促进了百戏的发展。这时从中亚、西亚传入中国的百戏、杂耍名目繁多，内容丰富。如当时从西方传来了马戏，是一种舞马奏乐的游戏。据《明皇杂录》记载，唐玄宗曾养育舞马百匹，让塞外胡人教习马戏，百匹骏马随着鼓乐动起来，甚至有登床绝技，在三层板床上旋转如飞，或者登上由壮士擎举的一张画榻，其曲被称为"倾杯乐"，令人叹为观止。唐代盛行一种"泼胡乞寒"的游戏。每年十一月，男女跳舞，以水相泼，以为戏乐。这种游戏源自中亚的康国，并流行于西域，北周时传入中国内地。唐代长安、洛阳普遍流行此戏，甚至皇帝和宗王都十分爱好。一些保守的政府官员认为这并不符合皇帝礼仪，几度上疏劝谏。

古代百戏和体育密不可分。汉唐时期传入中国的体育活动以波罗球最为典型。

波罗球，也就是现在所说的"马球"，大概在 6 世纪由波斯传入中亚和中国。波罗球可以步打，也可以骑驴打。球状如拳大，以轻韧的圆木料挖空中心制成，球杖以木茎或藤茎制成，长数尺，杖头如揽月形。打球者分两队，人数相当，各骑马击球。先于球场立双木柱，横置板，下开一孔为球门，而加网为囊，能夺球击入囊者胜。

当时打波罗球在中国上层社会很流行。唐代长安宫城内专门辟有球场，并在宫城北边修建了观赏用的球场亭。唐玄宗时诸王驸马都争筑球场，唐文宗时三殿十六王宅都可打球，平康坊设有专门的球场，街里平常就可打球。一些王公贵族、宫娥彩女都喜爱玩波罗球，乃至唐太宗、玄宗、宣宗、僖宗都是打波罗球的能手。左右神策军也有击球老手。不仅军队中经常练习，作为体育活动之一，文人学士也有不少波罗球健将。除了长安之外，河南道洛阳、开封、许昌、临邑、徐州，河北道范阳、魏州、常山，淮南道润

---

① 参见傅起凤、傅腾龙：《中国杂技史》，上海：上海人民出版社 2004 年版，第 58－62 页。
② （晋）干宝著，贾二强校点：《搜神记》，沈阳：辽宁教育出版社 1997 年版，第 13 页。
③ （北魏）杨衒之著，范祥雍校注：《洛阳伽蓝记校注》卷一，上海：上海古籍出版社 1978 年版，第 43 页。

州，江南道金陵、长沙，山南道荆州，剑南道成都，岭南道桂林等地，也都有波罗球场。波罗球可说是风靡全国。① 唐代波罗球有用步打的，步打之风，至宋末衰；还有骑驴打的，宋代亦然。击球时甚至有打球乐伴奏，日本所传的波罗球舞舞者多至四十人，执杖弄球而舞。

明代还有打波罗球的活动，特别是在军队中用来锻炼身体，但已经不如前代流行了。明末以后，波罗球在中国失传。

❋ 思考题

1. 请结合本章内容，评述"四大发明"的历史意义。

2. 中国政治制度、文艺体育活动对东亚影响较大，请举例加以论证。西方是否也受其影响，请举例加以论证。

3. 域外文明进入中国，是保持输出国的特色，还是要适应中国的国情？请分析域外文明输入中国的方式和基本特点。

---

① 参见黄时鉴主编：《解说插图：中西关系史年表》，杭州：浙江人民出版社 1994 年版，第196 页。

第六章

丝绸之路与宗教文化交流

在中外文化交流中，就传入文化而言，以宗教文化所占比重最大。所谓宗教，乃是人类社会发展到一定阶段的历史现象，是人类对于不可知或知之不深的周围世界、社会生活的一种反应与见解，故而它属社会意识形态的一种表现形式，属人类思想文化的构成部分。

宗教观念源自远古。在氏族社会，曾流行过自然崇拜、图腾崇拜（原始社会的人们把认为与本氏族有血缘关系的某种动物或自然物视作本氏族的标志，称为图腾）、祖先崇拜等宗教形式，就是基于原始人类相信万物有"灵"，奉某种动物、植物或自然物为神，加以崇拜。在氏族制度瓦解和部落形成时期，氏族神演变为部落神，但它们既不统一，也无法超出本氏族、部落的权威，并随部落衰亡而销声匿迹。

进入阶级社会，随着统一国家的形成与专制君主的出现，天上也相应出现了至高无上、统御一切、无所不能的神。正如恩格斯所言："没有统一的君主就决不会出现统一的神，至于神的统一性不过是统一的东方专制君主的反映。"① 具有统一神的宗教在某个古代国家或地区产生之后，随着各个国家、地区之间政治、经济、文化、军事、外交等各方面交往的日益频繁而不断扩大传播与影响，逐渐形成了分布广、信徒多的世界性宗教，典型的有佛教、基督教和伊斯兰教三大宗教。

从公元前到明代，各种宗教先后传入中国（包括从中亚地区产生并东传的两个小宗教：祆教、摩尼教），并与中国传统文化相结合，经历了初传、滋长、改造、演变、盛衰发展和继续外传的过程。生长于中国本土的儒学和道教亦在中外文化交流中对世界其他国家与地区产生过影响。

第一节　佛教的传入与中国化

在世界三大宗教中佛教最早输入中国，影响颇大，从中外思想文化交流方面看，内容也最为丰富。佛教于公元前 6 世纪左右产生于古印度，至今已有 2 500 余年的历史。其创始人是乔达摩·悉达多（约前 565—前 483，一说约前 623—前 543），与中国春秋时期的孔子（前 551—前 479）为同一时代的人。

一、东来的译经传法僧

一般认为东汉前期佛教已传入中国，汉明帝（57—75 年在位）时期，其兄弟楚王刘英就信奉"浮屠"。"浮屠"是"佛"的另一种音译，刘英的封地在今江苏徐州。此

---

① ［德］恩格斯：《致马克思（1846 年 10 月 18 日）》，中共中央马克思恩格斯列宁斯大林著作编译局译：《马克思恩格斯全集》卷27，北京：人民出版社 2006 年版，第 65 页。

外，南北朝时期佛教典籍《高僧传》《洛阳伽蓝记》记载汉明帝永平年间，汉明帝夜里做梦梦见"金人"从空中飞来，第二天召集大臣，询问梦中金人是怎么回事，大臣中有博学之人傅毅，告知西域有名为"佛"的神，明帝所梦当即是"佛"。明帝因此派遣郎中蔡愔、博士弟子秦景等前往天竺寻访"佛法"，蔡愔等到达天竺，见到僧人摄摩腾。摄摩腾弘扬佛法的决心很大，随蔡愔等人到达洛阳。摄摩腾在洛阳的住处也就是后来的白马寺所在地。汉明帝夜梦金人之事颇有宗教传说性质，很难确定真伪，但是东汉时期佛教信仰在其统治范围内传播是不争的事实。当时信众大多将"佛"当作崇拜、祈福的对象，文献中"浮屠"与"黄老"并称，信众并未将外来的"佛"（"浮屠"）与本土的信仰"黄老"区分看待，这应当跟佛教经典尚未被广泛翻译有关。

东汉末年至东晋十六国时期战乱较多，佛教在此背景下迅速发展。东晋时佛教僧人常与士大夫探讨抽象的哲学问题，僧人凭借佛教概念，参与既有哲学命题的讨论，说明统治阶层对佛教有相当程度的接纳。在北方，由少数民族建立的十六国政权对佛教更为尊崇，如后赵建立者石勒就非常推崇西域高僧佛图澄。佛图澄有颇多不可思议的神通故事，这应与乱世中百姓盼望救世主的心态有关。

这一时期，东来译经传法僧人中最有名的是鸠摩罗什（343—413）。鸠摩罗什的父亲生于天竺，因此佛教史籍一般称鸠摩罗什为"天竺人"。鸠摩罗什的父亲家世显贵，又深谙佛理，后来到西域佛教名城龟兹，娶龟兹王的妹妹为妻。佛教史籍记载龟兹王的妹妹怀鸠摩罗什时，顿悟佛理，突然通晓天竺语言，似乎昭示一代佛学天才的降临。这种记载带有传奇性质，不过也说明龟兹王族极重佛教。在鸠摩罗什年幼时，母亲就与他一同出家，鸠摩罗什后来也到罽宾（今克什米尔一带）学习佛法，其佛学造诣名闻西域。远在长安的前秦皇帝氐人苻坚也听闻鸠摩罗什的大名，382 年派同为氐人的大将吕光出兵西域，灭龟兹、焉耆等政权，俘获鸠摩罗什。401 年，继前秦之后以长安为首都的后秦对后凉用兵，将鸠摩罗什带到长安。

鸠摩罗什到来之前，长安本来就存在译经僧团。鸠摩罗什凭其佛学素养，很快就成为僧团的核心人物。后秦官方对佛经翻译事业极为支持，加上译场制度的逐步完善，鸠摩罗什译出《大品般若经》《妙法莲华经》《维摩诘经》《阿弥陀经》《金刚经》等诸多佛经，以及《中论》《大智度论》等"论"（佛教以佛祖所说为"经"，以后世高僧阐发论辩性质著作为"论"）。今天佛教信众最常阅读的佛经之一《金刚经》，用的就是鸠摩罗什译本。翻开《金刚经》，在卷端"金刚般若波罗蜜经"（《金刚经》全名）大标题下有"姚秦天竺三藏鸠摩罗什译"十一字，"三藏"是对鸠摩罗什的尊称，"天竺"指鸠摩罗什的籍贯，"姚秦"即羌人所建的后秦，是鸠摩罗什译经时所处的朝代，也是他终老的朝代。在常见的《金刚经》中，即能略窥鸠摩罗什译经事业之一二。

唐代译场制度更为完备，且中外交流较魏晋南北朝时期更为密切。东来译经僧中名家辈出。这里要简单介绍一下不空和尚。不空出生地或称印度，或称斯里兰卡。他于天宝年间来到长安，受玄宗礼遇，后来肃宗、代宗对他亦非常尊崇，可以说他是三朝帝师，位列公卿。不空身后，由著名书法家、大臣徐浩书写《不空和尚碑》，亦可见不空生前地位尊崇。不空翻译的佛典涉及显、密两宗，经、律、论、杂撰都有。最值得注意的是他鼓吹佛教护国的思想，其所翻译的佛经也体现了这种思想，如《仁王护国经》。这可能是经历安史之乱的唐朝特别推崇他的原因之一。

二、中国求法僧法显、玄奘

中国西行求法僧人以法显、玄奘最有代表性。法显，出生于十六国时期中国北方，经历了几个政权的兴亡。他幼年出家，年近 60 岁的时候，从长安出发，西行求取佛典。据《高僧传》的记载，他主要是感慨佛典"三藏"中"律藏"（关于戒律的佛典）的欠缺，因此西行。法显从后秦首都长安出发，越过其他政权统治下的河西走廊，经过鄯善等绿洲城邦，从天山南侧横穿今天的新疆，经过著名的瓦罕走廊，由中亚进入印度。

法显在印度寻访佛迹、佛典，像佛陀时代摩揭陀国首都王舍城、佛陀初转法轮的鹿野苑这些著名遗迹，他都到过，获得《摩诃僧祇律》等多部佛典。离开印度之后，法显渡海到达另一佛教圣地师子国（今斯里兰卡），在师子国访得《弥沙塞律》等佛典。411 年，法显搭乘商船通过海道经马六甲海峡回国，中间在海峡附近的耶婆提国小住了一阵，412 年在山东崂山登陆。此时山东一带因东晋名将刘裕北伐的胜利，为东晋控制，当地官员听闻西行高僧回来，特地招待，并将法显送到东晋首都建康（今南京）。法显在建康译出《摩诃僧祇律》等带回的佛典，可以说不负其西行的初心。法显留下的文字中最著名的不是其佛典译文，而是《佛国记》一书。《佛国记》又名《法显传》，是记载其此次旅行的游记。

法显西行有三点值得注意：首先，随着佛教传播的深入，魏晋南北朝时期西行求法的中国僧人不在少数，但绝大多数"西行"只是到现在新疆一带，不超过中亚，法显则深入印度佛教文明的核心区域，这在魏晋南北朝是很罕见的。其次，法显的路线是陆路去、海路回，而后来唐代玄奘到印度是陆路去、陆路回，稍后于玄奘的义净是海路去、海路回。法显一次旅行而兼两条路线。最后，在人均寿命普遍较低且没有汽车、飞机的古代，法显以大约 60 岁的年纪西行求法，不能不说是一个壮举。

中国古代西行求法僧中，唐代玄奘（602—664）是最出名的一位。宋代说书艺人就将玄奘西行事迹编成有趣的故事，在市井街口说给来往路人听，现在还保存有这种说书故事底本《大唐三藏取经诗话》；明代吴承恩在玄奘事迹中加入大量神魔故事，写成小说《西游记》；今人最早知道玄奘，大多是看了由小说改编的影视作品《西游记》。历史上的玄奘出生于隋朝洛州缑氏县，离隋唐文化重镇洛阳很近。玄奘出家前姓陈，据说是东汉后期名士陈寔的后裔。玄奘对佛教除了信仰之外，也有很强的理论兴趣，而当时佛教不同流派在理论上总有许多分歧，玄奘想解决这些理论上的问题，因此决定西行求法。其西行不单是为了带回汉地未见的佛典，也有去印度学习"先进"佛学理论的目的。

629 年玄奘从唐首都长安出发，经河西走廊，直向西域。由于当时唐与东突厥汗国处于战争状态，所以唐朝禁止百姓擅自越过西北边境。玄奘一度昼伏夜出，躲避巡逻人员，终于离开唐境，到达高昌（今新疆吐鲁番一带）。高昌当时佛教氛围很盛，高昌国王麴文泰很崇敬玄奘，希望玄奘留下来当高昌的"国师"。但玄奘西行求法决心坚定，婉拒了麴文泰的好意，麴文泰仍给予玄奘财物及通行上的帮助。

玄奘横跨现在新疆一带，到达阿富汗后南下进入印度，在佛教最高学府那烂陀寺学习佛法，师从印度高僧戒贤，主攻唯识学派。同时，他也遍访印度各地佛教名胜古迹，与佛教乃至其他宗教的僧侣辩论。641 年，玄奘在戒日王主持的佛教辩论大会中获得胜利。642 年，玄奘启程返回中国，于 645 年到达长安，宰相房玄龄亲自迎接，轰动整个长安，稍后唐太宗在洛阳行宫召见玄奘。

玄奘回到长安后，主持大慈恩寺的寺务，翻译带回的佛典，传授弟子。他口授之前的旅行经历，由弟子辩机笔录成书，即《大唐西域记》。19 世纪英国学者在印度发掘佛教遗址时，对这些遗址的定位很大程度上依赖《大唐西域记》的记载。西方探险家斯坦因年轻时读过《大唐西域记》译本，对书中的记载亦非常神往。

玄奘回国后开创唯识宗，也叫法相宗，这一宗派的学说有一套复杂精密的概念及逻辑体系，可惜在后世逐渐衰落。大众只关心玄奘取经的故事，而对玄奘的学说非常陌生。相比之下，禅宗的一些俗语、偈语，在普罗大众中十分流行，这就涉及佛教本土化问题。

三、佛教入华后的本土化

两汉交替之际，佛教作为一种外来宗教初至中国，主要是在皇族和上层贵族中有所扩散，在民间影响不大。屈指可数的佛寺主要是供西域来华的僧侣和商人参拜用的，律法上亦不允许汉人出家为僧。究其原因，主要是中国封建社会有自己固有的上层建筑。两汉之际，儒学定于一尊，被称为道术的黄老之学和神仙方术也备受推崇，广为流行。当时佛、儒两家思想格格不入，而佛、道表面上都讲"清虚"（清虚无为，静心去欲），二者有相同之处。当时的人们把佛教理解为黄老之学，以为是神仙方术中的一种。"佛"被认为是神仙，佛经的译本也自称"佛道"，其内容均是黄老神仙家言。所以，佛教在东汉是依附于当时流行的道术而存在，作为道术的一种而传播，有着深厚的黄老之学和神仙方术色彩。

汉末至三国，主要的佛教活动仍是译经。当时所译佛经既有小乘经典，亦有大乘经典，于是佛教也就分成两支在中国流传：一为安世高系，为小乘，重禅法，主张默坐专念；二为支娄迦谶，为大乘，讲般若学，偏重于教义的宣传和研究。安世高的再传弟子康僧会，于 247 年到建业，孙权为之建塔寺，为江南有佛寺之始，开创了江南佛教。

从以上两汉至三国时期初传佛教与黄老之学相依附的情况可以看到，一种外来文化的输入、传播和流行，必须适合传入国的具体国情，必须排除原固有文化的抗拒，而去迎合、依附，进而与之合流，才有可能存在、发展，产生作用。

"魏晋之际，天下多故"，由于连绵不断的战乱的影响，社会政治、经济制度以及上层建筑的意识形态随之发生改变，表现在学说理论上则是汉代正统儒家经学的统治地位日益削弱，逐渐为玄学所替代。玄学是魏晋时期门阀士族地主阶级大力提倡的唯心主义学说，其理论特色在于用老庄的思想去诠释《易经》和《论语》，从而在儒、道两家学说的综合中去探求保持儒家道德标准的新形式。这种理论的代表人物有王弼、何晏、向秀、郭象等。此时佛教大乘般若学不仅有一套精致的唯心主义体系，符合名士望族的玄学兴趣，而且具备另一套因果报应的教义，可以安抚在现实世界受尽苦难的劳动人民，因此受到封建统治者的提倡和关心，提高了政治地位。佛教借玄学之风深入学术思想领域，并在与玄学的结合中得以流传。

在译经剧增、名僧辈出（如法显、鸠摩罗什等）的同时，大乘般若学在少数民族统治下的北方也大规模流传。后赵统治者石勒、石虎优礼佛僧，允许汉人出家为僧。南北朝时期，佛教已被门阀士族视为有力的统治工具，不仅在理论上更具独立的特色，而且逐渐形成相当独立的寺院经济。寺院拥有大量土地，通过出租或役使依附寺院的农民，经营商业、放高利贷等积聚财富，从而以强大的经济实力挤进了中国地主阶级行列。总之，魏晋时期，佛教通过与儒道混合体玄学合流，至南北朝走上独立发展的道路，在中国扎下了根，并开始在思想和经济上发生影响，从而为隋唐时期创立具有中国特色的佛教创造了条件。

隋唐帝国的建立，在中国封建社会实现了第二次大一统的局面，国力雄厚，文化繁荣，而佛教也进入了在中国的鼎盛时期。此时中国佛教的特点是：完成对以前各种佛说的总结与概括，自成体系的僧团纷然蔚起，规模庞大的教派先后涌现，如天台宗、三论宗、净土宗、唯识宗、律宗、华严宗、密宗、禅宗，以及流行于西藏、青海等地的藏传佛教等。这使传入的佛教，建立起宗派，完成体系，以中国佛教的面貌走出国门；同时也标志着佛教传入后依附于我国传统儒道两教的过程已告结束，从此进入独立发展并反作用于我国封建社会的阶段。

隋唐之后，随着政治与经济条件的变化，中国佛教也逐渐由盛而衰，主要表现在宋明以后，封建统治者在思想领域更加重视儒家的伦理纲常，儒家的地位被尊崇至极，而佛、道两教的宗教理论渗透到儒家内部，佛教的某些思想为宋明理学所吸取。

作为一种外来宗教，佛教要在异乡他邦获得发展并形成独具特色的宗派，取决于其与传入国传统文化结合的程度。历史告诉我们，佛教自两汉之际远涉流沙，传入我国内地，先是依附黄老之学、神仙方术；接着又与老庄道术、玄学清谈合流；历经魏晋、南北朝，直至隋唐，才伴随中国封建社会第二次大一统王朝的重建，独立发展，形成宗派，达到高峰，其标志是寺院经济膨胀、佛教中国化和佛教宗派繁荣。但佛教的繁荣局面并不持久，也不巩固，不久就走向下坡路。唐武宗会昌五年（845），灭佛事件破坏了佛教的寺院经济，在一定程度上削弱了佛教作为僧侣地主的物质基础。在政治力量的干预下，佛教历经宋、元、明、清，逐渐式微。

第二节　西方宗教在华传播及其影响

中古时期，传入中国的异域宗教除了起源于南亚的佛教外，还有起源于西亚的景教、祆教和摩尼教，研究者称其为中国古代的"三夷教"，它们在唐代曾不同程度地存在于中国社会，但未能流传至今。而基督教、伊斯兰教也在这时传入中国，早期仅限于入华外国人信仰，宋元以后对中国社会产生显著影响，体现了中外宗教文化交流的特点。

一、景教、祆教、摩尼教

景教是基督教的一派，为叙利亚人聂斯脱里（约380—451）所创，流行于波斯，故又称波斯教或波斯景教。其特点是不拜圣母。贞观九年（635），景教教士阿罗本自波斯来长安，为景教传入中国之始。贞观十二年（638），唐太宗令在长安置波斯寺一所。高宗时又令诸州置寺。玄宗天宝四年（745），令两京及诸府、郡波斯寺改为大秦寺。可见景教的传布，已不限于长安。德宗建中二年（781），立"大秦景教流行中国碑"，此碑于明代1625年发现于陕西周至县，现存于西安碑林。

大秦景教流行中国碑碑文由大秦寺僧景净撰写，记述景教自635年以来在中国的发展情况。此碑发掘时已湮没近1 000年，碑文用汉字和叙利亚文书写，作者景净及碑文中述及的大德及烈，据考证均为波斯人。碑的左右方及上下所刻6名景教教士中，亦有不少是波斯人。

景教传入中国后即极力顺应中国固有宗教宿命论等思想，不但袭用道、佛二教经典词语、模型与形式，而且接受了"尊君"的儒家思想，以代替天主教之教皇至上主义。景教徒以尊君事父相号召，表现出向中国传统思想妥协的倾向，这正是中国景教的特点。

祆教，又称火祆教或拜火教，为波斯人琐罗亚斯德所创，流传于波斯和中亚诸国。其教义是宇宙间有光明的善神和黑暗的恶神互相斗争，以火代表善神而加以崇拜，也拜日月星辰及天。十六国时，祆教传入中国。唐时，中亚一带康国、石国、安国、曹国、米国、史国都是祆教的信奉者，祆教也进而传入新疆境内的于阗、焉耆、疏勒、高昌。随着西域各族人相继来到长安，祆教也在长安日益流行。

唐政府设置萨宝府，是管理祆教的机构。萨宝（回鹘语，原义为商队首领）是管理祆教的专官。唐高祖武德时在长安布政坊建胡祆寺，太宗贞观时在崇化坊立祆寺。长安醴泉坊、普宁坊、靖恭坊也都有祆教的祠寺。在长安，祆教确曾一度得到唐政府的扶持。然而到唐武宗反佛时，祆教受到牵连，从此一蹶不振。宋时镇江尚有祆祠，宋以后就不见有关祆祠的记载。

摩尼教为波斯人摩尼所创，一称明教，3世纪中叶流行于中亚及地中海沿岸。其教义称：宇宙间有明和暗二宗的斗争，天地未分时，明暗势均力敌；中间暗来侵明；后来明暗各复本位。现时正处于中间时刻，人应当助明斗暗。教徒应节制欲望，不吃肉，不饮酒，不祭祖，白衣白冠，死后裸葬。武则天延载元年（694），波斯人拂多诞把摩尼教的《二宗经》传入中国。开元七年（719）吐火罗国献来能解天文的摩尼教经师，说明此时摩尼教已在长安、洛阳等地传播。

安史之乱，回鹘兵攻入洛阳，毗伽可汗在洛阳遇摩尼教经师传法，携睿息等四人回国，摩尼教从此自唐朝传入回鹘。后又因回鹘助唐平乱有功，得到唐政府的特殊待遇，摩尼教徒遂得势，更加推行于中原地带。唐代宗大历三年（768），唐朝准许回鹘在长安建大云光明寺，除长安、洛阳外，摩尼教也在南方各地流行。摩尼教倚仗回鹘势力，在唐朝中后期一度兴盛。到了唐武宗时期，回鹘灭亡，摩尼教失去凭依，因遭到打击而衰落。

摩尼教对贫苦民众有一定的吸引力，在中国封建社会后期的农民起义中，产生过较大的影响，有些农民起义用摩尼教的明暗相斗术来动员民众。唐末五代时开始出现的明教就是由摩尼教演变而来，进而发展为秘密结社，直到元代还存在。摩尼教对五代、宋、元、明、清的秘密宗教组织，如明教、白云教、白莲教均有过重要的影响。

景教、祆教和摩尼教于盛唐时留存于中国，是以国家统一、社会稳定、国力强盛、文化繁荣为背景的。那时的统治者不仅需要儒家思想作为教化学说，也需要成熟、完备的宗教进一步强化其思想统治。加之唐朝政府与丝绸之路上的大国波斯关系友好和睦，于是流行于波斯的"三夷教"纷纷来华，客观上造成了中外宗教文化的交融。

中唐以后，辉煌一时的唐帝国开始江河日下，危机不断，统治者眼中宗教的地位和作用也随之下降，特别是寺院经济规模过于庞大，许多农户为了逃避税赋徭役而选择出家，影响了国家税收来源，引起了唐朝政府的不满。会昌五年（845），唐武宗大举灭佛，拆毁寺庙，遣散僧尼，"三夷教"亦受波及，只能改头换面在民间暗流，终至消亡。

二、基督教、伊斯兰教

基督教于 1 世纪中叶产生于古罗马帝国统治下的西亚巴勒斯坦、小亚细亚等地，以《旧约全书》(继承犹太教的经典) 和《新约全书》为基本经典，两者合称《圣经》。基督教信仰上帝创造并主宰世界，主张原罪说、天堂地狱说等。后经三个世纪的发展，至 4 世纪初，基督教被罗马帝国定为国教。此时罗马帝国的分裂亦使基督教分化为以西部罗马、东部君士坦丁堡为中心的东西两派。罗马主教在公元 476 年西罗马帝国灭亡前后成为西派领袖，并逐步形成教皇制。东西两派的公开分裂是在 1054 年，此后正式形成以罗马教皇为首的罗马公教会（我国通称天主教）和以东罗马帝国首都君士坦丁堡为中心的希腊正教会（也称东正教）。至 16 世纪，西部教会内部又发生了反对教皇统治的一系列宗教改革运动，并陆续分化出脱离天主教会的宗派，称为新教（在我国又称基督教）。新教中的主要派别有路德教派、加尔文教派，此外还有浸礼会、长老会、圣公会以及名目繁多的其他小教派。

目前，据称全世界基督教徒约有 20 亿人，约占总人口的四分之一，分布在一百多个国家和地区。如果说公元初期传入的佛教是东方印度文化与中国文化的一次接触交融，那么唐初传入的基督教则是完完全全的西方文化，是西方的思想文化通过宗教渠道第一次正式传入中国，而且历经唐代景教、元代也里可温教、明清基督教三度活跃，延续近千年，颇具影响力，实乃中外宗教文化交流的重要内容。

如前文所述，基督教于唐代从西域传入，时人称之为"大秦景教"，简称"大秦教"或"景教"，是基督教中的一个较小教派：聂斯托里派。唐武宗会昌年间崇道废佛时，景教亦被波及，于是在中原地带的传播便失去了势头。然而景教既已传入，就不可能一下子完全灭绝，其影响在王朝政令所不及的西北边远地区，在少数民族中继续存在，并时有发展。

直到元代，即 13 世纪中叶，基督教再度复盛。此时，蒙古成吉思汗及其后裔的统治横跨欧亚两大洲，使东西交通大开，为基督教在华活动提供了环境条件。元代在华基督教有两个派别：其一为流行于蒙古、中亚诸地的景教，即基督教聂斯托里派；其二为新引进的罗马天主教，传教于中原地区。这两派又被统称为"十字教"，信教者称"也里可温"，蒙语意为信奉福音的人或有福缘的人，故基督教在元代中国又称为"也里可温教"。

元代统治者礼遇也里可温教，信教者不只民众，亦有皇室贵族大臣。如元世祖之母及其皇后，高唐王一族以及耶律楚材、马祖常等人。教堂遍布大江南北，北方的燕京、甘州、宁夏广设传道机构，南方的镇江、杭州、泉州、扬州、温州等地遍设教寺。其中最负盛名者为镇江府路总管府副达鲁花赤所建的镇江、杭州七寺，由政府设立专门机构"崇福司"来进行管理。崇福司主管官阶二品，处在管佛教的宣政院下、管道教的集贤院上。而且，也里可温军籍、徭役、租税都陆续减免，致使教徒猛增。

另外，在蒙古统治的近百年中，元帝国和罗马教廷一直有信使来往，其中见于记载的有 1245 年前来的意大利人柏朗嘉宾，1249 年前来的多明我会修士隆如美，1252 年出使的方济各会修士罗伯鲁。此三人东来都未完全达到目的，直到 1291 年罗马教皇尼古拉四世派遣方济各会修士、意大利人约翰·孟德高维诺抵达汗八里（北京），在华活动 34 年，建堂三所，用蒙文译出《新约圣经》和《旧约圣经·诗篇》，被教皇封为汗八里总主教兼东方宗总主教。这一时期天主教教务发达，传教触角从元都渐向外地辐射，分别在南方最大商埠刺桐（今泉州）、杭州、扬州增设教堂和修院，并设置北京总教区和泉州教区，教徒几十年间发展至 3 万余人。孟德高维诺是罗马天主教在华传教活动的开拓者，也是中西文化交流史上的一位重要使者。

1368 年元朝灭亡，也里可温教随之再次在中原灭迹。究其原因，主要是基督教作为一种域外传入宗教，要想永久根植繁盛于中国大地，必须适应中国社会环境，并与中国历史发展相合拍。尽管基督教派也曾注意使用中国所熟悉的一些宗教语言和形式，但面对中国儒、释、道相结合的强大稳定的封建文化，既不能取而代之，又未能与之融合结成同盟，尤其是未能在中国最广大的农业经济和农民当中寻得牢固的基础和市场。中唐以后，阿拉伯帝国灭亡了波斯，中亚进一步伊斯兰化，罗马教廷也受到强烈冲击。于是，基督教在内外不利的形势下，暂时偃旗息鼓，直到西方出现资本主义生产时代的曙光。随着欧亚航路的发现和商业资本的发展，基督教才在资本原始积累的推动下，于明末清初之际再次传入中国，其详细情况后面章节再述。

伊斯兰教是世界三大宗教之一，7 世纪初由穆罕默德（570—632）在阿拉伯半岛创立。伊斯兰教崇拜主神安拉，认为其是世界的创造者，穆罕默德则是安拉的使者、众信徒的先知。"伊斯兰"的意思是"顺从"，即顺从安拉及安拉使者的人。穆罕默德在创教过程中，以安拉名义发布的言论集为《古兰经》。《古兰经》以及穆罕默德所认可的弟子的言行集《圣训》是伊斯兰教的经典。

伊斯兰教在穆罕默德逝世后，由四位哈里发代执，曾伴随着阿拉伯帝国的向外征服而广为传播，遍布世界各地。伊斯兰教开始传入中国的年代，迄今无定论。1965 年我国泉州发现一座穆斯林坟墓，墓碑石上记录了墓主死亡时间为回历二十九年，即 650 年，说明此时已有穆斯林在中国居住。伊斯兰教入华，主要应是由阿拉伯、波斯的穆斯林商人所带来的，时间约在 7 世纪中叶，并且有一个较长的渐进的过程。其传入路线应有经陆路由西部传入和经海路由南方传入两个方向。

先看陆路方面。自汉至唐，中西交通仰赖丝绸之路基本保持通畅，丝绸之路所经国家与地区，深得贸易之利，无不热衷居间贸易。汉代的安息、波斯是这样，唐代的阿拉伯帝国（白衣、黑衣大食）也是这样。尤其在 7 世纪中叶至 8 世纪初的半个世纪内，阿拉伯帝国逐渐深入控制了中亚地区，推广伊斯兰教，并借助与唐朝政府频繁的经济交往、外交互动，甚至军事接触，进一步将伊斯兰教传入中国内地。651—798 年，大食遣使至唐达 37 次之多，兵戎相见者又有怛罗斯战役为例。加之安史之乱唐朝曾借助大食西域之兵 20 余万收复两京，使一些士兵"客入长安"，世居中国，这亦是一条传播伊斯兰教之渠道。

该教由陆路传入我国西部地区，明确见于记载的是 10 世纪中叶。伊斯兰教首先由中亚传入喀什，喀喇汗王朝统治者信奉之，并以武力传教。经过 20 多年宗教战争，其在 10 世纪末 11 世纪初传到于田，12 世纪又北传库车、焉耆一带，渐在南疆占优势。

元代是伊斯兰教大规模传入我国的时期。成吉思汗及其子孙先远征欧洲，吞并中亚，后挥师中国，建立了一个横跨欧亚两洲的庞大帝国。随着帝国的建立，我国西部和北部的边界实际上处于开放状态，陆路交通再度通畅，阿拉伯、波斯、中亚的穆斯林又一次大量入华，散居各地，与汉族、维吾尔族、蒙古族等族长期杂处，揭开了中国回族形成的序幕，并且也自然而然带入了伊斯兰教。

总之历经唐、宋、元三大朝代，八九百年时间里，伊斯兰教逐渐在中国西部的回族、维吾尔族等少数民族中占据主导地位，在中亚地区的哈萨克族、乌孜别克族、塔吉克族、塔塔尔族、柯尔克孜族、撒拉族、东乡族等少数民族中深有影响。中国唐代称该教为"大食法"，明代称"天方教"，另外还有"清真教""回教"等名称。回教后来成为普遍称呼一直沿用下来。

从海路方面看，中唐以后，安史之乱使西域动荡，丝绸之路出现阻梗，唐朝在西域地区的控制力量锐减。而此时南方社会经济、文化经过长时期的发展已愈显繁盛，唐朝中央政府之财政来源亦多仰赖漕运转送的南方物资。于是，国内经济重心及对外贸易重心均逐渐南移。当时从波斯湾与阿拉伯海出发，经孟加拉湾，过马六甲海峡至南海，抵广州、泉州、扬州等地的海路商道，基本上控制在中国、大食、波斯商人手中，其中尤其以广州为通商大埠，万客云集。泉州也出现了贸易盛况。扬州在中唐时期就有数以千计的大食、波斯人从事经济文化交流活动。在这些商人当中有不少穆斯林，他们在城市多聚居一地，称为"蕃坊"，并设有礼拜寺与墓地。唐政府对他们多采取和平友好政策和礼遇态度，对其宗教予以容纳和尊重，对商业贸易活动多予以鼓励和保护。

宋代，中国北方、西北方处于辽、金、西夏的控制之下，阿拉伯内部及波斯、中亚一带也不安宁，中西陆路交通仍被阻隔，然而海上贸易却空前繁盛。北宋王朝对海外贸易实行鼓励政策，使当时的海外贸易在唐代市舶贸易的基础上有较大发展，通商范围和贸易数量都大大超过唐代。政府在广州、明州（宁波）、杭州设置"市舶司"，号称"三司"，其他如温州、泉州、澉浦等设有"市舶务"或"市舶厂"，以"掌蕃货、海舶、征榷、贸易之事"。到了南宋，政府因财政困难，奖励招徕"一切倚办海舶"，致使海上交通发展更为迅速，与中国通商者达 50 余国，输入商品达百余种，其中以大食居于首位。南宋周去非《岭外代答》曰："诸蕃国之富盛多宝货者莫如大食国。"而大食商人多为伊斯兰教徒，他们开展商业活动，与中国人频频交往，甚至朝夕相处，宗教思想不免互有渗透。更有许多旅居中国的蕃兵和蕃商，娶妻生子，繁衍定居，自然使联姻及其他社会关系也成为传播宗教的桥梁，对伊斯兰教进一步发展起到促进作用。

元代，蒙古军南征北战，穆斯林在军事上发挥了很大作用。由于西北民族不善水战，为灭宋室，不得不借助后来降元的蒲氏兄弟（寿晟、寿庚）等穆斯林在江南的势力，并使他们因战功取得优越的社会地位，深入内地，变侨居为永住。各地穆斯林人口大增，礼拜寺也被普遍修缮兴建，如著名的长安清教寺、广州怀圣寺、泉州圣友寺等。

总之，来自阿拉伯帝国、波斯和中亚地区不同身份的穆斯林，自唐代进入我国，历经宋、元不同时期，与我国各族人民杂居融合，逐渐成为中华大家庭中的成员，共同创造历史，在政治、经济、文化、科学、军事等诸方面的发展上均作出了卓越的贡献。

伊斯兰教在中国传入和传播发展的历史不是孤立的，而是中华民族历史的一个有机组成部分。它和佛教、基督教一样，以外国传来的种子，流传于中国的土壤，对促进中外文化交流、沟通中西交通起到一定的作用。

第三节　中国宗教文化东传及其影响

一、佛教文化对东亚国家的重要影响

佛教最早是印度文明的产物，但日本、朝鲜半岛的佛教文化基本上是受中国佛教影响而形成的，是中国文化向外传播的重要例证。日本和朝鲜半岛的佛教无论是教派、教义，还是僧人的修行方式等，都与中国佛教有千丝万缕的联系。

佛教在日本至今非常兴盛，民间丧事通常由僧人主持，可以说普通人一辈子总要跟寺庙僧人打几次交道。实际上，不单是这种仪式性场合，佛教还深刻影响日本人的世界观、审美品位，乃至常用日语中也有颇多源于佛教概念的词汇。

中国佛教宗派对日本影响最大的是禅宗。中国禅宗两个主要分支——临济宗与曹洞宗，同样也在日本延续至今，其师承谱系都能上溯到中国。日本临济宗的初祖是荣西禅师（1141—1215），他一开始学习天台宗，1168 年来南宋求法，初步领略到南宋禅宗的风采，产生以禅宗振兴日本佛教的想法。他当年即回日本，1187 年再度入宋，1191 年成为临济宗黄龙派的弟子。日本禅僧俊芿（1166—1227）传临济宗杨岐派。日本曹洞宗的开山祖师是道元禅师（1200—1253），道元 1223 年渡海来到南宋，游历南宋诸多著名佛寺。他在宁波天童寺拜住持如净（曹洞宗第 13 代祖师）为师，受曹洞宗禅法，1227年回日本，曹洞宗由此传承至今。

13 世纪以后，由于幕府的提倡和中国禅僧陆续东渡，禅宗继续盛行于日本。室町时代，日本禅宗临济派的据点——五山成为日本宗教、学术的中心。此派僧侣在当时政坛很活跃，多为幕府的政治顾问。他们除干预政治、外交、贸易等以外，在艺术、学术领域也起着指导作用。曹洞宗不如临济宗那样显贵，只在下层民众中扩大其影响范围。由于当时中日僧人的往返交流，日本禅宗受中国禅宗的影响进一步加大。在禅僧的日常修行中，包括饮食起居，都不折不扣地再现中国禅宗寺院的规则。至于佛教理论，中国在明代已无大的创新，这也影响到了日本佛教。日本著名学者家永三郎即指出，15 世纪以后，日本佛教势力虽然有所发展，但就佛教思想而言，没有什么可观的进步。

除禅宗以外，天台宗、华严宗、净土宗、律宗等中国佛教宗派在日本都有传播。

中国佛教对朝鲜半岛的影响更为直接。前秦皇帝苻坚曾派僧人顺道作为使者出使高句丽，同时带去佛经、佛像。新罗统一半岛后，正值唐朝文化昌明，唐朝佛教宗派也传到朝鲜半岛。北宋时，高丽天台宗僧人义天从海道到达北宋，学习佛法。11—13 世纪，高丽刊刻大藏经称为《高丽藏》，在学术界常用的日本版《大正新修大藏经》就是以《高丽藏》为底本，《高丽藏》又是以北宋《开宝藏》为底本。

18 世纪以后，朝鲜半岛佛教表现为禅、教合流以及与儒、道交合的倾向。高僧演初（1675—1750），号雪松，13 岁出家，精进修禅，广涉佛经。他将佛法放在禅门之上，主张两派合并，其法德之高，据说上台说法时，听众无不忏悔。至李朝末期，朝鲜佛教大量夹杂了阴阳五行、地理风水、鬼神信仰等，甚至出现了认为佛不是实在的而是变幻自在的人物的说法。18—19 世纪的著名僧人有亘璇（1766—1852），是中兴禅宗的巨匠。他将孔子的"欲无言"、佛祖的"七月掩关"、达摩的"九年面壁"糅合在一起，而这正反映了当时朝鲜佛教的状况——儒释会通、禅净兼修、教禅一致等风气，与中国佛教大致相同。可见，中朝两地佛教的关系从古到今都是亲密的。

二、道教文化在东亚的传播

道教是中国土生土长的宗教。它是在中国古代黄老学说的基础上，吸取神仙信仰和鬼怪崇拜观念而形成的一种宗教。一般认为它形成于东汉顺帝（126—144 年在位）年间。作为中国传统文化之一的道教文化，曾对中国封建时代的政治、经济和文化思想产生深刻的影响，有一定的贡献。

随着中国文化的对外交往，道教也开始传向域外。道教于 4 世纪传入朝鲜半岛。百济近仇首王（375—383 年在位）还是太子时，曾与高句丽打仗。一次，他率军将高句丽军队追击至水谷城后，仍打算乘胜追击，遭到将军莫古解的劝阻，莫古解说："我曾听说道家一句话：知足不辱，知止不殆。现在我们得地已不少，何必再求更多的呢？"
这里所引的"知足不辱，知止不殆"一语，正出自老子《道德经》。由此可见道家思想
对当时百济统治阶级的影响。

在仙风弥漫的新罗，道教更容易为人们接受。道教传入新罗的时间虽不详，但人们
认为，真兴王（540—575 年在位）时期所创立的花郎道，即一种培养青少年的民间修
炼团体，其精神就是新罗传统思想与中国传来的儒、佛、道思想融合的结果。花郎道的
成员称花郎徒，也称国仙徒、风月徒、风流徒。花郎徒的生活方式是："或相磨以道义，
或相悦以歌乐，游娱山水，无远不至。故知邪正，择其善者，荐之于朝。"另外，高僧
圆光还曾为花郎道制定过"世俗五戒"：事君以忠，事亲以孝，交友以信，临战无退，
杀生有择。从其生活方式和"五戒"中，可以看出儒、佛、道三教的深刻痕迹。花郎
道于 7 世纪中叶至 8 世纪达到全盛。

唐代后期，道教的炼丹术传入新罗。最先学习炼丹的，是新罗留唐学生金可纪。他
曾在中国入终南山习道教炼丹之术，此后入唐的新罗学生崔承佑也在唐朝学道炼丹 3
年。回国后，他传道于李清，李清传道于慈惠和明法，慈惠又传道于权清，权清再传道
于契贤。权清和契贤都是高丽时代的丹学大师，他们所习授的炼丹术，属于唐朝的内
丹，企图通过自身精、气、神的内在修炼，凝成金丹而成仙。于是，以修炼自身为中心
的中国道教内丹学在朝鲜半岛发展起来。

道教大约于 7 世纪初经由百济传入日本。602 年，百济僧人劝勒赴日本时，带去了
属于道教的遁甲和方术方面的书籍。7 世纪末编辑的《日本国见在书目录》就收有与道
教有关的诸多书籍，诸如《老子化胡经》《太上老君玄元皇帝圣化经》《本际经》等约
63 种。8 世纪末，日本僧人空海入唐求法，回日本后著有《三教指归》，对儒、佛、道
三教的优劣做了比较。成书于 712 年的日本古籍《古事记》和成书于 720 年的《日本书
纪》，很明显是以道教的哲学思想为主旨来论述宇宙生成论。由藤原明衡于 11 世纪编著
的《本朝文粹》，书中载有 870 年春澄善绳、都良香关于"神仙"问对的文章，不仅大
量运用描述道教仙境、道术的词语，还提及三十六洞天、七十二福地和青童君。这些文
献表明，至迟在唐代，道教文化已在日本受到官方和民间的重视，对日本社会产生的影
响是广泛的，在哲学、民俗、医学、神道等方面都有所体现。

日本当代著名学者福永光司在其论文《日本古代史和中国道教——以天皇思想和信
仰为中心》中，将道教对日本古代宗教思想核心天皇思想和信仰的影响联系起来。例如
"天皇"一语与"真人"一语关系密切；作为天皇之位象征的两种神器——镜、剑来自
道教；天皇及皇室重紫色，乃是参照中国六朝道经《太霄琅书经》制定的；天皇是现
世人神的说法，受到中国道教关于"神人"的宗教哲学的影响显著；祈愿天皇长寿的
祝词中有东王公、西王母，无疑采用了道教的祝文；天皇在元旦于宫中举行西方拜的仪
式，就是将道教仪式原封不动地引入日本宫廷。这些证明了日本神道或神道学与中国道

教神学有密切关系。

世界性宗教的形成和发展，从各地区、国家大范围看，本身就是一部很好的文化交流史。从一地区一国范围看，也是外来文化与当地传统文化相互取长补短、求同存异的过程。从初传时形式上依附，到内容上发生冲突，最后经过调整、改造，走向了融合，这其中含有广阔深邃的内容与思想。

求其真相与规律，不但有助于研究中外文化交流，而且有助于研究中国政治制度史和思想文化发展史。宗教文化交流，非单纯孤立地研究各宗教自身的教义、教理、教规，而是将它们放进中外文化交流的轨道上去研究，也就是注重它们的传播、影响、改造与结合，以探究宗教文化交流在中外关系史上的重要地位与作用。

基督教、伊斯兰教、祆教、摩尼教等西来宗教传入中国后，或被吸收或被融合，最终汇入了中国文化的汪洋大海；而佛教的传入对中华文明也产生了显著影响，经过中国人的再创造，形成中国化佛教，继而东传日本、朝鲜半岛，证明了中华文明的勃勃生机。在近两千年的中外宗教文化交流过程中，中国不对外发动宗教战争，不对外强行传播宗教，尊重各国人民的自主选择，坚持和平友好的文化交流，因而在世界上拥有了一个越来越大的朋友圈。

三、民间信仰在东南亚的传播

在佛教、道教等正统宗教之外，古代中国还存在着大量的民间信仰。随着中外文化交流的大潮，部分民间信仰也流出中国，传播到东南亚各地，其中以冼夫人和妈祖信仰最为典型。

冼夫人出生于高凉郡（今茂名地区）的山洞之中，活跃于南朝梁、陈和隋代，是岭南俚人（壮族先民分支）首领。在她所处的时代与地区，汉人已深入岭南，同越人共同生活、共同劳动，带去了汉族的文化和技术。另外，越人的首领及其家属，接受中央政权的官爵封赏，学习汉族的语言、文字、礼制。冼夫人毕生致力于维护国家统一，保境安民，被奉为"岭南圣母"，是民族团结的象征，是爱国主义的典范。

冼夫人从青少年时起，就劝亲族为善，在家乡极有信义。"为善"，是儒家道德修养的最高境界，也是政治上的最终理想。冼夫人少年时，眼看她哥哥南凉州刺史冼挺仗着自己的权势，以强欺弱，认为那是"霸道"行为，必须反对。她懂得自己的家族"世为南越首领"，责任重大。于是，她积极劝哥哥修身齐家，以德服人。哥哥经她劝说之后，不行"霸道"，收效很好，海南各地归附者众多。

冼夫人是接受汉文化的带头人，特别是她同冯宝结婚之后，从冯宝身上学到了更多、更具体、更有用的汉文化。她和冯宝一起治理地方，保境安民，反对民族分裂，坚持民族团结、国家统一。梁武帝末年，大将侯景谋反，起兵攻京城。高州刺史李迁仕暗通侯景，企图拉冯宝同他一起反对梁武帝。冼夫人劝冯宝勿上此贼船，并亲自带兵攻打李迁仕，直到把他打败为止。552 年陈霸先打败了侯景，557 年称帝，国号为陈。冼夫人支持陈朝政权，并派遣 9 岁的儿子冯仆率领各州首领前往陈朝廷祝贺，表明她忠于陈霸先。陈霸先封冯仆为阳春郡守。569 年，广州刺史欧阳屹反对陈朝政权，企图分裂国家，并阴谋胁迫冯仆一齐起兵造反。冼夫人得知此消息后，反对冯仆和欧阳屹同流合污。为了击败欧阳屹，她发挥了高超的智慧与军事才能，一边发兵据境，一边率领各州百越首长，会合陈朝派来的车骑将军章昭达，内外夹攻，生擒欧阳屹，由此可见冼夫人的爱国思想是多么坚定。

冼夫人利用自己的身份优势，协助梁朝将脱离中央王朝 500 余年的海南岛重新纳入中国版图，冯冼家族从此在海南岛开枝散叶，其活动范围和影响遍及南海和东南亚地区，甚至远达波斯。唐代鉴真和尚在天宝七年（748）第五次东渡日本时，遭遇大风，漂泊到海南三亚，受到冼夫人后裔冯崇债、冯若芳的盛情款待。在冯若芳的家中，就有来自波斯的奴婢、香料和器物。鉴真在海南羁留近一年半时间，第六次东渡终于成功抵达日本，据记载他带去的香料大多是冯若芳相赠。

家国同构是中国政治结构的首要特征。国家与家族混合在一起，族权与政权结合在一起，家庭以家长为核心，国家以君主为核心。按儒家思想，对家长要"孝"，对君主要"忠"。冼夫人要求儿孙们对她要"孝"，她则对梁、陈、隋君主要"忠"。只有做到"孝"与"忠"的结合，族权与政权才能巩固，国家才能统一。为了尽"忠"尽"孝"，冼夫人每年都把朝廷赐物置于庭中，对子孙们进行教育。她希望子孙们以她为榜样，忠君、爱国，不要忘记"忠""孝"二字。冼夫人去世后，粤西、海南等地官府和民间纷纷"立庙以祀"，逐渐形成影响广泛的冼夫人信仰。

妈祖信仰也是中国传统民间信仰之一。妈祖是中国民间传说中的英雄人物，据说她日日夜夜在大海中巡视，拯救溺水者。在海洋中，哪里有危难，哪里有呼救，她就出现在哪里，拯救遇溺者。她不图名，不图利，唯用好心救助世人。妈祖的性格和形象，有中华民族的特点和中华文化的特征，代表中华民族助人为乐的形象，也是中华民族凝聚力的象征。

据说妈祖生于宋太祖建隆元年（960），她出生时，满室生香，天布祥云，有一道红光射入室中。她从出生到满月都不啼哭，故被称为默娘。她是福建莆田人，在她出生之前，她的母亲梦见白衣观音说："你即将出生的女儿，她不但在陆上将受到万家崇敬，而且在海上也是渔民与航海人员的救星。"

据《莆田县志》载，妈祖四五岁时，随父亲乘船到浙江普陀山游览，她看到观音菩萨的塑像后，头脑里就增长了许多治病救人的法术。她回到家乡以后，就给人治病，救了许多病危的人。此消息一传开，来找她治病的人越来越多，她都热情地满足了病人的要求。除了治病之外，最使人敬佩的是她具有一种强大的、能在海上救溺的神力。据传，福建渔民在海上作业，有时遇到强风暴雨，渔船即将沉没，渔民呼救，海面上就有一少女，身穿红衣，驾驭一张竹席，迅速飞向溺水的渔民，将他们救起，送到海岸边，然后就不见了。长期以来，福建海上遇溺的渔民不少，都是由这位红衣少女救起的，因为她像神一样救溺，所以人们称她为"神女"。

当时战争不断，战火烧到福建，许多难民逃到海边，走投无路，妈祖便帮助难民编造了一些木筏，载着他们过海去到对岸的台湾岛。传说妈祖28岁那年农历九月初九，她同姐姐们一起登高。她对姐姐们说，她要到另一个天地去。姐姐们忽然见她升上天空，在白云间，有金童玉女相迎接，并有仙乐伴奏，不久，她便消逝在云端了。妈祖升天后，照样护国庇民，救济世人。传闻，宋徽宗宣和四年（1122），有一位叫路允迪的朝廷官员奉命出使高丽。当船行到大海中时，忽然刮起狂风，海浪铺天盖地而来，船随时都有沉没的危险。这时路允迪跪着求妈祖保佑。妈祖来了，风平浪静了，他顺利地到达了高丽。当他回到宋朝，把这件事告诉了宋徽宗，宋徽宗便命令建宫庙供奉妈祖，并赐宫庙匾为"顺济"。

元代朝廷的粮食主要来自江南，江南的粮食要从海上运往北京。为得到妈祖的保佑，朝廷赐妈祖为"天妃"。在明朝，妈祖济世救民的故事也很多。据传，郑和七次奉命出使西洋各国，他带领几万人，分乘上百只大船，远渡重洋，日夜航行，有时遇上烟雾迷蒙、波浪滔天的险恶天气，大船在海上飘荡，时刻都有翻船的危险。当遇到此情景，只要郑和等人祈祷妈祖保佑，呼唤妈祖的神号，妈祖的神力就到，乌云立即被驱散，波浪也随之平静，船顺利地航行。郑和七次远渡重洋，都得到妈祖的保护，故郑和等人便在新加坡、马六甲等地，为妈祖刻碑立传，建宫庙纪念她。明朝皇帝赐她为"天后圣母"。

郑成功收复台湾时，兵船在台南的鹿耳门搁浅了，不能前进。这时妈祖神威大作，水涨船高。郑成功的兵船飞一样奔向岸边，收复了台湾。为答谢妈祖之恩，郑成功于鹿耳门建了一座"天后圣母庙"，这是台湾第一座妈祖庙。

妈祖在海上的传说很多。这些故事虽然不符合科学，但在科技不发达的古代，妈祖的英雄形象，在某种程度上起到鼓舞人心的作用。中国沿海的妈祖文化激励人民敢于向困难作斗争，这是值得肯定的。

冼夫人与妈祖，既是历代百姓崇拜的人物，也是历代统治者赐封过的神灵。她们的共同点都是爱国、护民，历代统治者都支持民间建立宫庙来纪念她们，其精神历经一千多年而不衰。民众对她们的信仰，以华南地区为核心，辐射到港澳台地区。明清以降，伴随着华南沿海地区大批中国人"下南洋"的潮流，冼夫人和妈祖信仰也随之传播到东南亚地区。20世纪以来，在越南、新加坡、马来西亚、印度尼西亚、泰国、柬埔寨、菲律宾等海上丝绸之路沿线国家，许多供奉冼夫人或妈祖的庙宇如雨后春笋般涌现。据不完全统计，冼夫人庙在海内外的分布数量有上千座，妈祖庙的数量则更为庞大，这些庙宇也成为侨居海外的华侨华人寻根问祖的精神寄托。

民心相通是"一带一路"倡议的重要内容，而民间信仰是实现海上丝绸之路沿线国家和地区民心相通的重要载体。冼夫人及妈祖信仰传播到东南亚等地区后，与当地的民俗文化互相融合、借鉴，其中蕴含的包容、和平精神，与"一带一路"倡议高度契合，也是中外宗教文化交流的重要方面。

思考题

1. 中国有哪些你熟悉的宗教？
2. 为什么外来宗教在中国能和平共处？

第七章
丝路遗珍：举世瞩目的敦煌石窟

教学目的

通过对本章的学习，对敦煌石窟的由来、发展和衰落的过程有大致的了解，对石窟形制和石窟中丰富的藏品如壁画、雕塑、文书等有直观的感受，对敦煌石窟中表现出的艺术底蕴有所把握，在此基础上对敦煌文化与丝绸之路的相互作用有所认识，从而明白敦煌石窟既是敦煌文化的代表，也是丝绸之路上东西文明交会的结晶。

重点与难点

本章重点是在向留学生介绍敦煌石窟藏品的基础上，使其明白敦煌石窟乃至敦煌文化是中西交往的结晶，是中外友好往来的见证；难点在于对藏品价值的理解，如对壁画、雕塑的艺术价值，敦煌文书的文献价值等的理解，需要一定的历史知识基础。

丝绸之路是古代欧亚大陆诸文明的交融之路，是中西商贸和文化交流之路，而位于河西走廊最西端的敦煌则是欧亚大陆多元文明与多重交通网络的交汇点。东汉应劭《集解汉书音义》云："敦，大也；煌，盛也。"唐人李吉甫在《元和郡县图志》中言："敦，大也，以其广开西域，故以盛名。"说明早在汉唐时期，历史上这些有识之士就已经充分认识到敦煌在对外交通中的地位，尤其强调了敦煌在管理和经营西域地缘关系上的重要作用。

作为敦煌文化的集中体现，敦煌石窟以其世所罕见的文化、考古和艺术价值傲立于世。精美绝伦的壁画、栩栩如生的佛教塑像、藏经洞中珍贵无比的巨量文书，都散发着敦煌石窟的特殊魅力。由此，从20世纪初敦煌石窟被发现起，便在世界范围内迅速掀起了一股研究敦煌石窟壁画、雕塑和敦煌文书的热潮，被统称为"敦煌学"。今日，在新的世界形势下，特别是随着"一带一路"倡议的提出，敦煌石窟也以其兼容东西文明的世界意义而更显价值，这种兼收并蓄的精神亦成为构建"人类命运共同体"的不竭来源。

第一节　敦煌石窟的壁画、雕塑和文书

据武周圣历元年（698）建立的李君莫高窟佛龛碑的记载，前秦建元二年（366），有个叫乐僔的沙门，杖锡来到敦煌城东南麓，忽然眼前一亮，金光灿烂，好像有千佛在金光中显现。于是，他就在鸣沙山东面的悬崖上，开凿了莫高窟的第一个佛窟。不久以后，又有一位从东方来的法良禅师，在乐僔的石窟旁边，又营造了一个洞窟。从此，开始了近千年的敦煌石窟艺术创造。

敦煌石窟的建造历史悠久，历朝历代都有对其进行补充和完善。从石窟形制到壁画艺术，从石窟雕塑到藏经洞文书，丰富多样的内容无不表现出敦煌石窟厚重的历史底蕴与巨大的文化价值。以下分别从石窟形制、佛塑、壁画、文书诸方面对敦煌石窟作一简要介绍。

一、敦煌石窟艺术

从广义上讲，敦煌石窟包括敦煌的莫高窟、西千佛洞，安西（今瓜州）的榆林窟、东千佛洞以及肃北五个庙石窟。狭义的敦煌石窟指莫高窟。敦煌石窟艺术是由洞窟形制（即建筑）、塑像和壁画三部分组成的，它们的形式和内容构成一座石窟的整体，并随着时代的发展、佛教的演化而不断变换格局和题材。敦煌莫高窟从前秦建元二年开凿以来，经过北魏、西凉、北周直至元代近千年的陆续修建，形成了内容丰富、形制多样的巨大石窟群。现在已知有壁画的洞窟492个，壁画面积达45 000多平方米，彩塑2 400

多尊。按照艺术风格特点，石窟大致可分为北朝、隋、唐、五代、宋初、西夏、元七个阶段。

（一）石窟形制

现存北朝时期开凿的洞窟有30多个，其洞窟的形制主要有三种，即禅窟、中心塔柱窟、覆斗顶窟。隋朝统一南北后，佛教在隋文帝和隋炀帝的支持下发展迅速，敦煌莫高窟也掀起一个造窟热潮。现存的隋代洞窟有七八十个，洞窟从形式到题材都冲破了北朝佛教的局限，形成承上启下的隋代石窟艺术特征。如隋代的中心塔柱窟形制，其柱子正面一般不再开龛塑像，而是在前面设置三尊巨型塑像，一佛二菩萨立像成为洞窟整体，中心塔柱退居次要地位。隋朝的另一种中心塔柱窟，中心柱的上部呈倒塔形，直通窟顶，再到后来，倒塔干脆被取消，中心柱变成佛坛，最终佛坛也被取消。敦煌石窟形式从塔庙变成殿堂，这种中国化的建筑形制从隋朝开始，成为敦煌建筑结构的主流。

唐代是敦煌艺术的全盛时期，现存唐代洞窟达200多个。洞窟形制以殿堂窟为主，龛形和数量较以前都有变化。唐前期出现一种大像窟，高在30米以上，后室为方形，正壁为一身石胎泥塑大倚坐像，绕像凿出供巡礼的隧道。唐后期又出现了两种窟形：一种是方形的殿堂窟中，壁面不开佛龛，而在中间设置方形佛坛，塑像居其上，有背屏通顶；另一种是大卧佛窟，平面呈横长方形，盝形窟顶，后部凿出通窟宽的涅槃台，上塑涅槃像。

五代宋初是归义军曹氏统治敦煌的时期（914—1023），现存这一时期的洞窟约有100个，其中大部分是利用旧窟改造、重绘而成的，新建的窟不多。这一时期的洞窟形制主要有两种：一种是在长方形的主室中间设方形佛坛，坛上塑像，有背屏联结窟顶，窟顶为覆斗形，基本沿袭唐代后期的格局；另一种是没有佛坛的覆斗形窟，在墙的四角凿小龛，绘四大天王像。洞窟甬道顶一般作梯形。在下层的大窟前，多建有木结构的殿堂，成为前殿后窟的格局；同时，加修了部分洞窟的木构窟檐和连接上层洞窟的栈道。

西夏和元朝对敦煌的统治共300多年，两朝在前人基础上仍陆续建有新窟，但主要还是改建旧石窟。于石窟形制而言，两朝基本上没有什么创新。

（二）敦煌佛塑

据统计，敦煌莫高窟的佛教塑像共有2 415尊。从时间维度来看，经过一千多年的不断塑造，形成了一系列中国乃至世界都很少见的佛塑长廊，既有早期犍陀罗艺术风格，也有唐代长安和洛阳的肥美风貌。从佛教题材维度来看，在莫高窟的佛塑世界中，虽然其佛像的塑造必须遵循一些固定的程式，比如佛的"三十二相"要依样制模，但敦煌的塑匠却在狭窄题材所容许的范围内，创造出许许多多各具特点的作品，寄托了他们的理想和对美的追求。

敦煌佛塑的主要题材是佛、菩萨、释迦弟子、天王、力士和高僧，从现存的佛塑艺术风格来看，不同历史时期的各种题材都有明显的时代特征。比如北朝时期中国西北地区弥勒菩萨信仰日益兴盛，洞窟中就建造了一尊交脚而坐的菩萨像（见图7-1）。

菩萨是心入佛道的众生，佛经中常提到的菩萨有文殊、普贤、观世音、大势至等。艺术家们塑造菩萨像要较塑造佛像自由得多，因此也就更能表现他们的艺术才华。

天王和力士是佛教的守护神，他们的使命是令各种恶鬼不得侵害佛教天国。唐代塑造的天王形象，艺术造诣极高，与菩萨像表现出女性的优美相反，它表现出男性的刚毅。

图7-1 交脚而坐的菩萨像

（三）敦煌壁画

如果说佛塑是敦煌洞窟的中心，那么壁画就是洞窟的主体内容。敦煌壁画题材广泛，场面宏大，天上人间，过去未来，包罗万象，美不胜收。据统计，敦煌壁画的总面积达45 000多平方米，如果按1米高的规格一字排开，有45公里长，足见其规模之巨。

以本生图为例，在早期的佛教经典中，吸收了古印度许多民间寓言和故事，颂扬释迦牟尼在降生于净饭王家为太子之前，就已具有悲天悯人的伟大人格，他终成正果是积善历劫多世的报应。释迦牟尼在前生（相传有500年）积行善业的故事，叫作阇陀伽（Jataka），即本生故事。集录这些故事的《本生经》所绘的本生图，是对佛善行的形象摹写，比文字更能感召凡人。敦煌莫高窟早期洞窟中多绘有本生故事画，常见的有尸毗王本生、月光王本生、九色鹿本生、跋子本生、善事太子本生、须大拏本生等。[1]

此外，还有佛说法图、菩萨图、经变图、瑞像图等构图形制。限于篇幅，就不一一列举了。

（四）石窟装饰图案

除石窟建制、佛塑、壁画外，值得注意的还有石窟装饰图案。敦煌石窟中的装饰图

---

[1] 荣新江：《话说敦煌》，济南：山东教育出版社1991年版，第46页。

案是把洞窟建筑、塑像和壁画连接在一起的纽带，它们衬托出作为石窟主体的塑像和壁画，同时也独立存在，成为敦煌佛教艺术的一个重要组成部分。而且，与壁画和塑像相比，图案的描绘限制较少，可以使艺术家未得施展的技艺在这里充分表现。因此，敦煌的图案纹饰多变，纷繁复杂，并且历久不衰，不断吸收新的营养，创造新的形式。

图案主要用于装饰窟顶的人字披、平棋或藻井、龛楣、佛背光以及各处边缘部分，所用的花纹形式多种多样，有团花、半团花、联珠、莲花、石榴、牡丹、宝相花、葡萄纹、回纹、棋格纹、几何纹、彩铃、帷幔、流苏、山、云、各种卷草、孔雀、鹦鹉、三兔、飞天、舞童等。

此外，彩塑和壁画中的佛、菩萨、供养人的服装上，绘有精细的染织图案，表明了各个时期人们对服饰的要求。这种图案数唐代的最为精美，除宝相团花、小簇花、对鸟、对兽等主要形式外，还有波斯的联珠立鸟纹锦、葡萄缠枝纹锦等，反映了唐代中西文化交流的盛况。

二、敦煌文书

敦煌藏经洞的发现，为世人展现出数以万计的稀世珍宝——敦煌文书。千年以上的保存历史使其本身就具有极大的考古价值。作为敦煌学的重要研究对象，敦煌文书也为今人的学术研究提供了无可比拟的资料来源。敦煌文书的内容包罗万象，不仅有大量佛经，也有经史子集各部古籍，此外还涉及民俗、科技、俗文学等各个方面，价值极大。

（一）敦煌藏经洞的发现及文物的早期流散

敦煌藏经洞的发现，被誉为中国近代学术史上的四大发现之一。它的发现，和一个王姓道士密不可分。

王道士来到莫高窟时，窟前有三座寺庙，即上、中、下三寺，上、中两寺被西藏的喇嘛占据，王道士只好在莫高窟南区北部的下寺居住。光绪二十六年（1900）的一个晚上，王道士和他雇佣清理窟前沙土的伙计一道，将现编号为16窟的甬道北壁击破，发现"白布包等无数，充塞其中，装置极整齐，每一白布包裹经十卷。复有佛帧绣像等则平铺于白布包之下"。一座给20世纪的学术研究带来丰富素材的文化宝库就这样被发现了。

敦煌藏经洞中的珍贵文书真正被世人知晓，与斯坦因、伯希和等西方探险家和学者的盗取、研究是密不可分的。斯坦因是第一个来敦煌骗取藏经洞文献的外国探险者。1907年，斯坦因第一次来到敦煌莫高窟，他从一名乌鲁木齐商人那里听到王道士发现藏经洞的消息，费了一番周折后，以几块银圆的价格从王道士手中换取了满满24箱写本，以及数量很多的绢画和刺绣等艺术品。法国学者伯希和是第二个前来谋取藏品的西方人。1908 年 2 月，精通汉语的伯希和及其随行人员抵达莫高窟，在对数万件珍贵文献进行筛选后，以 500 两银子的价格换取了藏经洞中的许多珍品。其获取的珍品虽然数量没有斯坦因的多，但质量要高很多。

从藏经洞被发现起，敦煌文献就以各种各样的方式流散四方。如斯坦因将骗取的敦煌文献与文物，分别放置于英国和印度。敦煌写本部分，凡是汉文、粟特文、突厥文、回鹘文的文书，由英国博物馆保存；凡是于阗文、龟兹文、藏文和婆罗米文的文书，由印度事务部图书馆保存。

伯希和考察队收集的敦煌写本，均收入法国国立图书馆东方写本部，大约有汉文写本 3 600 余号、回鹘文 300 余号、粟特文 78 号、藏文 2 216 号、于阗文 66 号，另外还有梵文、藏文若干号。

日本大谷光瑞探险队的吉川小一郎和橘瑞超带回日本的数百卷敦煌文献，在个人、寺庙、博物馆、图书馆机构间辗转周折，散落在日本京都、东京各处。俄国奥德堡考察队前来盗取的敦煌写本，总数在 1 万件以上，但大多是小碎片。

在斯坦因、伯希和盗取部分敦煌写本后，清政府才命令甘肃地方政府将余下部分送入北京，但部分在途中遗失和被盗。因而，除北京图书馆的九千卷之外，还有不少卷子散落在各地文化机构和个人手中。

除中、英、法、日、俄、印等国有收藏外，敦煌文书在丹麦、德国、美国等均有数量不等的收藏，另外有少量的写本仍深藏在一些图书馆或个人手中，至今无法查证。

（二）敦煌文书的文献价值

敦煌莫高窟藏经洞所藏的文献资料，原本是莫高窟三界寺的图书，其最早的写经可能至 4 世纪后半叶，最晚的材料是 11 世纪初叶藏经洞封存前所写。所以，藏经洞中主要是写本文献，只有少量的小本印刷品保存其中。从发现的文献内容来看，主要以佛经为主，也有其他宗教文献，此外还有许多如节日、婚丧、卜卦等民俗资料，有传统的经、史、子、集四部的抄本，还有数学、医书、算法等科技文献，内容广博，意义重大。以下大致按这几种文献类型对藏经洞文书作一简要介绍。

1. 宗教文献

敦煌文献抄写年代所涵盖的 4 世纪到 11 世纪，正是佛教从印度、中亚向中国传播，并且生根、发芽、开花、结果的时代。处在中国文化圈内而又最靠近西域的敦煌，由于特殊的地理位置和历史条件，保存了藏经洞这样一座既有西北地区特色，又有浓厚中原底蕴的佛教文库，为我们审视和研究中国佛教历史提供了丰富的素材。

（1）敦煌的佛教文献。

十六国时期，凉州是佛典汉译的一大中心，凉州的译经应当是敦煌佛教文库的来源之一，但是，目前我们很难判断哪一件敦煌写经是最早的。到目前为止，确切属于敦煌藏经洞出土的最早写经是《十诵律比丘戒本》（见图7-2）。

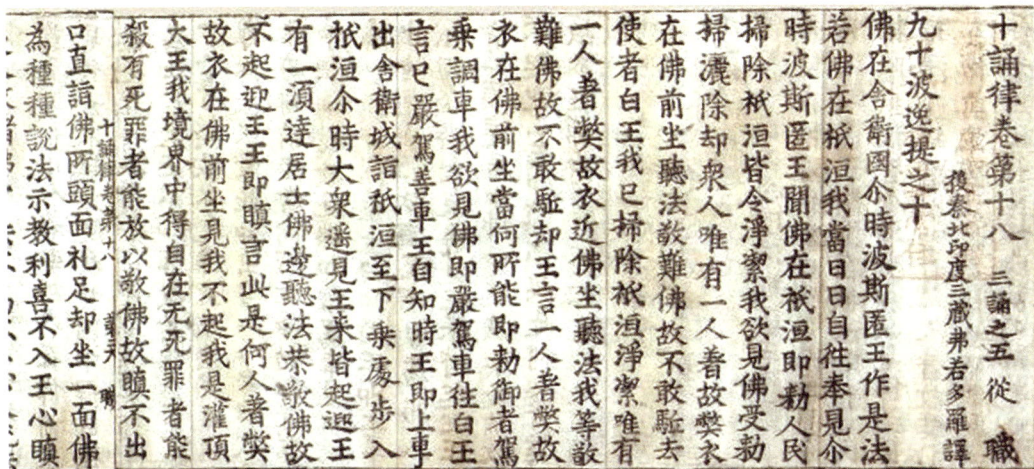

图7-2 敦煌出土的《十诵律比丘戒本》

南北朝时期，特别是北魏宗室东阳王元荣任瓜州刺史前后，一批新的佛典被带到敦煌。由于东阳王本人十分信佛，他在敦煌出资抄写了大批佛经。

隋唐时期的中国国势强盛，也是佛典汉译和整理的黄金时代，产生了玄奘、义净、不空等译经大师，编纂了许多权威的汉译佛典目录，如智升的《开元释教录》。

唐代中期以后，禅宗、净土宗成为中国佛教的主流，敦煌又有大批南北系的禅宗典籍陆续传入。中原的禅法和禅籍通过敦煌传入西藏，有些藏译的禅籍又从西藏传到敦煌，并且在敦煌保存下来。吐蕃统治时期，宣扬西天净土思想的《佛说无量寿宗要经》成为最流行的经典，藏经洞中保存有数量相当庞大的一批汉文和藏文写本。

（2）敦煌的道教文献。

敦煌道教写本中，还保存有珍贵的道教佚经——《老子化胡经》。老子化胡说早在东汉桓帝时就出现了。西晋道士王浮根据传说，编成《老子化胡经》，称老子出关，西越流沙，入夷狄为佛，教化胡人，这显然是道教徒为攻击佛教而编造的。在南北朝隋唐的佛道斗争中，产生了一系列"化胡经"类的著作。从唐朝开始，统治者为调和二教矛盾，不时禁毁"化胡经"，至元代彻底消亡。敦煌文书中保存了不止一种"化胡经"，其中有十卷本《化胡经》的序和卷一、二、八、十及《太上灵宝老子化胡妙经》，是今天研究佛道论衡和思想史的重要素材，也是研究唐朝对外关系史的参考资料。

（3）敦煌的摩尼教、景教文献。

敦煌发现的三种存世稀少的汉译摩尼教经典，即《摩尼教残经》《摩尼光佛教法仪略》《下部赞》，是每一位研究摩尼教的学者都不可忽视的。敦煌发现的景教写本也备受学界关注，伯希和收集品中的《大秦景教三威蒙度赞》和《尊经》，是研究景教仪式和教法的重要资料。

特别值得一提的是，近年在莫高窟北区洞窟中，与元代汉文文书、西夏文佛经、回鹘文残片同出的有两页四面完整的叙利亚文《圣经·诗篇》。这一发现，大大增加了我们对元代景教传播的认识，也向我们提出了一些目前还难以解释的新问题。

2. 敦煌四部书抄本

四部书指的是经、史、子、集四部，敦煌藏经洞发现有四部书的抄本。下面分别对留存的四部作简要介绍。

敦煌和吐鲁番发现的正史类书，有《史记》《汉书》《三国志》和《晋书》。《史记》《汉书》在敦煌、吐鲁番都有发现，表明两者地位崇高和流行广泛。吐鲁番发现的一件写本，一面是《史记》，另一面是《汉书》，尤其可以明证两书一并流行的情况。

子部方面，发现的抄本有儒家的《孔子家语》、兵家的《六韬》、杂家的《刘子新论》、李文博的《治道集》等，此外还有小说类如《搜神记》《还冤记》《启颜录》《周秦行纪》等。

集部抄本方面，敦煌留存的别集或总集种类虽然没有经、史、子三部多，但也有一些值得注意的写本。如《王绩集》是该书五卷本的最早写本，隋释道骞的《楚辞音》是久佚的著作，《故陈子昂遗集》足资校勘。总集中以《文选》写本最多，诗歌总集有《玉台新咏》、崔融编的《珠英学士集》等。

3. 民俗资料

敦煌藏经洞保存下来的文献，既有文人士大夫的遗珍墨宝，又有反映大众文化生活的各种资料。从归纳的卷子种类看，是一个百科全书式的书库宝藏，反映的当时的社会生活生产场景在正史中是少见的。从民俗学的角度来看，敦煌文献是一个丰富多彩的宝藏，但还没有认真系统地开采。

（1）节日。

节日方面，在敦煌文书中有许多属于归义军时期的账目，其中有官府的财务出纳账，也有一些寺院的"入破历"（相当于今天的收支账目）。在一些出支账目中，往往记录了为准备庆祝某个节日而要支出的东西，这使我们对敦煌当时的各种节日风俗有比较全面的认识。如在《归义军军资库司布纸破用历》中，便记有899—901年三年内归义军官府支出各种纸的情况。归纳起来，我们可以得知一年内由归义军官府资助的赛神，也就是报神的活动名目。

（2）衣食住行。

敦煌壁画中有大量的佛国人物和供养人像，还有作为背景的亭台楼阁、寺院塔窟，是了解各个时代衣服装饰、建筑风格的形象材料。藏经洞出土的文献中，也同样保存了大量有关这些方面的资料，比如食品原料，有一大批各种各样的交纳谷物时的记账，又有许多支出面和油的"破除历"（支出账）；又如一般僧俗大众穿的衣服种类，在"分家书""遗嘱"或寺院的"唱衣历"（叫卖衣物的账目）中，有丰富的记载。

（3）婚丧。

敦煌文献中的"书仪"是研究唐代婚丧的一个重要材料来源。简单说来，书仪就是写信的范本，因为要给社会上不同等级、不同身份的男男女女准备书信范本，所以涉及社会的各个方面。

关于丧葬方面的礼俗，以敦煌写本《吉凶书仪》的记载最详。从入棺、吊丧、卜宅、大小殓、启枢、送葬、临坑、掩埋，直到葬后迎神，都有相应的礼仪文字。如吊词，就有吊人父母亡、吊人翁婆亡、吊人伯叔姑兄姐亡、吊人弟妹亡、吊人妻亡、吊人姨舅亡、吊人小孩亡、姑亡吊姑夫、姐妹亡吊姐妹夫、吊人妻父母亡、吊人女婿亡、吊人子在外亡等各种吊答词，都是《开元礼》中所没有的。另外，敦煌卷子中还有一类"纳赠历"文书，是邻里舍人对死者家里进行救助的一种形式，也反映了当地的民风。

（4）民间信仰。

敦煌地区的民间信仰是混杂的，除了佛教之外，当地还流行道教、祆教、景教、摩尼教；在自然神崇拜上，有金鞍、三危等山神，也有川源、水池等水泉雷雨之神。这种多神崇拜的现象，年代越往后越混杂。如一篇归义军时期的百姓发愿文，就祈求一切诸佛、诸大菩萨、太山府君、平等大王、五道大神、阴曹地府、司命、司录、土府水官、行病鬼王、疫使、知文籍官、院长押门官、专使、可嚼官并一切幽冥官典等，加以慈悲救护。

4. 科学技术文献

敦煌藏经洞发现的写本中，有一些珍贵的科学技术文献，其中以实用性的医书、药方、算经、日历为多。

（1）天文学。

敦煌藏经洞中保存了一批日历残卷，相当于我们今天用的日历本，因为有吉凶注记，所以称作"具注历"。这些历书大多数是在敦煌与唐朝中央政府脱离联系，无法得到中央政府颁发的历法，由吐蕃控制下的敦煌官府或归义军节度使手下负责占卜星历的官员编制的，为当地官府和民间所使用，唐朝人称这种历为"小历"，以区别于中央政府颁发的历书。有少数历书是从外地传入敦煌的，如《中和二年壬寅岁（882）具注历日》刻本，是剑南西川成都府樊赏家的印本，可知是从四川传到敦煌的。从内容来看，敦煌历书既是研究古代历法编纂史和古代天文学史的重要资料，也是研究唐五代民间信仰和民间节日的极好素材。

（2）数学。

不论是地方官府，还是民间百姓，计算收入支出少不了数学，所以在藏经洞中发现一些唐人写本《算经》并不是偶然。除了实用目的而产生的算书外，藏经洞中还有作为书籍流传的算学书。在这些写本中，有一部算学书籍的抄本，其中保留有"营造部第七"的子目和另外两个残失名称的子目，共存 13 题，第 8 题在"营造部"中，算题的内容涉及经济、政治、军事、建筑、织造以及社会生活等方面，不仅是研究数学史的重要资料，具有科学史上的意义，也是研究北朝、隋唐历史和社会的珍贵参考资料。

（3）医药学。

中国古代药物学产生得很早，传说远古的神农氏尝百草"始有医药"，从此药物学也就是古人所说的本草学逐渐发展起来。最早的本草书，是传为神农氏所作的《神农本草经》，成书年代实在汉晋之间，计收药草 365 种，以符合一年的天数。南朝梁时，陶弘景又增补了后来发现的医用药草 365 种，并为之作注，名为《本草集注》。可惜的是，《神农本草经》和陶弘景的《本草集注》在宋代就失传了。幸运的是，一部几乎完整的《本草集注》，在失传之前存入了敦煌藏经洞，1914 年被日本大谷光瑞探险队的橘瑞超劫往日本，次年就由罗振玉影印出版，此卷现存龙谷大学图书馆。敦煌本《本草集注》使人重见千年以前的古籍，可以了解陶氏原书的本来面貌，也可以订正许许多多后代本草著作引用陶书时断章取义所造成的讹误，使人们得以考知《本草集注》在药物分类、采治方法等方面的贡献。

（4）造纸和印刷术。

造纸和印刷术的发明是中国对世界文明的最大贡献之一，要厘清中国造纸和印刷术的发生、发展、传播的过程，敦煌写本和印本是丰富而有价值的直接物证。

敦煌保存的 4—8 世纪连续不断的写经纸，为造纸术研究者提供了完整的纸谱，使人们对中国造纸术的进步有了相当深入的认识。如今，敦煌纸仍然是造纸史家继续研究的对象，是每一部造纸史著作不可缺少的原始材料。

此外，藏经洞中还保存有晚唐、五代、宋初刻印的佛经、佛像、陀罗尼、押座文、《切韵》等，有些书籍写本还注明是从某种印本上摘录下来的。这些印本或文字记录证明，除敦煌印制的外，还有唐朝都城长安东市、四川成都等地的产品，它们为中国早期印刷史提供了实物和史料证据。

5. 语言和文学文献

敦煌文献中也有不少语言和文学资料。语言方面，不仅有关于汉语音韵、训诂、文字的书籍，也有大量可供研究中古和近代汉语的语料，还有更宝贵的几种非汉语资料，即藏文、回鹘文、于阗文、粟特文、梵文等。文学方面，最有价值的是为传统士大夫所扬弃的俗文学作品，有讲经文、变文、缘起故事、词文、话本、俗赋、曲子词、通俗诗等，不仅可以窥见唐五代民间文学的实况，也可由此得知后代戏曲小说的来源。

敦煌藏经洞发现的非汉语文献，又叫"胡语文献"，其中最多的是藏文文献。此外，还有回鹘文、于阗文、粟特文、梵文文献，且藏经洞外有西夏文题记，莫高窟北区甚至发现有蒙古文、叙利亚文文献，语言种类甚为丰富。

总的来看，敦煌藏经洞保存的文学作品有两类：一类是传世文人诗文的抄本，如《文选》，李白、白居易等的诗赋，这些属于文人士大夫的正统文学作品；另一类是俗文学作品，这些作品种类繁多，有讲经文、变文、缘起故事、词文、话本、俗赋、曲子词、通俗诗等，在形式和体裁上都有别于正统文学，呈现出唐、五代民间文学多彩多姿的面貌，为俗文学研究者开辟了新的天地。真正意义的"敦煌文学"，应当是指敦煌保存的俗文学作品。

作为佛寺的藏书之地，藏经洞所藏文献当然是以佛教文献最多，但中古中国的佛教寺院，往往既是文化中心，也是一个地区典籍和文献的中心。所以，藏经洞中的主体虽然是佛经，但也有佛教以外的道教、景教、摩尼教经典，有中国传统的经史子集，以及一些白话诗歌、通俗文学作品，还有学童所用的蒙书和他们读书识字的课本、练习册，民间社会生活中所使用的物候、日历、医药、占卜、相面等方面的图书也收藏于此。其中如汉译景教、摩尼教等宗教文献存世稀少，价值尤为珍贵。另外，丰富的民俗资料也为我们了解彼时当地人的日常活动提供了生动鲜活的文献参考，还有诸种诗词、文学作品等都有其重要的历史意义和研究价值。

第二节 东西方文明交汇的敦煌石窟

丝绸之路是古代连通亚欧的人类文明大通道，通过这条道路，东西方文明在敦煌交汇，希腊、罗马、波斯、大食、印度、中国的物质、文化、艺术、宗教得以互通，缔造了伟大璀璨的敦煌文明。敦煌成为这条通道上不同文化艺术最频繁融合的历史见证地。

一、敦煌在丝绸之路中的重要地位

敦煌，位于今甘肃省河西走廊的最西端，是古代中原进入西域的门户。连接着东西方文明的陆上丝绸之路干道，就从这里通过。敦煌重要的地理位置，使它在中西交通历史上扮演了重要的角色。敦煌的文化和艺术，是东西方文明交融的结果，也是丝绸之路艺术最厚重的历史呈现。敦煌不仅是丝路明珠，更是丝路奇迹。同时，敦煌也是今天传播丝绸之路文化、弘扬传统文化最具说服力的文化宝库。

（一）古代丝绸之路上的敦煌

欧亚大陆出土的考古资料，揭示了先秦时期东西方交往的存在，如河南安阳殷墟妇好墓出土的商代和田玉，阿尔泰山西麓俄罗斯巴泽雷克大墓发现的公元前四五世纪的中国铜镜和丝织品，都是考古学上的印证。在先秦的典籍中，把西方运来的玉称为"禺氏边山之玉"，"禺氏"即月氏，表明在中原与西域直接沟通以前的相当长一段时间里，游牧于敦煌、祁连间的月氏人，扮演着向中原转输玉石的角色。大概正是因为于阗的玉源源不断地经过敦煌运到内地，所以当汉武帝在敦煌西北设立第一座关城时，就把它叫作"玉门关"了。

汉武帝派张骞出使西域，在历史上首次打通了联系中原与西域各国的丝绸之路，开启了中西文化交往的新纪元，而这条道路正是从敦煌延伸出去的。沿着张骞开辟的这条丝绸之路的基本干线，中国的丝绸源源不断地运往西方，成为罗马帝国时髦的服装原料；同时，西方各国的珍奇异物、宗教思想，也陆陆续续流入中原。位于丝路干线上的敦煌，很快就成为东西方的贸易中心和商品中转站。

西汉末年，王莽专权后中原与西域的联系一度中断。东汉初，汉明帝派班超经营西域，重新恢复了西域都护对塔里木盆地的统治。以后汉朝与西域的联系时断时续，河西东部也时有动乱，西域各国入朝的王子都逗留在敦煌，大批商胡也随之而来。

东汉末年，中原战乱频仍，秩序混乱。作为中西交通咽喉之地的敦煌，甚至二十多年没有太守。227—233年，仓慈出任敦煌太守，有力地抑制了豪强的兼并和勒索，为西域商人前往中原贸易提供种种方便，使得敦煌成为各族民众密切交往贸易的一个国际都会。魏晋南北朝时期，中原天下大乱，不少大族和有文化的士人纷纷迁居河西以避战乱，促使中西交往的孔道——河西走廊的文化水平得到前所未有的提高。

当时敦煌的汉文化水平，并不亚于中原北方，这里涌现出一大批著名学者，如宋纤、郭璃、刘昞、阚骃、宋繇、张湛等，他们的某些著作曾传播到南朝，有些人则由北凉入北魏，为魏、周乃至隋、唐制度与文化的形成作出了贡献。文化水平的提高和大量士人的存在，为本地区接收外来文化提供了知识基础，也为向中原输送外来文化提供了方便。两汉之际，佛教已经从大月氏人建立的贵霜王朝，经敦煌等地区传入中原，很快就和中国传统的神仙方术一起在东汉都城洛阳和东南沿海一带流传开来。

五凉动乱和北魏与柔然的战争，给佛教在敦煌的流传和发展提供了条件。西晋时，世居敦煌的月氏高僧竺法护率领一批弟子在这里译经布道，人们称之为"敦煌菩萨"。他的弟子竺法乘，也在这里"立寺延学，忘身为道，诲而不倦"。

隋朝统一南北，中国又开始走向两汉以来的全盛时期。不论是隋文帝还是隋炀帝，都十分信佛。在统治阶级的推动下，敦煌各阶层民众在短短的三十多年中，仅在莫高窟一处，就开凿了七八十个洞窟，形成一个兴建石窟的高潮。隋炀帝时，黄门侍郎裴矩受命前往张掖，他在当地"寻讨书传，访采胡人"，一方面通过西域商胡联络各国首领，另一方面撰写《西域图记》，使中原内地更加了解西域各国地理物产、风俗习惯等情况。

进入唐代，民族的进一步融合、疆域的进一步开拓、政治制度与思想文化的整合，使得唐朝凝聚了极大的力量。唐代的敦煌，是丝绸之路上一个典型的国际文化都会，汇聚了各种不同系统的宗教、文化、艺术，招徕了不同族裔的民众在此定居。在生产发展、商业繁荣、文化昌盛的形势下，敦煌莫高窟也在持续不断地修建，一些大家族争先恐后地开凿"家窟"，如翟氏、李氏、阴氏等大姓。敦煌不仅留下了当时精神文化交流的遗迹，也同样有技术和物质文化交流的佳例。唐太宗曾派人到摩揭陀国，学习印度的熬糖法。敦煌藏经洞有一个写本是关于五天竺制糖法的抄本，虽然文字不多，但涉及制糖法的许多方面，表明敦煌人对技术的追求。敦煌是商人东西往来的通路，因此，大量西方的舶来品和中原的特产都经此地运输。

唐朝之后敦煌进入吐蕃政权统治时代，吐蕃统治时期的敦煌文化，呈现出佛教一枝独秀的局面。以张议潮为首的归义军在848年赶走了吐蕃人。总体上讲，归义军时期的敦煌文化较吐蕃时期更加开放，佛教向民俗化方向发展，其他宗教文化也表现出各自的活力，并且与民间文化渐渐合流。敦煌在9、10世纪的中西文化交往中起到了相当重要的作用，这是归义军对中国历史的贡献，也是敦煌藏经洞文化宝藏之所以如此丰富的原因。

10世纪中叶以后，宋朝与北方的辽、西夏、金处于敌对状态，影响了通过陆上丝绸之路的中西交往。西夏占领瓜、沙两州后，征发百姓去进攻宋朝，使敦煌日趋衰落。特别是南宋建都于东南的杭州，加之中国经济、文化重心的南移，海上丝绸之路更加繁盛起来，渐渐取代陆上丝绸之路原有的作用，敦煌逐渐失去了在中西文化交往中的重要地位。

蒙古时期，北方草原之路连接了大都（今北京）、和林（今蒙古鄂尔浑河上游东岸哈拉和林遗址）和中亚，敦煌被弃置一旁。虽然在某些特定的时间里，陆上丝绸之路也被利用，如马可·波罗来华走的就是传统的陆路，经过敦煌，但相对来讲，来往者要比以前少得多。明朝划嘉峪关为界，敦煌成了边外的荒凉之地，从嘉峪关通哈密的路线成为中原与中亚往来的干道，敦煌彻底失去了在丝绸之路上的重要地位，无法发挥原有的作用。

从西夏到元朝，敦煌还不断有小规模的开窟造像活动，但艺术上已经越来越没有生命力了。明朝时期，位于关外的敦煌，更无任何造作，敦煌一带甚至成为从吐鲁番地区来的维吾尔族人放牧的场所。敦煌城东南鸣沙山麓的莫高窟，渐渐为人们遗忘，成为牧羊人栖息之所，数百座石窟中精美的壁画和雕塑，任凭风沙夜以继日吹拂。

总的来看，敦煌位于丝绸之路西去东来的咽喉地段，自汉代以来就是"华戎所交，一都会也"。这里既是东西方贸易的中心和商品中转站，也是中国文化西传基地和西方文化东来最初的浸染地。自汉至唐，敦煌这个国际都会的兴衰是与这一地区是和平还是战争紧密相关的。唐朝所创造的和平环境，为敦煌多姿多彩的文化繁荣提供了保障。在经过吐蕃征服和统治后，归义军政权维持了敦煌地区近两百年的社会稳定，使当地的文化得以保存、发展。在东西方文化交往的历史上，敦煌自有其不可磨灭的贡献。①

（二）当代"一带一路"倡议中的敦煌

1900 年敦煌莫高窟藏经洞数以万卷古写本文书的发现，引发了世界范围内探险家、考古学家对敦煌文物的盗取、挖掘和研究。1930 年，著名学者陈寅恪先生在《敦煌劫余录序》中说："一时代之学术，必有其新材料与新问题。敦煌学者，今日世界学术之新潮流也。"敦煌学作为 20 世纪初新兴的学科，翻开了国际汉学研究新的一页。敦煌学的发展，虽然有材料分散、内容庞杂、语言多异等种种困难，但各国学者孜孜不倦，苦心孤诣，使敦煌学日新月异；加之敦煌文献陆续公布，敦煌考古也不断有新发现，到了 20 世纪 80 年代，敦煌学一跃成为世界学林中的一门显学。

更为重要的是，敦煌留存下来的这些中古时期的写本文书和档案资料，和敦煌洞窟壁画一样，成为西方世界重新认识优秀中华文化和中华文明的重要途径之一。也可以说，敦煌的新发现，不仅给当时西方学术界带来了可供研究的珍贵资料，更具吸引力的是东方文明所带来的全新的文化气息，代表着东方古代文明的独特魅力。

今天的敦煌，是国家弘扬传统文化、进行爱国主义教育的重要基地和主要阵地，因为敦煌洞窟壁画以极为形象和非常直观的方式，把自十六国、北朝以来的历史以图像、影像的形式记录了下来，而图像的表达力、说服力、真实性、可靠性等特性又是文字文献资料所不能替代的。包括藏经洞写本文献在内的这些珍贵文化遗产，以其所具有的世界性、丰富性、精美性、民族性和代表性，成为今天了解传统文化、理解历史变迁、增强民族文化自信的最好载体，这无疑也是敦煌的神圣使命。②

如今，随着"一带一路"倡议和人类世界新的美好愿景的提出，丝绸之路研究再次成为学术新热点。对于国家和地方各级政府，对于高校和相关科研院所，这是不可多得的时代机遇。特别是丝绸之路沿线的省、市、州、县和高校、研究机构，更要积极地投身其中。敦煌作为丝绸之路的关键节点，对敦煌文明研究，特别是石窟艺术、敦煌文书等方面的研究提出了新的时代要求。

---

① 荣新江：《敦煌学十八讲》，北京：北京大学出版社 2001 年版，第 52 页。
② 沙武田：《丝路成就敦煌　敦煌提升丝路——敦煌与丝绸之路关系的理论认识》，《丝绸之路》2019 年第 1 期，第 94 页。

二、从敦煌石窟看东西方文明交往

敦煌文化在东西方文明中具有代表性，敦煌石窟在敦煌文化的形成中又有着极为重要的地位。从敦煌的地理位置来看，它是丝绸之路上的重要枢纽和吐纳口，也是"华戎所交"的都会，西方文化传入中国，大多要经过敦煌、河西等地，与中国传统文化碰撞、交流、整合后再继续东传。同样，中原文化向西传播亦是在敦煌、河西发生文化的交流融汇。

从敦煌石窟的价值来看，它的形成得益于敦煌东西交会于此的地理位置，因而其许多方面都表现出东西融合的特点，如语言文字、艺术风格、风俗习惯等诸方面呈现中原与西方交融的特征。东西文明交会于敦煌，敦煌石窟展现出兼容并蓄的特征，我们也不难发现其中中原文化的主导地位，即外来文化"中国化"的过程，比如佛教中国化、"飞天"等创新艺术形象的形成等。这是今日审视敦煌文化、敦煌石窟不得不注意的地方。

（一）东西文明交融的敦煌石窟

敦煌文化是一种在中原传统文化主导下的多元开放文化，融入了不少来自中亚、西亚、印度和我国新疆、青藏、蒙古等地的民族文化成分和营养，呈现出"你中有我、我中有你、各美其美、美美与共"的文化融合特点。敦煌石窟作为敦煌文化的集中体现，在文书古籍和艺术风格两方面尤能体现东西文明交互融合的特征。

1. 敦煌文书中的多民族史料

敦煌藏经洞中发现的文书，除大量汉籍外，还有不少用其他民族文字书写的抄本或印刷本。敦煌文书中保存的我国少数民族文字以及西方国家民族文字的写本，有吐蕃文、回鹘文、粟特文、于阗文、突厥文、梵文、婆罗米文等语言文字的文本。此外，在莫高窟北区还发现西夏文、蒙古文、八思巴文、叙利亚文等文书，这么多古代东西方民族、国家的文献汇集一地，本身即表明敦煌在东西方文化交流中的重要地位。

例如，敦煌少数民族语言文献中，以吐蕃文即古藏文文献为最多，其内容除大量与佛教有关的经典、疏释、愿文祷词外，还有相当多世俗文献，涉及吐蕃历史上一系列重大问题。吐蕃人自己所写的吐蕃时代的文献后世非常少见，敦煌出土的近万件吐蕃文写本反映了整个藏人早期的经历和吐蕃王朝的历史进程。如所出《吐蕃大事纪年》《吐蕃赞普传记》等，按年代顺序记载吐蕃王朝会盟、征战、颁赏、联姻、狩猎、税收等大事，可填补研究中的一大片空白。敦煌本回鹘文文书虽是劫后残余，但数量仍不少，内容包括各种经文、笔记、医学、天文学、文学作品以及从甘州回鹘和西州回鹘带到敦煌的公私文书、信件等，弥足珍贵。

于阗语是新疆和田地区古代民族使用的语言，11 世纪以后逐渐消失，成为"死文字"。敦煌于阗语文献大部分已获解读，内容主要有佛教经典、文学作品、医药文书、《使河西记》、双语词表等，对于研究于阗历史、语言文化以及于阗与敦煌的交往和民族关系意义重大。粟特语又称作"窣利语"，为古代中亚粟特地区民族使用的语言，敦煌粟特语文献大多为粟特人来到敦煌后留下的文字材料，内容有信札、账单、诗歌、占卜书、医药文书、译自汉文的佛典和经书等，实为宝贵。突厥文为 7—10 世纪突厥、黠戛斯等族使用的文字，曾流行于我国西域、河西以及中亚、西亚等地。敦煌文书中保存有突厥文格言残篇、占卜书、军事文书等。

除藏经洞和莫高窟北区庋存的众多民族文字的文献外，莫高窟等石窟中还留下了吐蕃文、西夏文、回鹘文、蒙古文等不少民族文字的题记，敦煌汉代烽燧遗址出土佉卢文帛书，莫高窟北区 B105 窟出土青铜铸造的十字架，表明宋代敦煌地区景教徒的存在。莫高窟还先后 4 次出土回鹘文木活字 1 152 枚，为目前所知世界上现存最多、最古老的用于印刷的木活字实物，具有十分重要的研究价值。

2. 敦煌石窟多元的艺术表现

敦煌艺术就其品类而言，包括壁画、彩塑、石窟建筑、绢画、版画、纸本画、墓画等，内容十分丰富，数量极其巨大。以艺术来说，敦煌的唐代美术，融合了中国的象征写意的古典艺术与印度的写实手法，发挥出其交融后最美丽的光彩，唐代是中土美术得到新养分滋养后成长最为壮健的一个时代。①

敦煌莫高窟中保存了历时千余年的极其丰富的舞蹈形象，在北区的 492 个洞窟中，几乎每一窟都有舞蹈绘画。舞蹈是转瞬即逝的时空艺术，在没有古代舞蹈动态资料的情况下，那些凝固在敦煌洞窟壁画中的历代舞蹈图像就成为十分罕见的珍贵舞蹈史料。

隋唐时期进入各民族、各地区乐舞文化大交流、大融合、大发展、大创新的时代。隋炀帝置九部乐，唐太宗时又增为十部乐，其中西凉乐、龟兹乐、天竺乐、康国乐、疏勒乐、安国乐、高昌乐，皆是经由敦煌传入中原而盛行于宫廷的。西域百戏、胡旋舞、胡腾舞、柘枝舞、高昌舞等，也是首先在敦煌流行发展继而风靡于内地的。这些舞蹈具有浓厚的西域、中亚风情，传入敦煌后开创一代新风，矫健、明快、活泼、俊俏，舞风优美，气氛热烈，与当时开放、向上的时代精神相吻合。

就拿西域传入的胡旋舞来说，其源于康国，故而又名康国舞，约北周时传入中原，隋唐时大盛。胡旋舞的场景在莫高窟壁画中比比可见。例如 220 窟北壁药师经变中的两对伎乐天胡旋舞姿十分优美。第一对舞伎均头戴珠冠，上身着短袄，下身穿裤裙，裸臂着钏，跣足，手舞长巾，一腿立于圆毯上，一腿弯曲抬起，一手举过头顶，一手弯曲下

---

① 姜亮夫：《敦煌——伟大的文化宝藏》，昆明：云南人民出版社 1999 年版，第 40 页。

垂，给人以飞速旋转的强烈感觉。第二对舞伎展臂旋转，所着长巾、佩饰卷扬飘绕，动感极强，似乎是同一舞伎两个连续旋转动作的绘制。其舞蹈动势，展现出"蓬断霜根羊角疾，竿戴朱盘火轮炫，骊珠迸珥逐飞星，虹晕轻巾掣流电……万过其谁辨始终，四座安能分背面"的胡旋舞飞旋优雅的姿态。莫高窟的第12窟、第146窟、第108窟等洞窟壁画中还有男性表演者穿长袖衣、旋转踏跃的胡旋舞。

敦煌壁画中除艺术表现手法多元外，壁画内容本身也反映出东西文明交往的历史场景。如敦煌莫高窟第323窟北壁的《张骞出使西域图》（见图7-3），这幅壁画以全景连环画的形式展现三部分内容：壁画右部为汉武帝在甘泉宫前拜金佛；左部为张骞手持旌节远赴大夏；下部为汉武帝送别张骞。虽然真实的历史场景未必如壁画所示，但其无疑反映出张骞出使西域的重大历史影响。

图7-3　《张骞出使西域图》

再如莫高窟第45窟南壁的《胡商遇盗图》（见图7-4），壁画展现的大致情景是：在深山峡谷中，一队头戴毡帽、身穿胡服、高鼻深目、满腮胡须的西域商人，遭到了三个手持长刀的强盗拦路抢劫。六位商人的后面是驮着丝绸、珠宝的骡马，已将一匹骡马的驮子卸下，把几捆丝绸和一包袱财物放在强盗面前。商人们双手合十，低头弯腰，乞求强盗饶命放行。强盗持刀横路，不放商人，商人无奈只好苦苦乞求。这幅壁画本是依据佛经故事所绘，但也形象地展现出胡商在丝绸之路上的贸易往来。

图 7 - 4　《胡商遇盗图》

(二)"中国化"进程中多元文化的共通互融

作为外来宗教,佛教欲在中华大地上传播发展,融入中国社会,就必须要适应中国原有的文化氛围,适应中国人的思想观念与审美意识,运用中国的语言表达方式,这就需要先进行一番"中国化"的改造与更新。事实表明,敦煌作为佛教进入中国内地的第一站,率先形成了佛经翻译、传播中心,率先成为佛教"中国化"的创新之地。此外,敦煌文献中还保存了大量原已散佚失传的佛教典籍,从中可获得许多新发现、新收获。敦煌文化突出体现了佛教"中国化"的创新成就。

敦煌文书中约90%的卷帙为佛教典籍,总数超过5万件,包括正藏、别藏、天台教典、毗尼藏、禅藏、宣教通俗文书、寺院文书、疑伪经等,具有十分重要的补苴佛典、校勘版本和进行历史研究的价值。例如,禅宗为彻底中国化的佛教,且简单易行,8世纪以来成为中国佛教的主流,受到唐代士大夫及普通民众的欢迎。然而由于战乱及"会昌灭法"的打击等,以至于许多早期的禅籍遗失,其教法也逐渐失传,使我们无法全面了解唐代禅宗的发展状况。

令人欣喜的是敦煌文书中保存了大量8世纪前后禅宗的典籍,填补了禅宗思想史的诸多空白。主要有初期禅宗思想的语录、禅宗灯史等。例如,据说是禅宗初祖达摩的《二入四行论》、三祖僧璨的《信心铭》、卧伦的《看心法》、法融的《绝命观》《无心论》、五祖弘忍的《修心要论》、北宗六祖神秀的《大乘五方便》《大乘北宗论》《观心论》、南宗六祖慧能的《坛经》、南宗七祖神会的《菩提达摩南宗定是非论》,以及杜胐的《传法宝纪》、净觉的《楞伽师资记》,保唐宗(净众宗)的《历代法宝记》,等等。

另外,外来艺术形象的本土化创新也在敦煌石窟中有所反映。就拿敦煌壁画中的飞天来说,其艺术形象源自印度,又名乾闼婆、紧那罗,是佛教天国中的香神和音神,即专施香花和音乐的佛教专职神灵，莫高窟中的飞天多达 6 000 余身。飞天形象传入敦煌后，经不断地交融发展、脱胎换骨、艺术创新，完全摆脱了印度石雕飞天原有的样式，以全新的面貌展现于世人面前，美不胜收。敦煌石窟中的飞天形象，一扫之前呆板拘谨的造型姿态，由于画师工匠不断吸收、模仿中外舞蹈、伎乐、百戏等的精华，进行再创新，克服了早期飞天中蹲踞形和"U"字形的弱点，使得飞天的身姿与飘带完全伸展，体态轻盈、流畅自如，完成了中国化、民族化、女性化、世俗化、歌舞化的历程。

总之，丝绸之路上的敦煌文化在其长期的历史演进中"海纳百川，有容乃大"，具有极强的包容性。它不排斥外来的同质或异质文化。包容不是简单的混合，也不是取消差异，取消民族特色。文化的认同并不等于文化的同化，而是你中有我、我中有你、各美其美、美美与共，是以我为主对外来文化进行的改造与融合，是在更高层次上和更广范围内的优势互补和创新发展。本土文化与外来文化的自由交流，东方文明与西方文明的交融汇合，使得敦煌文化绝非仅是本乡本土的产物，而成为整个丝绸之路上东西方文化交流融汇、创新转化的典型代表。敦煌文化的创新发展生动地表明，丝绸之路并非仅是一条简单的东西方之间的通道，而是东西方文化交融的创新之路。①

❋ 思考题

1. 敦煌石窟从开凿到衰落经历了什么样的过程？
2. 敦煌石窟的藏品有哪些？
3. 敦煌在陆上丝绸之路的地位如何？

---

① 李并成：《丝绸之路：东西方文明交流融汇的创新之路——以敦煌文化的创新发展为中心》，《石河子大学学报（哲学社会科学版）》2020 年第 4 期，第 88 页。

下编　近代以来的中外文明交往

第八章

大航海与中西大规模直接交往

教学目的

本章主要讲述 16 至 18 世纪之间丝绸之路和中西交往的重大转折。具体而言，一是大航海时代中西大规模直接交往的基本情况和特点；二是传教士来华与近世中西文化交流。

重点与难点

本章重点亦是难点，即该时期中西大规模直接交往和文化交流的特点，以及其中所蕴含的中西文明互鉴的深刻道理。

1500 年是丝绸之路和人类文明交往史发生重大变化的一个节点。在此之前，中外文明交往局限于旧大陆，主要是在中国与印度、西亚、北非等几个早期文明区域之间展开，是以传统陆、海丝绸之路为依托的时代。而此后由于奥斯曼土耳其帝国阻断陆上丝路，西欧国家不满阿拉伯人和意大利商人垄断东西方贸易，因而开辟新航路，使得中外交往视野由"西域"变为"西洋"，重心从中印、中阿转向中欧，同时丝路交通向全球延伸，发生前所未有的飞跃。由此中外文明交往格局迥然一变，文化交流的内容和性质也有不同，且连带造就了当前的世界。历史告诉我们：一个崭新的时代到来了。

第一节　大航海与东西方文明的直接接触

开辟新航路活动开始于 15 世纪后半叶，到 16 世纪初构成主要航线。这时候，在中西之间一条新航路开辟出来，由此带动了世界航海事业的繁荣，促成了中西文明的大规模直接交往。

一、新航路的开辟和中国与欧洲的直接交往

新航路的开辟，是中国与欧洲大规模直接交往的契机和前提，是 15 世纪大航海活动的成果。我们从大航海活动讲起。

（一）轰轰烈烈的大航海活动

15 世纪的欧洲，已经走出中世纪封建社会的阴影。此时城市商业经济和资本主义萌芽发展起来，文艺复兴运动进行得风风火火。由此，欧洲对资金和市场的需求迅速扩大，其中出产于中国的丝绸和西亚、东亚出产的香料是其特别渴望得到的商货。然而原有的陆上丝绸之路却出现了问题：奥斯曼土耳其帝国的兴起阻隔了东西方贸易。不过文艺复兴运动已经改变了人们的思想和知识，地圆说等科学理论大大改变了人们的地理观念，同时造船业和航海技术也因科技进步而提高了水平。这一切，促成了新航路的开辟。

对外殖民扩张的浪潮由葡萄牙人率先掀起。葡萄牙最早完成了民族统一，至 15 世纪已经做好了开辟新航路和殖民扩张的准备。1415 年，葡萄牙人开始进行沿着非洲大陆西部沿岸向南推进的航海活动。1488 年，迪亚士绕过非洲最南端的好望角。1497 年，达伽马闯入印度洋海域，并于次年 5 月达到印度卡利卡特港口。初到东方的葡萄牙人难有作为，因为他们既没有穆斯林完善而稳固的贸易网络可依赖，也没有吸引东方的足够的商品用于交换。为此，在 1500 年，葡萄牙国王派遣达伽马率领一支由 13 艘大船、

1 200名水手组成的武装船队直扑印度，用大炮摧毁了卡利卡特统治者的堡垒，放火烧毁了阿拉伯人的船只，大肆屠杀穆斯林商旅。此后，阿尔梅达和阿尔布克尔克等人进一步武装侵略，先是打败阿拉伯和印度联合舰队，攫取了海上丝路西段的贸易垄断权；继而占领印度果阿，将其打造成葡萄牙军事基地和殖民堡垒；再后东进摧毁马六甲王国，控制印度洋通向太平洋的咽喉之地。十余年内，又控制"香料之国"摩鹿加群岛，建立了直接与东南亚、东亚各国往来的雅加达堡垒。这成为欧洲殖民扩张极有突破意义的一步。①

继葡萄牙之后，西班牙、荷兰、英国等欧洲国家也纷纷参与远东航行及贸易活动。一场大航海浪潮轰轰烈烈地到来了。几乎与葡萄牙同时，西班牙也开始殖民扩张。从麦哲伦环球航行（1519—1522）进入菲律宾开始，西班牙势力渗透到东南亚地区。它以墨西哥为基地，越过太平洋进入东南亚。1565年，西班牙人在宿务地区建立堡垒和殖民地，并借此向菲律宾群岛各地扩张。他们先是控制了群岛的中部和北部，继而构建起吕宋殖民地。②

荷兰是欧洲较早兴起的商业资本主义国家，海上航运和贸易发达。1580年，荷兰人开始向东方殖民扩张。1595—1596年，荷兰第一支远航船队到达爪哇群岛，涉足万丹、雅加达等重要地区。1602年，荷兰成立了东印度公司。1605—1606年，从葡萄牙人手中夺取安汶岛，继而控制摩鹿加群岛。接着，又封锁印度果阿，至1641年夺取马六甲。至此，号称"海上马车夫"的荷兰人取代葡萄牙人掌握了海上霸权，成为欧洲人在东方最强大的殖民帝国。③

英国深受东方贸易的刺激，促动其争夺海上航路和东方贸易的控制权。1588年，英国打败西班牙"无敌舰队"；1600年，组建英国东印度公司。1608年，东印度公司船只到达印度苏拉特港。1613年，在印度建立第一个商业贸易站，就此以印度次大陆为重点，逐步建立起东方贸易网络和殖民统治。18世纪80—90年代，英国通过四次英荷战争，夺取了马六甲等交通要地，逐步扩张到东南亚许多地区。④

一方面，西欧各国掀起的大航海热潮，打通了西方与中国直接交往的通道。从此以

---

① 参见陶亮《论葡萄牙东方海上贸易帝国的兴衰》（《印度洋经济体研究》2015年第4期）、严中平《老殖民主义史话选》（北京出版社1984年版）等著述。

② 参见赵卫良《论16—18世纪菲律宾的经济》（《杭州师范学院学报》1997年第2期）、赵文红《试论近代早期欧洲殖民者对东南亚海上贸易格局的影响》（《东南亚纵横》2011年第9期）等文。

③ 参见孙澄《早期殖民主义者在东南亚的争夺》［《云南师范大学学报（哲学社会科学版）》1986年第4期］、赵文红《试论近代早期欧洲殖民者对东南亚海上贸易格局的影响》（《东南亚纵横》2011年第9期）、翁惠明《早期殖民者对马六甲的争夺》（《东岳论丛》2009年第5期）等文。

④ 参见赵伯乐《从商业公司到殖民政权——东印度公司的发展变化》［《华中师范大学学报（哲学社会科学版）》1986年第6期］、翁惠明《早期殖民者对马六甲的争夺》（《东岳论丛》2009年第5期）等文。

后，中国船只可以进入大西洋，与西欧国家之间的航线畅通无阻。后来中美、中澳航线也相继开辟，使得古老丝绸之路获得空前发展，中西大规模直接交往呼之欲出。另一方面，欧洲殖民者摧毁了阿拉伯人及海路沿线穆斯林的贸易网络，使得涉足东方的海上商旅群体发生巨大变化。中西之间大规模的直接交往，由此拉开序幕。

（二）中西之间大规模的直接交往

据葡萄牙史料可知，早在 1498 年达伽马到达印度时，他们就从土著居民卡库特人那里得到了关于郑和下西洋的丰富信息，还看到了中国人在那里长期开展贸易的秦娜科达（意思是"中国人的城堡"）市场。于是葡萄牙船队迅即东拓，希望尽快到达马可·波罗所描绘的"黄金世界"——中国。1509 年，他们在马六甲见到三艘中国商船。1514 年，葡萄牙派驻马六甲的首领若热·阿尔瓦雷斯率领船队穿越南海，到达了中国沿海。① 此后，葡萄牙人在中国沿海活动越来越频繁。至 1553 年占据澳门，开始了与中国直接而长期的交往。

其他西欧国家纷至沓来，荷兰、英国尤其活跃。1605 年，荷兰企图侵占澎湖列岛，被明朝政府驱离；1622 年，其又进攻澳门，为葡萄牙所拒；1624 年，私自侵入台湾安平、赤嵌二城，至 1662 年被郑成功驱逐出去。英国 1620 年以商船"Unicom"号入泊澳门；1637 年获准在澳门贸易，初步打开对华通商之门。英国凭借其强大的殖民和贸易力量，很快成为对华贸易的主力。

欧洲殖民者东来，在中外文明交往中增添了不少新的因素。一方面，他们在资本主义发展需求的促动下而来，主要目的是通过开展商业贸易，为其积累原始资本。大航海为东方世界带来重大影响。从中西大规模直接交往之后，自由贸易以不可阻挡的势头发展起来；同时还有大批传教士东来，构建起传播物种、科技和思想文化等领域交流的桥梁。在 16—18 世纪，中国封建社会尽管已有没落之势，但还是一个完整的主权国家，即便像澳门这样被葡萄牙人以租借名义占据的地方仍然由中国政府实施着行政、司法、军事、领土和海关等方面的有效管理，在中西之间基本保持着平等的交往关系，进而维持了平等的文化交流态势，这也是人类史中西两大文明仅有的 200 多年平等交流。

另一方面，在这大规模的中西交往活动中也充斥着阴暗的东西。正是基于资本主义原始积累的需要，欧洲殖民者的活动一开始就带着极其浓厚的血腥气息。葡萄牙人一登上屯门岛，就竖立了一块刻有葡萄牙王室徽章的石柱，宣示该岛为葡萄牙所有。他们觊觎广州的富饶，明火执仗地闯入珠江口岸，鸣放火炮在广州示威。荷兰人一来到中国，首先就占据澎湖，修筑堡垒，企图据为己有。在被驱逐后，他们认为"不动用武力，就

---

① 关于若热船队到达中国沿海的地点，现在还没有统一意见。较多人认为是广东珠江口以外的屯门岛。

得不到贸易权",于是制订计划,决定动用其远东舰队占领澳门、澎湖,还计划"尽可能地掠夺中国男女、儿童,充实巴城、安汶和万丹的居民"①。在侵居台湾之后,他们以此为据点到处掳掠海上商船,横冲直撞 40 年。为了获取最大利益,欧洲殖民者几乎都曾犯下掠夺东方原料、屠杀当地人民等罪行。他们还凭借武力夺取华商贸易据点,破坏华商贸易网络,乃至像制造红溪惨案那样大肆屠杀华人。

基于以上因素,中西之间的大规模直接交往从开始就带有多个层面和极其复杂的特点。中国和欧洲两大文明,以正常贸易和文化交流而相互了解和学习,更因不断冲突而各自调整、相互影响。我们看到了基于中西贸易而迅速扩大的国际市场,看到了因西学东传而发展的东西方社会。同时毋庸讳言,其中也充满了冲突和矛盾,既有贸易活动中的问题,如海禁与反海禁、掠夺与反掠夺等,也有国家民族之间的政治斗争,如殖民与反殖民、侵略与反侵略等,更有基于传统主流文化差异的思想冲突。从历史角度看来,以上特点影响了数百年的中西关系,并在一定程度上影响着东西方社会的未来。

二、"哥德堡"号的远东之旅及其影响

"哥德堡"号的中国之旅是中国与欧洲交往史上的一段佳话,更是中国与瑞典贸易史上的传奇故事。

(一)"哥德堡"号的来历和远航背景

地处北欧的瑞典,是世界上航海事业的发源地之一。到 17 世纪,这个国家也发展为欧洲列强之一。此时瑞典的疆域已遍及波罗的海的各个角落,且同样希冀与中国进行交往和贸易。1621 年,瑞典在斯堪的纳维亚半岛的东南沿海建立起一座城市——哥德堡市。它本来是一个小渔村,不过由于濒临瑞典最佳入海口——哥特河,而且修建了一条从城市中央直通哥特河的运河,这种极其便利的水运条件使其很快繁荣起来。到 1731 年,瑞典成立了专门与东方进行贸易的"东印度公司"。这家公司在国王特许和政府支持下,垄断对东方贸易 80 余年,其间先后派出从哥德堡市出港的商船 37 艘,远航到中国广东一带开展贸易有 132 次。在这些远航中国的活动中,"哥德堡"号的中国之旅最为引人注目。

"哥德堡"号航船全称是"东印度人哥德堡"号,建造于 1737 年。它是瑞典东印度公司最大的远航货运商船之一,载重量达 843 吨,配备船员 120 人,第一次航行实际上随行船员达 140 多人。在这些人里,除了船长和水手之外,还有负责修理船体和风帆的木匠、制帆人等技术人员,厨师、理发师等生活服务人员。另外还有一位传教士,负

---

① [荷]包乐史、庄国土:《〈荷使初访中国记〉研究》,厦门:厦门大学出版社 1989 年版,第 30 页。

责每天带领大家对神祈祷和唱赞歌。在这种比较完备的航海条件下，"哥德堡"号曾经三次远航中国，为瑞典东印度公司及王室获得巨额贸易利益。

（二）"哥德堡"号三次远航中国的历程

1739 年 1 月，"哥德堡"号驶出哥德堡港口，开始了它的第一次中国之旅，这也是瑞典东印度公司的第 9 次远航。带着已经膨胀起来的贸易欲望，"哥德堡"号向中国进发。到 1740 年 6 月，整个航程一帆风顺，"哥德堡"号满载着丝绸、茶叶、陶瓷等中国货物回到哥德堡港。这些货物大多被瑞典东印度公司转卖到欧洲各地，赚取了可观的商业利润。

带着出航大获成功的惊喜，仅仅在休整了几个月之后，1741 年"哥德堡"号开启其第二次远航。这次赶上英国与西班牙交战，由于曾在西班牙加的斯港停留，"哥德堡"号遭到英国军舰的刁难。英方怀疑"哥德堡"号与西班牙有瓜葛，于是用大舰将其挟持到马德拉，扣押了一个多月。但最后"哥德堡"号仍然得以到达中国，并顺利完成贸易，至 1742 年 6 月带着商货安全驶回哥德堡港。

同样仅仅休整了几个月，1743 年 3 月"哥德堡"号第三次从哥德堡港出发。这次航行带着更大商业利润，同时也经历了更多航海岁月和曲折，最后以悲剧式的沉没灼痛瑞典人的记忆，更以其出水商货惊艳了欧洲乃至整个世界。

据文献记载，"哥德堡"号自 1743 年 3 月 14 日出海，由于错过了最佳航海时间，到达东南亚后未能直航广州，而是在爪哇岛上滞留了 5 个月。在这段艰苦的滞留时期内，食物匮乏、饮水短缺和难耐的酷热夺去了 35 位船员的生命。至 1745 年 1 月 11 日，"哥德堡"号终于在中国完成贸易，满载着包括茶叶、瓷器、丝绸、藤器等共计 700 吨的中国货物从广州回航。这次错过了印度洋季风，它又被迫在爪哇岛上滞留了 6 个月。在经历了大约两年半的长途旅行之后，"哥德堡"号上的船员们终于可以闻到家乡的泥土气息了。然而，这时候意外发生了。

9 月 12 日这天，天气晴朗，能见度很高，同时刮着西南海风，"哥德堡"号顺利地靠近哥德堡港，这时候岸上等候的人们也看到了回航的"哥德堡"号，到处是欢呼一片。在哥德堡港口附近数百米处，隐藏着一座礁石。本来"哥德堡"号船长和导航员对此了如指掌，平时航行都不成问题。不过，不知是大家由于眼望着更大利润远航贸易的成功即将到手而忘乎所以，还是船只航行过快造成操作失误，"哥德堡"号竟然笔直地撞向了汉尼巴丹礁石。"轰"的一声巨响，船体被锋利而坚硬的礁石穿透，船舱进水，船体瞬间倾斜，船尾没入海水之中，船上顿时一片惊慌和凌乱。这艘满载着希望和成功的航船，就在这个最不应该沉没的地方沉没了。因"哥德堡"号这次事故而闻名世界，史称"汉尼巴丹礁石"。

据载，由于海难发生在港口附近，船上人员被很快救起，但"哥德堡"号却不能继续从事航海事业。不过这艘航船的故事，却成为永不磨灭的传说。就在事故发生后不久，1745 年 11 月 28 日，瑞典东印度公司组织抢救性打捞，第一批就捞出 30 吨茶叶、80 匹丝绸和部分瓷器。经过拍卖出售，公司获得 250 万 Daler Silvermynt（当时瑞典银币单位），在抵消成本后仍然得以获利 14%。之后数百年里，人们不断打捞，"哥德堡"号一次又一次因其出水货物而让世界惊诧不已。

（三）"哥德堡"号中国之旅的影响和意义

从历史角度看，"哥德堡"号的中国之旅具有多方面的价值和影响。

首先，"哥德堡"号之所以让世界如此瞩目和惊诧，在于其所运输货物的数量和价值之大。

查询水下遗留打捞史，可知人们始终没有忘记"哥德堡"号。19 世纪 60 年代，瑞典人克耶尔勃（Johann Kellberg）从这艘沉船里打捞上来 924 件瓷器。1877 年，伦巴（Lampa）和詹姆士·布恩（James Boum）合作打捞，发现"包括咖啡或茶杯、壶和大小不等的碟子在内的大量瓷器"。1906 至 1907 年，小凯勒（James Keller the Younger）打捞的收获更大，据说得到了"至少 4 300 件瓷器"。1984 至 1997 年，韦斯特菲尔特夫人（Anders Ngastfelt）申请对已沉没 250 年的"哥德堡"号开展水下考古，获得瑞典国家文物委员会的批准，继而又得到东印度公司"哥德堡"号基金会的资助，几年下来成果丰硕，打捞出 9 吨陶瓷碎片和 400 件完整的瓷器，还有一大批包装尚好的茶叶、香料、珍珠母等货物。

"哥德堡"号上究竟有多少货物，价值如何？这曾经是人们关注的问题。从水下考古结果看，在 1986 至 1996 年十年之内，瑞典人共打捞出碎瓷片达 60 吨。由于剧烈撞击，有不少瓷器变成了碎片，除了这 60 吨瓷片外，完好无损的瓷器前后总计也出水五六千件。据推测，"哥德堡"号上的瓷器大约应有 50 万 ~70 万件。[①] 船上茶叶类货物数量也很大，就在最近这次水下考古的过程中，又打捞上来 300 多吨。有人形象地描绘，"哥德堡"号遗留在海底的这些茶叶，"把哥德堡市变成了一个大茶碗"[②]。至于其他货物，如丝绸、漆器、生姜、香料、藤编器物等则因海水腐蚀，难知其数。

再据考古学界和陶瓷等行业专家的分析和评估看，这批货物不乏精品。就人们所见出水青花瓷一类，韦斯特菲尔特夫人就归纳出 90 多个具有代表性的品种。这些烧制于

---

① 纪炜：《碧海扬波，域外生辉——"哥德堡号"与海上丝绸之路》，《收藏家》2005 年第 11 期，第 34 – 39 页。

② 邓玉梅：《瑞典"哥德堡"号所反映的中瑞贸易交流》，《南方文物》2005 年第 3 期，第 127 – 130 页。

乾隆时期的青花瓷，"就算是在当代也是非常难得的"①。还有人指出："（其中）有些瓷器不仅在欧洲从未发现过，就是在中国也被视为珍品。"②"哥德堡"号上的茶叶也令人惊讶。当人们打开封密了250多年的包装后，眼前的茶叶竟然还能色味俱存，泡进碗里则香气扑鼻。尽管人们至今尚未考证出这些茶叶是出自武夷山区还是安徽、江西，但是从出水货物的成色看无疑是中国物产中的上乘产品。另外，据传东印度公司曾先后抢救出来接近三分之一的货物，转卖所得竟然在扣除其所有支出和损失之后还能使股东获得高达50%的利润。这也无疑证实了"哥德堡"号从中国运回的商货价值之高。

其次，"哥德堡"号代表着大航海时代中西关系共生共荣的和谐一面。从上述商货看，它见证了18世纪中国与瑞典贸易的盛况。据档案记述，瑞典东印度公司下属单个商船的贸易量一般都在100万至200万瑞典银币，像"哥德堡"号肯定是其数倍之多。算其利润，在1733至1786年之间东印度公司所有贸易都能纯获30%至80%的盈利。这对国体不大的瑞典来说无疑是巨大的财富来源。有人说："对于18世纪的瑞典，东印度公司的作用如何夸大都不为过。""那些使瑞典贸易和制造业蓬勃发展的资金大部分来自东印度公司。""登录在公司名册上的董事、大班和其他相关人员中的不少人，都是18世纪瑞典的商业、制造业和其他产业中唱主角的人物。"③ 正是利用这些资金来源，瑞典在18世纪50年代后，发展成为无论在经济文化还是在科学技术等方面都不逊色于欧洲其他列强的国家。与此相应，这种和平贸易也使中国颇获收益。16到19世纪初期中西贸易极其繁荣，正常的年份仅广州一地每年就有不下数十艘欧洲船只入港贸易。它不仅为中国换回了白银，使其成为名副其实的"白银帝国"，而且促进中国商业发展，为中国走向近代化奠定了一定的经济基础。这些贸易也充分表现出当时中国和平与开放的对外交往态度。

当然，由这些经济贸易带动的文化交流更加影响深远。发达的贸易活动给瑞典和欧洲人带去大量中国的商货，精美的丝绸、陶瓷使他们爱不释手，奉为时尚，美味、健康的茶叶、生姜等变成他们的饮食习惯，不可或缺。在18世纪及其以后的瑞典，无论是文化、习俗还是科技，总能找到中国的影响和人们对中国的兴趣。这种中国情结几乎到现在还延续着。因为每当打捞"哥德堡"号遗物的时候，在瑞典都能引起某种轰动。如韦斯特菲尔特夫人的水下考古申请被瑞典文物委员会批准之后，瑞典就有许多人自发而起，纷纷捐助资金，成立了东印度公司"哥德堡"号基金会，继而社会各界人士大力支持，使得水下考古成果丰硕。更有人描绘，伴随"哥德堡"号多次打捞及其航海

① BO GYLLENSVARD. Designs on the Gotheborg's porcelain. 转引自邓玉梅：《瑞典"哥德堡"号所反映的中瑞贸易交流》，《南方文物》2005年第3期，第130页。

② 黄玪：《沉船呈现中国古陶瓷风采》，《解放日报》，1992年10月3日。

③ JORGEN WEIBULL. The Swedish East India Company and the Final Voyage of the East Indiaman Gotheborg. Sotheby，1990，52，1743-1745.

之谜的长期熏染，越来越多的瑞典人成为"古船迷"和"中国文化迷"①。最好的证明就是，在 20 至 21 世纪之交，瑞典全社会决心重温"哥德堡"号中国之旅，于是自 1992 年起，他们用 11 年的时间，模仿"哥德堡"号木质船体结构，配备现代航海设备，倾力打造出一艘"新哥德堡"号。2004 年 9 月，在王室主持下瑞典举行了盛大的命名仪式。2005 年 10 月 2 日，这艘代表着中瑞友谊的"新哥德堡"号从哥德堡港起航，当时 10 万民众热烈欢送。次年 7 月 18 日，该船到达当年"哥德堡"号远航的目的地和贸易港口——广州。接着，又到访上海等中国港口。中国方面也积极呼应，1997 年 4 月吴邦国副总理及随访的贸易参观团访问了瑞典东印度公司造船厂。在"新哥德堡"号到访期间，中国人民更是热情接待，古老的黄埔港成为当时世界瞩目的焦点。这次"新哥德堡"号之旅，借用的是"哥德堡"号的名义，但反映的是中瑞两国人民对和平交往历史的念念不忘，是丝路文化永不消失的魅力。

第二节　传教士来华与近世中西文化交流

在 19 世纪以前的中西大规模直接交往活动中，传教士是一个不可忽略的群体。他们一方面把西方风物和科学技术传播到中国，另一个方面也把中国文化传播到欧洲，带动了西学东渐和中学西传，对中国与西方相互借鉴、共同发展起到了很好的作用。

一、传教士和西方文化东传

说起传教士，最引人注目的要数利玛窦。许多西方风物和科技文化著述，随着利玛窦及其同仁的传教活动而被带到中国。

（一）利玛窦和他的礼单

利玛窦（Matteo Ricci），意大利人，1552 年出生在一个叫马切拉塔城的地方，其家族拥有红蓝色刺猬形象的族徽，是当地名门。成年之后，他有志于传播上帝福音，于是加入耶稣会，成为传教士。他不但有着对基督和教会的忠诚，具备渊博的自然科学和社会科学知识，而且对文化传播有独到的认识。当时基督教在东方社会仍然令人颇为陌生，其某些教义如不拜偶像等在东方更是格格不入。如何吸引中国人而不遭排斥？他巧妙地架起科技布教的桥梁。

实践证明，这一策略非常有效。利玛窦以此打通各个关节，从广东到南京，再到戒

---

① 《"哥德堡"号的中国情结》，《中国电视报》2003 年第 22 - 23 期，第 23 - 27 页。

备森严的紫禁城，顺利深入晚明中国上至皇帝的各个阶层。他交了很多朋友，其中不乏高官贵族。人们在与他交往时，首先就是被他所携带的西方风物吸引。利玛窦在入宫觐见万历皇帝时，有一份礼物清单："天帝图像一幅，天母图像二幅，天帝经一本，珍珠镶嵌十字架一座，报时自鸣钟一架，万国图志一册，西琴一张。"据说，自鸣钟引起了万历皇帝的兴趣，天帝、天母画像激起了许多官员的美术情感，万国舆图则让更多士人感到好奇。

（二）吸引中国人的主要西方风物

这里说说自鸣钟、钢琴等器物。自鸣钟，是一种自动报时钟表。近代以后这东西在中国已不算什么稀奇，不过在明代则是新生事物。当时中国传统上比较科学的计时工具主要有两种，一是白天以测日影计量的日晷，二是夜晚靠滴水算时的夜漏。虽说日晷夜漏在精度上不输于自鸣钟，然而不如由发条促动的自动报时和其漂亮的造型新鲜引人。顾起元《客座赘语》卷六描绘利玛窦赠送给万历皇帝的自鸣钟说："所制器有自鸣钟，以铁为之，丝绳交络，悬于簴，轮转上下，戛戛不停，应时击钟有声。"这种描写，说明当时中国人对这东西了解极少，倍觉新鲜。据说，万历皇帝把这个礼物放在经常举行后宫大典的交泰殿里，置之于宝座一侧非常显眼的位置。

另一件新鲜东西是钢琴。中国自古与中亚、西亚等地交往较多，西域乐器如箜篌、羯鼓等多有向中国内地传播，不过欧洲乐器就很少见。利玛窦自己所记录的"西琴"，就是现在习称的钢琴。《续文献通考》卷一百二十用了很大篇幅记述利玛窦向万历皇帝进献钢琴的事情，称所献乐器"纵三尺，横五尺，藏椟中。弦七十二，以金银或链铁为之弦，各有柱，端通于外，鼓其端而自应"。另据学者研究，这种钢琴正是在欧洲改进问世不久的羽管钢琴，利玛窦为了引人眼球才选择了这种时新的器物。[1] 万历皇帝对钢琴也很感兴趣，于是安排利玛窦在宫中传授钢琴艺术，招收四个太监为第一批学生。

除了这些器物之外，能够彰显西洋画技的天帝圣母画像和展示地圆说宇宙观念的世界地图更是深得中国士人喜欢。据说利玛窦在肇庆传教的时候，就有许多人经常造访他所驻留的教堂仙花寺。看到教堂里悬挂的天帝和圣母画，许多人非常惊讶。由于中国传统绘画以写意为主，讲究神似；而西洋画以写生为基础，多为形似到栩栩如生的油画。据说普通百姓受到气氛感染，会忙不迭上前磕头跪拜；受到馈赠的应天巡抚赵可怀、漕运总督刘东星则虔诚地供在家里，朝夕焚香；万历皇帝见到圣像直呼真人，送给慈圣太后藏于内库。

至于万国舆图，据说最早为中国人所见识的是他在仙花寺教堂接待室里所悬挂的一

---

① 参见吴跃华：《"文化适应"中的"世界性"音乐文化误读案例——利玛窦所献之"琴"重考》，《民族艺术》2021 年第 1 期，第 138－147 页。

幅"用欧洲文字标注的世界全图"。这幅地图是从欧洲带来的1570年出版的由奥特利乌斯所绘制的世界地图。由于中国当时还是天圆地方的宇宙观念，许多人看到这种球状的世界分布惊讶不已，通过利玛窦的解说而了解地圆说后又敬佩之至。《利玛窦札记》称："有学识的中国人啧啧称羡它；当他们得知它是整个世界的全图和说明时，他们很愿意看到一幅用中文标注的同样的图。"为了吸引更多人，利玛窦很快组织人手绘制了第一幅中国人能看得懂的世界地图。这幅地图采用中国地名标注，还把中国放置到地图的中央，立马引起更多人的兴趣。此后利玛窦对地图多加改进，并将其作为送给士人官员的常规礼品。而晚明士人也纷纷在各地翻刻，前后达12次之多。其题名也不一样，有的叫"万国舆地图"，有的叫"山海舆地全图"，有的叫"坤舆万国全图"，版本很多。据说在宫中，万历皇帝把利玛窦赠送的世界地图做成屏风，每日坐卧都要仔细端详。

对中国传统文化影响较大的，则是利玛窦介绍的欧洲各种科学知识。在数学方面，欧几里得的《几何原本》最为有名，此外还有利玛窦与徐光启翻译成中文的《同文算指》等书。在天文历法领域，有《乾坤体义》《测量法义》《浑盖通宪图说》《圜容较义》等被翻译过来。在医学方面，1599年他在南昌翻刻了《西国记法》，介绍欧洲病理学及其方法论四体液说等；在南京刻印《四元素说》，从哲学角度比附阴阳五行来介绍西医原理。在哲学领域，特别是接近或关联天主教教义的书籍就更多了。据说利玛窦带到中国来的欧洲书籍有6 000多册，并在肇庆等教堂里开辟图书室，免费供人们阅读。这些活动带动了西学东渐之风，为中国人了解西方文化提供了很好的机会。

（三）传教士群体及其文化交流贡献

当然，带动这种西学东渐之风者并非利玛窦一个人，而是一个不小的群体。当时堪称传播西方文化先驱的传教士，有艾儒略、庞迪我、汤若望、南怀仁、卜弥阁、郎世宁、白晋、戴进贤、金尼阁、王志诚、傅圣泽等十余位。其中艾儒略在华居住39年，著书立说甚多，留下《职方外纪》等名著，号称"德最高，才最全，功最高"，学识和地位无人能比，被誉为"西来孔子"。庞迪我来自西班牙，不但大力介绍西方科学知识，而且深入汉语研究，用汉文著述，进一步打开了东西方世界相互了解的窗口，在中国与西班牙之间文化交流上居功至伟。汤若望精通历法，为明廷修订历法，使中国拥有了第一部采用欧洲科学技术制定的阳历历书；同时还教造火炮，传播军事技术，深为明廷所信任。卫匡国，两次来华传教，1654年绘制了《世界新图》，还绘制了第一幅采用西法绘制的中国地图《中华帝国图》。南怀仁，在与杨光先历法之争中展示了更高水平，为清朝康熙皇帝所信任，聘为宫廷教师，传播了不少西方科技文化知识。郎世宁，优秀的西洋画家、杰出的西洋建筑设计和工艺美术大师，是康熙朝宫廷中声誉最高的画师，以油画精品创作展示并传播了西方透视学及其线法画技，同时设计了著名的畅春园。戴进贤，是继汤若望和南怀仁以后最精通西方天文历法的科学家，也是一位大名鼎鼎的德国籍清朝钦天监监正。白晋，以"国王的数学家"的身份奉派来华，专门为康熙皇帝讲授西方科学，还曾提出建立中国科学院的设想。同时，我们也必须注意，与上述传教士有过深度合作，对西学东渐和中学西传居功至伟者还有一批开明的中国士人。例如，曾与利玛窦交为密友，开明看待西方科技文化，认为"苟利于国，远近何论"，企望利用引进西方科学技术来富国强兵的徐光启；与利玛窦合作甚多，一同翻译、介绍西方科学文化知识最多的李之藻；以帝王身份虚心学习西方科学文化知识，并大力支持西学东传和中学西传活动的康熙皇帝；还有赴法国留学的中国最早留学生高类思和杨德望等。

这些人致力于传播西方文化，可以说是16—18世纪中西文明碰撞过程中对和平式的文化交流贡献最多的群体，作为中西文化桥梁也是最为耀眼的一个群体。英国近代科学技术史专家李约瑟博士在《中国科学技术史》中写道："总而言之，以利玛窦为代表的耶稣会士的贡献虽然充满波澜，但始终饱含高尚的开拓精神。"[1] 即使将欧洲的科学和文化引入中国不是他们的最终目的，但他们的成就在历史上依然是一个让曾经毫无联系的两个文明之间建立跨文化交流的最高范例。正是在他们共同和不断努力下，中西方文化交流形成一定规模，汇作一股影响深远的历史洪流。

二、西学东渐、中学西传与中西文明互鉴

近世发生在中西方之间者，并非只有西学东渐一面之风。因为上述热心的文化传播者特别是传教士，也包括一些并未到过中国的欧洲学者和文人，他们也将中国文化传播到西方，甚至在西方引起更为巨大的社会变化。张西平先生指出："前后近二百多年，中国宗教和哲学思想、文化传统大规模地、系统地传入欧洲，中国文化成为催生启蒙运动的重要因素。"[2] 由于后面有专章论述，这里对细节不予赘言。那么，明末清初的中西文化交流为何产生如此深远的影响呢？毫无疑问，当时中西双方的态度和策略起着决定性的作用。

（一）利玛窦等传教士的文化适应策略

在西学东渐过程中，利玛窦及其同仁为了有效地传播天主教，聪明地采取了文化适应策略。这种策略为其不少同仁和后继者所遵循，康熙皇帝称之为"利玛窦规矩"。其

---

① ［英］李约瑟著，《中国科学技术史》翻译小组译：《中国科学技术史》（第三卷：数学），北京：科学出版社1978年版，第382页。

② 张西平：《追寻世界近代思想的起源》，张西平：《东西流水终相逢》，北京：生活·读书·新知三联书店2010年版，第69页。

要领主要包括四方面：①为了减少传教阻力，在传教过程中通过结交上层官员、文人学士，奉行上层路线，达到在华传教的目的。②在传教过程中利用西方的科技知识引起中国人对天主教的注意。③为了规避天主教与儒家文化的冲突，传教士们极力向儒学靠拢，提出并实行"补儒""合儒"想法。④对中国传统习俗保持宽容态度。按照"利玛窦规矩"，传教士们一方面以尊重中国本土文化的谦虚态度，借助中国文化固有的阐释结构解释基督教义；另一方面又从文化外在形式，如服饰、语言的认同和适应，深入到内在哲学思想的调适，从而使天主教得以融入中国社会。明末清初的中西方文化交流面临着诸多障碍，但以"利玛窦规矩"为代表的天主教传教策略在客观上却促成了中西方文化的大规模交流。①

有学者论及，利玛窦在理解中国文化方面做出了真诚的、富有成效的工作。在澳门和肇庆期间，利玛窦身着僧人服装，以和尚自居，学习汉语口语和文言文写作；为了尽快融入中国上流社会，做好传播天主教的准备，他广交官府朋友。1596 年 9 月 22 日，利玛窦准确预测了一次日食出现和持续的时间。这时中国人也意识到校正历法的必要性，邀请利玛窦帮助修改历法，利玛窦欣然答应并且几次写信给罗马耶稣会总会长，请求派遣耶稣会的天文学专家来华。在为中国人制作世界地图时，利玛窦用中文命名了大陆和海洋，并放弃了西方世界地图中的欧洲中心主义思想，把亚洲放置在地图的中间，这样就赋予了中国在地图中心的地位。他还注意涵盖源自中国的信息，标出了地理方位基点，绘出了纬度、经度和赤道。利玛窦的世界地图获得了中国学者的赞誉，有人评价："近期看到了利玛窦注释的地图……才第一次注意到天空和大地如此广阔。"有人甚至称赞道："利玛窦已经在中国生活了许多年，他不再是一个外国人而是中国人，因为他属于中国。"② 利玛窦利用"科学知识"获得了中国人的尊重。

更为突出的是利玛窦从"西僧"到"西儒"的变化。利玛窦花费相当多的时间和精力学习和研究儒家文化，深知只有全方位认同儒家思想，按照中国的风俗习惯生活，才能取得中国人的尊重、理解与支持。1594 年 7 月，利玛窦及其在韶州的传教士得到耶稣会教区巡视员范礼安神父的同意，首次戴儒冠、着儒服，见客时执儒生和秀才礼仪，开始融入中国社会。此时的利玛窦蓄须留发，穿着打扮俨然中国秀才，文质彬彬。当然最为深刻的是利玛窦提出"合儒""补儒"的策略。他认为儒与耶可以相通，儒家思想可以与天主教思想结合。在实践活动中，他学会用汉语和儒学术语来阐释天主教义，并接受中国传统的祭天祭祖和崇拜孔子等习俗，中国士人百姓也相应地开始理解并

---

① 朱大峰：《"利玛窦规矩"与明末清初的中西文化交流》，《兰台世界》2009 年第 7 期，第 38 页。

② FONTANA M. Matteo Ricci, a Jesuit in the Ming Gourt. New York：Rowman & Littlefield Publishers, Inc. , 2011：45.

信仰天主教。从此在中国人的心目中，利玛窦成了从西方来的"泰西儒士"。而实际上，天主教在明末也开始在中国扎根，开始了基督教中国化的历程，近代非基督教运动就是一次在其影响下进一步中国化的思潮。

（二）中国社会的开放和包容态度

中华文明具有一种仁爱宽容的根性，向来善于对域外文化兼容并蓄。尽管明末社会许多层面显得暮气沉沉，但事实上当时中国人的文化生活是非常丰富和充满活力的，许多学者常常在非正式的聚会上讨论知识。当时的知识环境正向新的思想开放，朝着实学方向发展。许多士大夫认为，利玛窦呈献给他们的西方知识可以用于恢复中国的传统科学和技术。① 为此，许多士人积极参与利玛窦的科技传播活动，其中身为明朝文渊阁大学士的徐光启和万历进士李之藻可谓最为活跃者。许多西方科技名著为其合作翻译，介绍西学和中国文化的著述是他们合著的。据张西平先生研究，当时曾与利玛窦交游的士大夫有 140 多名，几乎朝中主要官员和各地主要官吏士绅与其都有往来。不少人对西学既不趋之若鹜，盲目追随附和，也不拒之门外，孤芳自赏。他们心态平稳，该做自我批评时就反躬自问，虚心学习；该承认自己传统时也不夜郎自大，旁若无人。像徐光启，他就能真正反省中国算学失传的社会原因，认为理学家们贱视实学，不能务实，而西学返本跻实，"绝去一切虚玄幻妄之说"。更为可贵的是，明末士大夫们还在学习吸取西学的基础上考虑其对中国社会和文化的补益。徐光启首先认可天主教和西学对中国文化的有益作用："余尝谓其教必可以补儒易佛，而其绪余更有一种格物穷理之学，凡世间世外，万事万物之理，叩之无不河悬响答，丝分理解。"② 士大夫们追求将中学与西学会通，以寻找中学发展的新道路。这些反映了当时中国知识阶层对西方文化宽容接受、客观对待、积极吸取有养成分的态度和做法。

（三）和而不同、互鉴互补是文明交往之正道

考察利玛窦时期的中西文化关系，"相互的学习，相互的尊重，相互的倾慕，成为那个时代东西方的主要特征"。"那是一个会通的时代。"③ 当然毋庸讳言，一方面，利玛窦和耶稣会士们将西方"科学知识"包括基督教世界观作为综合知识系统传授给中国人，本来就是为传教而采取的权宜之计。另一方面，中国人对"科学"比对"天主

---

① FONTANA M. Matteo Ricci, a Jesuit in the Ming Gourt. New York：Rowman & Littlefield Publishers, Inc., 2011：78.

② 徐宗泽：《中国天主教传教史略》，上海：上海书店出版社 1999 年版，第 187 页。

③ 张西平：《重新回到平等对话的起点上》，《东西流水终相逢》，北京：生活・读书・新知三联书店 2010 年版，第 61 页。

教"更感兴趣。他们只接受自认为重要的内容，并且按照"他们自己的方式"去做。欧几里得的《几何原本》问世之后，天文学和数学就成为最易被中国人接受的西方"科学"文化内容。在对异质文化接受过程中，东西知识分子也都表现出"郢书燕说"式的有意误解现象。例如，伏尔泰对儒学的认同和吸取并不包括"天人合一"等原有成分，而是他们所认为的"自然理性"，并以其为旗帜来启蒙欧洲思想。相应地，徐光启对天文学和天主教的阐释也有一些错位和变异。这些故意的误读，其实是各取所需。原汁原味地照搬对方的文明、文化，显然是不现实的。不过，毕竟西方通过学习中国文化，"借东方之火煮熟了自己的肉"，走出了黑暗的中世纪。而中国，如果没有后来罗马教廷狭隘思想下发出强硬的"礼仪之争"，如果没有由此而出现的禁教和闭关政策，中国社会将在不断的中西文化交流中及早地走向近代社会。

总结明末清初中西文化交流的这段历史，对于今天的文明交流对话仍然具有深刻的借鉴意义：①相互尊重是不同文化间交流与对话的必要前提；②增进彼此了解是不同文化交流的重要条件；③面对彼此间的差异，双方要以"和而不同"来代替文化对抗。正如张西平先生所呼吁的，让东西方重新回到平等对话的原点上来，这才是当前中西文明交融互补、共存共荣之道。

❉ 思考题

1. 大航海时代中外文明交往究竟发生了哪些重大变化？能否讲讲"哥德堡"号中国之旅的历史意义？

2. 为什么利玛窦能在中国顺利传教？试论明末清初中外文明交流对当代的借鉴意义。

第九章

16—18 世纪丝茶贸易与世界经济、文化

教学目的

第九至十一章是对 16—18 世纪重大问题的阐述。首先，从这个时代贸易大发展的特色入手，选择当时在中西贸易中最为大宗的商品——丝绸和茶叶作为考察对象，来描述当时全球化贸易的主要情态。讲述内容分为两个层面：一是就当时中西贸易本身来讲，主要阐述 16 世纪以后中国丝绸和茶叶贸易空间、规模的迅速扩大，反映全球化贸易的基本态势；二是就中西贸易的影响来讲，主要探讨这个时代丝茶在世界经济和文化两大领域中的重要作用。

重点与难点

教学重点是准确描述丝茶贸易空间、规模的发展态势，难点是让学生通过了解丝茶在世界经济和文化领域的影响来认知这个时代的中西关系。

新航路的开辟，不仅为欧洲资本主义积累资本找到世界资源，同时也为东方丰富多彩的物产和商品找到更为广阔的国际市场，其中尤以地大物博的中国最为突出。数千年来，为世界各地所企求和珍视的精美丝绸、靠一片叶子打动世界并养成很多人饮食嗜好的茶叶，以史无前例的贸易规模涌向亚、非、欧、美，震撼新旧大陆。应该说，这是一个中国丝茶传遍世界的时代，丝茶文化璀璨绚丽的时代。

第一节　16 世纪以后中国丝茶外销的发展

丝茶堪称中外交往和丝路贸易中国文化的典型代表，是西方世界指代中国的最佳符号。它们为西域各地乃至欧洲所接触和认识为时已久，从考古成果和典籍记述来看，丝绸至迟在公元前 5 世纪就出现在欧洲，茶叶也很早就沿陆上丝绸之路向西域销售，其外销情况不作赘述。这里我们要讲述的是，在 16 世纪大航海时代所带来的中西大规模直接交往活动中，中国丝茶的外销发生了巨大的变化，达到了前所未有的盛况。其亮点主要有二：一是国际市场空前扩大，二是外销规模迅速增大。

一、国际市场空前扩大

考察 16 世纪的丝绸之路，其与以前相比较发生了巨大的变化。海上贸易网络从穿越东南亚、南亚、西亚等地，到环绕非洲，连接欧洲，延长到拉丁美洲，跨过太平洋又回到亚洲。18 世纪北美和澳大利亚航路开通，可以说已经连带全球，其空间远非陆上贸易网络能比。总体来看，整个丝绸之路空间开阔得多了，交通网络发达得多了，能够进行往来贸易的国家和地区也大大增加了。有学者指出："可以说，几乎世界上主要的国家都与广东发生直接的贸易关系了。"①

---

① 黄启臣：《清代前期广东的对外贸易》，《中国社会经济史研究》1988 年第 4 期。

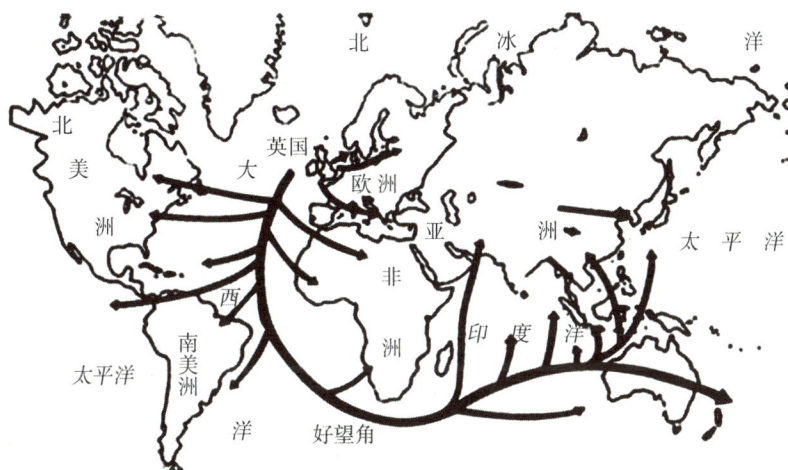

图 9-1 新航路开辟后中西往来和贸易空间示意图

（一）丝绸国际市场的发展

就丝绸而言，由于其珍贵和华丽早就为西方世界所迷恋，葡萄牙、西班牙、荷兰、英国、法国等欧洲殖民者一到中国就积极求索丝绸货物，不但将其带到欧洲家乡，而且也卖到美、澳等殖民地。这一时期中国丝绸外销已经远远超出传统丝路沿线区域，形成新的三大国际销售市场。准确地说，自 17 世纪起，从广东出口的丝绸主要运销到欧洲、美洲和日本，这三个地区以其旺盛的丝绸需求超越南洋国家而成为主要国际市场。

（1）在欧洲市场，仅葡萄牙商人每年运销的中国绸缎就达 1 300 箱（甚至还有人认为高达 5 300 箱），一般每箱装有各色绸缎 250 匹。同时由于西班牙和意大利等国丝织业兴起，需要大量的生丝原料，葡萄牙人从澳门贩运到欧洲的生丝年均数千担，1635年高达 6 000 担。[①] 荷兰人也参与进来，在 1620 年前差不多每年将 72 000 磅（折合 410担）生丝运往欧洲，而其海盗仅在 1603 年拦截的一艘海船上就抢走 1 200 包生丝，回到阿姆斯特丹竟然拍卖了二百余万荷兰盾。[②]

英国人虽然来华较晚，但是其对华丝绸贸易也不容忽视。下面看英国东印度公司在广州购买丝绸的两份货单。

货单之一：1679 年，公司命令购买丝织品 18 500 匹，丝绒 300 匹，另生丝 40 捆。其数目及价格列表如下。

---

① 参见黄启臣、邓开颂：《明嘉靖至崇祯年间澳门对外贸易的发展》，《中山大学学报（哲学社会科学版）》1984 年第 3 期。

② ［荷］包乐史著，庄国土、程绍刚译：《中荷交往史：1601—1989》，阿姆斯特丹：路口店出版社 1989 年版，第 35 页。

表 9 – 1　1679 年英国东印度公司购买中国丝绸数量和价格

品种	数量	单位	单位价值
披肩丝	9 500	匹	2 300 铜钱
苏炫丝	5 000	匹	1 300 铜钱
毛丝	2 000	匹	5 500 铜钱
薄绸	2 000	匹	1 350 铜钱
丝绒	300	匹	550 铜钱
生丝	40	捆	20 重块

资料来源：［美］马士著，中国海关史研究中心组、区宗华译：《东印度公司对华贸易编年史（1635—1834 年）》（第一、二卷），广州：中山大学出版社 1991 年版，第 40 页。

货单之二：1728 年，东印度公司贸易文件比较详细地记录了英国商人在广州购买中国丝绸的品种、规格、重量、价值等事项。

表 9 – 2　1728 年英国东印度公司在广州购买中国丝绸品种及其价格

品种	长		宽		丝线	每匹重量（两）	每匹价值（两）
	尺	英尺	尺	英寸			
缎	45	52.87	2.0	28.2	8	40 ~ 41	6.30
普通绸缎	38	44.65	2.2	31.0	4	25	3.40
绸缎，小枝花纹	45	52.87	2.2	31.0	6	34 ~ 35	7.55
高哥纶	38	44.65	2.0			36	5.60
条纹高哥纶	45	52.87	2.0	28.2	8	42	7.00
花缎床单	45	52.87	2.0	28.2		50 ~ 53	7.50
宝丝，花纹	45	52.87	2.0	28.2	8	40 ~ 41	6.30
宝丝，花纹	38	44.65	2.0	28.2		33	5.60
宝丝，条纹花纹	45	52.87	2.0	28.2	8	45	8.00
薄绸，花纹	38	44.65	2.0	28.2	5	29	4.70
丝帕，每件 20 条，每条一平方码						32	5.50

换算：中国 1 尺 = 14.1 英寸；1 两 = 1.333 盎司。

资料来源：［美］马士著，中国海关史研究中心组、区宗华译：《东印度公司对华贸易编年史（1635—1834 年）》（第一、二卷），广州：中山大学出版社 1991 年版，第 195 页。

从这两份贸易货单上看，英国从广州贩卖出去的中国绸缎每年达 1.8 万多匹，还有绸缎制品，品种、规格以及数量、价值等清清楚楚，其贸易情形毋庸置疑。

（2）在拉丁美洲，正如著名学者全汉升所说："从马尼拉驶往墨西哥阿卡普尔科的帆船可以称为丝船，因为船上装的货大部分是中国的生丝和丝织品。"① 其中有不少货物来自广东，像广州的塔夫绸等。在 1605 年之前，每艘从中国到拉美的帆船一般运载丝织品 300～500 箱，多者可达 1 000 乃至 1 200 箱。在墨西哥拥有大规模的生丝加工业，据 1637 年的一份报告可知，当年在这里竟有 14 000 名工人从事丝绸纺织工作。为此，西班牙或葡萄牙帆船差不多以每船 10 000 包到 12 000 包（折合 8 000～9 600 担）的规模将中国生丝载运过去。②

（3）日本市场。日本京都丝织业依赖中国原料，中国商船为其运送生丝，通常每年为数上千担。如 1612 年 2 000 担，1633 年 1 500 担，1634 年 1 700 担，1637 年 1 500 担。后来葡萄牙和荷兰商人也参与进来，甚至一度垄断了对日本的生丝和绸缎贸易。据记载，1621 年有 6 艘载运大量丝绸的葡萄牙船从澳门抵达日本；1623 年有 7 艘葡萄牙船把丝绸贩卖到长崎。他们贩卖到日本的中国生丝，在 1600—1620 年之间，年平均为 1 000 担，最高峰时达 2 600 担。当时的日本发现了大储量的银矿，也是欧洲殖民者关注的对象。就丝绸贸易这一项而言，仅葡萄牙人每年在日本市场获利就高达 235 万两白银。③

此外，中国丝绸并未失去南洋各国市场。基于华人缔造的南洋贸易网络，每年都有广东潮汕、福建泉州和浙江宁波等地开出的红头船、白头船、绿头船，将我国丝绸运销到南洋各地。由于大量华人扎根于当地社会，我国丝绸贸易深入城乡街坊，通过店铺以及挑担卖货的小贩卖到千家万户。有不少中国商人在海外设置分店或档口。像广东商人，可以将丝绸货物从国内直接发送到"孟买庄""暹罗庄""金山庄"等许多自己控制的店铺销售。

控制南洋各殖民地的荷兰、英国及西班牙等殖民者，更是极尽其力开展该地区贸易。有一幅绘制于 1665 年的画作，描绘了荷兰东印度公司在孟加拉胡格里河上的一座贸易站。有学者介绍说，正是通过类似的贸易站，荷兰的船只往来于摩洛哥、巴达维亚（今雅加达），甚至远至东方的中国和日本，带回来香料和上等丝绸等有价值的物品。④

---

① 全汉升：《明末至清中叶与西班牙美洲进行的中国丝绸贸易》，《中国史研究动态》1980 年第 2 期。

② 全汉升：《明末至清中叶与西班牙美洲进行的中国丝绸贸易》，《中国史研究动态》1980 年第 2 期。

③ 姚贤镐：《中国近代对外贸易史资料》（第 1 册），北京：中华书局 1962 年版，第 270－278 页。

④ ［美］彭慕兰、史蒂文·托皮克著，黄中宪、吴莉苇译：《贸易打造的世界：1400 年至今的社会、文化与世界经济》，上海：上海人民出版社 2018 年版，第 115 页。

图 9 – 2　荷兰东印度公司在孟加拉胡格里河上的贸易站

由于具备极其广阔的国际市场，可以说，这一时期中国丝绸货物是在全球范围内流通。

（二）茶叶贸易的崛起及其国际市场

中国茶叶很早就开始向周边传播，唐宋时期西北边疆有茶马贸易，元明时期阿拉伯人将茶叶带入欧洲。不过直到 17 世纪，武夷茶等才得到关注和开发，茶叶贸易才由海上迅速崛起。

近世，茶叶外销主要以广州或厦门为起点，东南亚港口为中转站，再由西班牙、荷兰等殖民者带到欧洲，或分销到世界各地。最早展开茶叶贸易的是荷兰。该国于 1596 年在爪哇建立东方产品转运中心，1602 年成立专门从事东方贸易的荷属东印度公司，1607 年首次从澳门经爪哇将茶叶销往欧洲。爪哇岛上的巴达维亚是东南亚最主要的茶叶贸易口岸。17 世纪 20—30 年代，平均每年到达巴达维亚的中国帆船有 5 艘。1683 年清朝解除海禁后，数量明显增加。如在 1690 至 1718 年间，平均每年有 14 艘中国帆船至巴达维亚。

康熙二十三年（1684），粤、闽、江、浙四大海关设立，中西海外贸易急剧发展。这时候中国出洋贸易人数增加，商船一般从厦门总口出海，贸易范围遍及东南亚各地。西班牙人、葡萄牙人、法国人等也加入茶叶贸易行列，将马尼拉、会安（今越南岘港市郊）、澳门发展成为东南亚重要的转口贸易口岸。在马尼拉和会安，每年有大量中国商船运来茶叶，换取日本的白银、铜以及东南亚的胡椒、苏木、樟脑和香料等。葡萄牙人在澳门换取中国商人的茶叶，运销到巴达维亚等东南亚贸易口岸。

伴随从中国广州等口岸到欧美地区的直航，茶叶很快在欧洲、美洲开拓出市场。由于许多欧洲探险家、传教士进入中国内地，大概在 16 世纪末欧洲社会开始了解中国茶叶，并因其解暑、醒脑等诸多功效而产生浓厚兴趣，欧洲市场对茶叶的需求迅速增加。然而东南亚转口贸易存在交通不便和利润损失，于是欧洲人进一步开展直接对华贸易。1629 年 8 月，荷兰"科斯霍恩"号载着价值 30 万荷兰盾的白银到达广州，与广州行商签订了第一个买茶合同。在 17—18 世纪这一百年间，茶叶成为中荷贸易最重要的商品，占到中国对荷输出商品总值的 70%～80%。茶叶进入荷兰后，主要有两个分销渠道：其一为在荷兰国内销售，其二向欧洲其他国家和美洲转口。就其国内销售而言，牵涉到茶叶经销商和店主。经销商通过竞拍获得茶叶，然后将其转卖给店主，后者再销售给普通民众。

18 世纪中叶以后，英国后来居上，超越荷兰成为最大茶叶经销商。1637 年，英国东印度公司商船首次抵达广州珠江口，运载茶叶 112 万磅回国。1644 年，英国东印度公司在厦门设置贸易办事处。17 世纪 50—60 年代，英国战胜荷兰获取海上霸权，垄断了世界茶叶贸易。1669 年，英国立法禁止茶叶由荷兰输入，授予英属东印度公司茶叶专卖权。1689 年，英属东印度公司首次由厦门直接贩运茶叶，运到利物浦后转销欧洲各国及其北美殖民地。从此英国东印度公司每年购销中国茶叶皆可达 1 000 万～2 000 万斤。在当时英国经营国内销售的约翰公司里，经常积存茶叶 5 000 万磅，日销售额可达百余万磅之多。

此外，法国、西班牙、葡萄牙、丹麦、瑞典、德国等国商船也纷纷到广州、厦门购销茶叶。在广州一口通商时期，各国商船几乎齐集广州，在沙面一带建筑大片商馆，使广州对外茶叶贸易进入鼎盛时期。这一时期广州茶叶的外销量达到两三万吨，合五六千万斤之巨。中国的闽、皖、浙商人贩运武夷、松萝茶，一般是赴粤销售，不过这时候也有部分茶叶经其他沿海口岸走私出去。

这里也有必要提一下美洲茶叶市场。一般是由荷兰、英国等垄断商或西班牙等殖民者将茶叶转运到美洲。据西方文献记载，此时波士顿和新阿姆斯特丹（纽约）正好初兴，这些地方的商人从荷兰人手里购销茶叶。到 1664 年，英国人占领新阿姆斯特丹，垄断了这里的贸易。1670 年，英国人将茶叶贩卖到美洲。到 17 世纪末，波士顿商店已流行武夷茶和红茶。尽管其不像欧洲市场那么引人瞩目，但是从波士顿倾茶事件能够震动北美的英国所有殖民地，并引发美国独立战争这一态势看，茶叶在北美市场的销售量和贸易比例足够占到举足轻重的地位，不可忽视。

二、丝茶贸易规模骤然增加

由于丝茶外销历史不同，这里亦分别叙述。

（一）中国丝绸对传统海外贸易的超越

检索史料可知，即使在早期海上交往中，丝绸外流（包括馈赠和贸易）也已具备了一定规模。像汉武帝时期，黄门译长们远航印度，就以各类丝绸作为主要交换物；隋炀帝派遣常骏、王君政出使赤土，赠送赤土国王 5 000 段丝绸；波斯人经南海到广州求索丝绸贸易之事能被重笔浓墨记载下来，想必量也不小。然而朝贡贸易时代官方赠赐往往具有偶然性，如同唐廷为了答谢帮助平乱之功而有意放宽对回鹘绢马贸易的限制，年用绢一度达数十万匹，然很快因府库空竭而不得不大大缩减数量。像隋炀帝一次赠赐 5 000 段丝绸的情况也是少见的。同时历朝政府多将控制私人贸易作为一贯政策，丝绸外销规模肯定会受到限制。可以说，我国丝绸大规模出口当是在大航海和自由贸易时代，这就是古代丝绸贸易通道所不能遭逢的历史机缘了。

前述 17 世纪早期葡萄牙、西班牙和荷兰等国从中国运销丝绸的情况已显端倪，此后关于丝绸大规模运销海外的记述也就更多。例如，在欧洲和美洲市场，范·勒尔（J. c. van Leur）认为，每年由印度人、波斯人和阿拉伯人从中国运到西方的生丝数量为 1 500 ~ 2 000 担（合 120 ~ 160 吨），经由荷兰东印度公司运走的绸缎有几千匹。据严中平统计，在广州独口贸易的七八十年间，仅英国东印度公司输出中国生丝年均价值就有几十万两白银，最高可达 45.5 万两。[①] 日本市场也值得关注。经荷兰船进口到日本的中国生丝每年大约有 6 万~7 万斤，1635 年达到 13 万多斤。[②] 在 16 世纪后期和 17 世纪初期，日本进口中国生丝年平均为 1 600 担，随着国内政治形势的稳定，17 世纪头二十年剧增到 3 000 ~ 3 500 担。[③] 在印度和东南亚等传统丝路贸易地区，丝绸贸易规模也不小。据葡萄牙人博卡罗（antonioo Bcarro）1635 年记述，他们每年大约将 6 000 担中国生丝从澳门贩卖到果阿。在望加锡，中国丝绸的贸易额达到 50 多万里亚尔。荷兰人贩卖到印度尼西亚的丝绸，年均数量则可达 1 万 ~ 2 万匹。

为了获得更多的经济利益，欧洲商人千方百计打破明、清政府对丝绸出口的限制。除了大量走私和从海上抢劫以外，他们还与民间散商店铺加强联系，或预付巨款约单订

---

① 姚贤镐：《中国近代对外贸易史资料》（第 1 册），北京：中华书局 1962 年版，第 277 - 278 页。

② 参见全汉升：《明末至清中叶与西班牙美洲进行的中国丝绸贸易》，《中国史研究动态》1980年第 2 期。

③ ［荷］包乐史著，庄国土、程绍刚译：《中荷交往史：1601—1989》，阿姆斯特丹：路口店出版社 1989 年版，第 41 页。

购，或邀请其为合伙人外销丝绸，直接深入丝绸产地，以此获取大量的中国丝绸。乾隆二十四年（1759）两广总督李侍尧在给皇帝的奏折中写道："惟外洋各国夷船到粤，贩运出口货物，均以丝货为重。每年贩买湖丝并绸缎等货，自二十万余斤至三十二三万斤不等。统计所买丝货，一岁之中，价值七八十万两，或百余万两。"① 就当时广州外贸制度的发展状况来看，清王朝非但没能控制住丝绸贸易，反而被一步步打破门槛，走向完全的自由贸易。

也许有人会说，大航海时代以来，国际贸易的整个规模扩大了，上面展示的各时段丝绸外销数据无法充分表明它在外贸中的重要地位，这里也有数据文献可以说明问题。请看下表：

表 9-3　1704 年英国东印度公司"肯特"号贸易船从广州购回货物清单

商品	丝织品	云南铜	水银	青干姜	茶叶	瓷器	胡椒	大黄
价值（两）	80 000	6 180	17 200	2 000	14 000	3 500	3 600	460

资料来源：［美］马士著，中国海关史研究中心组、区宗华译：《东印度公司对华贸易编年史（1635—1834 年）》（第一、二卷），广州：中山大学出版社 1991 年版，第 46 页。

类似的贸易货单在英属东印度公司的档案中不胜枚举，显示在 18 世纪初期英国所运销中国货物中，丝绸价值远远高于其他货物，占据了整批货物价值的大头。

（二）茶叶贸易规模的扩张

茶叶贸易发展晚于丝绸，而且最初比较名贵，有"掷银三块，饮茶一盅"的俗语，西方国家购销不多。到 17 世纪中叶茶叶贸易初见起色，"茶叶已经在英国各饭店和咖啡店等公共场所大量销售，并已成为国家税收的对象"②。1686 年，英国到厦门贸易的"伦敦"号、"伍斯特"号购买了 150 担（约合 20 000 磅）的茶叶；而"纳索"号、"特林鲍尔"号分别载回 600 桶和 500 桶的茶叶。③

17 世纪后半叶至 18 世纪，英国茶叶贸易稳步上升。以 1685—1689 年贸易量为基数，17 世纪初年均贸易量增到 88 824.6 磅，20 年间增长 10 倍；30 年代后半段再增到 1 672 667.2 磅，50 年间增长 188 倍；50 年代后半段增到 2 699 402 磅，70 年间增长了 306 倍。此后，英国东印度公司垄断茶叶贸易，逐步走向全盛。乾隆五十年（1785），

---

① 李侍尧：《奏请将本年洋商已买丝货准其出口折》，《史料旬刊》1930 年第 15 期。

② ［英］斯当东著，叶笃义译：《英使谒见乾隆纪实》，北京：商务印书馆 1963 年版，第 26 - 27 页。

③ ［美］马士著，中国海关史研究中心组、区宗华译：《东印度公司对华贸易编年史（1635—1834 年）》（第一、二卷），广州：中山大学出版社 1991 年版，第 85 页。

一度达到 1 300 万斤。①

再看中国与荷兰的茶叶贸易，在 18 世纪有了比较突出的进展。在 1729—1732 年至 1756—1759 年的 28 个贸易季，其茶叶贸易年均收入为约 200 万荷兰盾。而 1757—1760 年至 1778—1781 年的 22 个贸易季，年均收入增至 330 万荷兰盾。其购售茶叶所获得的利润率，较好年份可达 172%，一般年份也多在 100% 以上。在这时候，荷兰对华茶叶贸易达到了黄金期。②

由于不少其他欧洲国家也参与进来，从整个中国与欧洲茶叶贸易的情况来看规模也就更大。如 1734 年中国茶叶外销，丹麦最多，达 7 024 担，加上荷兰、英国、法国，四国总计近 2 万担，规模是英国的 4~5 倍。再如 1737 年，英国购销茶叶大增到 2 万担，然加上法国、瑞典、丹麦、荷兰等国，总数近 5 万担，是英国购销量的 2.5 倍。1750 年，英国茶叶购销量继续增加到 6 万多担，然加法国、荷兰、丹麦、瑞典等四国则总数有近 18 万担，是英国贸易量近 3 倍。③ 这样看来，在 18 世纪，整个欧洲年均购销中国茶叶能超 2 000 万斤。

如果从茶叶产地看中国茶叶出口，以武夷茶为代表的福建茶区最为引人瞩目。据福建地方统计，仅就福建茶叶而论，在贸易繁荣期，每年能出口五六十万担，最高出口量可达 80 万担，约合 8 000 万斤。④ 由此看，中国各地茶叶外销量又远不止销售到欧洲之数。如果将其销售到世界各地的数量统计起来，肯定是极其惊人的。

由于丝茶等中国物产以如此惊人的规模投入对外贸易中，因此而产生的直接效应就是：中国丝茶走遍了世界，成为世界各国都离不开的生活用品，成为举世瞩目的为全世界人民所熟悉的中国文化符号。

第二节　丝茶与世界经济、文化

当中国丝茶走遍世界的时候，它们给世界带来了什么？谈到丝茶给全世界带来的整个影响，我们会发现它是多个层面的，有些影响深刻而久远。这里，我们可以从经济、文化两大层面来分析。

---

① 萧致治、徐方平：《中英早期茶叶贸易》，《历史研究》1994 年第 3 期，第 136 – 152 页。
② 刘勇：《荷兰东印度公司中国委员会与中荷茶叶贸易》，《厦门大学学报（哲学社会科学版）》2013 年第 4 期，第 139 – 147 页。
③ 庄国土：《从丝绸之路到茶叶之路》，《海交史研究》1996 年第 1 期，第 1 – 13 页。
④ 林仁川：《近代福建茶叶外销消长的原因》，《福建论坛（文史哲版）》1985 年第 5 期，第 70 – 75 页。

一、丝茶影响下的全球经济

作为贸易货物，丝茶对世界的巨大影响首先是在经济领域。在这一领域，它们的影响又是多方面的，至少有以下几个方面值得我们关注。

（一）丝茶贸易使中国成为当时世界上最大的国际贸易中心

从丝茶作为生活用品的特质来讲，丝绸在服饰和起居装饰等方面彰显出来的舒适和华丽是无与伦比的。可以说，它比当时世界上许多衣料、饰品等更能给人带来雅致、优美和一派贵族气息。从希腊雅典娜神庙里的女神被雕刻成身着绸缎的装束，从罗马三大巨头之首恺撒身着绸缎衣袍在万人大会上亮相，从波斯丝绸大旗在阳光照耀下吓坏罗马军团，丝绸就成为欧洲社会梦寐以求的神奇之物。而茶叶，以其颇能刺激味觉的神奇味道和对人身体健康的诸多功效，更是一下子征服了英国，征服了欧洲乃至全世界。没有其他一样商品能像茶叶那样，被人描绘为：一片小小的树叶，竟然撼动整个地球。正因为如此，丝茶成为当时全世界人们梦寐以求的生活用品。于是，中国成为世界各地贸易商梯山航海的目的地。如果考察16—18世纪的交通路线，欧洲连带着美洲，美洲通航于亚洲，而欧美和亚非各地都通过新旧丝路与中国相通。如果考察东西方贸易场所，没有一个港口能像广州那样汇聚了从欧洲东来的各国商人，能够排列那么多个国度的商馆，当然还有自古就有往来的阿拉伯商人、波斯商人，以及狮子国、昆仑国等许多南亚、东南亚和东亚地区的商人。可以肯定地说，当时的中国特别是广州，就是世界最大的贸易中心。

不过，能够支撑这一最大贸易中心的因素不只是丝茶的魅力。从自然地理角度讲，当时没有任何一个文明区域像中国这样拥有黄河、长江、珠江、黑龙江、淮河五条大河所组成的广阔流域；没有一个地区能像中国这样南方、北方都具备养蚕缫丝和生产茶叶的优越气候、土壤等条件。从社会人文角度看，没有任何一个国家能像中国这样几乎所有地区都有悠久的丝织生产历史和纯熟的纺织水平；没有任何一个国家能像中国这样从陆羽《茶经》到青瓷白瓷，再到文学礼制等，具有如此丰厚的物质和精神文明土壤。自然和人文的巨大生产力，使中华文明无与伦比。

当然，神奇的丝茶经长途贸易中所产生的巨大利润，是各国商人趋之若鹜的主要因素。以对华贸易主要国家之一的英国为例，其东印度公司之所以极力开展丝茶贸易，主要是为赚取其在中国与欧洲的巨大差价。如1704年，在中国，东印度公司购买上等好茶或武夷茶每磅价格只需2先令，然而运到英国之后，每磅就能卖到16先令。1705年，英船"肯特"号在广州购买茶叶470担，价值14 000两，平均每担只耗银29.79两，折合起来每担不到10英镑，而运到英国销售，每担可售得106.64英镑。其利润之高，不言自明。而且，伴随饮茶风气的传播，欧洲茶叶需求量不断增大，贸易利润则不断提高。如 1711—1714 年间，东印度公司在茶叶贸易一项，账面盈利是 525 201 英镑，而在 1755—1759 年增长到 4 025 620 英镑，40 多年间增长 7 倍多。此外，据说为了公司利益，这种账面盈利往往是经过大打折扣的数据，实际盈利要远远超过此数。①

其他地区也大致如此。如拉丁美洲，在大帆船的不断转运下，中国丝绸几乎遍布南美的各个角落。从阿卡普尔科到利马，从智利到巴拿马，出售中国丝绸和穿着中国绸缎已相当普遍。贝扎曾说："当时有如此多的中国丝绸被运到墨西哥、秘鲁，以至于连流浪者、社会底层和印第安土著都能穿上华丽的丝绸，俨然已同西班牙主人平起平坐。墨西哥丝织业在大帆船贸易伊始就开始发展，长期依靠中国生丝来维持生产。每当大帆船即将到达的消息传来时，这里的报纸便刊载头条新闻，公布开交易会的日期。时间一到，成千上万的居民沿着转运中国货物的主要道路——中国之路，涌向太平洋沿岸。他们之中有形形色色的从业者，从印第安的叫卖小贩到墨西哥的大商人，从士兵到国王的官员，从行乞的修道士到辛劳的赶骡者、搬运夫，以及侍候大臣的仆人等。在阿卡普尔科，他们同来自秘鲁和由大帆船带来的东方人相混合，加上菲律宾和拉斯加海员，经常也有中国人，还可能有一些从莫桑比克沿果阿航行马尼拉的卡夫尔斯人，形成了一幅极其生动的画面。"②

现在很多人认为，从大航海时代到来之际，欧洲就成为世界的中心，特别是经济和贸易的中心。不过，美国著名经济学家贡德·弗兰克一针见血地指出："只要对世界经济进行客观的考察，就会立刻发现一千年前宋代中国的主宰地位……至少直到 1800 年为止，亚洲，尤其是中国一直在世界经济中居于支配地位。直到 1800 年，具体到中国是直到 19 世纪 40 年代的鸦片战争，东方才衰落，西方才上升到支配地位——而这显然也是暂时的，从历史角度看，这仅仅是很近的事情。"③

（二）丝茶贸易引发了世界金融格局乃至制度上的变化

首先引起白银向中国的大量流动。由于欧洲等地选购大量中国丝茶，却又拿不出足够多的产品来交换，只能用白银来购买。如英国，鸦片贸易前来华的英国商船，运载到中国来的白银常常占其贸易价值的 90% 以上，出售货物价值不到 10%。据有关资料统计，1708—1760 年间，东印度公司对华贸易中使用白银占贸易总值的 87.5%。④ 其他国家和地区与此相近。如荷兰，从 1660 至 1720 年的 60 年间，贵金属输出占其对亚洲贸易总值的 87%。再如马尼拉，每年平均有 30 ~ 40 艘福建船从马尼拉运走 150 万 ~ 300

---

① 萧致治、徐方平：《中英早期茶叶贸易》，《历史研究》1994 年第 3 期，第 136 – 152 页。

② C. R. BOXER. The Graet Ship from Amacon. Lisbon，1595：179.

③ ［德］贡德·弗兰克著，刘北成译：《白银资本：重视经济全球化中的东方》，北京：中央编译出版社 2000 年版，第 20 页。

④ 萧致治、徐方平：《中英早期茶叶贸易》，《历史研究》1994 年第 3 期，第 136 – 152 页。

万里亚尔白银，这些白银大部分是用来购买中国生丝和丝织品。①

弗兰克从全世界角度统计，在 1560—1640 年 80 年间，以拉丁美洲和日本为主的世界主要白银产地大概共生产了 2.8 万吨白银，仅在 1601—1640 年 40 年间，以中国为主的东亚地区就以贸易获得 6 000 吨之多。而在 16 和 17 世纪两百年间，这一地区至少吸收了经欧洲转手的美洲白银 3.2 万吨，从欧洲直接获得的有 5.2 万吨，如果加上其他海域贩运过来的白银，总数可达 6.8 万吨。其中，流入中国达 6 万吨，这一数量占到 16—18 世纪三百年间世界白银产量的一半。当然这里还没有将从小亚细亚、波斯和中亚地区沿陆上丝绸之路流入中国的白银计算在内。为此，弗兰克一针见血地指出："贵金属与商品在欧洲与亚洲之间的反向运动，是否足以驳斥停滞的反商业的东方这种欧洲中心主义的虚构？"②

（三）带动了其他行业的发展

茶叶贸易的发展，还带动了相关行业。例如，英国东印度公司垄断茶叶贸易之后，伦敦成了欧美的茶市中心。载着茶叶的商船，往返航行于世界各地，从而促进了英国航运业的发展。在英国或其他欧美地方，茶是与糖掺和使用的。这又间接地带动了英属殖民地西印度群岛等地蔗糖业的发展，促进了英国殖民事业的繁荣。

在世界许多地区，丝茶贸易往往带来一个城市的繁荣。如南美洲的阿卡普尔科，1697 年到此参观的吉梅利·卡尔里如此描述这种奇特的景象："大多数官员和商人搭乘秘鲁船，沿岸航行，随身带着购买中国丝绸的二百万里亚尔白银。到 2 月 25 日星期五这天，阿卡普尔科即由一个荒凉的乡村变成一个人口密集的城市。原先为褐色印第安人居住的小屋，如今全挤满了放荡的西班牙人；到 26 日星期六，又增加了一大群来自墨西哥的商人，他们带有大量的里亚尔银圆和当地及欧洲的商品；27 日星期天，有大量的商品及粮食源源不断地运来，供应这人数众多的异乡人。"

二、丝茶文化在世界上的影响

丝茶文化在世界上的影响也是多方面的。在遥远的西方世界，从其最初接触和认识，到深入日常生活成为习惯和嗜好，再到对文学艺术、社会制度等层面的渗透，这里面充满了优美的故事元素。

---

① 参见樊树志《全球视野下的晚明》（《复旦学报》2003 年第 1 期）、韩琦《马尼拉大帆船贸易对冥王朝分影响》（《世界近现代史研究》第十辑，第 42 - 73 页）、刘勇《荷兰东印度公司中国委员会与中荷茶叶贸易》（《厦门大学学报（哲学社会科学版）》2013 年第 4 期）等文。

② ［德］贡德·弗兰克著，刘北成译：《白银资本：重视经济全球化中的东方》，北京：中央编译出版社 2000 年版，第 18 页。

（一）丝茶改变了人们的生活习惯

一看人们穿着打扮和起居装饰。这主要是丝绸的影响。从东南亚到南亚一带人们早在大航海以前就流行绸缎服饰。如扶南人的"干缦"、马来人的"巴迪"等，暹罗人"腰束嵌丝帨加锦绮"，斯里兰卡康提人的丝绸官服等。在地中海地区，希腊人、意大利人、摩洛哥人以及东欧的罗马尼亚人等，也早已受惠于传统丝路贸易而流行绸缎服装。有人描述摩洛哥社会："他们受过文明熏陶，很聪明，相貌不错，身体健壮，优点不少。摩尔妇女一般很漂亮，有钱人穿艳丽的绫罗绸缎。"文艺复兴时期，丝绸服饰在欧洲流行开来。16 世纪初有一种男装，是金丝刺绣的绸缎长上衣，在欧洲特别是英、法等国较为流行（见图 9-3）。

在意大利，人们不但身穿绸缎，而且其工作台也用丝绸装饰。

图 9-3　穿金丝刺绣华丽长上衣的欧洲男子

在图 9-4 这幅 15 世纪文艺复兴时期的著名绘画里，两位佛罗伦萨放债人不但自己身上绸缎闪亮，更在柜台上铺着极有美感的刺绣绸缎，使他们的店铺充满豪华而雅致的气息。

当然，最让人眼前一亮的还是英国、法国富裕人家的卧室和客厅，从桌布到窗帘、帷幔、从衣服到被褥、手绢，都以美丽的锦缎装饰为时尚。同时，英国的贵族夫人、法国的小家碧玉，都开始模仿中国，流行家庭刺绣，并视之为雅事。

二看饮食习惯，这要归功于茶叶。按欧洲人自己的话说，人们被神奇而健康的茶饮从酗酒恶习中拯救出来，并养成各种样式的饮茶习惯。

荷兰人，在 1620 年首次将他们称为"Thee"的茶叶带回欧洲，这是欧洲社会实际接触茶叶的开始。从 17 世纪初开始，富裕家庭都设有专门的茶室，同时饮茶之风从贵族阶层逐渐发展到普通民众，饮茶成为风靡全国的时尚。

1650 年，英国人从荷兰人和中国人

图 9-4　15 世纪绘画：两名意大利佛罗伦萨放债人在铺着刺绣桌布的柜台上进行交易

那里听到许多饮茶有益健康的说法。1664 年,英国东印度公司的船员从荷兰人手中购买了 2 磅茶叶,献给英王,获得每磅 50 先令的奖金。1666 年,公司曾再次向英王献茶,报纸传为奇闻,轰动欧洲大陆。传说法国国王竟为此派遣密探,潜入英国王宫,打听中国茶叶的奥秘。1667 年,伦敦一咖啡店老板托马斯·加韦为中国茶做了第一次广告,宣传茶有"舒筋活血……治疗头痛、眩晕和忧伤,消除脾胃不适"的功能,更引起人们的注意。自此以后,英国饮茶之风日盛一日。

最早迷恋饮茶并带动饮茶风尚的是 1662 年嫁给英王查理二世的葡萄牙凯瑟琳公主。她使品饮中国茶一时成为宫廷时尚,达官贵人、千金小姐争相效仿。此后,玛丽二世及安妮女王也都热衷于茶文化,曾多次在宫中举办茶会。

到 18 世纪中期,在贝德福公爵夫人安娜的推广下,"下午茶"的风气很快就在整个社会传播开来,形成一种时尚。无论是达官贵人还是普通大众,当午后钟声敲响四下,大家都放下手中的活计,在家中或走进咖啡吧、茶室来喝一杯茶,这种风尚被称为"维多利亚下午茶"。艾登(F. Eden)描写当时饮茶的情形说:"我们只要在乡下,就可以看到草屋里的农民都在喝茶。他们不但上午、晚间喝茶,就是在中午也习惯以茶佐餐。"

随着工业革命的发展,劳动者的集中程度提高了,工人劳动需要聚精会神。恰好,茶叶和烤面包给人们提供了一种新的解乏提神的饮料和食品。对此,英国经济史学者 J. A. 威廉逊曾说:"如果没有茶叶,工厂工人的粗劣饮食就不可能使他们顶着活干下去。"如此一来,英国社会更加离不开茶叶饮料了。英国学者西浦里默称:"到了 17 世纪末叶,每年运入大英帝国的茶叶平均约为两万磅,茶叶如此迅速地成了大众的消费品,以至于到了 1745 年,政府要用限制东印度公司的特许状来威胁它,如果它不能供给伦敦方面以足够数量和合理价格的茶叶。"

在法国,最早接受饮茶的是皇室贵族。皇室贵族一般将茶视为医治疾病的"灵丹妙药"。据说,法国国王路易十四的祖父马萨林枢机主教(Cardinal Mazarin)患有痛风病,他坚信经常喝茶可以减轻他的病痛。"太阳王"路易十四是从 1665 年开始喝茶的,他也认为喝茶有助于减轻痛风病情。更有趣的是,他听说中国人和日本人因喝茶而从来不患心脏病。18 世纪,在皇室的倡导下,饮茶逐渐在法国巴黎的上层社会中流行开来。当时的皇家主管马萨林(Mazarin)、剧作家拉辛(Racine)、知名作家德·让利斯夫人(Madame de Genlis)等都是有名的爱茶人士。据说法国作家巴尔扎克藏有不少珍贵的中国茶,是从一名俄国公使那里得到的,但他从不轻易拿出来分享,朋友中也少有人品尝过。

(二)丝茶文化在一定程度上也繁荣了文学艺术

在帆船贸易背景下的拉美地区,早就有人倾情讴歌:

每年一次的中国船啊，

运来沉沉的橡胶、香料，

和光滑泽润的丝绸，

堆积在阿卡普尔科港口。

——［墨西哥］布兰西斯·布雷特·阿特

在欧洲，人们不但尽情赞颂、描述丝绸之美，像英国专门创立的皇家刺绣学院，更将丝绸刺绣发展为一种精致的绘画艺术（见图9-5）。

欧洲文学家们纷纷将饮茶作为重要的精神享受和激发文思的手段。诗人亚历山大·波普（Alexander Pope）曾说："饮茶可以让人作深切长久的思考。"作家塞缪尔·约翰逊（Samuel Johnson）则称：茶是"思考和谈话的润滑剂"。在英国，出现了不少以茶为主题的文学作品。英国诗人沃勒（Edmund Waller）（1606—1687）曾把最早倡导饮茶的凯瑟琳公主美称为"饮茶皇后"，并作诗赞美道："花神宠秋色，嫦娥矜月桂；月桂与秋色，难与茶媲美；一为后中英，一为群芳最；物阜称东土，携来感勇士；助我清明思，湛然去烦累；欣逢后诞辰，祝寿介以此。"这是英国茶文化里的第一首著名诗歌。

图9-5 英国皇家刺绣学院的作品

除《饮茶皇后之歌》之外，还有《绿茶女神》《给我一杯茶》《可爱的茶》《中国茶》等著名的咏茶诗。安妮女王（1702—1714年在位）时代的桂冠诗人达提也有赞美饮茶风尚的诗篇："茶，消散了我的愁苦，它使欢乐调剂了严肃。这饮料给我们带来了多少幸福，它增加了我们的智慧和愉快的欢呼。"同时茶文化也渗透到戏剧领域，以饮茶习俗为题材的戏剧主要有《序中之茶》《一滴茶》和《双重买卖人》等。

在荷兰，对饮茶的狂热追捧成了当时作家们创作的素材。1701年，荷兰曾上演喜剧《茶迷贵妇人》。该剧上演后，对推动欧洲各国人民饮茶起到了不可低估的作用。印象派大师文森特·凡·高（Vincent van Gogh，1853—1890）的油画《吃土豆的人》以荷兰的下层平民饮茶为题材，以遒劲的笔触刻画了贫穷劳动者对茶的需求与渴望。

（三）丝茶文化还渗透到欧洲社会制度层面

在东南亚和南亚一带，人们将绸缎用于婚丧嫁娶礼仪中，将绸缎视为结婚聘礼中不可缺少的贵重礼物。在欧洲社会，绸缎和刺绣工艺品大有用处。如在马其顿人的婚宴上，最为重要的环节是新娘出面答谢客人，要送给每一位客人一幅绣花手绢。如果哪位客人最受尊重，那么新娘送给他的手绢肯定是最漂亮的（见图9-6）。

在18世纪末的英国，民主、饮茶、咖啡馆，是英国社会生活中三位一体的东西。有人说："没有什么比茶叶更加理想。她柔和的芳香、清甜的口味，既止渴，又有营养，使有煽动性的政论家精力得到恢复。因此，有茶水供应的咖啡馆成了公众的讨论地点。在那儿既能闻到茶水的芳香，又可听到丰富多彩的演说。"①

图9-6　一身丝绸、手持刺绣手绢的马其顿新娘

最后，我们可以将丝茶与同为国家贸易中重要商货的鸦片相比，鸦片曾差点使中华民族亡国灭种，曾带来残酷的鸦片战争，在世界上所有善良的人们心中一直是一种无法排解的伤痛。尽管其同样通过贸易而主导了世界经济的走向，但丝茶给人们带来神秘而健康的美味、华丽且舒适的生活，带来的是人类文明的进步。

❀ 思考题

1. 在大航海之后，中国丝茶是如何"走"进欧洲的？
2. 中国丝茶对世界经济和文化产生了哪些重大影响？

---

① TANEHUNG. China and the brave new world. India, 1975：76.

第十章
惊艳世界的中国外销瓷

教学目的

通过本章学习，目的是使学生对中国瓷器外销特别是明清时期的情况有所了解。首先，认识到中国外销瓷从内外通用到专门定制的变化特点；其次，掌握有关外销瓷的产地、种类和制作工艺等具体内容；最后，认识到外销瓷对欧洲、美洲社会在日常生活、瓷器制造技术、艺术品鉴等方面的实际影响。

重点与难点

本章重点在于认识明清时期瓷器外销与外销瓷之间的关联与差异，明晰中国外销瓷是中西文化互动下中华文明对外传播的重要媒介，同时也对17—18世纪的欧美社会产生重要影响。难点是认识和理解外销瓷对中国和欧美社会的双向影响。

外销瓷是指以对外贸易为目的而生产的销往海外的瓷器。中国瓷器外销始于唐代，作为中国独有的商品，宋代瓷器的对外输出有了急剧的增长。这一时期极具中国特色的青花瓷器曾远销西亚、欧美等地，深受世界各地特别是伊斯兰国家的青睐。明初郑和下西洋，曾带去了不少瓷器分赠沿途各地。16世纪初，随着葡萄牙人、西班牙人、英国人等西方人的东来，刺激了中国瓷器的大量外销，也是在这一时期，专门用作外销的定制瓷器的比重逐渐增加，它们大多具有外国情调。在经历明末清初的短暂沉寂后，17世纪的中国外销瓷数量大幅增加，通过西班牙、荷兰、英国等国的商船远销至欧美国家。

明清外销瓷，不仅是实用品、工艺品，而且还是记载世界各国，特别是欧美国家历史发展的重要文物。对于明清时期的中国来说，也是接受新思想、新思潮的契机与途径。中国外销瓷对中外政治、经济、科技文化交流的发展意义深远。明清外销瓷，既是科技文化交流的载体，也是中外社会变化发展的真实写照，在世界文明文化发展史上具有重要的历史地位。

第一节　畅销世界的中国外销瓷

瓷器、丝绸、茶叶是海上丝绸之路上常见的大宗的中国外销商品，与宋元时代中国瓷器主要销往东南亚、西亚、北非等地不同，明清时代经海上丝路远销欧洲的中国瓷器，是一道亮丽的风景线。据推算，18世纪流入欧洲市场的中国瓷器应在1亿件以上。不仅是各国王室，就是像路易十五的情妇蓬帕杜夫人这样的社会名流，客厅沙龙里如果没有几件中国瓷器，也是很没有面子的事。中国瓷器在欧洲社会中的地位可见一斑。

一、外销瓷贸易在全球的兴起

中国是世界上发明瓷器最早的国家。大约在公元前16世纪的商代中期，已创造出了原始瓷器。东汉晚期，瓷器制品已具备瓷的各种条件，被视为瓷的发明期。中国瓷器外销的历史悠久，除周边国家日本、朝鲜和东南亚国家外，更是远达中亚和西亚地区。明清以来，中国瓷器大量外销至欧洲、美洲地区，在双方日益密切的商业交往中，瓷器制造也逐渐有了新的特点。比如具有欧洲文化特色的定制瓷器的数量逐渐增多，欧洲人也在华瓷的刺激和启发下，逐渐形成产业化的本土瓷器制造，这是中欧瓷器及瓷器文化交流的结果。

(一) 中国瓷器输入欧洲

据史料记载，意大利曾发掘出宋瓷的碎片。这说明早在大航海时代到来前，中国瓷器就已传到欧洲。当然，这种输入的数量必定十分有限。中国瓷器在欧洲很受重视，因为人们普遍认为，中国瓷器具有"消除食物毒性"的特征。其实真实原因是欧洲人使用瓷器代替木制容器和无上釉的陶器后，减少了食物的霉变，起到了降低死亡率的作用。[①] 马可·波罗将中国的各种信息带到欧洲，其中特别提到福建瓷器，并把中国瓷器的样本带回意大利。到 15 世纪，欧洲王室和贵族开始对中国的瓷器文化感兴趣，进而有意收藏起中国的瓷器。他们特别赞赏集玻璃与陶瓷特性于一体的半透明的明代青花瓷器。有些瓷器被安放在白银或镀金盘上，成为皇家或国王之间的一种时兴礼品。在玛丽二世女王的收藏品中，大多数中国瓷器均被存放在汉普顿宫。

明清时期最先把中国瓷器文化传播到欧洲的是葡萄牙人。欧亚大陆之间的新航路开辟后，葡萄牙人最早控制了东西方贸易，并开始向欧洲输入中国瓷器。据史料记载，葡萄牙商人从东方运至欧洲的货物中有三分之一是瓷器。1580 年，里斯本有 6 家出售瓷器的商店。除了进口一般的中国瓷器外，葡萄牙商人还开始定做欧洲样式的瓷器。他们把带柄大杯、粥碗、高脚杯等锡镴或陶制器皿送到中国，以便中国人仿制样式来制作瓷器。还有一些雕版画，用作瓷器的装饰图样。目前，保存下来最早的定制瓷器，是为葡萄牙国王曼努埃尔一世制作的一件青花瓷罐，这件瓷罐上绘有曼努埃尔的盾徽，图案倒置，其制作年份大约为 1521—1571 年间，可谓是欧亚海路畅通后，中国为欧洲制作的最早的纹章瓷。

在葡萄牙人之后，17 世纪向欧洲运销华瓷的是荷兰人。16 世纪末，荷兰船队进入亚洲水域。1602 年和 1604 年，荷兰人两次劫持葡萄牙大帆船，将船上所载的大量瓷器运回至阿姆斯特丹进行拍卖，被称为"Carrack"（克拉克）瓷器。1604 年，从万丹返回荷兰弗利辛恩的商船，载回了首批购置的大宗华瓷。从此，荷兰东印度公司开始经营华瓷进口贸易。

17 世纪中叶，由于无法直接与中国进行贸易，荷兰人主要从往来于中国与东南亚之间的中国帆船商人那里购买瓷器。例如，1608 年荷兰东印度公司通过北大年和马六甲的中国商人，订购了 108 000 件瓷器。清朝建立后颁布了开海贸易的谕旨，荷兰人不再向欧洲转运日本瓷器，而是将这些瓷器转卖于亚洲其他国家市场，将进口的华瓷在欧洲销售，从中获利颇丰。

如果说 16 世纪葡萄牙人经营的华瓷进口贸易还是不定期的、非持续性的，那么在

---

① 李金明：《明清时期中国瓷器文化在欧洲的传播与影响》，《中国社会经济史研究》1999 年第 2 期，第 42 页。

17世纪，由荷兰人经营的中西瓷器贸易便进入了较为稳定的阶段，并具备了一定的商业规模。据荷兰学者沃尔克估算，在1602—1682年这80年间，荷兰进口华瓷总计大致有300万件。

18世纪以前，西方进口的瓷器大部分是青花瓷，无论器型还是纹饰都以中国风格为主，同时定制瓷器的数量也在逐渐增加。从目前保存下来的这一时期的外销瓷看，其器型和纹饰都不同程度地反映了西方的风格和情趣。例如大酒杯、芥末罐、灯座等，其原型都取自欧洲的银器、锡镴台等器具。① 其中，大酒杯实际上就是西方流行的圣餐杯。有的外销瓷上还留有小孔，以备运到欧洲后安装把手或碗、壶盖等金属附件。瓷器上的纹饰，开始出现有荷兰著名的郁金香图案、具有浓郁西欧特色的建筑等。有的青花大碗上，绘有中国农夫的形象，但背景却是荷兰式的房屋。

中西瓷器贸易在18世纪达到高峰，输入到欧洲的中国外销瓷，无论数量还是种类，都是空前绝后的。造成这种现象的根本原因，是西方市场急剧扩大的对中国瓷器的需求。如果说17世纪中国外销瓷在欧洲依然是一种奢侈品、收藏品或珍贵器皿，那么随着18世纪以来中西陶瓷贸易的快速发展，瓷器不但成为新兴的中产阶级的生活必需用品，而且逐渐进入寻常百姓家，同他们的日常生活紧密相连。

这种中国外销瓷大为畅销的态势，也反映在当时的西方美术作品中。例如17世纪荷兰的静物画，充分表现了瓷器的豪华特点，往往以贵重的银器、异国水果和华丽的帷幕作为陪衬，以显示拥有者的富有和较高的社会地位。但是18世纪以来的欧洲美术作品，所描绘的场景就完全不同了。中国瓷器出现在人们的日常生活中，诸如一家人用瓷杯饮茶、以瓷制咖啡具招待亲朋好友，表现瓷器本身为主要内容的静止画反而不多见了。对欧洲人来说，中国瓷器从神秘走向普通，恰恰表明这种商品在市场上流通的扩大。

（二）中国瓷器输入美洲

大约在16世纪中期，中国瓷器开始传入美洲。进入清代，由于中西贸易的扩展，绚丽多彩的华瓷不断被英国、荷兰、西班牙、法国的商船转卖至北美大陆。但是中国瓷器畅销美洲的高峰期，实际是在中美直接通商后。从乾隆十四年（1749），美国"中国皇后"号到达广州，直到鸦片战争前夕，瓷器与茶叶、丝绸等共同构成中国向美国出口的主要商品，瓷器贸易在促进中美文化交流中发挥了特殊的作用。②

美国进口中国瓷器，最早可以追溯到美国建国前的殖民地时期。首先是西班牙人转卖中国瓷器至美洲，之后再有英国、荷兰的移民也为美洲输入中国瓷器。据美国考古发

---

① 吴建雍：《18世纪的中国与世界（对外关系卷）》，沈阳：辽海出版社1999年版，第280页。
② 吴建雍：《清代外销瓷与早期中美贸易》，《北京社会科学》1987年第1期，第88页。

现，在佛罗里达州塔拉哈希以西 26 英里处，当年的西班牙传教区，以及圣约翰斯河边印第安人贸易战旧址，在弗吉尼亚州英国移民居住区，以及佐治亚州沿海岛屿圣西门岛、太平洋沿岸加利福尼亚州的德雷克湾地区，都发现有美国独立战争之前输入的中国瓷器碎片，其中有很大一部分是 17 世纪初期的瓷器。这些瓷器碎片最多的是青花瓷，也有五彩和斗彩瓷。

除了这些瓷器碎片的遗址外，还有许多诸如财产清单、遗嘱以及报纸上的广告等文字资料，也提供了中国瓷器早期流行于北美大陆的线索。比如在 1696 年长岛的一位荷兰新教牧师的财产清单中，登记有各式中国瓷器 126 件。难以想象的是在 17 世纪末期，一位纽约市民竟拥有上百件中国瓷器，由此可见中国瓷器在美洲的普及程度。

而在沟通中美瓷器贸易的国家中，荷兰和英国发挥着重要作用。美国独立战争之后，中美直接贸易的海上航线于 1784 年打通，为中国瓷器大量销往美国创造了条件。被称为"最杰出成就"的"中国皇后"号首航广州，其返程载运的货物中除茶、丝外，还有中国瓷器共 962 担。此后，瓷器便成为美国进口中国商品主要品种之一，源源不绝，繁盛近 50 年之久。

美国无论在殖民地时期还是独立之后都对中国瓷器有大量的需求，首要的原因便在于中国瓷器的实用性。早在独立战争前，北美大陆的移民就十分喜欢中国瓷器的清洁、精美，其他器皿如锡镴器和木质器根本无法与瓷器相比。美国赢得独立后，对中国瓷器的需求更加迫切，这是因为锡镴器需要从英国购买，难免受其影响，而瓷器却可以依靠新开辟的商路源源不断地从中国运来，而且随着中美贸易规模的扩大，茶逐渐成为美国人必不可少的饮料，自然对茶具的需求也与日俱增。可是直至 1826 年，美国人也无法自行生产瓷器。美国人真正能够自行生产出类似欧洲的瓷器，是在 1834 年佛蒙特本宁顿的瓷器厂建立之后才实现的。

中国瓷器同丝、茶一样，不但对独立不久的美国具有重要的使用价值，而且促进了美国商业资本的积累，为美国政府带来了重要的税收。从 1784 年中美通商开始到 1790 年，经过 6 年的积累，美国的对华贸易占其全部对外贸易的七分之一，而且这一贸易不被英国的竞争所干扰，它所获得的巨额利润是任何其他贸易无法匹敌的。以瓷器为例，1796 年美国政府对于进口的中国瓷器征收 15% 的从价税，对于外国船载运中国瓷器进口，则要征收 16.5% 的从价税，这种税率也反映了美国政府鼓励和保护本国船只进口中国瓷器的政策。

美国对中国瓷器的大量进口，还有其特殊的文化和思想背景因素，这种背景既来自西方崇尚中国瓷器的传统，又融汇了美国独立战争后新思潮寻求寄托的某种要求。从 17 世纪末至 18 世纪，中国瓷器曾风靡欧洲，一些国家的王室和贵族纷纷以在宫廷和宅邸中陈列中国瓷器为时髦，纹章瓷就是其中的代表。这种瓷器是在中国专门定制的，瓷器上绘有其家族的徽号纹章，此外还有一些绘有个人或组织特定标志的纹章瓷。美国开国总统华盛顿就曾购买过许多带有"辛辛那提"组织会徽的瓷器（见图10-1），这也属于纹章瓷。另外，销往美国的中国瓷器的装饰还有一个共同特点，就是很少有宗教或神话内容，这与欧洲市场上的中国外销瓷很不相同。

17世纪中国瓷器大量销往欧洲，扩大了华瓷的国外市场，这对中国制瓷业的发展无疑起了巨大的促进作用。但随着英国、法国、德国、荷兰纷纷模仿景德镇的青花瓷、白瓷等系列产品，逐渐发展起具有本国特色的高质量的瓷器产业之后，欧洲对中国瓷器进口的数量逐渐减少。最终在

图10-1 绘有"辛辛那提"组织会徽的瓷盘

1801年，英国东印度公司停止了对中国瓷器的进口。而恰是在国外市场日渐缩小的形势下，中美商路的直接开通为中国外销瓷找到了一个新的市场，使其有了一个新的增长点，从而进入到一个新的历史时期。

二、风格迥异的外销瓷"家族"

随着中西瓷器贸易量的逐年增大，中国瓷器在欧洲从少数人拥有的奢侈品，逐渐变成普通人使用的日常生活用品，与欧洲人社会生活的关系日益紧密。在这样的背景下，根据欧洲人自己的需求和喜好从中国定制瓷器逐渐成为主流，这种定制瓷器有的是按照欧洲进口商提供的图案纹样装饰瓷器，也有的是由欧洲人提供器型模具烧制瓷器。[①] 总之，中国瓷器外销逐渐从内外俱同向内外有差的格局转变，中国的瓷器外销进入了一个新局面。

（一）外销瓷的主要生产窑口

明清时期的制瓷业是中国瓷器发展史上的一个顶峰，官窑和民窑数以百计的烟囱昼夜红焰蔽空、烟火相望，盛况空前。各类陶瓷艺术品璀璨生辉，以青花瓷为代表的彩瓷集陶瓷艺术之大成，极富艺术魅力。单色釉品种也不断创新，如霁蓝釉、祭红釉、黄釉等。[②] 景德镇窑、龙泉窑、德化窑三窑是众多窑口的代表，外销瓷就是在这样的背景下进行生产、改进的。

具体而言，外销瓷的生产地涉及江西、广东等地。对于外销瓷的生产模式，有学者认为，截至18世纪初，中国外销瓷都是在景德镇完成全部流程，再以成品运至广州。

---

① 张国刚：《海上丝路的一抹晚霞：明清时期的外销瓷》，《文汇报》，2016年8月5日。
② 邹丽娜：《中国瓷文化》，北京：时事出版社2007年版，第182页。

随着定制图案的瓷器数量的增加，17世纪30年代初，广州出现了外销瓷的专业画工，此时景德镇开始提供少部分素白瓷或只有部分装饰的瓷器，由广州的画工以釉上彩的方式完成欧洲商人要求的图样。比如纹章瓷盘，离开景德镇时只有盘边饰（通常是青花），作为主体图案的盘心纹章则在广州完成。18世纪中叶以后，广州成为制作釉上纹章和其他定制釉上彩纹样的重要基地，广州画工也日渐表现出绘制各种欧洲图样的娴熟技巧。

值得指出的是，人们在谈到远销欧洲的外销瓷时，一般都认为这些瓷器是产于江西景德镇。由于景德镇瓷器需先走水路运至南京，再从南京转运至各口岸，因而欧洲人将中国外销瓷统一称为"南京瓷"。外销瓷除景德镇生产和广州画工加工外，福建地区在一定时期内也是重要的外销瓷生产基地。1994年，日本关西近世考古学研究会与福建省博物馆联合对漳州地区明清古瓷窑址进行的调查，在一定程度上证明了这点。

明清时期漳州地区的窑址，集中分布在平和、华安、南靖、诏安等地，在云霄、漳浦等地亦有发现，烧造的瓷器以青花瓷为大宗，还有青瓷、白瓷、色釉瓷（如兰釉、酱釉、黄釉等）、彩绘瓷（又称五彩或红绿彩）等。据日本瓷器专家森村健一的估计，漳州窑系统陶瓷器的生产始于16世纪的后半叶（或末期），而向国外出口的历史直到18世纪中叶才终止。漳州窑瓷器主要是因应海外贸易的需要而生产，它们在国内遗迹中极少发现，但在海外却发现甚多。明末清初的日本关西地区遗址，如大阪城迹、堺市环濠都市、平户荷兰商馆等，都有大量的漳州窑瓷器出土；东南亚各国如菲律宾、新加坡、泰国、越南、马来西亚、印度尼西亚等地，也都在遗址中出土过这类瓷器；甚至在埃及的福斯塔特遗址中也有这类瓷片发现。有些漳州窑瓷器是在海底沉船中被发现和打捞出来的，如菲律宾的"圣迭戈"号沉船（约沉没于1600年）、非洲西部圣赫勒拿岛海底的"白狮"号沉船（约沉没于1613年）等，这些沉船的目的地不一定是东南亚，也有可能是欧洲。①

（二）瓷器外销与外销瓷

随着中国外销瓷数量的不断增多，专为外国人制造的定制型瓷器数量也不断增加，其在外销瓷中的比重日益增大，从而出现了从内外俱同的陶瓷外销向内外有差的外销瓷转变。外销瓷在器型样式和纹章装饰上颇具特色，较多地表现出外国特别是欧美情调。

1. 器型样式

首先在造型方面，外销瓷的体型一般都比较大，如东南亚及西亚地区所盛行的体型较大的瓷盘。收藏明代瓷器最多的印度尼西亚雅加达博物院，所陈列的瓷器就有不少大

---

① 李金明：《明清时期中国瓷器文化在欧洲的传播与影响》，《中国社会经济史研究》1999年第2期，第47页。

碗大盘。西亚地区也盛行大瓷盘，伊朗阿迪比尔神庙、土耳其伊斯坦布尔博物馆收藏有不少元明两代的各式大盘，数量很多，不少口径达 80 厘米。类似在东南亚及西亚地区所见的各类大盘，其形制款色都与中国常见的瓷盘有一定区别，显然这类瓷器主要是为了适应外销，这与当时南洋地区盛行伊斯兰教密切相关。

外销瓷在造型风格上有异国情调，如广东地区的陶瓷制作，在 18 世纪初，主要模仿英国风格的形状与纹饰；在 18 世纪末至 19 世纪初，则主要迎合美国人的口味。外国造型风格的外销瓷，一些是以中国风格为基础，吸收融合一些外国造型的特点，一些则完全根据外商的要求定制，基本上是以外国造型为主，在不同国家地区呈现不同的风格和特点。比如外销至日本的青花瓷器主要是茶道用品，口沿普遍施酱色釉，造型纹饰繁多，如小碟形制就有圆形、方形、六角形、鱼形、桃形、叶形、海螺形以及一些相当别致的形状，其中许多款式不见于中国内销瓷。在菲律宾出土的无底瓷碟，还有在东南亚和西亚地区盛行的军持（见图 10 - 2），这些都是专为瓷器出口而造。

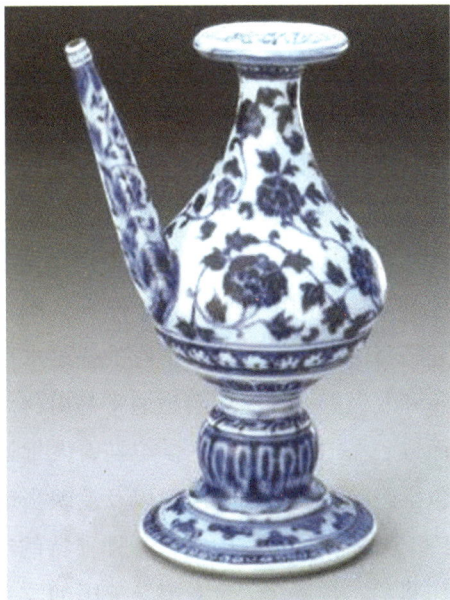

图 10 - 2 曾在东南亚和西亚地区盛行的军持

在欧洲，17 世纪荷兰商人开始把欧洲器皿的造型介绍到中国，他们把欧洲市民日常生活使用的宽边午餐碟、水罐、芥末瓶等制成木质模型，带到广州请中国的瓷匠们模仿生产，1639 年试制首批样品运往荷兰，其中有的看来是英国陶器的造型。输往欧洲的外销瓷中，有些造型是内销瓷中所罕见的，如中国的内销瓷、杯、罐、碗等，绝大多数是没有把柄的，但在欧洲的外销瓷中，却大量出现带柄的杯、罐、碗一类的器皿。17 世纪葡萄牙出现欧式钢盔样式的带柄水罐。在 17—18 世纪欧洲流行的餐具中，还出现了船形或头盔形的调味瓶，而当时欧洲社会对动物形状的瓷碗十分感兴趣，于是又有按照模型制作的鹅、鸭、鱼等形状的外销瓷，另外在 17—18 世纪大量生产的咖啡壶和啤酒杯等陶瓷产品，更是专门为出口而特制的外销瓷。

2. 纹饰图案

除了造型，外销瓷在纹饰图案方面也显示出独特的风格。一般陶瓷器的装饰，大体上是关于花卉、人物、风景、文字、动植物、宗教、历史故事、神话传说等题材，大都是招财进宝、积德行善、追求理想等憧憬美好的寓意，这在东西方是相同的。但在具体制作中，世界各地则有不同的要求与风格，因而明清时期的外销瓷，也表现出各种适应不同外国社会生活特征的纹饰图案。

在文字装饰方面，主要是以外文装饰为主。如销往美国的陶瓷器中，大多刻着外文字形，美国国会收藏的一件18世纪末期的瓷碟，碟的中央刻着大意为"光荣与防卫来到此"的字符，边缘则刻着15组相连的环圈，每一组环圈内用英文写着15个州的州名。而在东南亚和西亚地区，则出现了铭写阿拉伯文的外销瓷，多数是一些伊斯兰教教义（古兰经）引文、祈祷语等。①

在花卉装饰方面，不少外销瓷也体现了外国的风格。1639年荷兰东印度公司进口的中国瓷器中便绘有当时时髦的郁金香图案。在18世纪，法国国王路易十五的情妇蓬帕杜夫人酷爱中国瓷器，因而在江西景德镇出口到法国的瓷器中，出现了被称为"蓬帕杜装饰"图案的瓷品。

在风景画装饰方面，外销瓷也主要以西方风景画为主。在16—17世纪，荷兰东印度公司销售的中国瓷器遍及欧洲各国，有许多表现北欧风光的中国青花瓷器，有的描绘鹿特丹的城市街道建筑，有的描绘水车、磨坊，有的描绘荷兰北部渔民在北海中捕捉鲸鱼和北极熊等，这些绘画通常是由荷兰艺术家们创作，由荷兰商船带到中国，依样炮制而成。在18世纪末19世纪初，大批运往北美大陆的瓷器也有不少绘有当地的风景画，包括医院、建筑物、山河以及反映当地家居民情的写真画饰。

另外在外销瓷中还有一种独特的纹饰，就是纹章饰。纹章饰风格自由，应用广泛，如奖章、徽章、纪念章等。美国的纹章一般以雄鹰为象征，在1786年以后，美国的纹章在雄鹰上面又添加了覆盖的云，云的缝隙中射出万丈光芒，这种纹章大批出现在中国外销的杯、碟、盘、罐等瓷器中。此外在诸如人物、宗教、动植物等装饰题材中，也无不表现出外国的纹饰风格。

三、互动交流中的陶瓷文化

在中国瓷器远销各国，传播中华文化的同时，各国之间不同的文化传统、实际需求反过来也给中国的瓷器生产带来了新的变化，双方就是在这样的反复相互影响下，一步一步推动外销瓷从器型到品种、纹饰、文化内涵等不断丰富，使外销瓷文化不断走向新的高度。其中，克拉克瓷和伊万里瓷是这种中外文明互动交流的代表瓷器。另外，纹章瓷作为中国外销瓷中欧洲人定制类型的特色瓷器，在中外陶瓷贸易中也有着重要地位。

（一）克拉克瓷和伊万里瓷

据说马可·波罗最早带了一件中国瓷器到了欧洲。达·伽马首航印度，带回几件中国瓷器，曾经献了一件给自己的国王，只不过这是从卡利卡特（印度南部的邦国）国

---

① 陈伟明：《明清外销瓷的工艺与文化特色》，《海交史研究》1994年第1期，第101页。

君那里得到的物品。大航海时代，葡萄牙人最早进入中国，也是最早贩运中国瓷器的欧洲商人。荷兰人作为17世纪的"海上马车夫"，也是中国外销瓷的积极推动者。最负盛名的克拉克瓷，其出典就来自葡萄牙和荷兰。1603年，荷兰人截获了葡萄牙船只"克拉克"号，船上装载的是青花瓷器，因不明瓷器产地，荷兰人把这种瓷器命名为"克拉克瓷"。从此，同样风格的瓷器在欧洲都被称为克拉克瓷器。

克拉克瓷器从此泛指明末清初（主要是明武宗正德之后）中国外销欧洲的定制瓷器。其装饰图案虽然以中华风格的纹饰为主，但为了迎合海外的消费者，做了适度的改造。早期销往东南亚和阿拉伯的伊斯兰世界，主要器形有盘、碗、瓶、军持（一种盛水器）等，出现在欧洲的则主要是直径30～50厘米的大盘。这种青花瓷有特定的纹饰风格，盘心、盘壁两层纹饰布满全器的内里，中心图案以山水、花鸟、人物或动物为主题。边壁是8～10组的开光纹饰（所谓开光，是常见于陶瓷器、景泰蓝等的装饰方法之一，在器皿某处留出莲花形、扇形、梯形空间，并在此绘上各种花纹），开光呈梯形、圆形、椭圆形、菱花形、莲瓣形，开光内的图案有向日葵、郁金香、菊花、灵芝、蕉叶、莲、珊瑚、鱼、螺、卷轴、伞、盖、佛教吉祥物等。

晚明外销于欧洲的克拉克瓷（见图10－3），常见梯形开光，且两个梯形之间以一个细长方形小开光间隔，开光所占面积和盘心画所占面积大致相等，并且在视觉效果中开光往往更抢眼。采用的虽是中国传统的绘画素材，但因为构图有几何形的严谨，画面充实而又整齐，看起来充满异国情调，与明代后期流行于国内的青花瓷纹饰截然不同，有很明显的市场指向。克拉克瓷的几何形开光，或许源自元代。因为元代青花罐或瓶中，由小长方形环绕而成的肩饰和底部纹饰，与以往的莲瓣纹略有相似，可能就是其变体。

图10－3　克拉克瓷

清前期制品的开光形式则有各种变体，且倾向于取消大小开光的错落分布，以便让所有开光均等。同时，开光在整个盘面构图中占据的面积大大缩小，成为烘托盘心画的边饰；或者干脆把开光转化成从盘心辐射至盘边的均匀扇面结构。简而言之，就是日益淡化晚明克拉克青花的异国情调，而把它转变成更加中国化的构图。原本为了迎合伊斯兰国家而创造出的中国人眼中的异国情调，在欧洲人眼里成为新奇独特的中国情调，不仅晚明出产的克拉克青花成为欧洲富裕家庭热衷的收藏品，而且荷兰人很快就仿制这种纹饰的陶器（软质瓷），甚至18世纪欧洲人从中国大量进口素胎白瓷而自行添加纹饰时，晚明的克拉克式样仍然是他们所钟爱的选择。

另外一种著名的外销瓷品种是伊万里（Imari）瓷器（见图10－4）。伊万里瓷器原

图 10-4　伊万里瓷

是日本产品，以其产地得名。天启年间，景德镇就开始针对日本市场烧制绘有日本式图案的青花瓷。17 世纪早期，日本的九州岛发现瓷土后，开始发展本地的瓷器工业。明清易代时中国国内的混乱，为日本瓷器提供了良好的市场前景，日本瓷厂开始为荷兰商人烧制外销瓷。伊万里是荷兰商船进出九州岛的港口，此地发展出在釉下青花基础上施以釉上铁红与金彩的纹饰风格，这种反差强烈而鲜艳的色彩风格，颇受欧洲人喜爱。此外，伊万里瓷器有的图案形式简单，有的式样复杂，由花卉图案和几何徽章组合而成，同样受欧洲人喜爱。

1680 年，中国瓷器产业开始恢复，伊万里风格立刻被中国工匠学去，从而出现了"中国伊万里"瓷器。景德镇 1683 年重建后，伊万里瓷器的制作和销售中心便彻底从日本转移到景德镇。"中国伊万里"的图案设计较少原创性，到 18 世纪 20 年代越发成为普通产品。"中国伊万里"作为一种彩瓷，价格介于便宜的青花瓷和最昂贵的珐琅彩瓷之间，这也是它在欧洲市场受欢迎的一个原因，后来许多欧洲工厂也仿制伊万里彩瓷。

（二）纹章瓷

瓷器贸易量的逐年增大，使瓷器在欧洲日益从奢侈品变成欧洲人的日常生活用品，这就促使欧洲商人开始根据顾客的需求和喜好定制瓷器。定制瓷器，有的是按照欧洲进口商提供的图案纹样装饰瓷器，也有的是由欧洲人提供器型模具烧制瓷器。

在定制瓷器中最具欧洲特色的是纹章瓷（盾徽瓷），纹章瓷大致可分为名人徽章、省城徽章、机构或公司徽章、军队徽章。名人徽章在上述欧洲各国定制的瓷器中都很常见，省城徽章多见于荷兰、美国的定制瓷器，公司徽章则主要是荷兰东印度公司和美国一些机构定制，军队徽章其实仅见于东印度公司驻印度的某些部队。此外还有属于澳门耶稣会士的一批有耶稣会会标的瓷器。现存最早的一件纹章瓷是绘有葡萄牙国王堂·曼努埃尔一世的浑天仪徽章的青花玉壶春瓶。

纹章瓷的主要市场是葡萄牙、西班牙、英国、丹麦、比利时、荷兰、德国、法国等欧洲国家，17 世纪 40—60 年代，纹章瓷的总体定制数量达到顶峰，但在英国的顶峰从 1720 年持续到 1830 年。在 18 世纪，瑞典约有 300 家贵族曾在中国定制纹章瓷，英国定制了 4 000 多件（套）纹章瓷，荷兰定制纹章瓷的数量多于葡萄牙但远不及英国，不过式样丰富多彩。

　　纹章瓷的纹彩以釉上珐琅彩为主，单纯釉下青花不多见，也有青花与釉上珐琅彩相结合。后两种主要见于荷兰市场，因为荷兰人始终较偏爱青花瓷，哪怕 17 世纪 30 年代以后青花瓷在欧洲已成"昨日之星"，荷兰人仍爱订购有青花的纹章瓷。出现于荷兰市场的有青花的纹章瓷，单纯青花瓷同青花釉上彩瓷的数量不相上下，青花同以金、红、玫瑰色为主的珐琅彩上下辉映，别有一番绚丽。作为纹章瓷图案的基本元素，除纹章本身，主要包括几何图形、涡卷饰（Scrollwork，即螺旋形或漩涡形装饰纹样，形似一宽松卷起的纸卷横断面）、花朵、风景等。17、18 世纪之交，荷兰纹章瓷的图样设计个人特色很强，从 18 世纪 20—30 年代开始，纹章图案趋于程式化和标准化，可能是定制者大量增加所致。

　　定制瓷器的其他纹饰，也总是随着欧洲时代风尚的变化而变化，比如乾隆年间纹章瓷的装饰图案，1735—1753 年间以素净的葡萄藤或花蔓装饰最多；1750—1770 年间则是显著的洛可可式装饰；1770—1785 年间转而为缠绕葡萄藤的黑桃形盾牌；1785 年之后黑桃盾牌开始嵌入蓝黑边线和金星；1795—1810 年间则变成由深蓝色菱形花纹围成的圈。①

第二节　外销瓷对世界的影响

　　有学者认为，自中世纪以来，可能没有任何东西像瓷器那样，更能沟通东西文明的交往。从欧、亚海路通商以来瓷器贸易在中西文化交流中的作用看，这样的说法并不为过。瓷器既是具有使用价值的器皿，也是具有丰富内涵的文化载体。作为器物的瓷器，本身就是人类文化的组成部分，表现着文明旅程、风俗风尚、生活环境等。瓷器的纹饰图案更是起到了记录、传递不同时代、不同地域文化信息的作用。正是瓷器具有的这些性质，它对 18 世纪中西关系的影响，已远远超出其作为器皿的使用价值。

一、明清以来的外销瓷与欧洲

　　明清时期，中国是世界制瓷中心，出产大量精美的青花瓷、五彩瓷、克拉克瓷、珐琅瓷、粉彩瓷、纹章瓷、颜色釉瓷、雕塑瓷，主要有餐具、茶具、啤酒具、咖啡具、陈设具、灯具、文具、寝具、坐具、卫生具，通过广州的牙行、十三行，欧洲各国的东印度公司，由海上丝绸之路销售到欧罗巴大地。大航海时代，葡萄牙第一个直接和中国进行瓷器贸易，1517 年，皮雷斯率领第一个葡萄牙使团来到广州，开始了中欧官方的第一次正式接触。西班牙、荷兰、法国、德国、英国、瑞典、丹麦等国紧随其后，并各自建立东印度公司，葡萄牙的"圣地亚哥"号、荷兰的"阿姆斯特丹"号、法国的"昂菲特里特"号、

---

① 张国刚：《海上丝路的一抹晚霞：明清时期的外销瓷》，《文汇报》，2016 年 8 月 5 日。

英国的"马克列菲尔德"号、瑞典的"哥德堡"号等都是欧洲著名的商船。

中国瓷器成规模输入欧洲，始于葡萄牙人东扩。大规模输入，始于荷兰东印度公司。据荷兰东印度公司档案记录，1602—1657 年，订购华瓷达 300 万件，主要是景德镇瓷器。1635 年，该公司将模型送到景德镇进行定制。17 世纪以前，中国外销瓷的造型装饰绝大部分是中国样式；17 至 18 世纪，造型装饰主要是西洋样式，中国瓷器大量地输入欧洲，由沿海到内地，由王宫到市井，由圣物到凡物，由宗教到艺术，中国瓷器以其胎质坚硬、声音清脆，釉色多变、图案丰富，形制规范、功能多样，具有视觉、触觉、听觉、味觉之美，广泛而深刻地影响了欧洲人的物质和精神世界。①

（一）早期中国外销瓷在欧洲的象征意义

早期中国外销瓷对欧洲人来说，是珍稀的商货。新航路开辟以前，华瓷只是零星出现在欧洲使节带回的礼品或十字军的战利品中。埃及国王于 1447 年向法国查理七世、1487 年向意大利佛罗伦萨美第奇王、1490 年向威尼斯总督分别赠送了精致的中国瓷器。当时景德镇瓷器主要是通过波斯、埃及等国转运，数量极少，价格一度比黄金还要贵。华瓷刚刚传入欧洲，产生了许多传说，有人认为瓷器有一种魔力，用它吃饭喝水，可使身体强壮，甚至以为青花碰到毒药马上会变黑，可以防毒，瓷器粉末可以治疗牙病，也可以止住鼻血。16 世纪，法国作家潘西多写道："瓷器是由鸡蛋壳和捣碎了的贝壳制成的，最大优点在于，如果把毒药放到里面，它就会炸成碎片。"文学家的浪漫幻想，更增加了瓷器的神秘感。

中国外销瓷是奢华的象征。随着华瓷的大量销售，16 世纪后期，将景德镇瓷器视为圣物的观念在西班牙、葡萄牙、荷兰逐渐淡化，又被作为奢侈品，在客厅里和餐桌上，人们都以摆设景德镇瓷器来夸耀豪华富贵。国王拥有中国瓷器，既象征权力之尊、国家强大，还象征着修养深厚、文化高雅，于是贵族名门之间竞相搜集。②

（二）中国外销瓷影响了欧洲的饮食文化

中国文化传入欧洲后，导致了波澜壮阔的"中国热"。瓷器或许最令欧洲人心动，他们通过瓷器上的自然景物、人物服饰、风俗习惯、神话故事来感受中国。民以食为天，作为中国陶瓷的典范，景德镇瓷器进入欧洲人的厨房和客厅，深刻地改变了他们的用餐习惯以及茶饮习俗，使甜点与辛辣食品和谐统一。16 世纪以前，陶器仍然是欧洲

---

① 詹嘉、袁胜根、胡伟：《明清时期景德镇瓷器在欧洲文明进程中的作用》，《中华文化论坛》2008 年第 4 期，第 34 页。

② 詹嘉、袁胜根、胡伟：《明清时期景德镇瓷器在欧洲文明进程中的作用》，《中华文化论坛》2008 年第 4 期，第 35 页。

人主要的饮食器具，然而大航海时代以来，国外的食品、饮品、调料接踵而至，令人目不暇接，由上至下迅速改变了欧洲的饮食习惯，迫切需要新型的饮食器具与之匹配，华瓷是他们最好的选择。

17世纪以前，欧洲时常爆发流行病，造成不少人死亡，食物霉变是一个重要原因，劣质餐具是罪魁祸首。由于天气干湿冷热多变，加上食物和调料繁杂，容易变质串味，诱发疾病，故对容器质量要求较高，而中国瓷器气孔少、吸水率低，密封性能好，不利于病菌的黏附和繁殖，能保证食物的卫生清洁，非常适合盛装食品。人们用餐时，将调料装在瓷盒、瓷瓶、瓷罐中，或放在瓷器托盘不同的格子里，以便随时添加。

16世纪到17世纪初，中国的茶叶、埃塞俄比亚的咖啡、墨西哥的巧克力陆续传入欧洲，俄国、荷兰、英国钟情于茶，其他国家更爱咖啡，在欧洲中上层社会流行。18世纪以后，欧洲下层庞大的社会群体，尤其是市民阶层，极力地效仿贵族的生活方式，品饮茶叶、咖啡、巧克力成为人们生活的重要组成部分，成为文明生活的象征。因此，欧洲各国急需茶具、咖啡具、巧克力杯，仅茶具就有茶叶罐、茶壶、茶杯、茶托等。布罗代尔认为，茶传入欧洲必须具备四个要素，那就是茶叶、茶壶、瓷质茶杯和饮茶的嗜好，少了任何一个要素，茶这与生俱来的东方饮品就无法体现自身的神韵。西方文学作品中不断出现茶仪、茶礼、茶会、茶俗，连给小费也叫"给茶钱"。

（三）中国外销瓷影响了欧洲的家居生活

生活的品质不仅体现在饮食方面，更体现在起居方面，当欧洲人的温饱满足以后，必将更多地关注家居的装饰，尤其是欧洲上流社会普遍收藏中国瓷器，或收于宫殿，或专设陈列室，痴迷于艺术鉴赏，景德镇瓷器诸多功能和价值被发掘利用，提升了他们的生活质量。

1. 提高了欧洲人的生活品质

为了适合欧洲人的生活方式，景德镇生产的外销瓷出现了欧式的剃须盘、梳妆用具、痰盂等卫生用具。剃须盘是在浅浅坯胎上，挖出一个月牙形，加彩烧制而成，是男人的专用品。欧洲人的胡子比较浓密，为了体现男人的气概，故在胡子的修剪上颇下功夫，把漂亮的瓷盘夹在颏下，增添了情趣。

早期流入欧洲的瓷质乐器可能是瓷笛，但人们并不满足，希望中国能够用瓷制造一种由14根管子组成的小型管风琴，可能是中国工匠没有见过这种乐器，故未烧制成功。然而，欧洲人对瓷质乐器的好奇心并没有泯灭，为了欣赏中国的瓷乐，路易十四要求商人定制瓷质的云锣。为此，景德镇瓷匠在瓷中掺入铜屑，经过无数次的烧造试验，终于成功地制造了一系列音阶不同的云锣，云锣中间稍凹，组合放置架上，敲击叩打，声音清脆悠扬，音调起伏美妙，与现代景德镇的瓷瓯有异曲同工之妙。云锣的造型之美、难度之大，对欧洲人来说简直是匪夷所思。18 世纪初，路易十四还委托商人在中国定制他们夫妻俩的瓷雕作品，瓷雕是景德镇特有的品种，故工匠很快就烧制好了，高 22 厘米，路易十四和曼德侬夫人穿着中国丝绸、织锦做成的中式服装，国王的衣服上还绣有中文"寿"字，人物形象栩栩如生，充满了东方情调。

2. 提升了民众的审美理念

中国瓷器，尤其是景德镇青花和彩瓷，成为欧洲流行的时尚，人们欣赏瓷器胎釉、曲线、图案的曼妙。随着瓷器的普及，欧洲人对瓷器的审美理念逐渐提升，由器物的单件美转化为组合的结构美，由器物本身的美升华到建筑装饰的整体美，丰富了欧洲的装饰艺术，也为艺术创作提供了素材。欧洲人还把中国瓷盘作为艺术品挂在墙上，装饰室内空间。因为欧洲人不了解华瓷的功能，只是根据自己的艺术修养、生活习惯来使用或进行组合改装，故中国的花瓶到了欧洲，往往被当成水罐或酒壶。

欧洲盛行用景德镇青花瓷作为镜框，用瓷板镶嵌桌椅，甚至出现了瓷壁炉台。墙壁、天花板、窗户的凹处都用陶瓷镶嵌，借助瓷器特有的光泽和镜子的反射，营造出变幻的光影效果。马德里皇宫有一面大镜，镶在花果边饰的瓷板上，具有德拉·罗比亚的风格。法国出现了"蓬帕杜装饰"，工艺品上经常描绘小桥流水、亭台楼阁、花鸟鱼虫的图案，给人以东方艺术的享受。18 世纪，英国作家笛福的《鲁滨孙漂流记》表达了对中国长城和瓷器的敬慕。1851 年，雨果在诗中描述景德镇青花瓷："在釉彩鲜艳的陶瓷中，绘着天真的象征——蓝花"，意思是青花瓷清纯可爱，具有少年天真的特质，反映了欧洲人对中国的向往。

（四）中国外销瓷对欧洲宗教艺术的影响

中国瓷器进入欧洲后，迅速成为基督教宣扬教义的物质载体，使艺术与教义融为一体。圣经的故事，希腊、罗马神话等借助景德镇瓷器洁净的胎体和淡雅的画面，直观地呈现在人们的面前，润物无声地教化民众，丰富了人们的艺术修养，其教育价值已超越其实用价值。

1. 成为基督教宣扬教义的物质载体

有些华瓷描绘耶稣降生、受洗、蒙难、复活的故事，这类瓷盘通常为四件一套。如《基督受洗》，中国匠人参照欧洲版画插图，在瓷盘上饰以铁红彩和金彩图案，描绘基督在约旦河受洗，边缘是鹰衔着花环，下面有两个小神仙手持飘带，具有中国绘画的特色。再如《耶稣蒙难》，盘面以墨彩与金彩为主色调，描绘耶稣被钉在十字架上，表情忧郁，备受折磨，瘦弱的基督下身只有袍带遮体。背景为玛利亚、圣约翰及旁观者，前面有四个士兵正在掷骰子。基督教徒认为耶稣在十字架上受难的意义极为重大，表明耶稣担当了人类应当承受的刑罚，世人因此可以免受这种刑罚。他们相信耶稣死里复活，十字架也就成了盼望、战胜死亡和永生的象征，是西方国家使用最为广泛的宗教器物。

2. 成为文艺复兴艺术的素材和表现形式

中国瓷器成为文艺复兴艺术的表现器具，以洁净的胎体、淡雅的画面、优美的造型、配以动人的故事，蕴含朴实的真理走进人们的家庭。瓷盘《冰》，临摹范萨斯高·雅宾尼的画面，嘉拉菲雅站在贝壳中间，四周围绕着小海神，象征河流、海洋，珍宝、珍珠、珊瑚点缀其间。瓷盘《土》，根据雅宾尼的描绘，战车上后排站立着诸神之母茜贝儿，手持圆球。身旁是春天之神芳娜、夏天之神施利斯，身后是秋天之神柏卓斯，唯独缺少冬季之神，因为冬天寒冷沉闷而被略去。荷兰画家奥西亚斯·贝尔特的《盛在中国碗里的草莓和樱桃等静物》，盛装茶水的应该是景德镇青花瓷，展示王公贵族或富商巨贾纵情现实的享乐，对世俗生活具有潜移默化的影响。这些作品集中反映了文艺复兴时期人们反封建、反宗教的思想观念，用人性反对神权，用个性解放反对禁欲主义，用理性反对蒙昧主义。中国外销瓷根据不同的器型和釉色，描绘不同的内容，作为社交场合的礼品，很受欢迎。用景德镇瓷器表现西方艺术，绽放出东西文化交融的奇葩。

3. 成为洛可可艺术的典范

18世纪中国瓷器风行欧洲之日，正是巴洛克艺术衰弱、洛可可艺术勃兴之时。洛可可艺术特征有：物体高耸纤细，造型采取C形和S形涡旋，以不对称代替对称，色彩明快柔和，流行象牙白、淡蓝色和金色，突破正统的透视法，采用东方人物和花卉图案。其工艺品采用多变的卷草纹，形成连绵不断、复杂烦琐的曲线。洛可可艺术一反巴洛克艺术艳丽、繁陈、凝滞、线条僵直刻板、结构单调的风格。如巴洛克建筑的柱子高大，楼梯有一人宽，而洛可可建筑柱子细长，楼梯小巧；巴洛克艺术色彩浓烈，而洛可可艺术则淡雅。

洛可可本意指文艺复兴时期传入意大利的中国艺术品，后来西方美术把凡是受中国文化影响的艺术，统称为Rococo。明清时期，华瓷光润明亮，乳白如凝脂，法国人称为"鹅绒白"或"中国白"，多用波状曲线青色纹样，装饰主题有花鸟鱼虫、山水人物。景德镇陶瓷质地坚硬、色调雅致、细润光滑、形体规整、转折明确、细部处理得当，具有明快、秀丽、严谨、精巧、光挺的艺术风格，给沉闷的欧洲艺术吹来了一阵清凉的东风。

意境自然、飘逸、潇洒，法国艺术家充分咀嚼中国艺术精髓，仿效景德镇陶瓷风格清雅、画面活泼、色彩柔和、曲线优美，讲究非对称的法则。慕尼黑宫在每个弯曲的卷草纹头上，安装了青花瓷、景泰蓝和小天使头像、动物塑像。由此可以看到，洛可可艺术从绘画到建筑，从工艺品到装饰，无不折射出中国外销瓷对欧洲艺术风格的影响。

二、外销瓷在早期全球化中的地位和影响

中国外销瓷在中西文化交流中的作用，是其他任何商品无法替代的。尽管纺织品、

漆器、银器和绘画作品，都发挥着传播文化的作用，但它们的出口数量毕竟远少于瓷器。瓷器作为日用器皿进入千家万户，同时也通过其纹饰，把中国的山川城池、市井屋舍、人物服饰、神话传说、百工技艺、风土人情、海关商馆、帆船画艇、飞禽走兽等逼真形象在欧洲广为传播。中国在欧洲各国的最早形象，很大一部分是通过瓷器形成的。而在定制的外销瓷的纹饰中，还有很大一部分反映了欧洲文化传统和风俗时尚。除纹章瓷外，还有人物画瓷，包括希腊神话、圣经故事以及18世纪的欧洲时尚人物等。另外，还有以船舶航海、西方花卉等为主要题材的纹饰。这些纹饰的花样，也起到了最早在中国民间传播欧洲文化的作用。①

在西方波澜壮阔的"中国热"中，中国瓷器扮演了非常重要的角色。16世纪中叶以前，它只是神龛上的圣物和帝王的宠物，供人们仰视欣赏；16世纪中叶到17世纪，成为达官贵人的奢侈品，标志着社会地位；18—19世纪，成为凡夫俗子的挚爱，是时髦和文明的象征。中国瓷器不仅是精美的工艺品，而且是生活用具；不仅是宗教的载体，而且是艺术的化身；不仅是东西方文化交融的证明，而且是其重要的部分。景德镇瓷器从餐饮器皿到文化艺术，其诸多功能和价值被发掘利用，极大地推动了欧洲文明的进程，是中华文明对人类贡献的最好物证。

事实上除欧洲外，中国外销瓷对美国社会也产生了很大的影响。18世纪末以来，随着欧洲本土瓷器业的发展，欧洲对华瓷的进口依赖日益减轻，美国成为中国外销瓷的主要销售市场。自然而然，适应美国社会的定制瓷器也逐渐发展起来，在外销瓷的器型、装饰纹样等方面展现出美式特色，这些方面反过来又以瓷器为载体，对美国社会产生影响。器型方面如餐具与餐饮器具文化、茶具和茶文化、咖啡具与咖啡文化、酒具与酒文化等，装饰纹样如受到中国影响的菲茨休纹、南京样式和广东样式等，瓷画如受中美贸易影响的商船图，受美国社会影响的鹰旗图、独立宣言图和纹章图案等。从现实影响来看，中国外销瓷美化了美国人的生活空间，也提升了他们的审美情趣和生活品位。②

除外销瓷外，明清时期中国许多工艺品都远销欧美，对当地社会产生了深远影响。漆器是清代输入欧洲的重要工艺品，它同瓷器、丝绸一样受到欧洲人的欢迎。只是因其制作成本较高，不像瓷器和纺织品那样使用普遍，而主要流行于上流社会。清代的折扇、糊墙纸、鼻烟壶等工艺品也是外销的重要商品，牙雕、犀角雕、玉器、金银器、首饰、画珐琅、玻璃器、家具等也有部分销往欧美。以鼻烟壶为例，其形制虽小，但工艺加工极为精致，综合运用多种艺术手法，造型、装饰变化无穷。有瓷、玻璃、珐琅、金银、象牙、漆、犀角、玉、琥珀、玛瑙、翡翠、珊瑚、水晶、竹根、木、葫芦、玳瑁、

---

① 吴建雍：《18世纪的中国与世界（对外关系卷）》，沈阳：辽海出版社1999年版，第301页。
② 童心：《18—20世纪华瓷对中美文化交流的影响》，景德镇陶瓷大学硕士学位论文，2018年，第49页。

贝壳、紫砂等各种材质，几乎无所不备。清代鼻烟壶充分显示了各个门类工匠的高超技艺，集中体现了清代工艺美术的突出成就，引起了欧美艺术鉴赏家和收藏家的极大兴趣，纷纷购藏。[1]

此外，清代外销画也是中国重要的外销商品。以清代广州为例，按绘画种类可分为油画、水彩画和细密，描绘的载体则见于玻璃、镜子、丝绸、纸本、通草纸、藤蔓叶、象牙和贝壳等，外销画的兴起与西洋画师的东来和西洋美术的引进有密切的关系，这些西洋美术以油画、玻璃画、素描、水彩画和铜版画为主。中国画师将西洋美术和本土画法相糅合，在外销画作中形成了以油画、玻璃画、纸本水彩画和通草纸画为主的四种外销品类。[2]

总之，17 世纪后期和 18 世纪，中国工艺品在欧洲不仅拥有广大的市场，而且直接促进了欧洲各国工艺美术的发展。清代康熙至乾隆时

图 10 - 5　约翰·派克肖像（玻璃油画）

期，中国瓷器、丝织、漆器在制作技术上占有优势，对欧洲国家这些工艺美术行业的产生与发展起到积极的推动作用。其中以外销瓷为代表的中国工艺品，先于欧洲工业革命中的纺织品而畅销世界，成为大航海时代以来国际贸易的重要商货，外销瓷在东西方流动的过程中，中西之间的文化、社会、科技等诸多方面也随之相互传播，因而外销瓷也成为东西方文化交融中名副其实的"样板"。

❀ 思考题

1. 外销瓷与外销的陶瓷有什么区别？

2. 外销瓷种类多样，请试举两例说明。

3. 外销瓷对欧洲社会有何影响？

---

[1]　吴明娣：《清代工艺美术在欧洲的传播及影响》，《装饰》2002 年第 1 期，第 58 页。

[2]　夏爱华：《清代外销画的主要品种及其变化初探》，《文博学刊》2018 年第 3 期，第 83 页。

第十一章

18 世纪的欧洲"中国热"

通过了解西方历史中的中国文化热潮，增强对中华优秀传统文化的认同。

了解"中国热"的产生与内容，了解欧洲学习中国思想文化的过程，认识中西文明互鉴的重要性。

中外文明交往是双向的，文化上的影响也是相互的。在彼此交流中，既存在着西学东渐，也有过中学西传。18 世纪正是欧洲启蒙运动蓬勃发展的时代，中国这个遥远东方的神秘国度，以其光彩夺目的文明成果，为当时的欧洲带来了一股"中国热"。

第一节　风靡西方的"中国热"

17 世纪时，欧洲社会盛行巴洛克艺术风格，体现在建筑、雕塑、绘画等艺术形式之中，其特点是外部雄伟壮丽，内部装潢华丽。它偏重于人工雕琢，容易使人觉得"浮夸"。随着启蒙运动的深入发展，人们对巴洛克样式越来越不满意，期待有一种崭新的、富有个性的艺术风格出现。恰在此时，中国的服饰、器具乃至园林，通过来华传教士的介绍，引起了欧洲人的强烈兴趣。西方美学家追寻中国风尚，崇尚中国艺术，迎合了当时变革巴洛克风格的社会需要。

一、中国风物的传播

18 世纪时，中国工艺品在欧洲十分流行，上层人士以设中国筵席宴请宾客为荣，宫廷贵妇则整天不离中国折扇。乐于接受新事物的法国人在仿效中国艺术上不遗余力，从上流社会的沙龙到普通国民的家庭，将中国艺术品作为室内装潢已蔚然成风，被视为高尚的情趣。与此同时，欧洲还兴起了园林中国化运动。德、法等国在风景园林中仿造中国式的宝塔、楼台，垒起假山，种植月季、石竹。陶醉于中国画的西方画家，向社会奉献运用中国手法创作的新画作。除了前面已经介绍过的丝绸和瓷器之外，较为流行的中国风物还有以下几个方面。

（一）家居物品

与中国风相适应的重要家具陈设是中国漆器。法国从 17 世纪末开始仿照中国式样制作漆器家具，到 18 世纪初更有发展。当时，法国罗伯托·马丁经营的家具店制作的漆器家具尤为精良。法国漆制家具的图案、花色、式样均仿效中国漆制品，以红、蓝、绿和金色为主。室内立柜依照中国风格，以牡丹花鸟，中国妇女，中式栏杆、房舍等作为装饰图案，十分纤巧美观。

英国在 17 世纪中叶开始流行中国漆制家具，18 世纪的英国上层妇女以学绘漆为时尚，绘漆成为女子学校的一门美工课。英国家具制造商仿造中国漆器家具的图案和色彩，打造中式家具。著名设计师托马斯·齐本达尔曾以此闻名，他制作的橱柜和椅子，采用上等福建漆，雕刻龙、塔、佛像和花草，完全模仿中国式样，其设计的屏风尤其雅致。18 世纪英国设计的家具风格特征被称为齐本达尔时代，直到今天，英国家具中仍存有中国风格的印迹。

壁纸是崇尚中国风格不可或缺的室内装潢。中国旧有手绘壁纸被称为"贴落"，16 世纪时由西班牙、荷兰商人引入欧洲，在英、法等国颇为流行。中国壁纸图案多花鸟、山水、人物题材，欧洲自制壁纸后，将这些元素加以吸收，做出中英混合式壁纸。英国报纸宣称："这些创制的壁画纸，它的秀丽、雅致，远胜以前生产的纸，它和中国手绘的花纸一般无二。"即使英国已经自制壁纸，中国壁纸仍因其精美而输往英国，足见中国风物受欢迎的程度。

（二）生活穿戴

法国流行中国传统的轿子和扇子，宫廷贵族出行都按等级乘坐不同的轿子，鸣锣开道，俨然成了中国京城。这种场景被法国大文豪莫里哀记入戏剧作品中，成为时代烙印。法国贵妇人则对中国典雅的折扇爱不释手，不论冬夏，手中必执一把玲珑折扇，以代替羽毛扇，在建筑上也出现了中国的扇形窗。在洛可可时代，不仅中国的艺术品，甚至中国人的生活爱好，例如养金鱼，都为欧洲人所津津乐道。广告、书籍插图、舞台布景、化妆穿戴，一切与时髦有关的事物，都以中国趣味为新奇。

（三）园林建筑

中国的园林艺术，在清代发展到了巅峰，成为世界文明的一绝，并传入了欧洲。在这以前，欧洲园林的主流是整齐对称的巴洛克式建筑。而中国园林建筑的钟楼、宝塔、亭阁、假山、桥洞、花草、鸟鱼等元素，布局错落有致，气象万千，不仅体现了东方朦胧含蓄的美，也使游人倍感新鲜。传入欧洲后，很快为西方人所接受并仿效。

18 世纪英国文学家约瑟夫·艾迪生非常推崇中国不规则的园林艺术。诗人蒲柏也撰文赞扬中国园林不加修饰的自然纯朴之美。这两位文坛伟人还身体力行，按照中国园林风格布置自己的花园。建筑师威廉·查尔斯两次远渡重洋来中国考察园林艺术，回国后于 1757 年出版了一部《中国建筑、家具、衣饰、器物图案》，他又为肯特公爵建造了中国式的园林，园内设计了湖泊，湖泊中有湖心亭，湖旁还筑有高达 163 尺的十层宝塔，塔角塑有口含银铃地龙，极具中国风情。

法国在华传教士王致诚在传播中国园林艺术方面作出了杰出贡献。王致诚对中国园林艺术有细致的研究，并写过《中国皇帝游宫写照》的文章，系统地介绍中国园林建筑。其文在西方发表后，引起了广泛的重视。他还热衷于将中国园林与西方园林相结合的尝试，并直接参与了圆明园西侧建筑物的建造。

（四）绘画艺术

西欧各国在仿照中国园林建筑的同时，还模仿和汲取中国山水画特技。中国山水画法与西洋画法大异其趣。西方盛行的油画着意于写实，且用重彩加以渲染。而中国画则侧重于写意，追求的是神似而非形似，运笔上用单纯的墨色轻描，画风古朴。这种独特的绘画技巧也使西方人耳目一新，许多西方著名画家采用了中国画法。18世纪初，法国著名画家华托深得中国画法之真传，在他的名作《舟发西苔岛》的背景中，黯淡的烟云、缥缈的远山、迷蒙的水天，简直是出自中国画家的手笔，至今这幅以中国画技著称的名画还陈列在法国卢浮宫。英国画家柯仁也为清新淡雅的中国画所深深吸引，他把水彩画与中国水墨画结合起来，用墨打底色，再用红、蓝二色烘托光芒，对中国画技的掌握运用已非常熟练。中国山水画还对后来的欧洲印象画派有着重要影响。莫奈的作品清淡疏朗，气韵生动，俨然是一派中国画风。马蒂斯则擅长模仿中国瓷画，其作品几乎与中国瓷画同出一途。

此一时期，中国趣味成为人们普遍的审美取向。这种以优美、轻巧、生动、自然为特色的洛可可风格，在欧洲延续了一个世纪之久；甚至有学者认为，在洛可可时代，中国是一个模范国家，它唤起了欧洲社会一种快乐的人生观，给欧洲的变革铺平了道路。

到18世纪末，席卷西欧的洛可可风格渐渐平息，古典主义艺术风格复归西欧。这主要是由于大多数西欧人并不全面了解中国文化，而是出于好奇，对中国艺术进行简单仿效，甚至生搬硬套。随着西方人审美趣味的改变，中国热也随之冷却，但是中国文化对西方文化的冲击毕竟留下了深刻的印痕，中西文明的交流与融合也留下了丰富的遗产，直至今天，在欧洲现代艺术作品中仍然依稀可辨那一抹东方亮色。

二、东方印象的形成

饱含中国趣味的洛可可风格不仅由有形物品激发而成，而且受到游记文学和耶稣会士作品中相关叙述的影响，它们可以说是那个时代欧洲关于中国的整体想象的一部分。

（一）游记文学

16世纪欧洲第一部介绍中国的书籍是葡萄牙来华使节托梅·皮雷斯所写的《东方诸国记》，这是他利用在南洋搜集的材料编成的，书中有专章介绍中国。随皮雷斯出访中国的克里斯·维埃拉于1524年在明朝的监狱中写了一封长信寄回欧洲，书信的后半部分详细描绘了广东的地理概貌、行政司法、生产结构、商贸潜力、军事力量及人民日常生活，皆记耳闻目睹、亲身经历之事。

随着葡萄牙人的大量东来，这一时期出现了多部有关中国的游记，但其作者对中国的了解比较有限，有些人甚至根本没有到过中国，即使是那些进入中国的人，也由于行动上受到限制，不可能深入了解中国社会，因此他们的记述在很大程度上仍是在马可·波罗影响下的一种幻想。在他们笔下，16世纪的中国物阜民丰，法制先进，文明进步。当然，在对中国赞不绝口的同时，一些亲历中国的欧洲人也对中国的宗教状况和军事力量表露出轻视。

在耶稣会士的报告流行以前，欧洲人认识中国的最主要途径是门多萨1583年受教皇之托编写的《中华大帝国史》。由于有教皇的支持，门多萨可以系统利用当时在欧洲能获得的所有资料。此书第一部分介绍中国的地理位置、历史、土地、宗教、礼仪、帝王、官员和习俗等一般情况，并着重讲述中国人的宗教信仰。第二部分有三卷，第一卷是拉达等人的福建行记，第二卷是西班牙方济各会士奥法罗等人的中国行记，第三卷是根据传教士旅行报告编写的世界环行记。

17世纪以后，随着欧洲人进一步东来以及贸易活动的展开，来华的使节、商人写出了更多关于中国的游记。例如，1655年荷兰东印度公司派特使前往北京谒见清朝皇帝，试图叩开与中国贸易的大门。特使团的管家约翰·尼霍夫在中国境内长达两年多的旅途中，不仅详细记录各地的见闻，并且画了大量的速写。这次外交使命虽然功亏一篑，但是尼霍夫于1665年在阿姆斯特丹出版了一本附有一百多幅插图的游记《从荷兰东印度公司派往鞑靼国谒见中国皇帝的外交使团》（又称《荷使初访中国记》）。有人认为，这是继马可·波罗游记之后，第一部真实可信且在西方广为流传的中国目击报道。后来还有如英国人安森的《环球航行记》等，这些记述在主观想象以外，对中国有了更多准确的描绘，有学者认为："在以中国为题的书籍中形成了独具特色的流派，其特征是观察理智，有些颇具匠心，十分缜密。"①

（二）耶稣会士报告

耶稣会创立之初，就要求传教士报告当地的人情风俗和地理情况，因此耶稣会成员们定期向罗马上交详细描述其活动的报告便成为一种制度。随着耶稣会士在华势力的日益发展，以及其对中国的逐渐了解，耶稣会士寄回欧洲的报告逐渐成为欧洲人了解中国的更为重要的来源。

最早向西方描述中国的耶稣会士是沙勿略。1548年，他根据一位商人提供的材料写了一份关于中国的报告，此后，罗明坚、巴范济和利玛窦等海外传教士的书信，越来越占据较大的分量。

17世纪还产生了一批由耶稣会士写的有关中国的专著，包括蓝方济著《大中华王国新见解》及《中华王国、日本、莫卧儿王国新见解》，金尼阁1615年在德国奥格斯

---

① 高介华主编：《中国建筑文化之西渐》，武汉：湖北教育出版社2008年版，第133页。

堡出版的利玛窦遗著《基督教远征中国史》，意大利人卫匡国的《鞑靼战纪》，汤若望的《1586—1669 年在华耶稣会传教区的创建和发展史》，李明的《中国现势新志》等。

耶稣会士的报告较为全面地介绍了明清时期中国的人口、物产、科技、文化以及国家制度。不过，17 世纪的耶稣会士虽然逐渐了解中国，却因为将传教区延续的希望维系在皇帝身上，而刻意去描述一个幸福的国度及其完美的形象。从 18 世纪初起，在华传教士因从事各种科学工作的缘故，报告内容就已经较多涉及科学。18 世纪中期以后因多种原因，在华耶稣会士无论叙述中国的科学还是人文，都呈现出学术性转向，不再那么热心维护传教事业所需要的"中国形象"。

上述游记作品和传教士报告对东方风物的流行和洛可可风格的产生有着显著的推动作用，这一点在欧洲对中国园林的认识上最为鲜明。

首先，耶稣会士极力推崇的中国古代儒学成为一些启蒙思想家的灵感之源，包含这种哲学的造园思想，以及由此产生的装饰艺术也就相应地成为当时欧洲一些艺术作品的模型。启蒙时代欧洲知识界广为称道的中国哲学和文化思想，正是新的园林艺术成长的沃土。17 世纪和 18 世纪前半叶欧洲出现的一些对中国园林的评论助长了模仿东方的氛围，而这一氛围直接刺激了"貌似图画"式的园林景致的形成。17 世纪中期以来不断涌现的耶稣会士书信和书籍，已经在欧洲培养起一片关注中国的土壤，滑落在这片土壤中的任何有关中国的种子要生根、发芽和成长都并非难事。利玛窦评价了南京的瞻园，提到花园里一座色彩斑斓、未经雕琢的大理石假山，假山里面开凿了一个供避暑用的山洞，内中接待室、大厅、台阶、鱼池、树木等一应俱全，洞穴设计得像座迷宫。葡萄牙著名传教士曾德昭在华居住长达 23 年，他在归国途中写成的《大中国志》再次唤起人们对中国园林的印象，他说中国人喜欢在庭院和小径上植花种草，在园中堆假山，养金鱼和各种珍禽美兽，圆形、方形、八角形的宝塔造型美观，有弯梯或直梯，外侧有栏杆。奥地利耶稣会士白乃心也描述过中国人的花园，说它们绿意盎然、令人愉快，因为很方便从河中汲水来浇灌。

其次，对 17 世纪的欧洲人来说，最重要的描述来自荷兰使团管家约翰·尼霍夫的作品《荷使初访中国记》。尼霍夫的行记不仅多处提到中国园林景致，而且总是对其赞不绝口。比如赣州附近某镇的几座自然逼真的大假山，泰和城外的拱桥，南昌一座道观的盘龙柱，湖口城北的假山及旁边的精美宝塔。他对宝塔似乎格外感兴趣，说安徽省繁昌县有一座宝塔，有尖的塔顶和陡的塔檐。清江浦、宿迁、故城、青县都引起他的注意，美丽壮观或式样古朴的宝塔也有记载。虽然南京报恩寺的琉璃塔已毁，但尼霍夫还是绘声绘色地描述它有 9 层共 184 级阶梯，里外有漂亮的塔廊，琉璃生辉，塔檐的檐角所挂铜铃随风奏乐。北京的御花园被他称为从未见过的漂亮地方，因为里面满是悉心栽培的果树和精心建造的房屋。图文并茂的尼霍夫著作问世之后，就如同当年的《马可·波罗游记》那般风行，可想而知它对欧洲民众的中国观的影响力。更为重要的是，市面上的各种版本都并非尼霍夫原书，而是经过编者多方润色的版本，其中对中国风物的描述远比原文所引述的生动详细，而这些生动的描述无疑包含了大量从未到过中国的欧洲人的想象。这些想象多于真实、道听途说的信息才是点燃爱好中国者想象之光的火炬。夸饰之词助长了传说的魅力，而大家又都没去过中国，想驳斥那些迷人的叙述也无凭无据，又逢 17 世纪末人们开始厌烦那种中规中矩的法国园林，正需要有个释放想象、创造自由空间的借口，中国园林便顺其自然地成为 18 世纪欧洲的宠儿。

第二节　中国思想文化传入欧洲

18 世纪震荡欧洲的启蒙运动，倡导理性主义，认为一切现象都归因于自然而不归因于奇迹，崇尚人类认识自然规律和理性法则的合法性，反对神灵和奇迹的赐予，这股社会思潮成为资产阶级进行社会革命的先兆。

启蒙运动的发动者捍卫天赋人权，提倡智慧与教育，与主宰中世纪欧洲社会的基督教神学处于对立的地位。而起源于本土的古希腊文化的悟性统治世界说和宗教家对神意的信仰一样，始终难以使抽象和具体、理性和自然趋于和谐一致。启蒙运动者唯有向非基督教世界的东方寻求借鉴，吸取合乎理性法则的思想材料。

一、中国思想文化的影响

中国作为地处遥远的东方，是具有和欧洲完全不同气质的辉煌文明的大国，经过来华传教的耶稣会士介绍，中国成为启蒙运动者汲取精神力量的源泉。在中国古代哲学中，孔子的儒家学说以"天"为自然法则的代表，宋儒理学以"道"这一理性为基本原则，认为"天地之本、万物之源"，孔子以"仁"为核心的伦理道德和提倡教育的思想，成为法国哲学家笛卡尔倡导理性主义的基本来源。中国历史上传统的仁君统治和大一统的思想，特别是清初康熙年间的安定和繁荣的社会景象，通过耶稣会士的报道，更是成为主张开明君主专制的启蒙思想家反对欧洲王权扩张所追求的社会楷模。中国优秀的传统文化在启蒙运动澎湃展开的时代，曾给予莱布尼茨的古典思辨哲学、伏尔泰的自然神教、魁奈的重农派学说以丰富养料，促进了近代欧洲文明的诞生。

（一）哲学

集哲学家、逻辑学家、数学家、历史学家、法学家、语言学家于一身的德国人莱布尼茨，在近代自然科学史、欧洲哲学史以及中西文化交流史上，都占有着特殊的地位。他非常崇拜中国儒家哲学的自然神论，并从 21 岁就开始研究中国文化，读过巴黎出版的有关孔子的论著和传记。在罗马结识了耶稣会士后，根据耶稣会士的著述和提供的材料，出版了拉丁文本《中国近事》，向读者介绍他所搜集和掌握的有关中国的情况。他将传教士白晋的《康熙皇帝传》翻译成拉丁文。在他去世前不久的 1715 年，他还向法国摄政奥尔良公爵的顾问德雷蒙写了《论中国哲学》的长函，认为中国的天命、天道是天在其运行中确定不移的法则，要服从理性的法则就必须顺天，以达到先定的和谐。

在莱布尼茨看来，他出版《中国近事》就是为了在西方和中国之间建立起真正意义上的文化交流。对于中西文化，他认为："欧洲文化的特长在于数学的、思辨的科学，就是在军事方面，中国不如欧洲；但在实践哲学方面，欧洲人就大不如中国人了"，因此在中西文化交流中西方不仅应该是施教者，而且也应当是受教者和接受者。他指出："我们从前谁也不相信在这世界上还有比我们伦理更完善，立身处世之道更进步的民族存在，现在在东方的中国，竟使我们觉醒了。"①

17—18 世纪，随着法国传教士带回大量关于中国的介绍和报道，法国学术界开始关注中国文化。其中最著名的是主张自然神论和开明君主专制的伏尔泰，他认为中国文化的"发现"对欧洲思想界来说，是一件与达伽马和哥伦布在自然界的地理发现同等重要的大事。伏尔泰把孔子的儒家学说当作一种自然神论，是和欧洲盛行的那种基于迷信的"神示宗教"完全不同的"理性宗教"的楷模，这种具有崇高理性、合乎自然和道德的新的"理性宗教"，便是他所追求的信仰。伏尔泰及法国百科全书派启蒙学者对中国思想和政治的赞美表明，他们反对神权统治下的欧洲君主政治，而把具有崇高理性、合于道德、宽容而有节度的中国古代政治制度作为理想的目标。

（二）农学

18 世纪，欧洲兴起的重农学派将中国的重农主义和农业政策在政治经济领域加以推广。重农学派的创始人魁奈，因在 1767 年发表《中国的专制制度》，被誉为"欧洲的孔子"。他提倡以农为本，贬低货币和商业资本的作用。他非常赞赏中国的重农主义和历代君主重视农业的政策，甚至鼓动法王路易十五仿效中国皇帝举行春耕仪式。他关于实行土地单一税政策的主张，即出于中国古代税制。重农学派的改革家杜尔哥在担任法国财政大臣期间写了《关于研究中国问题的指示》，列出 52 个问题的调查提纲，其中提及中国的土地、资本、劳动、地租、赋税等有关农业经济问题，造纸、印刷、纺织等工艺问题，自然地理、物产和历史问题。根据这一指示，在华耶稣会士广泛收集中国农业和农艺学知识，并重点研究了中国的水稻、桑树和茶叶的栽培。中国的农具，如筛、犁也传到欧洲。中国的花草和嫁接技术资料也在这时引入欧洲，使欧洲园圃的面貌大为改观。

① 沈福伟：《中西文化交流史》，上海：上海人民出版社 2006 年版，第 420 页。

（三）文学

中国古代文学也为醉心东方文明的西方作家提供了新的文化取向，激发了他们新的灵感和新的审美情趣。伏尔泰以中国戏剧《赵氏孤儿》为素材创造出《中国孤儿》，这部赞美中国道德、颂扬儒家文化的剧作轰动了当时的法国文坛，并在其他欧洲国家的文学界也产生了较大的影响。英国、意大利及欧洲其他一些国家也先后出现类似的改写本，对中西文学交流产生了十分深远的影响。

西传到欧洲的中国文学作品，对德国文学界产生的影响尤为明显。首先提出"世界文学"理想的德国文学家歌德，曾接触到一些译成西文的中国文学作品，并由此对中国文学产生了浓厚的兴趣，进行了认真的研究。歌德曾写成了颇有中国情调的组诗《中德四季晨昏咏》，借自然美景抒发文人情怀和中国趣味，表现了作者对古老东方的向往。与歌德齐名的德国诗人席勒，对中国圣人孔子及其思想格外关注。1795 年和 1799 年，席勒曾先后写下两首《孔夫子的箴言》，托孔子之名阐释自己的人生哲学和时空观。除歌德、席勒外，海涅、冯塔纳、德布林、黑塞、布莱希特等许多德国著名文学家，也都创作过与中国相关的作品，或者说他们的创作都与中国和中国文化有一定的渊源。

（四）科学

在西传中国天文学方面，尤以法国传教士宋君荣的贡献为最。他凭借良好的科学素养，把天文学与中国古史结合起来，发表了许多中国天文学史论著。他考察了《春秋》《尚书》《诗经》等书的日食和月食记录，并对这些记录作出注解和评论。这些知识对于欧洲学者来说非常新颖，也颇有教益。伏尔泰在其撰写的《风俗论》中就引用了宋君荣有关中国科学和天文学的论述，强调了中国古史和天文观测可相互佐证。英国著名科学史家李约瑟认为中国古代宇宙论可能对欧洲产生了影响。由于中国的"宣夜说"认为天体漂浮于无限空间，不同于欧洲固体天球的宇宙模型，耶稣会士利玛窦等人到了中国之后，便对这种看似"荒诞"的理论加以批判，结果引起了欧洲学者的讨论。李约瑟曾推测，"宣夜说"可能是促成欧洲中世纪宇宙模型崩溃的因素之一，并导致了近代宇宙论的兴起。

在中西科技文化交流中，我们不应忽视传教士所介绍的中国植物学、医学对欧洲的影响。在植物学方面，汤执中对中国植物的研究就被进化论的创始人之一法国人拉马克所使用。中医是人类的伟大遗产，包含极其丰富的辨证治病知识。欧洲人对中医的情况，主要是通过来华传教士来了解的。卜弥格在中国传教多年，撰写了许多关于中医和药物学的著作。他曾把荷兰东印度公司医生克勒耶整理出版的《中医示例》译成拉丁文，此书系统地介绍了中国古代的脉学。此论著后来成为英国著名医学家弗洛耶研究的基础。弗洛耶受中医哲理的影响，把脉搏和人体作为一个不可分割的有机体，即通过人体和小宇宙来体现"脉"这样一种思想——脉是小宇宙和谐或不平衡的指示器。1707—1710 年，他在伦敦出版了两卷本的《医生之脉钟》。此外传教士还对中国的种痘术和一些中药材进行了介绍。

综上所述，我们赞同西方学者的结论："公元 1800 年以前，中国给予欧洲的比它从欧洲所获得的要多得多。"①

二、中学西传与中西文明互鉴

17—18 世纪，中学西传曾给西方世界带来巨大影响。

以中国儒学西传为例，利玛窦曾详细描述了中国儒学文化、礼仪和仪式以及科举制度。他首次用拉丁语翻译了儒家的"四书"，为《中国哲学家孔子》一书的编辑提供了参考文本。1687 年，耶稣会士柏应理的《中国哲学家孔子》在巴黎出版，第一次将孔子的生活和工作情况完整地介绍给了西方世界。与此同时，耶稣会士们还出版了各种西方语种版本的《论语》《诗经》《尚书》《仪礼》《孟子》《中庸》《大学》等。当时龙华民等传教士甚至对朱熹及其所代表的宋明理学也有较为深入的认识。中国儒家思想传到欧洲后，迅速成为启蒙思想家的素材并直接影响着欧洲的思想界。正如赫德逊所说，因为 18 世纪欧洲在思想上受到的压力和传统信念的崩溃，使得天主教传教士带回的中国儒家思想在欧洲具有的影响，超过了天主教在中国的影响。

魁奈认为，中国的《论语》是"讨论善政、道德及美事，此集满载原理及德行之言，胜过希腊七圣之语"。法国思想家伏尔泰对中国文化推崇备至，他称赞中国是世界上最优美、最古老、最广大、人口最多却治理最好的国家。在伏尔泰的眼中，孔子甚至比耶稣还伟大。他甚至还幻想建立一种"理性的宗教"，其楷模就是中国儒教。更有甚者，欧洲进步的思想家以儒学理论直接抨击落后而且黑暗的教会封建思想。如法国人培尔高度赞扬中国的宽容精神，批判教会对异己思想的打击和排斥；伏尔泰高举孔子的仁爱精神，批评欧洲中世纪人文精神的自私和狭隘成分；莱布尼茨从宋明理学看到中国哲学的自然理性，并以此为指引走出神学的迷境。

当然，当时西传的中国文化绝不限于儒学。就哲学经典而言，道家的《道德经》，儒、道皆尊的《易经》等也深受欧洲欢迎，莱布尼茨甚至发现了《易经》的许多奥秘。就文学而言，伏尔泰翻译的《中国孤儿》在欧洲引起极大反响。在史学领域，耶稣会士们不但学习和使用《春秋》，还有不少人钻研中国历史，像曾昭德的《中国通史》、卫匡国的《中国上古史》、宋君荣的《中国天文史略》等都是知名著述。在其他一些专

---

① 周一良主编：《中外文化交流史》，郑州：河南人民出版社 1987 年版，第 44 - 45 页。

业领域，甚至像《洗冤录》这样非常专业的中国早期法医学著作也被关注，出现西方流行的版本。张西平先生指出："前后近二百多年，中国宗教和哲学思想、文化传统大规模地、系统地传入欧洲，中国文化成为催生启蒙运动的重要因素。"

中学西传对西方的影响是十分深远的。例如在制度方面，中国的考试制度和文官制度（即科举制度）历史悠久，而欧洲的学校考试至 18、19 世纪才渐趋发达，直到 19 世纪中期，英国才出现了近代化的文官制度。虽然西方文官制度是与资本主义相适应而发生发展起来的，然而西方学界从不否认这是从中国学来的。英国著名学者汤因比指出："实际上现代英国的官吏制度，是依照帝制中国的官吏制度而建立的。同罗马制相比较，中国的这种制度取得了很大的成功。"美国学者斯塔夫里阿诺斯指出："实际上，当时中国的考试制度和儒家伦理观给欧洲留下的印象，较之欧洲的科学和数学给中国的印象要深刻得多。"1983 年，美国卡特总统任内的人事总署署长艾伦·坎贝尔应邀到北京讲学，他说："当我被邀请来中国讲授文官制度的时候，我感到非常惊讶。因为在西方所有的政治学教科书中，当谈到文官制度的时候，都把文官制度的创始者归于中国。"可见，今天的欧美人并不忌讳他们在文官制度的整体设计上曾经向中国学习过。

然而，经历启蒙运动的中国形象，为何从一个 17—18 世纪的"白天鹅"变成了 18 世纪晚期以后的"丑小鸭"呢？关键是欧洲人打量中国的眼光变了，他们的视角从神学上的"相似性"变成了文化上的"对立性"。

18 世纪初，欧洲仍深受神学观念制约，对待包括中国在内的异域文化的态度也在此制约之下。欧洲人虽然认为中国是异教徒之邦，但又坚持基督教的普适性理想，故而试图在中国与欧洲间寻找相似性，并自认为找到了。这种相似性的基础是宗教的相似性，亦即不同地区的人对于上帝有着类似的需要和接受能力，它忽略文化的现实差异，其目的是试图将中国已有的宗教纳入基督教范畴。这种基于基督教普遍主义思想产生的对相似性的认识，在耶稣会士具有特定意图的不断宣传之下更加强化。耶稣会士希望在不撼动中国原有文化的情况下将基督教平稳移植到中国，因此更注意在两者之间寻找可供嫁接的相似之处。他们还要把自己的一整套理念传递给欧洲的宗教赞助者和普通民众，以获取他们对自己做法的支持。结果在相当长时期里，欧洲人完全通过耶稣会士来认识和评价中国，脑子里完全被两种文明的巨大相似性所占据。无论耶稣会士还是欧洲本土的知识分子，一度沉醉于在中国古代宗教中寻找原始基督教的痕迹，在中国的上古史中寻找《创世记》关于人类起源故事的踪影，在汉字中寻找上帝和初民的声音，这一切都是直接在《圣经》的背景下认识中国并彰显中国与欧洲之相似性的努力。流风所及，17 世纪末期的普遍语言或哲学语言理想中即使不着眼于神学的相似性，也难免把汉字作为代表整个人类文字发展过程中初级阶段的符号。但是这种寻找或构筑相似性的努力逐渐褪色，取而代之的是日益强烈地认识到中西文化的差异性和对立性，而这种认识又成为 19 世纪和 20 世纪欧洲人认识中国的起点。

18 世纪中叶发生这种明显变化的原因有几方面。首先，神权的急剧衰落和对教会的强烈敌对情绪致使人们会有意否定与基督教神学有关的种种思想，包括其普遍主义思想。否认中西思想之间的相似性在某种程度上就是对教会权威的挑战。其次，原先极力灌输中西宗教相似性的耶稣会士在时代变局中遭受巨大冲击，他们的失势直接影响欧洲人对他们所塑造之中国形象的重新审视。最后，中西文化本身就有巨大的差异性，18 世纪时两者的社会发展趋势又截然不同，当极力寻找两者相似性的动机解除之后，它们之间的差异自然而然愈发明显。

总之，中国形象发生颠覆性的转变，归根结底是欧洲人看待中国的坐标已经斗转星移，从尊敬古代变为肯定当今，从崇尚权威变为拥戴理性，从谨慎地借古讽今变为大胆地高扬时代精神。因此，中国曾经被作为《圣经》知识体系的从属物而被尊敬，被作为古老文明的典范而被尊敬，但瞬间又因为同样的原因被轻视。

思考题

1. 有哪些中国风物在西方世界流行？
2. 为什么中西文明要互相学习、互相借鉴？

第十二章
冲击与反应：近代中外文化的冲突

教学目的

了解近代西方文明对中国造成的巨大冲击，合理解释中国对西方文明的反应。

重点与难点

了解西方文明冲击中国的内容，了解中国社会的反应，理解中国对西方文明的接受与排斥。

近代西方资本主义与帝国主义将中国推入"强敌环伺"的危险境地，进而带给中华文明以前所未有的大危机与大变动。传统朝贡体系被列强主导的条约体系所取代，传统的多元一体帝国向现代主权国家艰难转型，全球资本主义性质的经济与贸易关系给原本平衡稳定的中国以巨大冲击。在这个向现代化转型的动荡时期，中华文明的社会动员和政治运动都有了新的模式与特征，中外文化交流的内容与形式也发生了显著的变化。

第一节　西方文明对中国的冲击

明代中期，西方近代资本主义与海洋拓殖逐渐兴起，欧洲逐渐掌握全球霸权。西班牙和葡萄牙是第一批建立全球海洋霸权的国家，但在 16 世纪中期开始衰落，荷兰、英国和法国随后成为主要的全球海洋霸权国，并展开了长期的全球争霸斗争。美国、沙俄、德国在 19 世纪开始成为新的重要霸权国家。随着列强纷纷进入亚洲，中国从海路和陆路方向同时感受到越来越大的外部压力。

清政府在两次鸦片战争之后，被迫与英、美、法、俄等国签订了一系列丧权辱国的不平等条约，标志着清朝在东部海洋方向与西部陆地方向遭遇重大失败。西方列强对中国的威胁，并不止来自某一个方向，而是"合围"和"环伺"，进而使中国与周边的传统秩序体系崩坏，由外及内、自周边到中心逐渐瓦解。1900 年，义和团运动失败，八国联军侵占北京，清政府被迫与十一国签订《辛丑条约》，政府税收和京津地区几乎全部被西方列强掠夺与控制，标志着西方列强对中国的瓜分之势和中国半殖民地半封建的社会格局已确立。

一、中国被纳入全球殖民体系

18 世纪英法在海上的争霸，最后以英国取得加拿大和印度的大批领土告终，这使得英国在海外取得了澳大利亚和新西兰，并且稳定地成为中国对外贸易的最大伙伴。但英国一直设想要占领中国沿海一个或数个岛屿，作为永久的居留地和贸易站，因此在1793 年派出以马戛尔尼为首的使团取道南非好望角前往中国北京，到热河承德朝觐清朝乾隆皇帝。使团在热河参与祝寿大典后，向清政府提出 6 项要求，最重要的是允许英商在舟山、宁波、天津通商，将通商口岸广州一处扩充为四处；将舟山附近一岛归英商囤货、经商、居住；在北京设货仓。这些要求遭到清政府的拒绝，使团在 1794 年 1 月离开。

马戛尔尼与 1815 年出使中国的阿美士德一样，都没有达到他们预期的目的。然从马戛尔尼开始，英国政府派遣的调查团，利用访华时机在中国沿海收集社会、商务、资源、航运和军事情报，得到的结论是：中华帝国只是一艘陈旧不堪、处于风雨飘摇中的巨舰，所幸它靠着一些精明的军人掌舵，才能维持现状，不至沉没。这个在中国考察的使团最后回国时到了有 4 000 名葡萄牙人居住的澳门，非常羡慕这块只有 8 平方英里的土地，居然使葡萄牙人发了大财，造起了许多奢华的建筑物。使团在澳门会集，带着价值 300 万英镑的货物，从广州返回英国。

马戛尔尼使团带到北京的礼品，既像一次科学仪器展览，又更像是工艺技术展览会的陈列品。除了天体运行仪、高倍天文望远镜和自鸣钟之外，还有圆形照明灯、羊毛制品、棉制品和钢铁制品，铜炮、榴弹炮、毛瑟枪、连珠枪、拥有 110 门重炮的英国最大兵舰的模型，以及无数反映英国城市和自然景色、人物风光、海战、陆战的精美图片，意在提醒"在科学领域大大落后于欧洲的中国人"，以期他们能在双方之间有一个比较。

英国使团访华旨在谋求中英贸易关系的深入发展，自恃已成为海上一等强国的英国碰壁之后是不达目的决不罢休的，因此在半个世纪后，终于利用走私鸦片的机会，挑起了战争，借机强占香港。鸦片战争的起因是，以钦差大臣林则徐为首的禁烟派在 1839 年奉谕旨严令禁止鸦片贸易，收缴鸦片后在虎门将鸦片悉数焚毁，要求外商船只"永不夹带鸦片"，这一行动触怒了鸦片贩子和英国政府。英国舰队在 1840 年 7 月北上进攻厦门、定海。定海失陷后，道光帝害怕英国兵舰北上天津白河口，改派琦善到广东议和，将林则徐革职。1841 年 1 月英军占领珠江口的大角和沙角炮台，迫使琦善答应向皇帝请求将香港割让给他们"泊舟寄居"。谈判进行中，英军强行在香港登陆，从此就未退出。不久中英双方正式宣战，虎门失陷。厦门、定海、宁波、上海相继落入英军之手，英军进入长江，攻占镇江。1842 年 8 月中英《南京条约》正式签订。条约规定，开放广州、福州、厦门、宁波、上海五处为通商港口，割让香港，赔款 2 100 万银圆。自此以后，中国走上了列强入侵、割地赔款、丧失利权的屈辱道路。

第一次鸦片战争开放的口岸，只限于长江以南的东南沿海四省。1857 年英、法两国借口保护传教，出兵集中香港，在 12 月攻占广州后，引兵北上。1858 年 4 月，英、法、美、俄四国公使率舰队侵入天津郊外。6 月，清廷与四国分别签订《天津条约》，确定外国公使常驻北京，增开 10 个口岸，准许外国商船、军舰驶入长江各口。英法联军强行进入白河，双方在大沽口激战，1860 年 9 月联军攻占北京城外的圆明园，纵火焚毁这座皇家园林。清廷与英、法签订《北京条约》，承认《天津条约》有效，增开天津及登州、牛庄、潮州、琼州、淡水、汉口、九江、南京、镇江等地为通商口岸，中外通商范围扩大到沿海和长江中下游。香港岛对岸的九龙司辖地亦被割让给英国，归属香港。1895 年中日《马关条约》又增开沙市、重庆、苏州、杭州为商埠。开放的商埠中又陆续出现了租界，西方发达国家利用各种特权，在这些前沿阵地上发展资本主义经济，中国也开始走上近代化的道路。在商埠逐渐成长、壮大的过程中，租界所提供的西式文明，对于中国现代城市的兴起起到了示范作用。租界的面积常常在列强的胁迫下出现扩展趋势，北方的天津、长江口的上海，这两个城市的租界成为现代城市的起点。

自清初开放海禁后，广州就是雄踞一方的商埠，除了中国沿海的航线以外，与马六甲海峡、马尼拉和菲律宾诸岛的海道亦有密切联系，足以跨越太平洋、印度洋、大西洋，和全世界沟通起来。1846 年，一艘名为"耆英"号的中国帆船，在英人凯莱指挥下，带着一批英国人和中国人，从广州启程，绕过好望角，越过大西洋，抵达纽约，继而又从纽约越洋，在 1848 年 3 月抵达英国格林尼治，一共费时 17 个月。这是在郑和时代之后，中国帆船重新横越大洋，在亚、美、欧三洲之间作穿梭航行。

二、中国被纳入世界经济体系

区域规则的巨变也引起了经济上"数千年未有"之变化。国际经济循环逐渐成为影响中国经济的主导要素。这种变化始于鸦片战争之前，其中最为突出的便是 18 世纪后期凸显的白银问题。清朝试图以工业化解决这一问题，但鸦片战争之后，英、法、美等国企业逐渐垄断中国进出口贸易，深度压缩中国工业的空间，中国工业化在不平等的全球资本主义体系中艰难生长。

中国日益卷入世界经济给自身带来的变化是系统性的，随着新航路的开辟和西方人的东来，中国与西方国家之间的贸易量大幅上升。18 世纪，随着茶和丝绸等物品的出口，白银大量流入中国，在中国经济中逐渐拥有了一种决定性的影响力。但是，中国本身的白银产量很少，于是日益严重地依赖国际贸易，更为重要的是，由于清政府几乎没有货币主权的意识，不仅对明朝货币放任流通，而且对国内国外私币以及私人发行的银、钱票未加管制，这使得国际白银市场的波动在鸦片战争之前已经对中国白银供应和价格形成决定性影响，从而深刻影响中国经济、社会和政治。

对货币经济缺乏经验的表现之一是，晚清不遵循现代国家垄断货币发行权之通例，放任私人供应以支付赋税或完成跨省大规模交易的银锭或银圆，而政府只负责大部分用于地方小额零售交易的铜钱。随着商业发展的需求，白银的需求量逐渐增加，但区域内白银的供应不及所需。18 世纪 70 年代日本等国的政策改变，中国从亚洲进口白银的渠道基本关闭，依赖英国等欧洲国家输入拉美白银，为 19 世纪中国白银供给和价格的剧烈波动埋下伏笔。

先是在 19 世纪上半叶，近 4 亿白银因鸦片进口流到国外，出现了银贵钱贱的危机，并引发了严重的社会问题，是太平天国运动爆发的重要成因之一。清政府并未从银贵钱贱危机和鸦片战争的失败中发现货币主权的重要性，其银锭和银圆铸造一直依赖于商人，仍然没有像当时的印度和日本那样由政府制造，这使得政府很大程度上丧失了铸币权。"天下之权者在商贾市井"，从而使晚清中国政府力量与社会商业力量之间逐渐失衡，到太平天国运动爆发，清政府的货币体系走向彻底紊乱的局面，在财政与货币双重危机的压迫之下，清政府于咸丰三年（1853）实施货币改革，开始发行面额大小不同的大钱和钞票。因为准备空虚，发行太滥，官吏于收钱放钞时又自毁信用，这一改革完全失败。此后中央权力式微，各省渐多各自为政，这种状况持续到 20 世纪 30 年代国民党政府发行法币，一直未有大的改观。

与货币体制同样命运的是中国早期工业化的进程。西方列强通过系列殖民战争打开中国大门，其工商业资本由此长驱直入，中国经济更进一步卷入全球资本主义经济体系中。这一态势，一方面使中国薄弱的工商业面临严峻挑战，另一方面促使清政府逐渐改变以往重农抑商的政策，开始通过国家力量推动工业化进程。

鸦片战争后，通过抑制商业资本来进行社会心态调节的传统政策已经基本失去效用，清政府不得不寻找中国工商业发展的道路，以在西方列强工商业冲击下取得一定的主动权，这意味延续千年的重农抑商传统面临深刻调整。1862 年，曾国藩便在一封信中指出西方"商战"的存在，"商鞅以耕战""西洋以商战"，提示了中国以"商战"相应对的必然性。

第二次鸦片战争之后，西方工商业对中国各业的冲击已经充分显现，一部分清朝官员和知识分子呼吁"自强"，这一时期工业化发展的首要动因，来自镇压太平天国起义的战争需要，以及抵抗外侮的潜在财政诉求。满族官员和汉人督抚开始筹办洋务，开办江南制造总局、天津机器局、汉阳枪炮厂等兵工厂，制造枪炮船舰，开采矿产，并开办学校、翻译西书、送大批学生出洋留学等。这种军事需求推动的工业化进程催生了官督商办和官商合办的观念及实践。官督商办针对的是五口通商之后西方商人垄断中国外贸的形势，试图以官督之力争取收回利权，减少中国商人在竞争中的劣势。

由于财政困难和技术匮乏，此一阶段的工业化进展缓慢。1884 年中法马尾海战，福建水师覆灭；1894 年黄海海战和威海卫之战，北洋海军覆灭，更宣告晚清自强运动的彻底失败。不过，自强运动过程中形成的工业化和振兴商业的意识并未被放弃，而有进一步发展的趋势。

1900 年之后，出现了许多筹集资本创办私人公司的现象。大城市的商人开始组织商会，并举行抵制外货等运动。外国控制中国工业的问题引起了广泛的关注，从外国公司手中收回铁路财政和建筑权利的运动也开始兴起。郑观应、张謇是晚清士大夫从事实业的代表人物，他们呼吁实业强国，并主张裁撤厘金，改革关税，以利于实业积累资本，扩大经营。

辛亥革命之后，孙中山重视工业，尤其重视铁路的修筑，主张在主权完整的前提下，全面利用外资。由于时势所限，他的这一主张实践推进甚微。第一次世界大战期间，由于西方各国忙于战事，中国工商业发展曾出现短暂的"黄金时期"，但在"一战"结束之后增长迅速终结。这一事实显示，西方工商业在帝国主义殖民力量和不平等条约支持之下，对中国拥有宰制性地位，中国工业化的进程步履艰难。

第二节　中国社会对西方冲击的反应

清朝在 1840 年爆发的鸦片战争中失败，被迫签订丧权辱国的《南京条约》，中国近代的巨变由此纵深展开。此前，从事海洋探索的葡萄牙人首次在 1514 年到达中国南部海滨。此后的三百余年间，西方力量陆续抵达东方，中国知识分子也已经朦胧意识到巨变的来临。而鸦片战争是真正让中国人清晰地意识到"数千年未有之变局"的第一个重大事件。这些巨变意味着中国历史中最为深刻的挑战，它成为诸多中国知识分子一生思考、著述、行事的基本背景，也是此后一代又一代志士仁人所面临的基本问题。

一、对全盘西化的否定

中国著名历史学家周一良先生对通常意义上的文化作了这样的概括：

一般说起文化，就想到哲学、文学、美术、音乐以至宗教等主要与精神文明有关的东西，这可以说是与政治、经济相对而言的狭义的文化。其实，政治生活中的典章制度，经济生活中的生产交换，社会生活中的衣食住行、婚丧嫁娶等风俗习惯，以及与衣食住行有关的物质条件如生产工具、服饰、房屋、饮食、车船等等生活用具，也莫不都是一个民族通过长期劳动和经验所取得的精神的或物质的成就，是人们体力和脑力劳动的结晶，应该说是广义的文化。①

此外，他还提出了一个新概念——深义的文化，认为那是狭义文化和广义文化之外的又一层次，是一个民族文化中最为本质或最具特征的部分，是民族精神的结晶，是近乎民族性的东西。他的观点是：要了解一个民族，只了解它的政治经济制度是不够的，只通晓它的历史语言也是不够的，更重要的是要了解它的文化——不仅了解其狭义、广义的文化，还要了解其深义的文化，即一个民族的灵魂深处。深义的文化不像狭义、广义文化那样可以很容易地移植引进，但人们却可以通过交流学习，加深彼此的认识和理解。

纵观历史上的中外文化交流，我们能看到有许许多多的途径。官方派遣使节、学生、乐舞团体，赠送各种礼品及书籍，是一条常见的渠道。除此之外，宗教和贸易也是两条重要途径。比如耶稣会士东来，除传教外，同时带来了当时西方的数学、天文学、

---

① 周一良主编：《中外文化交流史》，郑州：河南人民出版社 1987 年版，第 2 页。

地理学等多门学问和工艺技术。利玛窦和卫礼贤初来中国时都自信用宗教便可普度中国人的灵魂，到中国后却为几千年的中华传统文化所倾倒，最终成了中国文化的积极传播者。

在中外贸易往来中，精神文明产品也是历代商人经营的对象。比如中国唐代诗人白居易的诗歌，为朝鲜人和日本人所喜爱，唐朝商人甚至伪造白居易的诗作以图利。明清时代，赴泰国的中国商人谈论《三国演义》，引起泰国人对这部古典名著的兴趣，于是产生了好几种泰文译本。清代中国商人贩运货物到日本，其中就有大批的图书。凡此种种，都说明商人贸易与文化交流密切相关。

除了上述三个途径之外，文化交流也还有特殊的渠道，那就是战争与掠夺。战争造成的文化交流机会，出乎人们的意料。13世纪，成吉思汗及其后世蒙古大汗曾三度西征，客观上意外起到了沟通中西交通、促进中西文化交流的作用。公元751年，唐朝大将高仙芝的军队与大食军队大战于中亚怛罗斯，兵败致使大批士卒被俘。被俘兵士中有不少造纸工匠，于是中国的造纸术便传入了阿拉伯世界，进而传向欧洲。中国与拉丁美洲的接触与交流，则是16世纪末西班牙殖民者占据马尼拉，控制了它与墨西哥的海上商业往来造成的。类似的情况在世界历史上并不鲜见。

应该说，世界各国的文化，都是在与他国的相互交流与交融中不断发展起来的。但是鸦片战争之后情况就不同了，外来的西方文化对于中国人来说，是性质完全不同的文化，既新鲜又陌生，其所引起的心理震荡是可想而知的。

最初，面对西方文化的挑战和强行输入，绝大多数中国人采取的是排斥与拒绝的态度。当主体文化受到外来文化的冲击时，这种态度的产生可以说是一种必然。对外来文化，本土文化需要有一个认识过程，也可以说，外来文化要经过本土文化的主观选择才可能被接纳、被吸收。中西文化性质各异，更何况中国传统文化是一个历史悠久、积淀深厚的文化系统，因此当西方文化汹涌而至的时候，中国人所持的最初态度只能是排斥与拒绝。

例如利玛窦在广东肇庆传教时，曾绘制过一张世界地图，他有意把中国安排在地图的中央。对于利玛窦等外国传教士所进行的域外地理知识传播，除徐光启、李之藻等少数知识分子乐于接受外，许多学者都半信半疑，甚至有人斥之为"邪说惑众"。明清之际，对于某些域外游记，如谢清高的《海录》、樊守义的《身见录》等，封建士大夫们都视作"异闻"。

在鸦片战争以后的一段时间里，对西方文化持全盘否定态度的人，有社会下层人士，有官僚中的保守派，还有一些缺乏远见的儒生。社会下层人士因为深受洋人之害而急于复仇，保守派要维护自己的利益和地位，排斥外来文化的儒生们对传统文化得心应手，而对西学则有一种恐惧心理。总之，源于对外敌的仇恨，排斥与拒绝西方文化，是这一时期中国人心理的真实写照。参加并领导了"五四"爱国运动的革命家李大钊，对中国近代史上的义和团运动做过这样的分析："义和团虽发生于仇教的心理而于西洋人的器物一概烧毁，这都含着经济上的意味，都有着几分工业经济压迫的反动，不全是政治上、宗教上、人种与文化上的冲突。"这个分析，应当说是相当精辟的。

19世纪60—90年代，洋务派官僚进行了一系列与资本帝国主义有密切联系的军事、政治、经济、文教以及外交方面的活动，历史上称为洋务运动。洋务运动的中心内容是以"自强"为目标的"练兵制器"活动和以"求富"为理想的经济活动，其指导思想是"中学为体，西学为用"。所谓"中学为体，西学为用"，意思就是以维护中国传统的封建主义"旧学"为一切政治、文化、教育的主体，特别是以维护儒家的"三纲五常"作为一切政治的中心，在这样的大原则下，可以用"西学"。"中体西用"论贯穿了洋务运动的始终。洋务派是由一些坚持中国传统文化同时又认识到了西方威力的封建官僚构成的一个社会群体，这些人自身的社会地位决定了他们不可能全方位地接受西方文化。洋务运动的封建本位，断送了洋务运动自身。1894年爆发的中日甲午战争最终使洋务运动难以为继。洋务运动虽然没能使中国走向富强，但在文化方面却产生了不容忽视的效果：它奠定了中国近代文化的物质基础，揭开了中国近代新的生产方式产生的序幕，它承认中学的不足和西学的功用，为西方文化进入中国打开了一条通道，它使中国人的思想观念发生了变化，逐渐淡化了对西方的恐惧，同时也深化了对中西文化关系的认识。

发生于1919年的五四运动，既是一场反对帝国主义和封建主义的革命运动，也是一场彻底地反对封建文化的新文化运动。主要领导人陈独秀主编《新青年》杂志，竖起了"民主"和"科学"两面旗帜，对传统文化提出了诸多质疑。一些激进知识分子由此开始全面转向西方以寻找出路，于是到20世纪30年代，有人提出了"全盘西化"的口号，其代表人物胡适就主张："只有一条路，必须承认自己百事不如人，不但物质机械不如人，不但政治制度不如人，并且道德不如人，知识不如人，文学不如人，音乐不如人，艺术不如人，身体不如人。"他认为，中国的唯一出路是"死心塌地地去学人家，不怕模仿……不要怕丧失我们自己的民族文化。"陈序经认为："百分之一百的全盘西化，不但有可能，而且是一个较为完善较少危险的文化的出路。"

然而这种看法一直遭到社会各界的反对。梁启超早在1920年游欧回国后发表的《欧游心影录》一书中，就认为中国不应该盲目仿效"病态"的西方物质文明，而应该发扬光大本国固有的精神文化，以担当起重建世界文明的使命，从而提出中西文化"化合"说。梁漱溟在济南的演讲《东西文化及其哲学》，认为中国文化不仅在精神上优于西洋文化，就其终极发展而言，也无悖于现代的要求，全世界都将走"中国的路，孔家的路"，未来的文化就是"中国文化之复兴"。1935年，十位知名教授联名发表《中国本位的文化建设宣言》，强调要加强"中国本位的文化建设"、主张以中国传统文化为本位、为主体，建设现代国家，以增强民族自信心，对西洋文化要"吸收其所当吸收，而不应以全承受的态度，连渣滓都吸收过来"，旗帜鲜明地反对"全盘西化"主张。

"全盘西化"在中国实际上是行不通的，因为它违反了文化交流的客观规律。每一个民族和每一个国家的文化，都是在特定的种族、自然、地理、历史等各种条件下逐渐形成和发展起来的，它包含着这个民族和国家特有的民族心理、价值观念和文化积淀，显示着特有的民族性。外来文化只有与输入国的国情和民族性相结合，只有与输入国的传统文化保持既有区别又相融合的关系，才能得以传播并最终被吸纳、被接受。"盲目排外"没能阻止西方文化潮水般源源涌入；"中体西用"冲击了中国传统的社会结构和思想结构，但有其明显的局限性；"全盘西化"则把"西学"和"中学"完全对立起来，不利于文化的交流与交融。

二、对西方文化的融会

不可否认的是，近代西方文化确实对中国社会产生了巨大影响。近代西方文化曾推动了中国传统文化向现代化迈进，这表现在政治、经济、文化、教育以及社会风习等各个方面。

政治上，就像毛泽东在《论人民民主专政》一文中曾经指出的那样："自从 1840年鸦片战争失败那时起，先进的中国人，经过千辛万苦，向西方国家寻找真理。洪秀全、康有为、严复和孙中山，代表了在中国共产党出世以前向西方寻找真理的一派人物。"太平天国运动（1851—1864）是一场反对清朝封建统治和外国资本主义侵略的农民战争，是一次农民救国的探索和尝试。太平天国领袖洪秀全从西方基督教的教义中得到启示，从而形成了自己改造中国的思想体系。戊戌变法（1898）是资产阶级改良主义的维新运动，它以西方资产阶级天赋人权理论和民主政治制度为信条，企图通过自上而下的政治经济改革发展中国的资本主义。辛亥革命（1911）是中国资产阶级领导的旧民主主义革命，它推翻了腐败的清王朝，结束了在中国持续了两千多年的封建专制制度。五四运动（1919）是在舶来的"民主"与"科学"的旗帜下兴起的，在政治上和思想上给了封建主义以沉重打击，在中国形成了一次思想解放的潮流。

经济上，鸦片战争后，农民和手工业者纷纷破产，为中国资本主义近代工业提供了劳动力，中国的民族资本主义工业开始兴起；中国在甲午战争中的失败以及《马关条约》的签订，震动并刺激了社会各阶层。有志之士提出了自办铁路、开采矿产、建立工厂以"抵制洋商洋厂"的主张，目的是通过发展资本主义工业挽救民族危亡。辛亥革命前夕，中国的民族工业已经有了一定的基础，至第一次世界大战期间，又得到了进一步的发展。

文化事业上，书籍、报刊大量出版发行。书籍、报刊本是西方文化向中国传播的载体，而西方文化的大规模传播又促进了出版和报业的发展。除了外国人经营的报刊外，这时已有了不少中国人经营的报刊。

西方文化对中国教育事业的影响，主要表现为新式学校的创办。鸦片战争后，更多的外国传教士来到中国，他们除传教外，大多兼办教育。比如 1844 年，英国人就在宁波开设了中国最早的教会女子学校；1845 年，美国长老会也在宁波建立了一所学校，该校于 1867 年迁往杭州改为育英书院，后来发展为之江大学。到 1877 年，基督教会在中国开办的学校达 350 所。洋务运动时期，为培养"西文"人才，洋务派设立了京师同文馆、上海广方言馆、广州同文馆、湖北自强学堂等；为培养"西艺"人才，洋务派开设了一些专业技术学校和军事学校，如上海江南制造总局附设的机械学校、福州马尾船政局附设的船政学堂、天津水师学堂、天津武备学堂、广东陆师学堂、广东水师学堂、上海电报学堂、天津军医学堂、南京陆军学堂等。甲午战争后，清政府创办了一些新型的公立普通学校，其中比较著名的有 1895 年在天津创办的西学学堂（后为北洋大学堂）、1897 年创办于上海的南洋公学（后为上海交通大学）和 1898 年创办于北京的京师大学堂（后为北京大学）。1905 年清政府废止科举后，特别是民国成立后，新式学校教育便在全中国范围内发展起来了。

中国传统的社会风习因受西方文化的影响，也有了多方面的改变，比如服装、冠冕、发式和礼仪等。受西方妇女解放运动的影响，中国妇女的地位开始逐步改变。康有为、梁启超、谭嗣同等维新派人物以及翻译家严复，都是妇女解放的积极倡导者，他们提出了许多改变妇女境遇与地位的主张，如不缠足、兴女学、婚姻自由等。1882 年，康有为就在广东发动女子组织"不缠足会"，不久，上海也出现了类似的组织——中国天足会。梁启超在他宣传变法的重要文章《变法通议》中，尖锐批评女子缠足"毁人肢体，溃人血肉"。严复认为，禁止缠足是妇女自立、自强的前提，而妇女的自立自强，又"为国政至深之根本"。1903 年，上海的中国天足会还出版了报纸，向民众进行不缠足宣传。1902 年，蔡元培在上海创办爱国女校，这是中国人自己办的第一所女子学校。学校向学生传授新的文化知识，灌输爱国思想。在办女校的同时，人们又重新提出了女权问题。上海出版了由女性创办的《女苏报》和《女学报》，接着，又有人创办了《女子世界》杂志，并出版了以宣传女权为中心内容的《女界钟》一书。1907 年，资产阶级女革命家秋瑾在上海创办《中国女报》，宣传妇女解放。她写诗撰文，反对包办、买卖婚姻，主张婚姻自由、男女平权，号召女子走出家门就业。辛亥革命中，不少先进妇女直接参加了推翻清朝的实际斗争，英勇异常。

西方文化不仅影响了中国社会，还对中国人的思想观念和思维方式产生了重大影响，改变了传统中国人"崇古薄今""重农抑商"等旧观念，代之以"人格独立""商业富国"等新观念。严复所译赫胥黎《天演论》的出版，最早使进化论学说被系统地介绍到中国，令中国人大开眼界，耳目一新。进化论因此成了资产阶级维新运动的理论基础。一时间，"物竞天择""适者生存""优胜劣败"等成了时髦词语。严复将英国哲学家穆勒的《逻辑体系》译为《穆勒名学》出版，该书是以介绍归纳逻辑为主的传统逻辑学名著。严复在该书"按语"中提出了自己的逻辑观点，促进了逻辑学在中国的落地生根。

近代西方的殖民运动，说明文化交流并非永远莺歌燕舞，中国文化在面临强势竞争时，也凸显出自身的不足之处，说明了中国学习、吸收外来文化的重要性。正因如此，19世纪以降的中外文化交流，愈加频密且深入，东方与西方已经形成深度融合、不可分割的关系。

马克思的"双重使命论"认为，殖民主义的含义包括了两个方面：一个是破坏性的使命，即消灭旧的亚洲式的社会，殖民侵略破坏了殖民地国家和地区原有的生产关系。另一个是建设性的使命，西方国家在其殖民侵略的过程中，也为落后的殖民地带来了先进的资本主义生产力，为殖民地的社会发展开辟了一条新道路。在波澜壮阔的近代中外文化交流过程中，西方充当了这种不自觉的历史工具，为中国走出历史迷雾提供了外部条件。

❋ 思考题

1. 西方文化对近代中国产生了哪些冲击？
2. 如何看待殖民体系对被殖民国家的影响？

第十三章
吸纳与转化：中国对西方文化的借鉴

教学目的

了解中国对西方文化的分辨与吸收，理解中国人民选择自身发展道路的正义性和正当性。

重点与难点

本章重点在于了解中国学习西方制度的主要内容，了解中国学习西方思想的杰出人物，理解中国道路的形成过程。

难点在于通过梳理中国不断鉴别、吸收西方近代文明，逐步探索出中国道路的历史进程，充分理解中西文明互鉴的历史意义和现实价值。

在西方资本主义科技、文化和价值观念浪潮的冲刷下，中国知识分子曾对儒家文化所倡导的伦理与价值观产生了动摇与犹豫，也曾对西方科学技术和思想文化进行过质疑与否定。"师夷长技以制夷""中体西用""物竞天择、适者生存"等口号，代表了近代中国人对西方思想文化的艰难取舍。在经历了肯定—质疑—否定—再肯定的往复循环、艰难挣扎的痛苦历程后，在自由主义、保守主义、马克思主义的思想比较和文化争鸣中，中国最终选择了马克思主义道路。

第一节　中国逐步学习西方文化

现代西方文明的到来，首先冲击了中华文明的"夷夏之防""华夷之变"等传统观念。中国的民族国家观念在反对西方国家侵略的过程中逐步形成，传统国家治理手段也逐步向现代国家治理手段过渡。从总理各国事务衙门到外务部，从八旗绿营到现代新军，从君主专制到君主立宪乃至民主共和，中国逐步具备了现代国家的观念、结构和形态，在制度和思想层面发生了翻天覆地的变化。

一、学习西方制度

1860 年，清政府分别与英、法、俄签订了《北京条约》，同意《天津条约》的一切条款，中国的沿海及长江基本上对外开放，外国人在中国获得了内陆旅行和传教的自由。一方面，公使驻京和租界的出现，更加便利了中西方文化的沟通与交流；另一方面，中国的统治者和知识界从战败中看到了中国在各方面的差距，开展了一次学习西方的运动。在这样的背景下，中西方文化的交流更加频繁，形式更加多样化。

1. 创办外语学校

要与外国来往交涉，首先得了解对方，而了解的前提，是懂得外国语言和文字。开办外语学校的问题首先摆在中国人面前。19 世纪 40 年代，魏源曾在《海国图志》一书中提到学习外语的问题，但并未引起足够的重视。第二次鸦片战争期间，时任翰林院编修并在大沽帮办军务的郭嵩焘正式向皇帝提出了开办外语学校的问题。他建议清政府，让两广总督、两江总督、黑龙江将军等在其所辖之地，推荐通悉外国文字之人，送到北京教授外国语言和文化。

然而由于当时战争紧张，清政府无心顾及此事。1860 年，停战谈判和条约签订的问题，迫使清政府不得不立即考虑培养外语人才。主持外交事务的奕䜣在战争一结束，就上折请求开办同文馆。他奏请开办的主要理由是："欲悉各国情形必先谙其言语文字，方不受人欺蒙。各国均以重资聘请中国人讲解文义，而中国迄无熟悉外国语言文字之人，恐无以悉其底蕴。"① 奕䜣的奏请很快得到朝廷的批准。随后，奕䜣与英国公使威妥玛进行接触。威妥玛推荐英国传教士包尔腾任英文教习。为了防止外国教习趁机传教，总理衙门与威妥玛言明"只学语言文字，不准传教"，同时命汉文教习暗中监督。1862 年 6 月，同文馆终于在总理衙门中正式开课。

同文馆先有英文馆，第二年起加设法文馆、俄文馆，1871 年又添设德文馆。1876 年馆中正式规定，除了学习英、法、俄、德等外语，学生要兼习数学、物理、化学、天文、航海测算、万国公法、政治学、世界史地、译书等课程，但规定仍强调"以洋文、洋语为要"。这一变革，使同文馆由先前单纯的外语学校，变成以外语为主、兼习多门新学的综合性学校。同文馆的 8 年制课程，"首年：认字写字、浅解辞句、讲解浅书；二年：讲解浅书、练习句法、翻译条子；三年：讲各国地图、读各国史略、翻译选编；四年：数理启蒙、代数学、翻译公文；五年：讲求格物、几何原本、平三角、弧三角、练习译书；六年：讲求机器、微分积分、航海测算、练习译书；七年：讲求化学、天文测算、万国公法、练习译书；八年：天文测算、地理金石、富国策、练习译书"②。由此可见教学内容十分丰富。在同文馆存在的 40 年中，先后聘请过 54 名外国人担任英文、法文、德文、日文、化学、天文、医学等学科教习；聘请过 32 名中国人担任中文和算学教习。

几乎与京师同文馆设立的同时，江苏巡抚李鸿章亦奏请在上海设立类似的学校——上海广方言馆。稍后，清政府也命令广州将军仿照办理，表明清政府对沿海各地外语人才培养十分重视。上海广方言馆于 1863 年 3 月正式开馆，招生 40 名，学制 4 年。广州同文馆于 1864 年 6 月正式开馆，学生数额 20 名，学制 3 年。这些早期的外语学校毕业生也确实出了不少人才，尤其表现在外交领域。陆征祥、唐在礼、胡维德、刘镜人等近代外交人才均出自同文馆，为中外文化的交流沟通做出了巨大贡献。

2. 派遣留学生

中国公派留学生始于洋务运动期间的 1872 年，出大力者为曾国藩和李鸿章，但最初提议者却是从美国归来的容闳。容闳有"中国留学生之父"的称号。容闳为广东人，1828 年出生于距澳门很近的香山县南屏村（今珠海市南屏镇），少年时因家贫读不起私塾，前往澳门所办的教会小学读书，后又转入马礼逊学校就读。当时主持校务的是毕业于美国耶鲁大学的传教士布朗夫妇，1847 年布朗夫妇因身体不佳回国，容闳及另外两名学生因与布朗夫妇关系密切跟随前往。在美国，容闳先入美国马萨诸塞州的芒森学院学习，后考入耶鲁大学。1854 年，容闳从耶鲁大学毕业，成为第一位在西方国家留学

---

① 舒新城编：《中国近代教育史资料》（上册），北京：人民教育出版社 1981 年版，第 115 页。

② 陈学恂主编：《中国近代教育史参考资料》（上册），北京：人民教育出版社 1986 年版，第 31 页。

并获得正规毕业文凭的中国人。

容闳毕业后回到中国，曾在香港高等审判厅和上海海关任职，因受英国人排斥而辞职，后被两江总督曾国藩赏识，招为幕僚。他建议曾国藩一方面开办一些机器厂，推进中国的工业化，另一方面举办公派留学，培养洋务运动急需的现代人才。1872 年，曾国藩上奏朝廷请求批准容闳提出的公派留学计划，并在上海设立留学招生局，委任容闳负责办理，从上海、宁波、福州、广州等处挑选 13 ~ 20 岁的聪慧幼童参加选拔考试。第一批只勉强招到 30 人，且其中大多数都是香山人，说明当时人们对留学之途的疑惑畏惧是多么强烈。

1872 年 7 月，容闳先期一个月赴美，为留美学童安排住宿。容闳在纽黑文拜访了耶鲁大学教授詹姆士·哈德莱，并通过他的介绍，与康涅狄格州教育部门取得了联系。同年 8 月，第一批学童在监督陈兰彬、教习容增祥等带领下启程赴美。这些留学生最大者 16 岁，最小者 10 岁。根据年龄，他们在经过最初的家庭英语补习之后分别进入中学和小学学习。生活依然由美国居民照料，主人大多为基督徒，对幼童们的关怀无微不至。幼童在这些家庭里生活就如同在自己家里一样无拘无束，自由自在。后来成为中国第一位铁路工程师的留美学生詹天佑在回国后写给美国房主兼老师的信中说："当读你的信时，我忆起过去和你共处的日子，我们在你的院子里尽情欢笑，在你的住处欣赏美丽的黄昏。"在美国友人的大力帮助下，中国幼童的学业成绩大多在就读学校中名列前茅。许多人在中学毕业后进入耶鲁大学、哥伦比亚大学等美国名校深造。以詹天佑为例，他在纽黑文中学时学习成绩就十分突出，考入耶鲁大学土木工程系后多次获数学考试第一名，两次获数学奖学金。美国《纽约时报》曾以十分赞赏加羡慕的笔调写道："中国幼童均来自良好高尚的家庭，经历考试始获甄选。他们机警、好学、聪明、智慧。像由古老亚洲来的幼童那样能克服外语困难，且能学业有成，吾人美国子弟是无法达成的。"

但陈兰彬等保守分子却认为留学生的生活大逆不道，无法容忍，多次向国内报告，并建议停止此项留学计划。1878 年，清政府及李鸿章复因美国政府拒绝中国学生进入军事学校就读而下定决心"撤学回国"。至 1881 年，清政府命令留美学生全部撤回中国。

这批留美学生日后大都成为中国各个领域的骨干力量。据统计，这批留学生中从事工矿、铁路、电报业者有 30 人，其中矿师 9 人，工程师 6 人，铁路局长 3 人；从事教育事业者 5 人，其中大学校长 2 人；从事外交、行政者 24 人，其中领事代办以上外交官 12 人，外交总长 1 人，内阁总理 1 人；从事商业者 7 人；从事海军者 20 人，其中海军将领 14 人。他们在中国走向现代化社会的过程中，发挥了"向导"和"纤夫"的双重作用。更具历史意义的是，容闳开办的留学教育开创了中国培养人才的新途径。由于这一途径绕开了洋务派学堂的模式直接与西方文化接轨，西方科学文化更迅速地传入中国。

3. 派遣驻外公使

1858 年的中英、中法《天津条约》都有双方可以互派使节驻京的条文，但清政府在签字以后并未派使出洋。总理衙门成立后向皇帝提出了遣使一事，但由于当时找不到合适的人选，事情又被搁置了几年。至 1875 年 8 月，清政府终于挡不住英国的一再要求，派遣郭嵩焘为中国驻英公使，后又兼中国驻法公使。郭嵩焘驻欧是清政府派遣常驻各国使节的开端。同年 12 月，又派陈兰彬为驻美兼西班牙、秘鲁公使，容闳为副使。其后逐年增加派驻国家。至清末，公使派驻国达 14 国，即英国、法国、德国、美国、意大利、俄国、日本等，分别由 10 个公使担任。

在中国早期派驻外国的使节中，郭嵩焘是比较杰出的一位。郭嵩焘生于 1818 年，与魏源是同科进士，先后担任过翰林院庶吉士、编修、广东巡抚、福建按察使等职务，并参加过抵抗英法联军和镇压太平军的战争，是清政府高级官员中接触外事较早、思想较为开放的一个人物。正因如此，他被任命为中国第一位驻外公使，被派往英国伦敦。

郭嵩焘于 1876 年底从上海出发，1877 年 1 月抵伦敦，至 1879 年 1 月离英回国，驻英两年。作为亲赴西方国家的高级知识分子，他对西洋政教的考察和研究在近代中西文化交往史上占有重要的地位。他的思想转变是中国现代化运动早期极具历史意义的一件事。

郭嵩焘在欧洲的文化交往活动可分为几个方面：首先，他考察了以议会民主和自由选举为特征的西方民主政治的现状和历史，接触了以亚当·斯密为代表的资本主义经济理论和英国资本主义发展实际情形，对"中国秦汉以来千余年"的封建专制主义提出了批评。其次，郭嵩焘在欧洲参观了许多学校博物馆、图书馆、实验室等文教设施，看到了"教化"在建设现代文明中的关键作用，认为"欧洲各国日趋于富强，推求其源皆学问考核之功也"。因此，他在伦敦致信李鸿章，建议在坚船利炮之外，扩展洋务的范围，增加教育的分量，要在通商口岸广设学馆，一边学习外国语言文字，一边学习外国实用之学，而后遣赴外洋，从根本上近距离地研究西方。另外，郭嵩焘还考察了西方的历史文化，对中西政治哲学、伦理观念及民情风俗做了一定的比较研究。他的日记中常常有大段文字，记述西方国家的文明史与文化圣贤，如苏格拉底、柏拉图等人。

郭嵩焘是一位先行者，他对西方文化的推介及对清朝政治经济的批评一开始并不为世人所理解，1879 年在顽固派人物的攻击下，他被清政府撤职回国。而他的驻英早期日记《使西纪程》也被清政府勒令毁版，后期日记也无法得到刊行。这些变故，足以说明中外文化交流的道路并非一帆风顺，而是在曲折中艰难前行。

二、学习西方思想

1. 王韬在中西文化交流上的贡献

在 1875 年中国正式向外派遣公使以前，中国人亲历西方并对后世产生重大影响的人物当属王韬。他在西学东渐与中学西传上都做出了卓越的贡献。1828 年，王韬生于苏州一个教师家庭。幼时从父熟读中国传统典籍，有深厚的国学功底。他 16 岁的时候考取了秀才，后因科举不顺，袭其父业，教读乡间。1849 年 9 月，他因家乡大灾，便接受上海墨海书馆的英国传教士麦都思邀请，前往上海"助译"。这是他接触西方事物的开始。

由于王韬国学造诣深厚，他参与编译的作品，不论是宗教作品还是科学著作，均获得相当的成功。他翻译的《新约全书》被英国圣公会正式采纳为规范精译本而加以推广，至 1859 年已再版 11 次。直到 20 世纪 20 年代，此译本仍在中国流传。

1860 年太平军攻下苏州，占领了王韬的家乡。由于回乡省亲，王韬也落到了太平天国的治下，变成了清政府通缉的"通匪要犯"。1862 年王韬到香港，在香港和欧洲度过了 23 年的流亡生活，也就此被推向了世界。

英国传教士理雅各与王韬的合作，掀开了中西文化交流史上新的一幕。学贯中西的两位学者鼎力合作，积 20 年之功，将中国古代经典系统、准确而又通俗地译成西文。理雅各与王韬合作的译本在 100 多年后的今天仍被视作中国经典的标准译本。洋洋大观的多卷本《中国经典》在西方陆续出版引起了西方学术思想界的轰动，理雅各也因此而获得一片赞誉。应该看到的是，理雅各的不朽贡献和殊荣有一部分应归功于王韬的助译。从理雅各的推重赞誉中，我们也可以看到王韬在近代中学西传中立下的汗马功劳。

1867 年初，理雅各因事回国，临行前约王韬"往游泰西，佐辑群书"。王韬欣然接受邀请，于同年 12 月 15 日搭乘普鲁士轮船离开香港，前往欧洲。王韬此行横越数万里，"力行数十国"，并将所见所闻及其观感笔录下来，以备开启国人眼界之用。后来他把这些笔记编辑成《漫游随录》刊行于世。正是从这部游记中，我们才得以知道王韬旅行欧洲的情况以及他的思想变化。与在香港时期闭门译书不同，在杜拉译书时，王韬不时到各地去旅游扩充见闻。在英两年多时间，他先后游历了伦敦、爱丁堡、阿伯丁、格拉斯哥等地，接触到许许多多的新鲜事物，眼界大开。英国的市政建设和公共服务设施给王韬留下了极深的印象，"机器制造之妙"和"格致之精"使王韬大为惊叹，深感英国的典章制度"迥异中土"。他在伦敦旅行时还专门前往英国国会参观。

王韬在英国的旅居和漫游是一种文化的双向交流。他不仅目睹、接触和学习到了许多西方新奇之物，而且以其东方文化人的身份，在西方积极地传播了中国文化。王韬每至一地喜欢演讲，他曾在理雅各的陪同下应邀前往英国最高学府牛津大学做关于中英关系的学术演讲，介绍了中国孔子的仁爱之道，叙述了中英两国文化交流和贸易往来的历史，呼吁英国有识之士摒弃敌对中国的态度，获得了牛津大学师生的喝彩。在爱丁堡大学，他也曾就儒家文化问题宣讲，特别提到中国虽然以仁义为本，愿意与西方各国往来贸易，但绝不是无原则地向外一切都开放。在一次商人公会上，他把中英关系中正常贸易与非正常贸易区别开来，呼吁加强正常贸易而反对不正常贸易。他说，丝茶贸易既有利于中国，也有利于外邦，因此应该设法扩大；而鸦片贸易则对中国有百害而无一利，对英国正当商人亦有所损害，所以应坚决"予以除之"。王韬义正词严、见解深刻的演讲当即得到与会商人的强烈回应。王韬还注意向英国人民介绍中国朝野的最新动态，消除他们对东方古国的成见。

在中西文化交流史上，王韬的欧洲之行是一件极富历史意义的大事。在此之前，中国虽有一两个沿海商人去过欧洲，但大都属"落魄商贾"，不知诗书，对中国思想界几乎不曾产生什么影响。一方面，中国的文化人，包括林则徐、魏源等思想精英，对西方事物的了解还都处在隔雾看花的状态；另一方面，西方大多数人是通过传教士的报告来认识中国的，因此对他们来说，遥远的东方依然是一片不可捉摸的神秘之地。许多莫名的厌恶和仇恨正是在互不了解的误会之中产生的。王韬的欧洲之行为结束东西方这种相互隔膜、相互仇恨的可悲局面，为中国人了解世界并使世界了解中国开启了先河。

王韬在英国共度过了两年零四个月，1870 年 1 月，他离欧返港。两年多的西方之行，使他彻底改变了对西方的旧认识，确立了新的多元世界的"天下观"。他后来在香港开办了第一份由中国人自办的中文报纸《循环日报》，大力宣传西学，呼吁政治、经济、文化各方面的改革，与他这一段经历及世界观变化有直接的关系。王韬在中外文化交流史上的贡献还有两项：一是在香港编译欧洲史地著作，二是回上海主持格致书院。王韬的史著在海外也引起极大回响，其中以《普法战纪》在日本引起的轰动最为明显。当时，日本正值开放之初，日本知识分子急于了解西方世界的真实情况，可国内一时又缺乏这方面的著作。于是，王韬的《普法战纪》便被日本学界视为瑰宝而加以推崇介绍。后来日本学者邀请王韬访问日本也正出于此。

2. 严复对西方思想文化的介绍

严复是近代著名启蒙思想家，被毛泽东誉为"向西方寻找救国救民真理的先进中国人"，在中华民族学习西方的过程中，严复占有极高的地位。1854 年 1 月，严复生于福建侯官的一个普通的小知识分子家庭，12 岁时，他的父亲不幸逝世，全家的生活经济来源断绝。为了减轻家庭负担，严复于这一年的冬天投考了福州的马尾船政学堂。

马尾船政学堂是洋务派官员左宗棠、沈葆桢等为培养中国造船与海军人才创办起来的新式学校。它模仿西方办学模式，聘请西人执教，以英文讲课。严复学船舶驾驶 5 年，主修的课程有英文、算术、几何、代数、物理、化学、天文学、航海学等。17 岁时，严复以最优异成绩毕业，随后分派在军舰上实习。在此期间，他到过新加坡、槟榔屿、长崎、横滨、台湾等地。1877年，严复在海军服役了5年之后前往英国留学，进入格林威治海军学院学习。同一批赴英留学的还有刘步蟾、林泰曾、方伯谦、林永升等人。

清政府派遣留学生到英国的目的是培养海军将才，严复与其他留学生一样在这里学完了海军将领必须掌握的知识。海军理论课学完后，严复没有像其他学生一样前往英国军舰实习，而是更加深入地学习社会科学知识并深入英国社会广泛进行考察，探寻英国之所以富强的原因。大概在此时，他开始阅读亚当·斯密、孟德斯鸠、卢梭、穆勒、达尔文、赫胥黎、斯宾塞等人的著作，眼界大为拓展。

1879年6月，严复结束留学，回到马尾船政学堂任教。第二年，李鸿章在天津创办北洋水师学堂，调严复任总教习，后升总办。1895年以后，随着民族危机的加深，严复逐渐在政治与思想领域崭露头角。他连续发表政论性文章，通过多方位的参照把中西不同的文教、政治、道德、风俗进行对比，从理论上对中国维新变法的迫切性进行了阐述和论证。严复提出中国的民族振兴之路是："用西洋之术，而富强自可致。"随后，严复又创办《国闻报》，更加直接地投身于维新运动。

严复在中外文化交流史上最突出的贡献是介绍和宣传西学。

严复最著名的译作是《天演论》。《天演论》英文书名 *Evolution and Ethics and other Essays*，作者英国博物学家赫胥黎是达尔文的朋友，也是达尔文学说的忠诚拥护者。严复对《天演论》的译述不是纯粹直译，而是有评论、有发挥的。他在阐述进化论的同时联系中国的实际，向人们提出不振作自强就会亡国灭种的警告。面对当时中国的民族危机，他尖锐地指出，中国再也不能妄自尊大，重谈"华尊夷卑"的老调，否则最后的结果只能是灭亡。中国应当奋发图强，变弱者为强者，这样才能保国保种。

《天演论》于1896年译成，1895—1898年是中国近代史上民族危机空前深重、维新运动持续高涨的时期，严复翻译的《天演论》在这时发表，很快引起中国思想界的强烈震动。"物竞天择""适者生存"等新词很快充斥报纸刊物，成为最活跃的字眼，这是当时任何其他西学书籍都没有的现象。《天演论》之所以如此风行，主要是因为它的思想足以警世。正像当初达尔文的物种进化学说动摇了基督教神学的理论基础一样，严复译介的天演学说向封建王朝末期的中国社会扔下了一颗重磅炸弹。

严复的译著在中西文化交流史上有其特殊的价值和意义。

首先，开启了中国学者自己系统独立翻译西文原著的历史。在严复之前，西学的翻译工作主要由西方传教士担任。这些传教士粗通中文，所译作品虽经中国合作者修改润色，终究不免生涩，因而也影响了西学在中国的传播范围。严复的中英文水平俱佳，特别是中学水平远非西方传教士和普通中国教徒所能企及。他系统、独立地翻译西方社会科学著作掀开了近代西学东渐的新一页，也使中国翻译西书的水平提高了一个台阶。

其次，开启了全面介绍西方哲学社会科学的历史。严复所译西学著作涉及经济学、政治学、法学、社会学、哲学、美学等各个方面。此前，来华传教士和中国学者也曾介绍过这些方面的学说，但是总体来看这些译作比较零散，与所译科技书籍相比，社会科学书籍占比很低。从严复翻译《天演论》开始，西方哲学社会科学才像潮水般涌入中国。这标志着西学东渐的主体内容已越过应用科学、自然科学阶段，进入哲学社会科学阶段。与此同时，他突破了中国学术向来以经、史、子、集分类的历史传统，使国人知道外国还有与国学迥然不同的所谓哲学逻辑学、政治学、法学、经济学诸种学科分类。这为五四运动以后建立中国近代科学的学科体系，特别是建立人文社会科学体系奠定了基础。他是促进中国学术近代化的先驱者。

最后，严复独特的译书方式是加了很多按语，最多的有三四百条。这些按语，有的是解释原文，有的是对原著文字的评论，更多的是结合中国社会情况而进行的发挥。这种独特的译书方式在他之前极为少见，适应了西学大潮初入国门而国人仓促面对之际的社会需要。严复画龙点睛的按语，在西方原著与中国社会之间架起了一座联系的桥梁，加深了人们对原著的理解以及对中国社会问题的思考，放大了原著在中国社会的震荡效应。

严复的努力取得了很大的成功，也在西学东渐史上赢得了崇高的声誉。五四运动以后，蔡元培称"五十年来介绍西洋哲学的，要推严复为第一"，胡适称"严复是介绍近世思想的第一人"，都是对其卓越贡献的褒扬。

第二节　中国特色文明道路的探索

1840年鸦片战争是中国近代的开端，在此后的80多年间，中国封建王朝遭遇到西方资本主义列强前所未有的冲击和挑战，面临着"数千年来未有之变局"，中国的政治、经济、社会和思想文化发生了翻天覆地的变化。

在这场变局中，人们意识到中国不再是世界上唯一的文明国家，在西方列强的侵略下，中国已经处于"万国竞逐"的时代，必须建立起一个现代化的国家。

一、救国思想的演进

围绕着反对列强侵略、构建现代国家这两大历史任务，不同的政治团体和政治力量，在不同的历史时期，提出了各自的道路主张。

1. 鸦片战争前后的"经世济用"思想

龚自珍开一代新风，鞭挞封建末世，预言社会巨变将要爆发，主张"更法"和"改制"。梁启超称赞他："晚清思想之解放，自珍确与有功焉。光绪间所谓新学家者，大率人人皆经过崇拜龚氏之一时期，初读《定庵全集》，若受电然。"

林则徐被誉为"开眼看世界的第一人"，他组织编写《四洲志》介绍西方各国政治经济风土人情，反抗英国侵略，"用民心、恃民力"。他鼓励发展工商业学习西方，亲自主持并组织翻译《华事夷言》，将英商主办的英文《广州周报》翻译成汉语，打开了国人眼界。

魏源编著《海国图志》，提出"师夷长技以制夷"的口号，主张学习西方军事科技。此外，他还编撰了《皇朝经世文编》，主张经济社会改革。

面对西方冲击，一些有识之士已经意识到危机，他们反对闭关锁国，认为应该学习西方的长处，才能摆脱困境。

2. 太平天国运动中的"平均土地"思想

太平天国领袖洪秀全、洪仁玕等人提出"凡天下田，天下人同耕"。太平天国内部实行"圣库"制度，原则上"人人不受私，物物归上主"，试图建立"有田同耕、有饭同食、有衣同穿、有钱同使，无处不均匀，无处不饱暖"的理想社会。

但是太平天国是以拜上帝会为组织的农民起义，虽然采用了歪曲的西方宗教教义来组织动员民众，并摧毁以"祠堂"和"孔子牌位"为标志的传统农村秩序，但其核心理念仍是中国传统的封建制度，领导阶层仍是农民阶级，统治秩序仍然不脱封建窠臼。由于其理念上的局限性，他们不可能建立新的政治模式，失败不可避免。

3. 洋务运动的"自强"和"新政"

在镇压太平天国运动期间，一部分汉族地主官僚深刻体会到了西方列强坚船利炮的巨大威力，极力主张学习西方军事装备、机器生产和科学技术，以维护封建统治。洋务运动的推动者李鸿章认为，"中国文武制度，事事远出于西人之上，独火器不能及""深以中国军器远逊于外洋为耻"。于是他们继承了经世派代表人物魏源"师夷长技以制夷"的思想，明确提出了"采西学""制洋器""求强""求富"的主张。洋务派痛感中国"人无弃才不如夷，地无遗利不如夷，君民不隔不如夷，名实必符不如夷"，因此对待西方国家要采取"始则师而法之，继则比而齐之，终则驾而上之"的自强之道。从19世纪60年代开始，洋务派在"求强"的口号下，建立了一批军事工业，并组建了近代中国新式陆海军。又在"求富"的口号下，建立了一批民用工业。

甲午战争的惨败宣告了洋务运动富强梦的破灭，同时表明，只学习西方的军事科技来抵御西方的道路行不通。当时清政府驻英公使郭嵩焘就说："西洋立国自有本末。不明此义，则万事皆无其本。即倾国考求西法，亦无裨益。"历史学家萧公权先生认为："当时同情于维新者多承认西洋之物质文明乃其富强之由，而不知其政教制度又为物质文明之基础。"所以单纯学习西方的先进武器和军事工业、民用工业无法实现自强。

洋务运动虽然没有使中国走向富强，却是中国走向近代的一大进步运动，它在推动中国政治、经济、军事和文化各方面发展都有贡献。洋务运动引进了机器生产，开启了中国的近代工业；兴办新式学堂，翻译书籍引进了西方近代科技和思想文化；兴办民用工业，推动了近代中国民营企业的发展，产生了近代第一批民族资产阶级和无产阶级。

4. 甲午战争后的"维新变法"思想

甲午战争给国人以沉重的打击。过去几千年来日本一直模仿学习中国，包括文字、制度和哲学。然而到了近代，他们以西方为榜样，经过明治维新改革，迅速成为世界强国。对于日本的成功，国人怀有复杂的心理，政治制度变革成为当时社会各界的共识，维新变法应运而生。

康有为是当时学习西方新思想的著名知识分子，他通过开书院、办报纸、"公车上书"等手段，提出一系列改革设想。包括设立制度局来主导变法，设议会进行地方自治，变革旧学、提倡新学，主张改良、君主立宪等。

张之洞作为朝廷大臣中的开明派，主张保国和保教具有一致性，强调纲常伦理是中国的立国之本，他力图调和中西方文化的冲突与对抗，主张中学为体、西学为用。

5. 清末的"新政"和"立宪"运动

为改变保守形象，对内安抚开明官僚和上层资产阶级，清政府于1901年4月设立督办政务处，筹划变法。张之洞、刘坤一等联名上折，请求清政府实行"新政"。

清政府根据各地督抚意见，规划"新政"各项措施。①改革官制：撤销总理各国事务衙门，设外务部，"班列六部之首"；设农工商部和陆军部，增设民政部和学部。②改革兵制：停武举，裁撤绿营和防勇，编练新式陆军。③改革学制："停科举""设学堂""奖游学"。④奖励工商：定商律，提高了商人的政治社会地位。

在看到日俄战争中实行立宪的日本战胜专制的俄国后，国人立宪呼声益高，清政府派五大臣出洋考察宪政，认为"立宪"有"内乱可弭""外患减轻""皇位永固"三大好处。因此，各省成立咨议局，北京成立资政院，为召开国会做准备，资产阶级改良派和部分地主官僚成为立宪派。但是，清政府"皇族内阁"登场，彻底打破了汉族官吏和资产阶级立宪派对清政府的最后幻想。1908年清政府宣布预备立宪期为9年，维新立宪至此两无可能，只剩革命一途。在这样的时代背景下，辛亥革命爆发了。

6. 孙中山的三民主义学说

三民主义学说包括新旧两个阶段。旧三民主义为民族主义、民权主义和民生主义。其中民族主义的主要内容就是"反满"。清朝末年"驱除鞑虏，恢复中华"始终是资产阶级革命派的战斗口号。民权主义是三民主义的核心。它反映了近代中国社会的又一个主要矛盾，即封建主义和人民大众的矛盾。民生主义是孙中山的"社会革命"纲领，它希望解决的课题是中国的近代化，即发展资本主义经济，使中国由贫弱至富强，同时还包含着关怀劳动人民生活福利的内容，以及对资本主义经济的批判和由此产生的"对社会主义的同情"。

中国革命历程进入新民主主义阶段后，孙中山接受了中国共产党和共产国际的帮助，确立了"联俄、联共、扶助农工"的三大政策，把旧三民主义发展为新三民主义。民族主义中突出了反帝的课题："民族解放之斗争，对于多数之民众，其目标皆不外反帝国主义而已"；民权主义中进一步揭露了封建军阀、官僚的暴戾，重申了"主权在民"的原则；民生主义则强调了"耕者有其田"的观点，阐述"是私有资本不能操纵国民之生计"的思想。新三民主义是对旧三民主义的发展，反映了新的历史特点，表现了资产阶级革命民主派在新的革命阶段的进步性，并成为第一次国共合作的政治思想基础。

二、中国道路的探索

辛亥革命虽然推翻了清政府，但随之而来的共和政体建构危机重重。北洋时期的政治发展更为无序和混乱。清帝退位、南北议和、宋教仁被刺、袁世凯称帝、张勋复辟、武夫争雄，各类危机此起彼伏，轮番登场。而国内外主要矛盾——帝国主义、封建主义奴役和压迫依然存在。北洋乱政引发这一时期的知识分子和思想文化界对中国的前途和未来进行反思和争鸣。在反思中国文化、改造中国社会和国民性的基础上，产生了新文化运动。在新文化运动的启蒙下，各种思想和理论与政治势力相结合，涌现了众多救国思潮。自由主义、保守主义和马克思主义成为当时最具影响的三大主流思潮。在俄国十月革命和五四运动的胜利鼓舞下，中国社会产生了一批怀着共产主义思想的知识分子，为中国共产党的成立准备了条件。

1. 政体之辩：君主立宪还是民主共和

民国初年，宋教仁被刺后，共和政体建构困难重重，政治、社会危机依旧，人们开始反思中国需要什么样的政治体制。思想界对此分歧很大，新旧矛盾激烈地呈现。保守势力认为，激烈的制度变革是造成社会危机的重要原因。有识之士认为，共和政体的危机源于社会革命没有进行，基层民众深受旧的思想观念的影响，因此，需要改造国民性，需要大众"最后的觉悟"。

"筹安会六君子"之首的杨度认为社会变革阶段需要强有力的政府，所以以制衡为特征的议会政治并不符合中国当时的实际。1915年4月，杨度提出中国只能走君主立宪的道路，需要恢复帝制，为袁世凯复辟摇旗呐喊。

美国政治学家古德诺认为中国有自己的国情和传统，中国的民族主义观念不像西方那样强烈，所以中国需要一个强有力的中央政府以巩固国家政权，取代当时存在的各省军阀割据的松散局面。当然，强有力的中央政府也正是袁世凯的意思，在他的心目中，唯一的政府形式是帝制政府。

2. 文化之争："全盘西化"还是"东方文化"

近代中国涌现出的"夷夏""华洋""中西""新旧"等词汇反映了当时的中国人在中西方文化认识上的矛盾。面对西方文化的强势侵入，中国的知识分子部分主张彻底西化，部分坚持"东方文化"论，坚持传统文化，还有一些人主张中西文化"调和共融"，引发了20世纪早期的文化争论。

时任北京大学哲学系教授的胡适积极参加新文化运动和文学改良运动，但在对待中西方文化上，胡适是主张全盘西化的代表人物，此外还有陈序经等人。而杜亚泉、梁漱溟主张东方文化救世论，他们认为第一次世界大战标志着西方文化的破产，而东方文化是拯救西方文化的良方。杜亚泉说："自受大战之戟刺以后，使吾人憬然于西洋诸国，所以获得富强之原因，与其因富强而生之结果，无一非人类间最悲催最痛苦之生活……然信赖西洋文明，欲藉之以免除悲惨与痛苦之谬想，不能不为之消灭。"① 1920年，梁漱溟在济南演讲《东西文化及其哲学》认为，中国文化不仅在精神上优于西洋文化，就其终极发展而言，也无悖于现代的要求，全世界都将走"中国的路，孔家的路"，未来的文化就是"中国文化之复兴"。

1902年，梁启超开始写作《新民说》，主张培育一种新的国民，提出了公德意识、国家思想、自由、自治、进取冒险等，这些思想均与康有为不同。对于中西方文化的关系问题，他主张中西调和。辛亥革命后，梁启超因坚持社会改良而与康有为渐行渐远。1920年，梁启超从欧洲考察后回国，发表了《欧游心影录》一书，他认为中国不应该盲目仿效"病态"的西方物质文明，而应该发扬光大本国固有的精神文化，以担当起重建世界文明的使命，从而提出中西文化"化合"说。梁启超认为："大抵一社会之进化，必与他社会相接处，吸收其文明而与己之固有文明相调和，于是新文明乃出。"②

3. 新文化运动：救亡和启蒙

在这种反思中西方文化的背景下，1915年陈独秀在上海创办《青年杂志》，提倡"民主"与"科学"，开启了近代思想启蒙运动。陈独秀之所以创办《青年杂志》，是因为痛感新生的民国人心涣散，情势危殆。在《青年杂志》发刊初始，陈独秀即明确将该刊的工作定位在探讨青年修身治国之道，介绍世界形势和学术，激励青年志趣和精神。陈独秀作为新文化运动的代表，其核心思想包括激发青年对国家的关心，从政治层面反对孔教和儒家思想，提倡民主和科学。他对孔教的批判也是新文化运动最具代表性的思想。空前的大论战终结了笼罩中国社会千余年的孔子学说，儒家学说的威信被动摇。在中国人苦苦寻求发展道路的迷茫中，俄国十月革命的胜利给中国人带来了新的发

---

① 杜亚泉（伧父）：《战后东西文明之调和》，《东方杂志》1917年第14卷第4号。
② 梁启超：《莅广东同乡茶话会演说辞》，《梁启超全集》（第四册），北京：北京出版社1999年版。

展选择，这就是马克思主义。

4. 庶民的胜利：马克思主义道路

李大钊热情地歌颂了十月革命是劳工主义的胜利，是庶民的胜利，"今后世界的人人都成了庶民，也就都成了工人"。"须知今后的世界，变成劳工的世界。我们应该用此潮流为使一切人人变成工人的机会，不该用此潮流为使一切人人变成强盗的机会。"在 1919 年《新青年》第 6 卷第 5 号上，李大钊发表了《我的马克思主义观》。文章对马克思主义的三个组成部分——唯物史观、政治经济学和科学社会主义都有所阐明。这是李大钊对马克思主义的全面介绍。

自此，《新青年》开始传播马克思主义思想，谈论劳动、劳工、社会问题，直至引入对社会制度的探讨，该杂志最终成为宣传共产主义的刊物，为中国共产党的成立做了思想上的准备。

近代中国经历了种种曲折的探索，最终选择了马克思主义。因为马克思主义的反帝主张与中华民族的独立诉求最契合，马克思主义的未来设想和价值追求与中国传统的大同思想异曲同工，而中华文明包容创新的特点，决定了中国人从不排斥一切有利于民族进步和发展的先进思想。近代中国思想文化的发展历程表明，只有继承了中华优秀传统文化，吸收了西方先进理论学说的中国共产党，才能带领中国人民实现中华民族伟大复兴的伟大使命。

这一中国特色文明道路的形成，超越了"西方中心论""文明冲突论"和"国强必霸""零和博弈"的思维方式，充分展现了中华文化为促进人类文明进步做出的贡献。基于中国式现代化新道路创造的人类文明新形态，正推动世界各国超越制度与意识形态的隔阂，在交流与互鉴中实现共同发展，为人类文明进步贡献中国智慧和中国方案。

文化交流从来都是一种双向运动过程，没有也不可能存在单纯的输入或输出。因此，西学东渐和中学西传仍然是近代中外文化交流的基本格局。相对而言，代表近代资本主义文明的西学掌握了较为强势的话语权，因而西学东渐成为这一时期的主流。文化交流一旦进行，其碰撞交融后所激发出的历史进步是无法阻止的。近代西方文化的引进改变了中国人的衣食住行、风俗习惯和思想意识，促进了中国现代科学技术的发展，进而内化为中国文化的一部分延续至今。

❀ 思考题

1. 中国接受了哪些西方文明产物？
2. 为什么中国最终选择了马克思主义？

第十四章
进步与发展：近百年来的中外文明交往

讲述从新民主主义革命开始到改革开放时期中国与其他国家之间的交往和文化交流情况。这一时期，马克思主义的中国化是一个关系到中国国家命运前途和文化发展的重大历史发展成果，正是沿着这条道路，中国人民站起来、富起来、强起来，成为当前世界瞩目的东方大国。这近百年来中国与广大亚非拉国家结下深厚友谊，即使与敌视中国的资本主义国家也没有中断联系，而是适时调整、改善关系，尽可能保持和平往来。由此开展的文化交流，互鉴交融而形成的文化结晶也有很多。

重点与难点

本章重点在于梳理马克思主义中国化的历史线索，同时重点介绍新中国成立30年内与其他国家的交往和文化交流，以此破解人们对冷战铁幕围堵下中国落后、封闭形象的错误认识。

难点在于海外不少人在冷战思维影响下，对新中国成立早期30年中国社会的虚假印象非常深刻，破除起来实在不易。

中国共产党在马克思主义的指导下，努力开辟出一条具有中国特色的社会主义道路。这不仅是一条救亡图存的道路，更是一条民族复兴的伟大道路。

纵观自新民主主义革命到改革开放时期的近百年间，尽管在冷战背景下西方资本主义势力大力围堵中国，不断干扰中国的对外交往和国家建设，但中国始终没有闭关锁国，而是与世界保持着密切的联系，即使在东西方意识形态严重对立的情况下，中国仍然没有排斥西方文明，而是坚持不断地学习、吸取，洋为中用，最终踏出一条使中华民族走向振兴的正确道路。

第一节　马克思主义的中国化

习近平指出："马克思主义是我们立党立国的根本指导思想，是我们党的灵魂和旗帜。中国共产党坚持马克思主义基本原理，坚持实事求是，从中国实际出发，洞察时代大势，把握历史主动，进行艰辛探索，不断推进马克思主义中国化时代化，指导中国人民不断推进伟大社会革命。中国共产党为什么能，中国特色社会主义为什么好，归根到底是因为马克思主义行！"[①]

近百年来，中国共产党始终坚持马克思主义，同时也结合中国国情不断推进马克思主义中国化。马克思主义在中国完成了三次理论飞跃：一是创立了毛泽东思想；二是形成了中国特色社会主义理论；三是创立了习近平新时代中国特色社会主义思想。[②] 马克思主义中国化是近百年来中西文明交往和互鉴最为重要的成果之一。了解马克思主义中国化进程，有助于西方社会理解中国即使在近代中西方文明交往中仍然保持积极主动的基本态度。这一进程可分为以下三个阶段。

一、毛泽东思想与中国发展道路的探索

毛泽东思想是马克思主义中国化的早期阶段成果，这一阶段又可分为发育形成、基本成熟和丰富发展三个时期。

1. 毛泽东思想的形成与新民主主义革命道路的开辟

早在中国共产党成立之初，党就认识到中国革命形势与西方各国的差异。"近代中国社会主要矛盾是帝国主义和中华民族的矛盾、封建主义和人民大众的矛盾。实现中华

---

① 习近平：《在庆祝中国共产党成立 100 周年大会上的讲话》，人民网，http：//cpc. people. com. cn/n1/2021/0701/c64094 – 32146278. html。

② 参考《数读十九届六中全会公报》，新华网，http：//www. news. cn/politics/2021 – 11/14/c_1128063382. htm。

民族伟大复兴，必须进行反帝反封建斗争。"① 1922 年 7 月，中共二大制定了反帝反封建的的民主革命纲领。纲领指出，当时中国社会一方面是西方列强控制下的"半殖民地"，另一方面被军阀官僚的封建制度所把持。为此，中国革命与西方国家单纯的资产阶级革命和无产阶级革命不同，它在革命对象上一方面要"推翻帝国主义压迫，达到中华民族完全独立"；另一方面要"消除内乱，打倒军阀，建设国内和平"，"统一中国本部（东三省在内）为真正民主共和国"。

在革命力量和革命发展阶段上，中国国情更为复杂。20 世纪 20 年代早期，代表中国资产阶级民主革命力量的孙中山和国民党还在历史舞台上占有重要地位。孙中山和早期国民党凭借"联俄、联共、扶助农工"三大政策发展力量，以东征、北伐打败封建军阀势力，在形式上统一了全国。然而国民党右派向封建军阀、买办和帝国主义势力妥协，然后联手向共产党等进步力量反扑，发动"四一二"反革命政变，血腥屠杀革命人士。中国共产党转而发动武装起义，开展武装斗争，但包括南昌起义在内的几次城市武装斗争却惨遭失败。这时中国共产党根据当时中国国情，开辟出一条"农村包围城市"的武装革命道路。1927—1928 年，毛泽东陆续写出《中国的红色政权为什么能够存在》《井冈山的斗争》《中国革命战争的战略问题》等文章，透彻阐述武装革命和"农村包围城市"理论，总结出武装斗争、土地革命和根据地建设等工农武装割据思想三大法宝。这些理论建设标志着毛泽东思想的初步形成，也使中国红色政权崛起，革命力量迅速恢复和发展起来。

2. 毛泽东思想的成熟与新民主主义革命的胜利

1935 年，中国革命在"左"倾思想影响下再次遭受重大挫折。中国共产党领导红军辗转二万五千里长征，在陕北发展起来后又不计前嫌发起建立抗日民族统一战线，至 1945 年打败全面侵华的日本帝国主义。在此十年间中国共产党更加成熟，进一步结合中国革命形势，丰富和发展新民主主义革命理论，使代表马克思主义中国化的毛泽东思想达到成熟阶段。

1939 年，毛泽东在《中国革命和中国共产党》中第一次提出"新民主主义革命"的概念，以区别以前孙中山等人的资产阶级旧民主主义革命；同时指出它与西方各国民主革命不同，不是缔造资产阶级专政，而是作为终结半殖民地半封建社会，建设社会主义社会的一个过渡阶段。之

图 14 - 1　《〈共产党人〉发刊词》书影

---

① 中共十九届六中全会：《中共中央关于党的百年奋斗重大成就和历史经验的决议》，新华网，http：//www. news. cn/2021 - 11/16/c_1128069706. htm。

后，毛泽东又以《新民主主义论》等文章，深刻分析了中国革命与西方革命历史和社会背景的不同，精辟论证了中国新民主主义革命的对象、目的、领导和前途等问题，由此构建起新民主主义革命的理论体系。

此外，毛泽东还以《抗日游击战争的战略问题》《论持久战》等总结了中国革命的战略战术理论；以《论反对日本帝国主义的策略》《目前抗日统一战线中的策略问题》等提出一整套建立抗日民族统一战线的理论；在《〈共产党人〉发刊词》中，为新民主主义革命总结出"统一战线、武装斗争、党的建设"三大法宝；还以《实践论》《矛盾论》丰富了马克思主义哲学理论。

正是在这些思想理论指导下，中国最终取得了新民主主义革命的胜利。

3. 毛泽东思想的丰富发展与中国社会主义建设

解放战争胜利和新中国建立之后，中国共产党结合中国革命形势的发展，进一步丰富和发展了毛泽东思想，为中国革命和社会主义建设提供了切实可行的理论指导。特别是在新中国建立以后，作为在殖民地、半殖民地国家建立起来的第一个社会主义政权，中国创造性地提出了一系列国家治理和社会发展理论。

首先，在革命胜利后要建立一个什么样的社会？在没有资本主义充分发展的东方半殖民地国家该有一个怎样的过渡时期？马克思、恩格斯曾提出共产主义初级阶段的设想，列宁也提出过跨越资本主义直接进入社会主义阶段的设想，但是他们都没有解决如何过渡的问题。中国共产党结合中国国情，提出建立一个新民主主义国家并由此向社会主义过渡的理论。在新民主主义国家，政治上建立一个无产阶级领导的、以工农联盟为基础的、各革命阶级参加的民主联合政府，实行人民民主专政。

其次，为什么且如何实施人民民主专政？中国共产党深刻认识到，在中国这样的国家，革命力量除了无产阶级外还有广大农民和城市小资产阶级。采取由无产阶级领导，联合农民和小资产阶级实施的统治方式，是中国国情所需，同时更可以加强人民民主专政的阶级基础，比无产阶级专政更能彰显民主政治的成分。具体而言，多党合作和政治协商制度体现了中国民主生活的广泛性和政治生活的活泼性。

再次，如何向社会主义阶段过渡？在这一方面，中国提出并实践了从低级向高级逐步过渡的一系列社会主义改造的理论。如就农村地区对农业的社会主义改造问题，中国发展了苏联的合作制理论。第一步是在通过土地革命拥有了土地的广大农民中组织互助组形式，初步实现大家共同劳动和牲口、农具共用。第二步是在互助组基础上，引导农民按以土地和生产资料入股分红、统一经营、实行一定按劳分配制度的半社会主义性质的初级社形式。第三步是将土地和生产资料归为集体所有，实行统一经营、集体劳动、按劳分配的完全社会主义性质的高级社形式。同时在城市，则以统购包销、和平赎买等形式对资本主义进行改造。

图 14 - 2　早期互助组劳动工分票据

最后，如何进行社会主义建设？中国吸取了苏联的教训，认识到社会主义社会仍然存在着生产力与生产关系的矛盾，不过这些矛盾多是人民内部矛盾，为此可出台政策灵活处理这些矛盾。如在处理民主党派关系上，提出"长期共存、互相监督"的方针；在发展科学文化事业上，提出了"百家争鸣，百花齐放"的方针。在 1956 年中共八大会议上，还曾提出扩大人民民主的思想；在八届二中全会上，提出了加强人民群众对领导机关和领导干部的监督等政策。经济建设方面，中国在 1953 年提出实现社会主义工业化目标，1965 年又提出要实现社会主义工业、农业、国防和科学技术"四个现代化"；同时采取五年建设规划的方式，分步骤推动社会经济和文化发展。

二、邓小平理论、"三个代表"重要思想、科学发展观与中国特色社会主义道路的开创和发展

在新中国近 30 年的早期社会主义建设中，中国按马克思主义指定的社会变革道路开展社会主义建设事业，并取得了不少成就。不过，由于受到"左"倾教条和冒险激进思想的影响，曾出现"大跃进""人民公社化运动"乃至"文化大革命"的错误，导致国家受到一定损失，也使党和人民陷入某种困惑。正是在此背景下，中国共产党领导人更加重视国情，开始走上中国特色社会主义道路。

1. 邓小平理论与中国特色社会主义理论的提出

1976 年，中国共产党果断结束"文化大革命"。1977 年，面对问题和困惑，中共中央开展了真理标准问题大讨论。在胡耀邦、邓小平主持下，全党解放思想，认真反思，认识到实践是检验真理的唯一标准。1978 年十一届三中全会召开，中国共产党在思想、政治和组织上拨乱反正，决定将工作重心转移到经济建设上来，对内改革过于僵化的计划经济体制，对外积极发展与各国之间平等经济合作，由此掀起声势浩大的改革开放热潮。

也正是在十一届三中全会上，邓小平"第一次比较系统地初步回答了在中国这样

经济文化比较落后的国家如何建设社会主义、如何巩固和发展社会主义的一系列基本问题，用新的思想观点，继承和发展了马克思主义，开拓了马克思主义新境界，把对社会主义的认识提高到新的科学水平"①。在1982年十二大开幕词中邓小平进一步阐述："我们的现代化建设，必须从中国的实际出发……照抄照搬别国经验、别国模式，从来不能得到成功。这方面我们有过不少教训。把马克思主义的普遍真理同我国的具体实际结合起来，走自己的道路，建设有中国特色的社会主义，这就是我们总结长期历史经验得出的基本结论。"这是中国共产党首次提出"中国特色社会主义"概念。

1992年，邓小平在南方谈话中指出，社会主义的本质有两点：一个是解放生产力，一个是人民共同富裕。为了肃清超越阶段求发展的"左"倾思想，中国共产党提出社会主义初级阶段理论，强调一切从实际出发来制定政策。邓小平指出，社会主义初级阶段与资本主义不同，因为中国在社会主义初级阶段既要开放市场经济，又要避免像资本主义社会那样财富被少数人所掌握；国家要发挥对市场适当调控等功能，还要能集中力量办大事，更快实现发展战略。不久，邓小平又提出小康目标，提出从总体小康到全面小康分三步走的发展规划：从20世纪80年代到20世纪末的20年间国民生产总值人均翻两番，达到总体小康水平；在21世纪前10年再翻两番，使人民小康生活更加富裕；在21世纪第二个10年，全面建设成惠及十几亿人口的更高水平的小康社会。

正如习近平指出，坚持和发展中国特色社会主义是一篇大文章，"邓小平同志为它确定了基本思路和基本原则"②。在中国，邓小平是十几亿人公认的改革开放的总设计师，是中国特色社会主义理论的开创者。

2. "三个代表"重要思想与中国特色社会主义道路的推进

20世纪80年代末，国际上社会主义运动遭遇了前所未有的挫折。苏联解体，东欧剧变，西方国家则加紧文化渗透，策动"和平演变"，由此给世界范围内的社会主义国家造成巨大震动。同时中国国内也一度酿成政治风波，给中国共产党执政带来严峻考验。在此背景下，中国共产党努力做到了两点：一是坚持以经济建设为中心，二是坚持党的领导和社会主义制度。这一时期，以江泽民为代表的中国共产党领导集体，致力于社会主义市场经济的理论建设和实践——建设市场经济与计划调节相辅相成的社会主义市场经济体制，在充分调动经济主体积极性、创造性，提高经济效益的同时，建立以公

---

① 李章军、黄敬文：《习近平在新进中央委员会的委员、候补委员学习贯彻党的十八大精神研讨班开班式上发表重要讲话强调　毫不动摇坚持和发展中国特色社会主义　在实践中不断有所发现有所创造有所前进》，《人民日报》，2013年1月6日。

② 李章军、黄敬文：《习近平在新进中央委员会的委员、候补委员学习贯彻党的十八大精神研讨班开班式上发表重要讲话强调　毫不动摇坚持和发展中国特色社会主义　在实践中不断有所发现有所创造有所前进》，《人民日报》，2013年1月6日。

有制经济为主体，多种所有制经济共同发展的基本经济制度。

与此同时，中国共产党还在党的建设上不断努力。这时中国从计划经济走向社会主义市场经济，社会经济成分、组织成分更加多元化，6 600 万中共党员中职业成分越加复杂。因此，要建成一个什么样的政党成为至关重要的问题。江泽民指出，中国共产党既是中国无产阶级的先锋队，也是中华民族和中国人民的先锋队，她代表着中国先进生产力的发展要求，代表着中国先进文化的前进方向，代表着最广大人民的根本利益。

20 世纪 80 年代至 21 世纪初，社会主义市场经济理论和"三个代表"重要思想，是中国共产党在改革开放新形势下进一步将马克思主义中国化，坚持并推进中国特色社会主义建设的标志性成果。

3. 科学发展观与中国特色社会主义道路的坚持和发展

2002 年，以胡锦涛为总书记的中国共产党领导集体产生。这时候中国的改革开放已经取得了很大成就，生产力获得重大发展，国民经济生产总值大幅度上升。不过新的社会矛盾也随之而来：一个是经济增长点与广大人民提高生活质量的需求之间的矛盾，广大人民不仅要求经济发展，还有政治、文化、社会等各方面发展的需求，同时有些经济增长成本过高，代价过大，不符合社会全面发展的需求；另一个是经济社会内部的结构性矛盾，包括经济发展和社会进步之间的矛盾，以及投资、消费和出口之间的矛盾。如何解决这些矛盾？纯粹拉动经济发展的政策已经不合时宜。为此，胡锦涛提出科学发展观这一概念及其理论。

科学发展观，是坚持以人为本，全面、协调、可持续的发展观，也是一种统筹兼顾的发展观。所谓以人为本，就是要把人民的利益作为一切工作的出发点和落脚点，不断满足人们的多方面需求和促进人的全面发展，这是科学发展观的核心内容。所谓全面，即全面发展，就是要在不断完善社会主义市场经济体制，保持经济持续快速协调健康发展的同时，加快政治文明、精神文明的建设，形成物质文明、政治文明、精神文明相互促进、共同发展的格局，这是科学发展观的重要目标。所谓协调，即协调发展，就是要统筹城乡协调发展、区域协调发展、经济社会协调发展、国内发展和对外开放，这是科学发展观的基本原则。所谓可持续，即可持续发展，就是要统筹人与自然和谐发展，处理好经济建设、人口增长与资源利用、生态坏境保护的关系，推动整个社会走上生产发展、生活富裕、生态良好的文明发展道路，这是科学发展观的重要体现。所谓统筹兼顾，就是要正确处理改革、发展、稳定的关系，协调好改革和发展中的各种利益关系，这是科学发展观的总体要求。

三、习近平新时代中国特色社会主义思想与中华民族伟大复兴

从邓小平理论到科学发展观，中国特色社会主义理论不断得到丰富和发展，逐渐形

成理论体系。2013 年，以习近平为核心的中国共产党领导集体产生，中国特色社会主义理论凝聚升华成习近平新时代中国特色社会主义思想。

1. 习近平新时代中国特色社会主义思想

进入 21 世纪的第二个 10 年以来，国际国内形势发生了很大的变化。首先，世界进入大变革大调整时期，面临"百年未有之大变局"，如何在乱局中保持定力、在变局中抓住机遇，对统筹国际国内两个大局提出了更高要求。其次，中共执政面临的社会环境和现实条件发生深刻变化，发展理念和方式有重大转变，发展水平和要求更高。具体说来，中国社会的主要矛盾已经转化为人民日益增长的美好生活需要和不平衡不充分的发展之间的矛盾，经济建设仍然是中心任务，但需要更加注重全面协调可持续发展，需要着力解决好发展不平衡不充分问题。最后，中共十八大以来，在中华人民共和国成立特别是改革开放以来中国发展取得重大成就的基础上，中国共产党和国家事业发生历史性变革，中国发展站在新的历史起点上，新起点需要新气象新作为。从中共十九大到二十大，是"两个一百年"奋斗目标的历史交汇期，中国要在全面建成小康社会、实现第一个百年目标之后，开启全面建设社会主义现代化国家新征程，向第二个百年目标进军。在不断坚持和发展中国特色社会主义道路，总结和升华十七大以来中国特色社会主义理论的基础上，习近平在中共十九大（2017 年 10 月 18 日）工作报告中提出了习近平新时代中国特色社会主义思想。

图 14－3　中国共产党第十九次全国代表大会现场
（http：//www.xinhuanet.com//politics/19cpcnc/2017－10/18/c_1121822526_5.htm）

习近平新时代中国特色社会主义思想对未来中国发展提出"十个明确"：第一，明确中国特色社会主义最本质的特征是中国共产党领导，中国特色社会主义制度的最大优势是中国共产党领导，中国共产党是最高政治领导力量，全党必须做到增强"四个意识"，坚定"四个自信"，做到"两个维护"。第二，明确坚持和发展中国特色社会主义，总任务是实现社会主义现代化和中华民族伟大复兴，在全面建成小康社会的基础上，分两步走在21世纪中叶建成富强民主文明和谐美丽的社会主义现代化强国，以中国式现代化推进中华民族伟大复兴。第三，明确新时代中国社会主要矛盾是人民日益增长的美好生活需要和不平衡不充分的发展之间的矛盾，必须坚持以人民为中心的发展思想，发展全过程人民民主，推动人的全面发展、全体人民共同富裕取得更为明显的实质性发展。第四，明确中国特色社会主义事业总体布局是经济建设、政治建设、文化建设、社会建设、生态文明建设五位一体，战略布局是全面建设社会主义现代化国家、全面深化改革、全面依法治国、全面从严治党四个全面。第五，明确全面深化改革总目标是完善和发展中国特色社会主义制度、推进国家治理体系和治理能力现代化。第六，明确全面推进依法治国总目标是建设中国特色社会主义法治体系、建设社会主义法治国家。第七，明确必须坚持和完善社会主义基本经济制度，使市场在资源配置中起决定性作用，更好发挥政府作用，把握新发展阶段，贯彻创新、协调、绿色、开放、共享的理念，加快构建以国内大循环为主体、国内国际相互促进的新发展格局，推动高质量发展，统筹发展和安全。第八，明确中国共产党在新时代的强军目标是建设一支听党指挥、能打胜仗、作风优良的人民军队，把人民军队建设成为世界一流军队。第九，明确中国特色大国外交要服务民族复兴、促进人类进步，推动构建新型国际关系，推动构建人类命运共同体。第十，明确全面从严治党的战略方针，提出新时代党的建设总要求，全面推进党的政治建设、思想建设、组织建设、作风建设、纪律建设，把制度建设贯穿其中，深入推进反腐败斗争，落实管党治党政治责任，以伟大自我革命引领伟大社会革命。① 这"十个明确"，高度凝练、提纲挈领地点明了习近平新时代中国特色社会主义思想的主要内容，构成了系统完备、逻辑严密、内在统一的科学体系。

习近平新时代中国特色社会主义思想开辟了马克思主义中国化的新境界，开辟了中国特色社会主义道路的新境界，开辟了中国人治国理政的新境界，也开辟了中国共产党领导集体管党治党的新境界。正如中共十九大六中全会决议所指出的，"习近平新时代中国特色社会主义思想是当代中国马克思主义、21世纪马克思主义，是中华文化和中国精神的时代精华，实现了马克思主义中国化新的飞跃"②。

---

① 中共十九届六中全会：《中共中央关于党的百年奋斗重大成就和历史经验的决议》，新华网，http：//www. news. cn/2021 – 11/16/c_ 1128069706. htm。

② 中共十九届六中全会：《中共中央关于党的百年奋斗重大成就和历史经验的决议》，新华网，http：//www. news. cn/2021 – 11/16/c_ 1128069706. htm。

2. 新时代中国发展目标与中华民族伟大复兴

新时代中国特色社会主义理论向中国人民提出在近期实现社会主义现代化的发展目标，指出要在全面建成小康社会的基础上，分两步走在 21 世纪中叶建成富强民主文明和谐美丽的社会主义现代化强国。

新时代中国特色社会主义理论同时也提出实现中华民族复兴的伟大目标。中华民族有着悠久的历史、灿烂的文化和两千年的繁荣昌盛，但是在近两百年来遭受西方殖民势力侵略和帝国主义列强欺压，一度陷入落后挨打的局面。正像习近平总书记所指出的："1840 年鸦片战争以后，中国逐步成为半殖民地半封建社会，国家蒙辱、人民蒙难、文明蒙尘，中华民族遭受了前所未有的劫难。从那时起，实现中华民族伟大复兴，就成为中国人民和中华民族最伟大的梦想。"[1]

经历百年奋斗，中国共产党人率领中国人民走出低谷，独立起来了，也逐步发展起来了。现在，"中华民族迎来了从站起来、富起来到强起来的伟大飞跃，实现中华民族伟大复兴进入了不可逆转的历史进程"[2]。我们要在此基础上继续提高国力，弘扬传统，让中华民族再次屹立于世界东方，在全世界焕发中华文明的魅力。正是中国特色社会主义这条康庄大道，使中国在近数十年取得了辉煌的建设成就，使中国发展之路越走越宽。

诺贝尔经济学奖获得者罗纳德·哈里·科斯，在其一生关注和研究中国的基础上，认为早年"中国市场化改革为全球资本主观主义开拓了视野"，同时也为"其他文化与历史有别于西方的国家树立了一个鲜明的榜样"。他进一步指出中国道路"将中国丰富的传统文化和现代世界的多样性融入其中"，中国"在与外部世界积极合作的同时继往开来，中国有望迎来另一次文化复兴。一个开放、宽容、自信和创新的中国将会在不久的未来给世界带来更大的惊奇"。他称赞中国改革开放是"我们时代最伟大的故事"，"中国的奋斗，就是世界的奋斗"。[3]

图 14 - 4　[英]罗纳德·哈里·科斯、王宁著，徐尧、李哲民译《变革中国：市场经济的中国之路》书影

---

① 习近平：《在庆祝中国共产党成立 100 周年大会上的讲话》，人民网，http://cpc.people.com.cn/n1/2021/0701/c64094 - 32146278. html。

② 习近平：《在庆祝中国共产党成立 100 周年大会上的讲话》，人民网，http://cpc.people.com.cn/n1/2021/0701/c64094 - 32146278. html。

③ ［英］罗纳德·哈里·科斯、王宁著，徐尧、李哲民译：《变革中国：市场经济的中国之路》，北京：中信出版社 2013 年版。

马克思主义在中国继承和发展的百年历史证明：马克思主义理论不是教条而是行动指南，必须随着实践发展而发展，必须中国化才能落地生根，必须本土化才能深入人心。中国共产党之所以能够领导人民在一次次求索、一次次挫折、一次次开拓中完成中国其他各种政治力量不可能完成的艰巨任务，根本在于坚持解放思想、实事求是、与时俱进、求真务实，坚持把马克思主义基本原理同中国具体实际相结合、同中华优秀传统文化相结合，坚持实践是检验真理的唯一标准，坚持一切从实际出发，及时回答时代之问、人民之问，不断推进马克思主义中国化时代化。习近平指出，当代中国的伟大社会变革，不是简单延续我国历史文化的母版，不是简单套用马克思主义经典作家设想的模板，不是其他国家社会主义实践的再版，也不是国外现代化发展的翻版。只要我们勇于结合新的实践不断推进理论创新、善于用新的理论指导新的实践，就一定能够让马克思主义在中国大地上展现出更强大、更有说服力的真理力量。[①]

第二节　近百年来中国的对外交往和文化交流

在新中国建立早期近 30 年内，曾遭受冷战铁幕严密围堵。不过即使在这种情况下，中国仍保持着与域外的联系。首先是紧密团结了亚、非、拉第三世界许多国家；其次是不断调整与苏、美两个超级大国之间的关系；最后是即使面对西方文化也不一概排斥，而是在鉴别基础上积极吸取，"洋为中用"。

一、中国与第三世界国家的友好往来

自从苏联等社会主义国家诞生以来，世界逐渐演化为三个部分：以美国为首的西方资本主义国家，号称第一世界；由苏联和其他社会主义国家组成的社会主义阵营，号称第二世界；亚、非、拉等地广大民族独立国家和正在争取独立的国家和地区，号称第三世界。[②] 在 1974 年，毛泽东又将三个世界区分为美苏超级大国、欧洲和日本等中间势力、中国和广大发展中国家。[③] 中国与第三世界国家曾同样遭受西方资本主义国家殖民统治和压迫，具有民族独立和国家发展的共同需求，因而在与西方资本主义势力斗争中团结在一起，有着许多友好的政治往来和经济文化交流。

---

① 中共十九届六中全会：《中共中央关于党的百年奋斗重大成就和历史经验的决议》，新华网，http://www.news.cn/2021 – 11/16/c_1128069706.htm。

② 这种分法最早由法国人口统计学家、经济学家、历史学家阿尔弗雷德·索维 1952 年在《三个世界，一个星球》一文中提出。

③ 最早见 1974 年 2 月 22 日毛泽东在会见赞比亚总统卡翁达时的谈话，同年 4 月 10 日邓小平在联合国大会上进一步阐述了这一理论。

1. 中国与印度的革命联系

早在近代反对殖民主义列强的斗争中，中国就因命运联系在一起而与亚非拉等地国家和人民相互支持，这里以中国与印度的革命联系最为突出。

19 世纪末，倡导维新变法的领袖人物康有为、梁启超就关心着印度问题，深入总结其亡国教训。为了避免像印度那样被英国变为完全的殖民地，康梁二人疾呼中国进行变法。变法失败后的 1901 年，康有为先到加尔各答，后来又去印度东北部，周游印度各地，在印度居住达一年半之久，写下《印度游记》和《须弥雪亭诗集》。他将印度与中国广大民众的痛苦生活联系起来，1921 年还在与赵恒惕的书信中指出，"印人苦难万千，不能一二数也""中国既有军阀专制，则只有割据之军治，而民治无自而生"①，为两国人民遭受压迫而深感悲愤。

之后的孙中山、章太炎也都关心印度革命，是印度等南亚、东南亚青年学生的"热情鼓动者"。辛亥革命爆发后，印度仁人志士如国大党领袖奥罗宾多·高士和甘地等都对孙中山给予高度评价，认为他是现代中国的缔造者，如同印度的提拉克。孙中山与印度卡德尔党领袖哈尔·达雅尔、革命家拉·比·鲍斯等结下深厚友谊，还与泰戈尔等有书信往来。章太炎在日本旅居时也曾与印度志士交往，共同研讨中印两国革命前途。1907 年，中印两国革命志士在东京带头成立亚洲和亲会，与会者中国方面有章太炎、陈独秀、张继等，印度方面有钵罗罕、保什、带氏等。

20 世纪 20 年代，甘地在印度的反殖民斗争受到中国高度关注。1920—1926 年，仅《东方杂志》就有 30 多篇文章报道印度的"非暴力不合作运动"。1929—1932 年，《东方杂志》又刊登了关于印度第二次不合作运动的文章。

抗日战争爆发后，印度总统尼赫鲁高度赞扬中国抗日壮举，发起将每年 1 月 9 日作为"中国日"募捐资助中国抗日，并派遣了一支医疗队来华援助。这支医疗队于 1939 年 2 月到达延安，受到中国共产党领导人热烈欢迎。医疗队中有尼赫鲁的堂弟爱德华和著名医生柯棣华、巴苏等，他们曾在延安等地工作了 9 个月之久。特别是柯棣华医生，他组织了一支巡回医疗队深入华北抗日前线，在 1941—1942 年为八路军战士做了 700 多次手术，拯救了许多人的生命。1942 年柯棣华医生因病去世，附近的中国百姓为之失声痛哭，上万人自发参加追悼会并为其送葬。

图 14-5　柯棣华（原名柯棣尼斯）

---

① 康有为：《复湖南赵省长恒惕论联省自治电（1922 年 7 月）》，张荣华主编：《近代中国思想家文库·康有为卷》，北京：中国人民大学出版社 2015 年版，第 422 页。

印度医疗队使中印两国结下深厚友谊。据记载，柯棣华医生逝世后，其遗骨被安置在河北省石家庄市华北军区烈士陵园，并竖立纪念碑，建立纪念馆；印度则将其事迹写成《还有一个没回来》一书，还拍成电影《柯棣华大夫——不朽的英雄故事》，其影响超过了埃德加·斯诺的名著《西行漫记》。爱德华医生在 1957 年与其医疗队成员应邀再次访华期间因病在北京逝世，他的骨灰遵照遗嘱一半撒入黄河，一半撒入恒河。巴苏医生在新中国成立后多次来华，受到中国政府领导人的热情接待，为改善两国关系起到很大作用。1986 年巴苏医生在加尔各答逝世前夕，也嘱托把一半骨灰送到中国，中国政府将其安置在柯棣华医生墓旁，并立碑纪念。

图 14 - 6　河北唐县的白求恩柯棣华纪念馆

2. 新中国外交"和平共处五项原则"的提出

和平共处五项原则是新中国成立后提出的国家外交纲领性政策，是半个多世纪以来中国一直严格奉行的外交路线。其主要内容是：互相尊重主权和领土完整、互不侵犯、互不干涉内政、平等互利、和平共处。

和平共处五项原则是一个相互联系、相辅相成、不可分割的整体。互相尊重主权和领土完整、互不侵犯、互不干涉内政这三项是处理各国政治关系的最基本的行为准则。主权是一个国家按照自己的意志独立自主地处理内部和外部一切事务而不受其他国家干涉的权利，是国家的根本属性和独立的根本标志。主权国家有选择本国社会政治制度、独立自主地决定本国对内对外政策、管辖本国公民及事务的权利。领土完整则是主权国家存在的物质基础。各国主权一律平等，应充分享有领土不受侵犯、内政不被干涉的权利。平等互利则是指导各国经济、贸易关系的基本原则。各国应在平等的基础上，开展经济合作和贸易交流，互惠互利。和平共处是目标，而前四项原则是实现和平共处的根本基础和前提条件。只有遵循前四项原则，才能实现和平共处。和平共处五项原则符合《联合国宪章》的宗旨和原则，高度地概括了国际关系的基本准则。

这五项原则，最早是1953年12月中华人民共和国国务院总理周恩来在会见印度代表团时提出的。1954年4月29日，中、印两国在北京签订的《关于中国西藏地方和印度之间的通商和交通协定》中写入了这些原则。1954年6月下旬周恩来总理访问印度、缅甸，在中印和中缅会谈联合声明中，共同倡导了和平共处五项原则。

图14-7　万隆会议会场

和平共处五项原则的公布，受到国际舆论、特别是亚非拉和欧洲国家广泛的支持和响应，大大促进了亚非各国之间团结合作的发展。在这种形势下，1955年4月18—24日，29个亚非国家和地区的300多位代表在印度尼西亚万隆成功举行了第一次亚非会议（即万隆会议），会上发表了《关于促进世界和平与合作的宣言》，其中包括了这五项原则的全部内容。

此后，和平共处五项原则为世界许多国家所接受，成为处理不同社会和政治制度国家之间相互关系的基本原则。在此促进下，20世纪70年代，中国先后与50多个发展中国家正式建立了外交关系，在联合国的席位也得以恢复。

3. 中国对其他国家反殖民斗争的大力支持

自从中国人民站起来后，对世界各地的反殖民斗争开展大力支持。在必要时，中国全力以赴帮助受侵略的国家和人民，甚至不惜作出重大的民族牺牲。抗美援朝和抗美援越就是典型的事例。

1950年6月，美国出兵干涉朝鲜内政，甚至将炮弹打到鸭绿江以北的中国境内。

这时候中华人民共和国成立还不到一年，国家百孔千疮，百废待兴，然而为了支持朝鲜人民的斗争，也为了保家卫国，中国人民志愿军毅然出征，与朝鲜军民一起浴血奋战。在这场战争中，中国民众有 240 万人先后加入中国人民志愿军，190 万人以轮战方式先后入朝作战。他们没有飞机、军舰和大炮，武器还只是非常落后的小米加步枪；然而他们有对朝鲜深厚的友情，有敢于牺牲和百折不挠的精神，帮助朝鲜人民抗击美国侵略者。抗美援朝的胜利还有更为重要的历史意义，即雄辩地证明了：西方侵略者百年来只要在东方的一个海岸上架起几尊大炮就可以霸占一个国家的时代一去不复返。

20 世纪 40—70 年代，中南半岛上的越南接连掀起了反抗法国殖民压迫和美国殖民侵略的斗争。作为一衣带水的邻居，中国为支援其斗争付出了巨大的努力。1950 年初，越南的抗法战争处在困难之际，越南劳动党领袖胡志明到北京请援，中华人民共和国主席毛泽东决定向越南提供全面无私的援助。应越方要求，中国派出了军事顾问团和政治顾问团，先后帮助组织指挥实施的边界战役、奠边府战役等，取得了重大军事胜利。同时还向越南提供了大批武器装备和粮食被服等物资。至 1954 年上半年，援越抗法战争取得了胜利，越南北方基本获得解放。1955 年，美国公然违反日内瓦会议协议，趁机取代法国势力，迅速渗入南越（"南越共和国"），阴谋变南越为其殖民地和军事基地。1964 年 8 月 5 日，借口"北部湾事件"，美军派出大批飞机开始轰炸越南北方。1965 年 3 月起，美军投入 65 万地面部队进入南越参战，使战争升级为以美军为主体、"南打北炸"为特点的全面侵略战争。越南人民在胡志明和越南劳动党的领导下，勇敢投入了抗美救国斗争；同时向世界揭露和控诉美国的侵略罪行，呼吁国际援助。在越方请求下，中国先后投入各兵种作战部队 32 万余人、工程兵和铁道兵 10 余万人，无偿援助飞机 170 余架、舰船 140 余艘、坦克 500 余辆、汽车 1.6 万余辆、火炮 3.7 万余门、枪 216 万余支（挺）、炮弹和子弹 12.8 亿余发，援助物资 200 多亿美元。到 1975 年，最终迫使美军在伤亡 36 万人、损失 4 000 多亿美元的情况下退出越南。

4. 中国与第三世界国家的经济和文化交往

1964 年，中国政府提出对外援助八项原则：①平等互利的原则；②尊重受援国的主权，绝不附带任何条件；③采取无息或者低息贷款的方式，必要时延长还款期限，以尽量减少受援国负担；④外援目的是帮助受援国逐步走上自力更生、经济上独立发展的道路；⑤援建项目力求投资少，收效快，使受援国政府能够增加收入，积累资金；⑥提供自己所能生产的质量最好的设备和物资，如果不合乎商定的规格和质量中国保证退换；⑦技术援助保证使受援国人员充分掌握这种技术；⑧派到受援国的专家同受援国自己的专家享受同样待遇，不容许有任何特殊要求。

至 20 世纪 70 年代，中国与世界各国的经济和文化交往获得重大发展。在亚洲，中国与东盟各国的贸易额远远超过了苏联与东盟的贸易；喀喇昆仑公路的通车把中国与巴基斯坦连接起来；与有 1 亿多人口的中东 17 个国家的政治、经贸关系也日益密切。在非洲，通过真诚援助民族独立斗争，中国与坦桑尼亚、赞比亚等国建立了密切的政治、经济、贸易关系，相互间签订了一系列经济技术合作协定和贸易协定，援建的坦赞铁路对坦、赞两国摆脱南非压力、发展经济和改善人民生活起到了很好的作用；39 个非洲国家的元首和政府首脑先后 45 次访问中国，对促进中国与非洲各国的友谊做出了巨大贡献。中国与拉丁美洲各国的关系有了突破性发展，先后与 12 个国家建立了外交关系或发表了建交声明，4 个国家的国家领导人先后 6 次访问中国，与7 个国家先后签订了科学技术合作协定、贸易经济合作协定、海运协定、文化协定、旅游合作协定等。①

二、中国与资本主义国家关系的调适

社会主义与资本主义两大阵营的冷战，给世界各国交往造成巨大的障碍，也大大损害了东西方文明交流。20 世纪 70 年代，东西方各国都意识到这一问题，为此努力破冰，重新调适双方关系。在资本主义国家里，中国除了与法国等早有友好的外交关系外，与美、日等国的关系也渐渐改善。

1. 与美国关系的调整

中美关系曾因冷战处于极端对立的状态。尽管美国无视东方各国的独立要求，悍然发动朝鲜战争和越南战争，大大伤害了东方人民的感情，但中国政府还是早在 1954 年日内瓦会议和 1955 年万隆会议上表示了友善态度。周恩来在万隆八国代表团团长会议上发表了一个历史性的声明："中国人民同美国人民是友好的。中国人民不要同美国打仗。中国政府愿意同美国政府坐下来谈判，讨论和缓远东紧张局势的问题，特别是和缓台湾地区的紧张局势。"② 1957 年，中国政府还非常友好地接待了突破美国政府禁令来华访问的美国青年代表团，开诚布公地阐明了中国在中美关系和重大国际问题上的正义立场。

20 世纪 60 年代至 70 年代初，美国深陷越南战争不能自拔，同时欧洲、日本等经济体发展起来，苏联仍然咄咄逼人，世界多极化局势已见雏形，美国面对的国内外形势迫使其改善对华关系。美国政府最终解除了禁止其公民前往中国旅行的政令，不久美国乒乓球代表团在第 31 届世界乒乓球锦标赛及国际乒联会议上向中国示好。随即中国政府向美国乒乓球代表团发出邀请函，而白宫也积极支持、促动，至 1971 年 4 月中旬促成美国乒乓球代表团的北京之旅。4 月 14 日，在数日参观之后，美国与英国、加拿大、

---

① 中国现代国际关系研究所编：《中国与第三世界》（论文集），北京：时事出版社 1990 年版，第 44 页。

② 季鸿生编著：《中美关系五十年》，上海：百家出版社 1993 年版，第 119 页。

哥伦比亚、尼日利亚五国乒乓球代表团在人民大会堂受到中国国务院总理周恩来的亲切接见。1972 年，美国又邀请中国乒乓球代表团回访美国，中国乒乓球代表团受到美国总统尼克松的热情接待。

"乒乓外交"重新打开了中美友好交往的大门，美国总统尼克松也看到："我们把 8 亿人民排除在外，就无法缔造一个全球的和平结构。"① 其实美国也早就有意调整中美关系，尼克松政府曾利用"巴基斯坦渠道"和波兰等国积极与中国接触，并从 1969 年中苏珍宝岛事件看到借助中国遏制苏联的契机，至美国乒乓球代表团访华，美国彻底转变对华态度。1971 年 7 月，受尼克松委派，美国国务卿基辛格博士秘密访华，9—11 日，周恩来与其进行了会谈。15 日，根据会谈协议宣布两国领袖将正式会晤以谋求中美关系正常化。

1972 年 2 月 21 日，尼克松率美国代表团到达中国。中美两国领导人先后经过六次会谈，达成协议，28 日于上海公开发表了《中美上海联合公报》。《中美上海联合公报》声明，美国承认中华人民共和国为中国唯一合法的政府，台湾是中国不可分割的一部分；两国以和平共处五项原则为基础解决问题，任何一方都不应该在亚太地区谋求霸权。这是中美关系史上的里程碑，标志着中美关系正式解冻，开始走向正常化。此后经过一系列会谈和筹备，至 1978 年中美两国正式建立大使级外交关系，从此揭开中美关系的新篇章。

图 14 - 8　尼克松访华
(《人民日报》，1972 年 2 月 22 日第一版)

---

①　[美] 理查德·尼克松：《尼克松 1973 年对外政策报告》，上海：上海人民出版社 1973 年版，第 28 页。

2. 中日关系的改善

日本自"二战"之后为美国所控制，被改造为追随美国政策的重要东方国家之一。不过它又与美、英不同，曾与中国有着深厚的历史文化关系。在铁幕隔离式的冷战年代，日本较早地调整了对华态度，使中日关系得以改善。

早在20世纪50年代，日本有识之士就呼吁其政府与新中国建立外交关系。此后20多年时间里，两国人民不断加强往来，积极开展经济、贸易和文化交流。其中四次贸易协定，后来发展成为LT贸易协定。① 在野的日本社会党及其访华亲善代表团，以及日本通商代表团、恢复日中邦交国民会议访华使节团、日本实业界代表团、日本经济友好代表团等，与中国人民外交协会、中国红十字会、中华妇女联合会等民间组织，都为中日两国邦交正常化付出了很多努力。尤其温馨的一段佳话是，1971年由日本乒乓球协会会长后藤钾二和日中文化交流协会代表村冈久平率队的一支庞大的日本民众代表团来华访问，他们1月25日抵达北京，盛情邀请中国乒乓球队参加第31届世界乒乓球锦标赛。中日两国采取"民间先行""以民促官"的这种特殊方式，最后"官民并举"，逐步走向邦交正常化。

至1972年，日本国内要求中日邦交正常化的呼声日益高涨，中国政府也积极呼应，顺势调整了对日关系。与此同时，美国封锁中国的政策终告结束，同年2月美国总统尼克松也主动访华缓解中美关系。日本将美国总统这次不理会日本存在而访华的活动称作"越顶外交"，一贯紧紧追随美国、敌视中国的佐藤内阁因此倒台。7月，新任首相田中角荣一改日本反华政策，积极促动日中邦交正常化。9月25日，田中角荣亲自率领52人访华代表团飞达北京，中国政府举行欢迎宴会。经过数日深入谈判，29日两国政府签署《中日联合声明》，宣布两国结束不正常状态，自1972年9月29日起建立外交关系。

自此以后，两国政府相继签署关于两国之间海底电缆、航空运输等领域协定。至1978年，中国实施改革开放并进入经济发展快车道，国际社会国际化趋势也日益明显，日本政府认清了形势，中国政府也积极促动，在该年7—8月先后经过16次事务级会谈，于8月12日正式签订了《中日和平友好条约》。条约规定，两国在和平共处五项原则基础上发展两国持久的和平友好关系。双方用和平手段解决一切争端，而不诉诸武力和武力威胁。双方任何一方都不应在亚洲和太平洋地区或其他任何地区谋求霸权，并反对任何其他国家或国家集团建立这种霸权的努力。双方将本着睦邻友好的精神，按照平

---

① 所谓LT贸易，指的是1962年中华人民共和国和日本之间以《中日长期贸易综合协定》为基础，在两国没有正式邦交的情况下，互相建立联络处，利用政府担保的资金进行的半官方半民间的贸易活动。最鼎盛时期，该项贸易占到了中日贸易总额的一半。当时中方代表是廖承志，日方代表为高埼达之助，"LT"来自二人英文名的首字母。

等互利和互不干涉内政的原则，为进一步发展两国之间的经济关系和文化关系，促进两国人民的往来而努力。两国间的和平友好条约不影响缔约各方同第三国的关系。[①]

《中日联合声明》和《中日和平友好条约》的签订，为两国铺平了友好交往的道路，从此两国不断加强政治、经济和文化交流，发展成为彼此极其重要的贸易伙伴和平等往来的友好邻邦。

这里应该指出的是，中国与美国、日本等资本主义国家之关系的改善不是无原则的。正如习近平指出："中华民族拥有在 5 000 多年历史演进中形成的灿烂文明，中国共产党拥有百年奋斗实践和 70 多年执政兴国经验，我们积极学习借鉴人类文明的一切有益成果，欢迎一切有益的建议和善意的批评，但我们绝不接受'教师爷'般颐指气使的说教！中国共产党和中国人民将在自己选择的道路上昂首阔步走下去，把中国发展进步的命运牢牢掌握在自己手中！"[②] 以前中国与西方列强和资本主义国家的对立，是因为中国遭受列强侵略、欺辱，遭受西方资本主义国家铁幕围堵和拼命遏制。中国爱好和平，渴望和平共处和平等互利基础上的交往，因而中国对外交往的大门是打开着的。中国始终欢迎与所有国家的友好与和平往来。

三、近百年来的中西文化交流与文明融合

近百年来，中西文化交流的事迹不胜枚举。在新民主主义革命时期，中印两国之间就有不少文化交流的佳话，如泰戈尔访华及其影响。在印度，泰戈尔是关心中国文化，并打开中印两国文化交流大门的使者。新文化运动中，他的大量诗歌、小说等被《青年杂志》《新青年》《小说月报》《少年中国》等 30 多种杂志译介到中国。中国著名诗人徐志摩是他的学生。1924 年，在蔡元培等创办的北大讲学社邀请下，泰戈尔带领印度国际大学、加尔各答大学等多位教授访问中国，受到上海、北京等中国文化界广大人士的热烈欢迎。在北京，由胡适等主持，文化界人士为泰戈尔生日举办了隆重的庆祝会。此后，中国文化界、思想界兴起一股"泰戈尔热"，而泰戈尔也在印度国际学院专门创办中国学院，传播中国文化。

1945 年，中国共产党在中共七大政治报告《论联合政府》中提出"古为今用，洋为中用"的文化方针，强调学习、吸收中国古代和域外各国文化精华，来发展自身的文化。新中国成立以后，尽管遭到西方资本主义势力的敌视和围堵封锁，但是党和政府仍然坚持了这一方针政策。这里有非常丰富的体现，以下事例尤其为人所熟悉。

1. 汉字改革

近现代汉字改革始自新文化运动。早在 1928 年国民政府教育部大学院就颁布了与

---

① 史桂芳：《战后中日关系：1945—2003》，北京：当代世界出版社 2005 年版，第 156 页。

② 习近平：《在庆祝中国共产党成立 100 周年大会上的讲话》，人民网，http：//cpc.people.com.cn/n1/2021/0701/c64094 - 32146278.html。

后来大体一致的罗马（拉丁）字母拼音方案。不过后来这一方案被搁置起来，一直到新中国成立后才被重提。

新中国成立后，为了方便广大普通群众学习文化和推广普通话，也为了外国友人更好地学习汉语，中国政府很快成立了专门负责汉字改革的机构，召开了"全国文字改革会议"和"现代汉语规范学术会议"，明确提出包括"推行汉语拼音方案"在内的三项任务。1956 年 2 月，中国文字改革委员会公布了《汉语拼音方案（草案）》；12 月，又经广泛吸取群众意见颁布了修正案。在国家大力推行的"扫盲运动"中，采用罗马字母拼读汉字的方法产生了很好的效果。于是 1958 年初，周恩来在全国政协委员会上做出制定和推行汉语拼音方案的指示；2 月，第一届全国人民代表大会第五次会议通过《汉语拼音方案》；3 月，教育部发出《关于在中小学和各级师范学校教学汉语拼音字母的通知》。此后汉语拼音在全国范围内逐步推广，到 1977 年，联合国第三届地名标准化会议通过了中国地名拼法决议。

不过，汉语拼音改革不同于越南等国的文字改革，它是在借鉴西方文化基础上改进汉字的举措，而不是完全西化地改用西方字母文字体系。周恩来指出，汉语拼音方案是用来为汉字注音和推广普通话的，它不是用来代替汉字的拼音文字。[①]

2. 文学艺术发展

在新中国早期 30 年，中国的文学艺术也广泛借鉴、吸取了西方文化精华。比较突出的形式有舞剧、话剧、美声唱法及西洋乐器在中国乐曲中的使用等。

舞剧在当代中国，是中国古代传统文化与西方艺术形式结合的产物。有学者认为，宋代戏剧《大武》就是中国舞剧的萌芽。[②] 不过芭蕾舞剧的源头在欧洲。19 世纪末 20 世纪初，芭蕾舞剧向欧洲以外的广大地区流传。在中国，20 世纪 30 年代从欧洲留学回国的芭蕾舞剧先驱吴晓邦将我国民族戏曲舞蹈程式与芭蕾舞剧创作经验相结合，推出剧目《虎爷》，开创了现代中国舞剧的先河。后来著名的舞剧《白毛女》等，则对中国当代社会产生了极其广泛的影响。《白毛女》取材于河北一带农村"白毛仙姑"的传说，由著名作家贺敬之等将其改编成剧本，在 1945 年由延安鲁迅艺术学院集体作曲、导演和演出。该剧反映了旧社会把人逼成"鬼"，新社会把"鬼"变成人的主题，在广大受苦群众中产生了强烈反响。新中国成立后，这部舞剧不断改进，山东、江苏、湖南等各地歌剧、舞剧院改编了十几个剧本，在全国各地演出，家喻户晓。20 世纪 70—90 年代乃至 21 世纪，舞剧《白毛女》不但在全国各大剧院持续演出，而且推上荧幕，2016 年还被制作成 3D 舞台艺术电影。

---

① 见 1958 年 1 月周恩来在全国政协委员会报告会上的讲话。
② 程家跃：《中国舞剧发展渊源考》，《时代文学（理论学术版）》2007 年第 1 期。

图 14-9 《白毛女》舞剧片段

话剧形式自 20 世纪初就传入中国，有"文明戏""新剧"等不同称呼，到 1928 年由著名戏剧家洪深提议统一使用"话剧"这一名称。20 世纪 30 年代，曹禺创作的《雷雨》等话剧产生重大影响，话剧发展起来。新中国成立后，政府高度重视话剧艺术，不仅制定了一系列方针政策，而且成立中华全国戏剧工作者协会（中国戏剧家协会）、中国青年艺术剧院、北京人民艺术剧院、上海人民艺术剧院、中央戏剧学院等机构，形成话剧发展体系。20 世纪 50—60 年代，产生了一大批话剧创作精品，如老舍的《茶馆》《龙须沟》、田汉的《关汉卿》、郭沫若的《蔡文姬》、任德耀的《马兰花》、金山的《红色风暴》等。话剧代表着中国现代戏剧派，它采用西方艺术形式，结合中国现实需要，深刻反映中国社会问题和生活风情，获得了广大民众的喜爱。

在音乐领域，中国也广泛吸取了西方艺术形式。最为突出的就是美声唱法和钢琴、提琴等在中国传统曲目表演中的使用。美声唱法起源于欧洲中世纪的宗教经文演唱。20 世纪 40 年代由著名声乐家林俊卿传播到中国。林俊卿先后师从意大利音乐大师梅瑞·柏奇（Mario Paci）和意大利著名男高音歌唱家波纳维塔（Bonavita），1943 年留学回国后因在上海举办个人音乐会一举成名。还有先后师从美籍华人范天祥夫人、俄籍教授苏石林、德籍犹太女中音歌唱家拉普教授等人的声乐家沈湘，新中国成立后他长期在中央音乐学院任教，培养出一大批声乐家和歌唱家，使这种歌唱艺术形式在中国流行起来。此外，钢琴等西洋乐器在明代就已进入中国宫廷。不过它们广泛流行并与中国传统乐曲结合起来则是后来的事情。20 世纪 30 年代，陈培勋、马思聪、桑桐等音乐家将《双鹤听泉》《霓裳羽衣曲》等中国古典名曲改编为钢琴曲。1973 年，作曲家王建中将《梅花三弄》《彩云追月》等传统名曲改编为钢琴曲。

在世界上最有影响的是由《梁山伯与祝英台》改编的小提琴协奏曲《梁祝》。在新中国成立之初，越剧《梁山伯与祝英台》作为浙江地方剧种被推荐到北京演出，反响热烈。1954 年被改编成电影，在全国公映时万人空巷，引起一股《梁山伯与祝英台》热潮。这部电影在日内瓦会议上播放引起西方国家好评。上海音乐学院作曲家何占豪等在 1959 年将其改编成小提琴协奏曲《梁祝》。一经演出，不但全国各地电台竞相播放，西方国家也纷纷加以改编、演奏。东西方人民对这部作品的热爱经久不衰。据行家评价，小提琴协奏曲《梁祝》是全世界演出和录音版本最多的中国管弦乐曲，是世界人民了解中国音乐的必听曲目。它被誉为"为中国创造民族化交响乐开拓一片绿野"的"不朽的中国民族音乐经典"，是"中国人民的骄傲""整个东方音乐的骄傲"，是中国音乐空前的高峰之作，更是中国传统音乐和西方音乐完美结合的典范。在香港电台就"千年最受欢迎的十部经典音乐作品"民意测验中，《梁祝》入列。①

图 14-10 1954 年越剧电影《梁山伯与祝英台》剧照

3. 中西医结合

中医本来就是在不断吸取域外医学精华而成长起来的文化体系，早自唐代药王孙思邈起就大量吸收了印度的医学成果，明末清初的名医方以智更是擅长"中经西纬法"。为了"把中医中药的知识与西医西药的知识结合起来，创造中国统一的新医学新医药"，1954 年中国人民政治协商会议文教组召开了中西医学术交流座谈会。此后广泛举办学习班，到 1962 年培训了 2 400 多名脱产西学中高级医师。1964 年，中华医学会中

① 胡新民：《琴弦上的蝴蝶——回顾小提琴协奏曲〈梁祝〉成为经典之路》，《党史文汇》2020 年第 11 期。

西医药学术交流委员会召开会议，推动在急腹症、肛门直肠症、骨与关节损伤、妇科、常见骨折、常见皮肤病、眼科、疮疡等医学领域开展中西医结合科学研究和临床治疗，都取得了不少成果。后来《中西医结合杂志》创办起来，为中西医结合的发展道路打下很好的基础。

新中国成立以来，中国政府致力于吸收外来文化，促动"外来文化的民族化"，产生了很多优异成果和文化精品。可以说，没有汉语拼音，很难想象当前中国人如何在只有着26个英文字母的电脑键盘上敲击如飞、驰骋网络；没有小提琴协奏曲《梁祝》，西方世界就少了一个了解和热爱中国文化的窗口；没有中西医结合，也许就没有屠呦呦获得诺贝尔奖……

当然，中国文化在西方世界的传播也是不可阻挡的。如中国著名军事经典著作《孙子兵法》传入欧洲后，陆续被翻译成英、法、德、俄、捷等文字，后来又传入美国，成为美国陆军军事院校的教材。再如文学名著《红楼梦》，广泛流传于亚洲、欧洲等许多国家，仅在英国就有很多版本。在医学领域，印度著名医生巴苏在1957—1978年间多次来华学习针灸等中医技术，回国后在印度大力推广，培养了150名针灸医生，在加尔各答、孟买、新德里、高哈蒂、昌迪加尔、卢迪亚纳等地开设起30多家针灸诊所。

中国与西方的文化联系，从来都没有中断过。

❀ 思考题

1. 马克思主义在中国是如何与中国社会需要相结合的？如何评价当前马克思主义中国化的发展成果？

2. 举例介绍新中国成立后中国与其他国家文明交往的重要史实。

第十五章
倡议与理念："一带一路"与人类命运共同体

通过本章学习，首先使学生认识到"一带一路"倡议的提出既有中外历史上长期交往的历史积淀，也有对当代世界发展过程中面临的对立、战争、公共卫生等诸多现实问题的回应。在此基础上，使学生对"一带一路"倡议之上的指导理念——人类命运共同体有一定程度的理解。在充分了解这八年来"一带一路"倡议结出的硕果的基础上，使学生认识到"一带一路"建设的阶段性、艰巨性和长期性的特征，对这一互助共赢的伟大倡议产生认同，使得这一倡议和人类命运共同体理念一道，成为学生们理解当代中国和中国对外交往的两把钥匙。

重点与难点

本章重点在于明白人类命运共同体理念与"一带一路"倡议的关系，以及他们各自的形成背景和包含内容。

难点在于了解这八年来"一带一路"倡议在世界各国结出的硕果，理解"一带一路"倡议实施的短期效益和长期意义。

作为最早提出"全球化"概念的三位学者之一，英国社会科学院院士马丁·阿尔布劳的案头长期摆着一本英文版《习近平谈治国理政》。阿尔布劳说："这不仅仅是一本关于治国理政的书，它还代表了一整套可以用于建立持久秩序的思想体系，世界需要思想体系，以灵活应对各国和世界面临的挑战。"建立持久秩序的思想体系应对到国际秩序，中国的答案就是人类命运共同体理念。

人类命运共同体理念的提出虽然稍晚于"一带一路"倡议，但它深植于中华民族几千年来对外和平交往的外交实践，扎根于中华民族的优秀传统文化中，这同近代以来掠夺性的西方殖民统治全然不同，两种理念及其实践有着本质的区别。人类命运共同体理念孕育了丰富的理论内涵，通过"一带一路"倡议建构起系统的实践平台，是中国为当前复杂而充满矛盾的世界提供的一份"中国方案"。

第一节　从"一带一路"到人类命运共同体

2013 年，中国国家主席习近平在哈萨克斯坦议会的演讲提出了建设"新丝绸之路经济带"的构想，同年又在访问印度尼西亚时提出了建设"21 世纪海上丝绸之路"的倡议，"一带一路"倡议作为一种新型的国际合作机制逐步成型。"一带一路"倡议源于对东西方交往产生过重大影响的陆海丝绸之路，凝聚了全新的时代内涵和中国智慧，升华提高为全新的跨越欧亚非、联通五大洋的新型合作倡议，具有非凡的创造性和前所未有的巨大影响。人类命运共同体理念作为"利益""责任""命运"三位一体的新型全球化主张，在"一带一路"倡议的实践中得到了充分的体现。

一、"一带一路"倡议的背景、内涵及世界意义

"一带一路"倡议是具有世界意义的重大构想，是历史经验与现实基础相结合的产物，对中国及各参与国来说都有着重要作用。

（一）"一带一路"提出的历史背景和现实关怀

"一带一路"倡议的提出既有厚重的历史基础，也有强烈的现实关怀。历史上沟通中西的陆上丝绸之路和海上丝绸之路为双方文明的进步注入了强大动力，意义重大。今日中国面对国内外复杂局势，从全人类福祉利益出发，通过当代"一带一路"的互联互通，共同打造人类命运共同体，是一件十分有意义的大事。

东西方交往史上有着若干条产生重大影响的物质文化交流通道，但将其统一概括为"丝绸之路"是 19 世纪德国地理学家李希霍芬首次提出的。事实上，丝绸之路作为古代

东西方长期交流的一大通道，在沟通欧亚大陆的物质交流、文化交流、人员交流和技术交流方面有着突出表现，在世界历史上具有非凡的意义，没有丝绸之路，欧亚大陆的文明历程将大为失色。

"一带一路"倡议借鉴了历史上的丝绸之路而又实现了本质上的超越，具有丰富的科学内涵，从国内到国外，表现出强烈的现实关怀。

从国内来说，中国经济经过 40 多年的改革开放，已经实现了质的跨越，中国已成为全球第二大经济体、全球最大外贸国、全球最大外汇储备国、全球最大工业国（2014年中国在 22 个工业大类中的 7 个名列第一，钢铁、水泥、汽车等 220 多种工业品产量居世界第一）。同时，东西部发展失衡、环境污染和资源压力加剧、人力与土地成本上升、产能过剩、长期处于产业链下游、创新能力不足等问题也越来越突出。

从国际来说，全球经济持续低迷，迟迟难以走出 2008 年和 2011 年两轮危机的阴影；中国同部分国家贸易摩擦加剧，频繁面临反倾销调查或其他限制措施；国际能源和原材料价格波动明显，不确定性增加，安全保障面临挑战；全球化趋势面临挑战，世界范围内的政治经济发展不平衡加剧，亚非部分国家发展面临重重困难。

与此同时，中国外交政策也出现了明显的调整。其一是更为强调"有所作为"，积极提出应对诸多国际挑战的"中国方案"。其二是更为重视周边外交，在"大国是关键，周边是首要，发展中国家是基础，多边是重要舞台"的全方位外交布局中进一步凸显周边国家的重要地位，召开了高规格的"周边外交座谈会"，强调周边外交要服从和服务于实现"两个一百年"奋斗目标、实现中华民族伟大复兴等关乎国家兴亡的高层次理念。其三是创新大国关系模式，提出建构不冲突不对抗、相互尊重、合作共赢的中美"新型大国关系"。更为重要的是，人类命运共同体理念的不断发展与丰富，标志着中国对国际秩序及当前全球化态势提出了中国答案与中国方案。

在上述背景下，"一带一路"倡议应运而生，该倡议积极致力于增进欧亚地区的互联互通、产业转移和劳动分工，提升中国国内产业创新能力并培育领军企业，更好地利用全球资源并缓解资源环境压力，更多地为沿线国家提供发展机会与公共产品，以全方位的对外开放构建国内国际的两个平衡。

（二）"一带一路"的内涵与世界意义

"一带一路"倡议从历史中来，到现实中去，通过贸易、人文诸方面的交流，将欧亚大陆沿线国家联通起来。这种文明交流的范围广阔，内涵丰富，对包括中国在内的沿线各国都有很多益处，因而具有深刻的世界意义。

1. "一带一路"的内涵

"一带一路"是促进共同发展、实现共同繁荣的合作共赢之路，是增进理解信任、加强全方位交流的和平友谊之路。中国政府倡议，秉持和平合作、开放包容、互学互鉴、互利共赢的理念，全方位推进务实合作，打造政治互信、经济融合、文化包容的利益共同体、命运共同体和责任共同体。

"一带一路"贯穿亚欧非大陆，一头是活跃的东亚经济圈，一头是发达的欧洲经济圈，中间广大腹地国家经济发展潜力巨大。丝绸之路经济带重点沟通中国经中亚、俄罗斯至欧洲（波罗的海）；中国经中亚、西亚至波斯湾、地中海；中国至东南亚、南亚、印度洋。21 世纪海上丝绸之路重点方向是从中国沿海港口过南海到印度洋，延伸至欧洲；从中国沿海港口过南海到南太平洋。

根据"一带一路"走向，陆上依托国际大通道，以沿线中心城市为支撑，以重点经贸产业园区为合作平台，共同打造新亚欧大陆桥、中蒙俄、中国—中亚—西亚、中国—中南半岛等国际经济合作走廊；海上以重点港口为节点，共同建设通畅安全高效的运输大通道。中巴、孟中印缅两个经济走廊与推进"一带一路"建设关联紧密，要进一步推动合作，取得更大进展。

"一带一路"倡议自提出以来不断拓展合作区域与领域，尝试与探索新的合作模式，使之得以丰富、发展与完善，但其初衷与原则却始终如一。这是认知与理解"一带一路"倡议的基点与关键。

2. "一带一路"的世界意义

"一带一路"倡议的合作范围不断扩大，合作领域更为广阔。它不仅给参与各方带来了实实在在的合作红利，也为世界贡献了应对挑战、创造机遇、强化信心的智慧与力量。"一带一路"倡议为全球治理提供了新的路径与方向。

"一带一路"倡议为新时期世界走向共赢带来了中国方案。不同性质、不同发展阶段的国家，其具体的战略诉求与优先方向不尽相同，但各国都希望获得发展与繁荣，这便是各国共同利益的最大公约数。如何将一国的发展规划与他国的战略设计相对接以实现优势互补，便成为各国实现双赢多赢的重要前提。"一带一路"正是在各国寻求发展机遇的需求之下，同时尊重各自发展道路选择基础之上所形成的合作平台。

"一带一路"倡议为全球均衡可持续发展增添了新动力，提供了新平台。"一带一路"涵盖了发展中国家与发达国家，实现了"南南合作"与"南北合作"的统一，有助于推动全球均衡可持续发展。"一带一路"以基础设施建设为着眼点，促进经济要素有序自由流动，推动中国与相关国家的宏观政策协调。

写下了《丝绸之路：一部全新的世界史》一书的英国历史学家彼得·弗兰科潘说："丝绸之路曾经塑造了过去的世界，甚至塑造了当今的世界，也将塑造未来的世界。"作为和平、繁荣、开放、创新、文明之路，"一带一路"必将行稳致远，惠及天下。

二、人类命运共同体理念的来源、内涵及其特点

"一带一路"建设是在人类命运共同体理论指导之下进行的实践。人类命运共同体理念，源自中华传统文化、古代丝绸之路的宝贵经验，它与西方的历史和逻辑完全不同。"一带一路"建设绝非大国扩张，而是人类命运共同体的伟大实践。但要真正让"一带一路"成为伟大实践，亦绝非易事。这需要中国拥有强大的国力作为支撑，有强大的文化、制度、道路感染力。丝绸之路历来与"盛世"相连，"一带一路"倡议与人类命运共同体理念在今天应运而生，可以说是一种历史的必然。

（一）人类命运共同体理念的来源

古代世界没有一个包纳全球的世界秩序，各个地区形成了各具特色的交往体系。16世纪大航海时代的开启，由西方主导的世界秩序逐步建立，从而形成西方历史观下的殖民世界体系。随着世界局势的变化，当前，人类命运共同体理念的提出是对大航海时代以来殖民话语体系的彻底颠覆，是构建一种有利于各国各民族的新的话语体系，它的提出代表了中国关于世界秩序的有益思考。

1. 人类命运共同体理念的提出

人类命运共同体理念的首次提出是在 2012 年的中国共产党第十八次全国代表大会上。该会议报告中明确提出要倡导人类命运共同体意识。此后，中国国家领导人通过在不同场合的反复论述，人类命运共同体理念逐渐得以完善和丰富。

2017 年 1 月 18 日，中国国家主席习近平在联合国总部日内瓦发表了题为"共同构建人类命运共同体"的主旨演讲，进一步将人类命运共同体理念传播到了国际社会。他在演讲中指出："当今世界充满不确定性，人们对未来既寄予期待又感到困惑。世界怎么了？我们怎么办？这是整个世界都在思考的问题，也是我一直在思考的问题。"他呼吁"让和平的薪火代代相传，让发展的动力源源不断，让文明的光芒熠熠生辉，是各国人民的期待，也是我们这一代政治家应有的担当。中国方案是：构建人类命运共同体，实现共赢共享。"

人类命运共同体理念提出后，引起了国际社会的巨大反响。先后被写进联合国的多份协议及安全协议之中，获得广泛支持。

2. 人类命运共同体理念的提出背景

人类命运共同体理念从人类文明互鉴的历史中来，也必然要回到推动人类文明互鉴的事业中去。人类命运共同体理念深植于中国厚重的历史经验中，它不是一个闭合的理论体系，而是一个开放的、将不断进行阐释与丰富的理论体系，人类命运共同体理念必将越来越成熟，越来越体系化、明晰化。

（1）近代以来殖民主义的形成及影响。

15—20世纪中叶，在几百年的殖民历史中，除西方国家外的整个世界几乎被瓜分殆尽。在这个过程中，一方面，伴随科技的发展、交通通信工具的革命、全球范围内的生产分工，整个世界变得越来越紧密，全球化进程大大提升；另一方面，殖民主义将世界分成了西方与非西方两种发展模式，不同发展模式逐渐累积了巨大的差异、形成了不同程度的割裂与对立。

"二战"结束后，殖民体系基本瓦解，大量民族国家纷纷独立，世界从西方和非西方的殖民体系中挣脱，但几乎是同一时间，又陷入另一场规模巨大的对立之中，即意识形态的对立，也是资本主义世界与社会主义世界的对立。

从1947年冷战开始到1991年结束，国际秩序体现为两极对立的格局，划分为以苏联为核心的社会主义阵营和以美国为核心的资本主义阵营。20世纪70年代，冷战呈现缓和趋势，世界经济一体化为全球化注入了前所未有的活力，但同时也扩大了南北差距，加深了不同国家间政治经济发展的不平衡。在和平的表象之下，冷战期间全世界仍然冲突不断。根据统计，"二战"后的全世界共发生了200多起局部战争和武装冲突，造成2 000多万人死亡，这个数字，相当于第一次世界大战死亡人数的2倍多。

（2）21世纪以来全球化发展的新趋势。

第一，由于近代以来的全球化发展有着不充分与不平衡的特征，且多以西方与非西方为界，这样的发展历程为当前的国际秩序带来了一系列不稳定现象：在政治上，美欧强调"民主国家"和"非民主国家"之间的对立，在全球范围内强行推广"民主"制度；在安全上，西方国家不断缔结、巩固军事联盟，美国更是在全球范围内建设军事基地，在伊拉克、利比亚等地发动战争；在经济上，发达国家与落后国家之间的经济发展差距越来越大，尤其是当前世界范围内分工越来越细化，世界发展不平衡越来越严重，发达国家越来越倾向于贸易保守主义；在文化上，西方文化始终占据着主导权，全球范围内的文化多样性未能得到充分发展。

第二，全球性问题日益突出。恐怖主义、环境危机、贸易不平衡、移民危机等全球性问题成为世界政治经济中的显著特点。带有裂痕的全球化把人类社会分成了不同的群体，不同群体享有的政治、经济、文化权益并不相同，不同的权益带来不同的诉求，不同的诉求进一步分裂国际社会，难以形成统一的力量共同面对全球性问题以及人类共同的危机。

在这两大趋势的共同作用下，当前的国际上正在出现另一种趋势——"逆全球化"趋势。在这样的背景之下，西方传统核心国家趋于保守，全球化发展前景不明。因而，人类命运共同体理念应运而生，成为应对"逆全球化"趋势的一剂良药。

（二）人类命运共同体理念的内涵

2017年1月18日，习近平在联合国日内瓦总部的演讲中指出："大道至简，实干为要。构建人类命运共同体，关键在行动。我认为，国际社会要从伙伴关系、安全格局、经济发展、文明交流、生态建设等方面作出努力。"随后，他在中国共产党第十九次全国代表大会又指出："构建人类命运共同体，建设持久和平、普遍安全、共同繁荣、开放包容、清洁美丽的世界。"

通过以上两段表述可以发现，虽然对人类命运共同体理念的阐释不完全相同，但都集中于五个方面——政治、安全、经济、文明、生态。

第一，坚持对话协商，建设一个持久和平的世界。国家之间要构建对话不对抗、结伴不结盟的伙伴关系。大国要尊重彼此核心利益和重大关切，管控矛盾分歧，努力构建不冲突不对抗、相互尊重、合作共赢的新型关系。

第二，坚持共建共享，建设一个普遍安全的世界。营造公道正义、共建共享的安全格局，倡导综合安全、共同安全、合作安全、可持续安全的新安全观。

第三，坚持合作共赢，建设一个共同繁荣的世界。谋求开放创新、包容互惠的发展前景。大家一起发展才是真发展，可持续发展才是好发展。命运共同体源于相互依存又超越相互依存，以积极相互依存超越消极相互依存，推动国际均衡、协调发展。引导经济全球化健康发展，需要加强协调、完善治理，推动建设一个开放、包容、普惠、平衡、共赢的经济全球化，既要做大蛋糕，更要分好蛋糕，着力解决公平公正问题。

第四，坚持交流互鉴，建设一个开放包容的世界。"和羹之美，在于合异。"人类文明多样性是世界的基本特征，也是人类进步的源泉。世界上有200多个国家和地区、2 500多个民族、多种宗教。不同历史和国情，不同民族和习俗，孕育了不同文明，使世界更加丰富多彩。文明没有高下、优劣之分，只有特色、地域之别。文明差异不应该成为世界冲突的根源，而应该成为人类文明进步的动力。

第五，坚持绿色低碳，建设一个清洁美丽的世界，构筑尊崇自然、绿色发展的生态体系。"人类只有一个地球，共处一个世界。"命运共同体强调"命运相连，休戚与共"，为了和平、发展、合作、共赢的共同景象，共同应对共同的危机、共存的挑战。各国只有相互尊重、平等相待，才能合作共赢、共同发展。

（三）人类命运共同体理念的特点

人类命运共同体理念作为中国应对当前充满不确定性世界局势的方案，在中西历史观比较、理论创新、实现途径探索方面有较大优势，这些优势必然会在未来的诸多实践中进一步显现出来。

1. 超越西方历史观

随着1991年苏联的解体，冷战结束。西方作为冷战胜利的一方，一时涌现出许多阐释冷战及制度对比的新理论，其中以福山的"历史终结论"为典型代表。

"历史终结论"认为，人类有两大基本需求：物质需求与被认可的需求。在西方治理体系中，市场经济满足了物质需求，民主体制满足了被认可的需求，因此，西方的社会形态已趋于完美，历史已经终结。非西方国家或无民主政治，或无市场经济，或二者皆无，这些国家仍然处于历史进程之中。

和福山的理论几乎同时出现的另一个理论，引起了更大、更持久的关注，即亨廷顿的"文明冲突论"。

与福山的看法不同，亨廷顿认为冷战结束后出现了另一个趋势：文明日渐取代国家或者意识形态，成为最高的忠诚和认同的单位。亨廷顿提出，在传统体系中，个人的忠诚单位是国家；在冷战时代，由于东西方意识形态的冲突盖过了国家的冲突，意识形态成为个人忠诚的更高的对象；但在冷战结束后，文明成为最高的认同单位。其最终关心的，仍然是谁能成为朋友、谁会成为敌人，此类非此即彼的思维方式极易导向对立与冲突。

人类命运共同体理念呈现出与上述两种截然不同的特点。世界仍在发展，西方国家的政治体制、社会形态并非完美，社会发展、世界发展的未来在世界人民手中。人类命运共同体理念自优秀的中华传统文化而来，自近代的革命、建设、改革开放而来，习近平曾说："和平、和睦、和谐是中华民族 5 000 多年来一直追求和传承的理念，中华民族的血液中没有侵略他人、称王称霸的基因。中国共产党关注人类前途命运，同世界上一切进步力量携手前进，中国始终是世界和平的建设者、全球发展的贡献者、国际秩序的维护者！"[①]

爱好和平、和睦相处的民族性格也在中国的外交政策中显现。习近平对此有着精辟的论述，他指出，中国必将"高举和平、发展、合作、共赢旗帜，奉行独立自主的和平外交政策，坚持走和平发展道路，以中国的新发展为世界提供新机遇。中国将继续同一切爱好和平的国家和人民一道，弘扬和平、发展、公平、正义、民主、自由的全人类共同价值，坚持合作、不搞对抗，坚持开放、不搞封闭，坚持互利共赢、不搞零和博弈，反对霸权主义和强权政治，推动历史车轮向着光明的目标前进！"[②] 这些论述与宣言无不表现出中国愿同世界各国人民一道走向共同繁荣的决心与志向，这种魄力与担当同福山、亨廷顿等人的所谓"历史终结论"与"文明冲突论"相比，哪个更能促进世界和平，哪个更能推动人类文明进步，哪个更能实现人类社会可持续发展，一目了然，清清楚楚。

---

①　习近平：《在庆祝中国共产党成立 100 周年大会上的讲话》，人民网，http：//cpc. people. com. cn/n1/2021/0701/c64094 - 32146278. html。

②　习近平：《在庆祝中国共产党成立 100 周年大会上的讲话》，人民网，http：//cpc. people. com. cn/n1/2021/0701/c64094 - 32146278. html。

2. 人类命运共同体理念的理论创新与实现路径

人类命运共同体理念在理论上的创新主要表现为：第一，人类命运共同体理念吸纳、坚持传统国际秩序中的合理部分，它不是要另起一套，不破坏当前秩序。第二，人类命运共同体理念真正体现了中西方文明的融合交汇，是真正的凝聚人类共同智慧的产物。第三，人类命运共同体理念，能够应对当前全球化带来的挑战，以全世界命运一体的路径走向未来。

人类命运共同体理念提出至今，开创性地探索了多种实践途径，赢得了国际社会的普遍赞誉与接纳。

第一，从小的共同体到大的共同体。中国正在积极倡导与周边国家共同构建小的共同体，将范围再扩展一些，中国正在积极倡导构建亚洲命运共同体、中非命运共同体。这些逐层递进的、区域性的共同体将为人类命运共同体的建构起到示范和渐进的效果。第二，国际机构、国际机制是国际社会实际运行的重要依托，也是人类命运共同体理念实践创新的重点领域。第三，"一带一路"倡议作为实践人类命运共同体理念的伟大平台，已经取得了丰硕的成绩，获得了普遍的认可。

"一带一路"倡议从2013年提出至今，取得了举世瞩目的坚实成果，实现了中国和众多沿线合作国家的共同发展。实践证明，"一带一路"倡议的实行符合各参与国的共同利益，它不仅是对传统陆上丝绸之路和海上丝绸之路的继承，更是在新的世界形势下进行的有益探索。同样地，人类命运共同体深植于厚重的优秀中国传统文化中，它自历史经验中来，绽放于当前矛盾重重的国际社会中，为各国间的国际事务交往贡献了中国智慧，成为引领时代潮流和人类前进方向的鲜明旗帜。[①] 以人类命运共同体理念为指导，踏踏实实地将其践行在沟通各国的"一带一路"倡议中，人类社会的未来才能更加光明。

第二节 "一带一路"建设的成就和目标

2015年中国国家发展改革委、外交部、商务部联合发布了《推动共建丝绸之路经济带和21世纪海上丝绸之路的愿景与行动》，标志着中国在国内经济水平发展到新阶段、国际及周边外部政治经济环境出现新变化的背景下，对外经济贸易战略的一次转变。这意味着中国从改革开放以来，通过吸引外资的方式参与到经济全球化的变革，通过实施"引进来"的战略，转向到以人口第一、经济体量第二为基础的自信步伐和负

---

① 中共十九届六中全会：《中共中央关于党的百年奋斗重大成就和历史经验的决议》，新华网，http://www.news.cn/2021-11/16/c_1128069706.htm。

责态度，引领沿线国家参与共建"一带一路"，践行"走出去"的新篇章。"走出去"从另一个维度也鲜明地标志着中国作为一个重要参与者的全球化新阶段的到来。

然而，"新常态"作为当今中国经济社会运行的现状，在调整产业结构、优化政府职能、开放市场竞争的阵痛期遭遇全球范围内影响深远的金融危机。日益凸显的经济下行压力与严峻的内部外部环境，是促使中国实行"一带一路"，帮助优化产业经济结构、消除东西部发展差距的重要动力。①

一、初开局面

依靠中国与有关国家既有的双多边机制，借助既有的、行之有效的区域合作平台，"一带一路"倡议旨在借用古代丝绸之路的历史符号，高举和平发展的旗帜，积极发展与沿线国家的经济合作伙伴关系，共同打造政治互信、经济融合、文化包容的利益共同体、命运共同体和责任共同体。

（一）从中巴、中俄合作到欧美国家的参与

"一带一路"倡议统筹国内和国外两个市场，充分考虑了区域合作框架下的资源合理配置方案，为创造多元化进出口通道提供了可行性。特别是在美国战略重返亚太制约中国崛起的背景下，不断拓展多元的经济发展通道，与所有沿线国家一道确保政策沟通、设施联通、贸易畅通、资金融通、民心相通，构建"三个共同体"（利益共同体、命运共同体、责任共同体），可以有效保障中国经济的长期、稳定、健康、持续发展。

1. 中巴经济走廊

中巴经济走廊是"一带一路"倡议的旗舰项目。"一带一路"倡议由中国国家主席习近平于 2013 年访问哈萨克斯坦期间提出，是 21 世纪最宏大的发展计划之一，所涉及国家 GDP 占全球 1/4，人口占全球 1/2。该倡议由中国政府牵头，以在参与国进行基础设施建设和投资为重点，主要由两部分组成：第一，丝绸之路经济带，即"一带一路"中的"一带"，是一条从中国到中亚、欧洲、中东、南亚和东南亚的陆上贸易线路。第二，21 世纪海上丝绸之路，即"一带一路"中的"一路"，是一条从亚洲到欧洲的海上贸易通道。

---

① 王易之等：《"一带一路"建设与中国经济发展战略研究——以中巴经济走廊为例》，《青海社会科学》2020 年第 3 期。

图 15 - 1　中巴经济走廊的终点——瓜达尔港
（https：//www.sohu.com/a/254585052_433398）

中巴经济走廊建设计划分为三个阶段：2020 年完成短期项目，2025 年完成中期项目，2030 年完成长期项目。这三个阶段的设定为现阶段计划，并非一成不变。第一阶段的实质在于刺激经济，以能源和基础设施为重点，缓解巴基斯坦严重的电力短缺，解决基础设施建设效率低下的问题，同时促进巴境内和区域内的互联互通。该阶段项目于2020 年完成，较为耗时的水电项目将于 2023 年完成。第二阶段旨在通过设立由中国投资的特别经济区发展工业，特别是出口导向型工业，使巴基斯坦的生产力得以充分发挥。第三阶段涉及领域更广，包括文化、金融、旅游、贸易和交通运输。

2. 从中俄合作到欧美国家的参与

2015 年 5 月 8 日，中俄两国领导人共同签署并发表了《关于丝绸之路经济带建设与欧亚经济联盟对接合作的联合声明》。声明指出，俄方支持丝绸之路经济带建设，愿与中方密切合作，推动落实该倡议。中方支持俄方积极推进欧亚经济联盟框架内一体化进程，并将启动与欧亚经济联盟经贸合作方面的协议谈判。

2016 年 6 月 8 日，中国铁路正式启用中欧班列统一品牌。2016 年 6 月 20 日，中国国家主席习近平同波兰总统杜达在华沙出席统一品牌中欧班列首达欧洲（波兰）仪式。中欧班列是指按照固定车次、线路、班期和全程运行时刻开行，往来于中国与欧洲以及"一带一路"沿线各国的集装箱国际铁路联运班列。

2016 年 6 月 23 日，中国、俄罗斯、蒙古国共同签署《建设中蒙俄经济走廊规划纲要》，建设经济走廊旨在通过在增加三方贸易量、提升产品竞争力、加强过境运输便利化、发展基础设施等领域实施合作项目，进一步加强中华人民共和国、蒙古国和俄罗斯联邦三边合作。中蒙俄经济走廊以建设和拓展互利共赢的经济发展空间、发挥三方潜力和优势、促进共同繁荣、提升在国际市场上的联合竞争力为愿景。

2016年10月8日，经推进"一带一路"建设工作会议审议通过，推进"一带一路"建设工作领导小组办公室印发了《中欧班列建设发展规划（2016—2020年）》，全面部署未来5年中欧班列建设发展任务。该规划中提出，作为"一带一路"建设的重要平台，力争到2020年将实现开行5 000列左右，并力争在集装箱铁路国际联运总量中占比达到80%。

值得一提的是，作为"一带一路"倡议的一项重要务实合作举措，自2011年开行以来，至2021年4月，仅经新疆进出境中欧班列已累计突破20 000列。以霍尔果斯铁路口岸为例，2021年霍尔果斯新增换装线1对，延长新增到发线10对。班列运输能力提高30%以上，出口同比超过65%，进口增幅超过35%，目前达到了日均18列左右，最高的纪录是每天20列。① 截至2022年1月29日，中欧班列累计开行突破50 000例，通达欧洲23个国家、180个城市。②

（二）从联合国加入到"一带一路"朋友圈的形成

自"一带一路"倡议提出以来，不仅得到世界各国的广泛欢迎，国际组织也逐渐参与进来，中国首倡"一带一路"的参与者不断增多，受惠国数量不断增加，"一带一路"的"朋友圈"也不断扩大。

1. 联合国等国际组织的加入

2016年4月11日，中国外交部长王毅与应邀来访的联合国亚洲及太平洋经济社会委员会执行秘书阿赫塔尔在北京共同签署了《中华人民共和国外交部与联合国亚洲及太平经济社会委员会关于推进地区互联互通和"一带一路"倡议的意向书》。2016年11月17日，"一带一路"倡议被写入联合国大会决议，并得到193个会员国的一致赞同，体现了国际社会对"一带一路"倡议的普遍支持。由此来看，"一带一路"的多边推进不断取得新进展，推动"一带一路"建设进入"双边多边并进"的新阶段，与国际组织合作共建正成为"一带一路"建设的新思路和新路径。

联合国是世界上最具普遍性、代表性和权威性的政府间国际组织。中国是联合国的创始会员国、安理会常任理事国、最大的发展中国家。中国与联合国合作共建"一带一路"对双方都具有重要的战略价值和意义。对中国来说，与联合国合作为"一带一路"建设提供了一种新的思路和路径，也是推动构建新型关系和人类命运共同体的重要途

---

① 李明：《第20 000列中欧班列！出发！》，中国日报网，http：//xj.chinadaily.com.cn/a/202104/18/WS607ba220a3101e7ce9749b9b.html。

② 王璐：《中欧班列累计开行突破50 000例　通达欧洲23个国家180个城市》，经济参考网，http：//www.jjckb.cn/2022-01/29/c_1310446649.htm。

径。对联合国来说，这种合作共建为推动联合国的发展事业和全球发展治理提供了一个新的机遇，将为 2030 年可持续发展议程提供强大的推动力，为联合国专门机构的工作提供新的动力，也有利于新时期"南南合作"的创新发展，因而对于实现可持续和平和可持续发展至关重要，且对于加强联合国在国际秩序和全球治理中的核心地位也非常关键。

2. "一带一路"朋友圈的逐渐扩大

从 2015 年 3 月"一带一路"倡议被明确提出至 2018 年 8 月是这一倡议的快速发展期。2015 年 7 月 10 日，上海合作组织倡议成员国加快共建丝绸之路经济带；同年 12 月 25 日，由中国发起的亚洲基础设施投资银行正式成立，其中包含 57 个经济体共同发起，这是第一个基于"一带一路"倡议的多边国际金融机构，并于 2018 年将加入成员数量拓展至 86 个，有效推动了"一带一路"基础设施建设项目的发展，贷款总额超过 45 亿美元。2016 年 6 月 23 日，中国、俄罗斯和蒙古国共同签署了《建设中蒙俄经济走廊规划纲要》，随着这一经济走廊合作协议的签订，新亚欧大陆桥、中国—中亚—西亚、中国—中南半岛、中巴、孟中印缅六大经济走廊逐步形成合作格局，成为"一带一路"区域互联互通的核心桥梁……

"一带一路"的朋友圈为何会越来越大，这与其自提出以来丰硕的建设成就密不可分。以 2013—2018 年这五年为例，"一带一路"在以下五个方面取得诸多优异成绩，这些都成为"一带一路"愈发稳固、"朋友圈"不断扩大的坚实基础。

第一，政策沟通更加畅通。据统计，五年来已有 103 个国家和国际组织与中国签署了 118 份"一带一路"方面的合作协议，2017 年首届"一带一路"国际合作高峰论坛 279 项成果中，已有 265 项已经完成或转为常态工作，剩下的 14 项正在督办推进，落实率达 95%。

第二，设施联通取得突破。中国交通运输部公布的数据显示，"一带一路"倡议提出五年来，交通互联互通方面取得多项成果。中欧班列累计开行数量突破 10 000 列，到达欧洲 15 个国家 43 个城市，已达到"去三回二"，重箱率达 85%。国际道路客货运输线路开通 356 条。

第三，资金融通逐渐加强。截至 2018 年 6 月，中国在 7 个沿线国家建立了人民币清算安排，已有 11 家中资银行在 27 个沿线国家设立了 71 家一级机构。亚投行成员总数增至 84 个，其中 42 个为沿线国家，批准 20 多个投资项目，总额超过 37 亿美元。丝路基金已经签约 17 个项目，承诺投资 70 亿美元，支持项目设计总投资金额达 800 亿美元。

第四，贸易畅通成效突出。2013—2018 年，中国与沿线国家货物贸易累计超过 5 万亿美元，年均增长 1.1%，中国已经成为 25 个沿线国家最大的贸易伙伴，对外直接投资超过 700 亿美元，年均增长 7.2%，在沿线国家新签对外承包工程合同额超过 5 000 亿美元，年均增长 19.2%。

第五，民心相通渐次夯实。中国制定印发了教育、科技、金融、能源、农业、检验检疫、标准联通等多个领域的专项合作规划，实施"丝绸之路"奖学金计划，在境外设立办学机构，多层次、多领域的人文交流合作为沿线各国民众友好交往和商贸、文化、教育、旅游等活动带来了便利和机遇，不断推动文明互学互鉴和文化融合创新。

二、继续推进

总体来看，"一带一路"发展经历了萌芽期、提出期、快速发展期和高质量发展期。"一带一路"倡议经历了 5 年的快速发展，获得了大部分国家的广泛认可，从 2018 年开始，"一带一路"开始进入高质量发展期。

2018 年 8 月 27 日，习近平出席推进"一带一路"建设工作 5 周年座谈会并发表讲话，总结了"一带一路"倡议 5 周年的发展成果。5 年来，"一带一路"大幅提升了贸易投资自由化和便利化水平，累计贸易额超过 5 万亿美元，实现了"六廊六路多港多国"的对外开放新格局，并认为"一带一路"是推进人类命运共同体建设、推进全球治理和经济全球化健康发展的重要路径。此外，会议还认为过去 5 年"一带一路"已经初步实现了总体布局并取得了积极进展，同时也认为在此后"一带一路"进入高质量发展的新阶段，需要关注重点项目、完善配套机制和建立健全的工作机制。进入高质量发展期以来，"一带一路"的发展也随之加速，截至 2019 年年底，全球已有 100 多个经济体和国际组织加入了"一带一路"倡议与合作计划，"一带一路"的布局拓展至全球各大区域，包括非洲和南美洲等。2019 年 4 月 25 日，第二届"一带一路"国际合作高峰论坛在北京举行，参与嘉宾涵盖 150 多个经济体和 90 多个国际组织，"一带一路"的国际共识范围进一步扩大。

在高质量发展期，"一带一路"倡议也面临一些主要发展问题。

一是基础设施质量有待优化。中国与部分沿线国家的经贸水平并不足以支持建设大量基础设施，因此在高质量发展阶段需要优化基础设施建设。

二是国际产能合作有待深化。2016 年后，中国企业在"一带一路"沿线国家的产业合作园区建设脚步放缓，随着国内产业结构的转型升级，还要提高国际产能合作的效率。

三是人民币国际化进程缓慢。根据商务部数据，截至 2019 年中国与"一带一路"沿线国家的贸易占总贸易额的比重为 27.4%，而同期中国与"一带一路"沿线国家进行的人民币跨境结算仅仅占区域内贸易额的 24.6%，人民币的支付和结算功能与当前贸易体量并不匹配。

因而，随着"一带一路"倡议进入高质量发展时期，亟须采取相关政策解决"一带一路"倡议当前面临的贸易结构不均衡、投资结构单一、人民币国际化进程缓慢、国际产能合作效率有待提高以及企业投资环境恶化等重点问题。这需要从制度层面予以各种保障。

一是完善"一带一路"的国际法律体系建设，包括推动签订关于"一带一路"区域贸易和投资保护等方面的法律法规合作协议、完善"一带一路"区域的国际争端解决机制、着力建立以中国机构为主导的"一带一路"争端解决机制；二是加快推进"一带一路"区域内人民币国际化进程，包括加强与"一带一路"沿线国家的货币金融机构的合作、强化人民币在"一带一路"区域支付和结算功能；三是建立健全金融服务合作体系；四是创新"一带一路"园区合作模式，包括建立高科技产业合作园区、加快产业转移合作园区建设、创新产业合作园区运营模式。[①]

事实上，当今世界正处于大发展大变革大调整时期，作为负责任的大国，中国清醒地认识到，要具备战略眼光，树立全球视野，既要有风险忧患意识，又要有历史机遇意识，努力在这场百年未有之大变局中把握航向，以共建"一带一路"为实践平台推动构建人类命运共同体。共建"一带一路"是经济合作倡议，不是搞地缘政治联盟或军事同盟；是开放包容进程，不是关起门来搞小圈子或者"中国俱乐部"；是不以意识形态划界，不搞零和游戏，中国欢迎任何有意参与的国家。

具体来说，就是在保持健康良性发展势头的基础上，推动共建"一带一路"向高质量发展转变，这是下一阶段推进共建"一带一路"工作的基本要求。要坚持稳中求进工作总基调，贯彻新发展理念，集中力量、整合资源，以基础设施等重大项目建设和产能合作为重点，解决好重大项目、金融支撑、投资环境、风险管控、安全保障等关键问题，形成更多可视性成果。

同时要聚焦重点、精雕细琢，共同绘制好精谨细腻的"工笔画"。要在项目建设、开拓市场上下功夫、金融保障上下功夫，同时推动教育、科技、文化、体育、旅游、卫生、考古等领域交流蓬勃开展，规范企业投资经营行为，高度重视境外风险防范。

对中国国内各地区而言，还要加强共建"一带一路"同京津冀协同发展、长江经济带发展、粤港澳大湾区建设等国家战略对接，促进西部地区、东北地区在更大范围、更高层次上开放，助推内陆沿边地区成为开放前沿，带动形成陆海内外联动、东西双向互济的开放格局。

相信在中国和"一带一路"沿线国家的共同努力下，各国在合作共赢中一定会凝聚更多共识，取得更多成果，共同推动共建"一带一路"国际合作为各国人民创造更多福祉，为构建人类命运共同体作出更大贡献。

---

① 曹桂生、李天：《"一带一路"倡议七周年回顾：重点问题与保障政策》，《河南社会科学》2020年第8期。

三、朝着人类命运共同体繁荣方向迈进

"一带一路"建设是中国扩大对外开放的重大举措，是当今世界规模最大的国际合作平台和最受欢迎的国际公共产品，是构建人类命运共同体的伟大实践。八年来，"一带一路"倡议从愿景到行动，从理念到共识，从夯基垒台、立柱架梁到全面深入发展，国际影响力不断提升。这次突如其来的新冠肺炎疫情给各国人民生命安全和身体健康带来严重威胁，对世界经济造成严重冲击。在此背景下，坚持以"一带一路"高质量发展推动构建人类命运共同体，具有深刻的时代价值与现实意义。

2020 年 6 月，中国国家主席习近平向"一带一路"国际合作高级别视频会议发表书面致辞，强调"中国始终坚持和平发展、坚持互利共赢"，提出"把'一带一路'打造成团结应对挑战的合作之路、维护人民健康安全的健康之路、促进经济社会恢复的复苏之路、释放发展潜力的增长之路"，为高质量共建"一带一路"、携手推动构建人类命运共同体指明了方向。各国都应认识到，无论是应对疫情，还是恢复经济，各国命运紧密相连，人类是同舟共济的命运共同体，需守望相助、结伴齐飞，推动共建"一带一路"国际合作发挥重要作用，有效应对全球性危机和实现可持续发展。①

（一）建设团结应对挑战的合作之路

突如其来的新冠肺炎疫情，给各国人民生命安全和身体健康带来严重威胁。同时，世界经济遭受严重冲击，产业链、供应链循环受阻，国际贸易投资萎缩，大宗商品市场动荡，一些国家特别是发展中国家经济社会发展面临严重困难。可以说，世界各国都遭遇重大风险挑战，在此背景下尤其需要走好团结合作之路。

八年来，"一带一路"倡议坚持以共商、共建、共享为原则，以和平合作、开放包容、互学互鉴、互利共赢为核心的丝路精神为指引，始终强调团结合作，构建了丝路基金，不断完善中国同中东欧国家合作（"17 + 1 合作"）等，引起越来越多国家的热烈响应，这不仅有力推动了各国之间的经济合作，而且对完善全球发展模式和全球治理、推进经济全球化健康发展发挥了重要作用。当前，我们更要具备战略眼光，树立全球视野，推动团结合作，努力在这场百年未有之大变局中把握前进的航向。

---

① 中央党校国家战略研究院课题组：《以"一带一路"高质量发展 推动构建人类命运共同体》，《经济日报》，2020 年 9 月 22 日。

（二）建设维护人民健康安全的健康之路

公共卫生危机始终是人类社会面临的严峻挑战，人民的生命安全和身体健康对任何国家而言都是头等大事。"一带一路"沿线多是发展中国家，公共卫生问题普遍突出，公共卫生体系不健全。"一带一路"建设将公共卫生合作视为基础性工作，中国早在2015年就发布了《关于推进"一带一路"卫生交流合作三年实施方案（2015—2017）》，一系列努力已经取得了初步成果。当前，新冠肺炎疫情正在全球蔓延，给全球公共卫生安全带来巨大挑战。病毒没有国界，疫情不分种族，唯有团结协作、携手应对，国际社会才能战胜疫情，维护人类共同家园。在此背景下，把"一带一路"打造成维护人民健康安全的健康之路，具有历史意义和现实意义。

要积极推进"健康丝绸之路"建设，携手打造人类卫生健康共同体。要加强"一带一路"同世界卫生组织的合作，支持世界卫生组织发挥重要作用。同时要充分调动中国企业的积极性，助力人类卫生健康共同体建设。未来，中国企业还将在传染病防控、妇幼保健、卫生援助、疫苗研制等领域的国际合作中发挥重要作用。

（三）建设促进经济社会恢复的复苏之路

八年来，共建"一带一路"给国际社会带来了实实在在的发展红利。以中国企业在沿线国家建设的境外经贸合作区为例，已累计投资340亿美元，上缴东道国税费超过30亿美元，为当地创造就业岗位32万个。

受新冠肺炎疫情冲击影响，全球经济陷入衰退，特别是影响了"一带一路"沿线国家的发展，部分国家在基建、贸易、投资等领域的需求萎缩。很多国家忙于疫情防控，无力复工复产，或急于复工复产却又导致疫情恶化。不少"一带一路"境外园区的订单大幅减少，招商引资难度加大，很多企业转产从事医药物资生产。这些都导致相关国家经济复苏的压力不断增大。对此，把"一带一路"打造成促进经济社会恢复的复苏之路尤为重要。一方面，要加强国际宏观经济政策协调，通过"一带一路"建设推动有序复工复产。另一方面，要推动"数字丝绸之路"建设，为经济社会复苏注入催化剂。未来，需加强同沿线国家特别是发展中国家在网络基础设施建设、数字经济、网络安全等方面的合作。

（四）建设释放发展潜力的增长之路

当前世界经济增长乏力，未来还将面临更多复杂局面，如何有效释放发展潜力，是世界各国都需要解决的重大问题。应该看到，"一带一路"建设着眼于通过提高有效供给来催生新的需求，促进世界经济再平衡，多年来有力促进了包容性增长。过去几年，共建"一带一路"完成了总体布局，绘就了一幅"大写意"，未来需进一步聚焦重点、精雕细琢，共同绘制好精谨细腻的"工笔画"，推动经济全球化朝着更加开放、包容、普惠、平衡、共赢的方向发展，将发展的潜力激发出来。

一是要保持推进"一带一路"建设的战略定力。需要看到，相关国家的合作意愿较为强烈，希望通过"一带一路"国际合作带动本国发展，我们应客观看待和深入挖掘"一带一路"的发展潜力。

二是要对标高标准、惠民生、可持续目标。实现高标准，就要深度挖掘"一带一路"建设在产业、贸易与金融等方面的数据资源，在技术、资质、知识产权等关键领域发力；实现惠民生，就要坚持需求导向，使"一带一路"建设惠及更多的国家和人民；实现可持续，就要坚持共商、共建、共享，增强合作平台的开放性、各方的参与感和国际市场的信心。

三是要注重发挥产能合作的引领作用，助推发展中国家的工业化与现代化。在"一带一路"建设中，政府是主导，企业是主体。应根据部分"一带一路"沿线国家公共卫生服务能力不足的实际情况，加强农业产业园和医药产业园等特色园区建设，进一步加强在粮食生产加工、农产品贸易、医药卫生等领域的合作。与此同时，要积极同各国财政部门、多边开发银行、各类金融机构加强合作，共同建设高标准、可持续的融资体系，为"一带一路"建设提供稳健的金融支持。

总体而言，"一带一路"虽然源自中国，但属于世界，是一个开放包容的合作平台，是各方共同打造的国际公共产品。需以"一带一路"高质量发展推动构建人类命运共同体，积极建设团结应对挑战的合作之路、维护人民健康安全的健康之路、促进经济社会恢复的复苏之路、释放发展潜力的增长之路，将"一带一路"倡议在应对全球性危机和实现可持续发展中的巨大能量激发出来。

"一带一路"建设是一项愿景宏大的长期任务，自2013年提出至今，在沿线国家经济发展、政治互信、文化交流等方面取得了丰硕的成果。在这八年间，中国同沿线各参与国通力合作，逐渐形成一套推进"一带一路"建设的运行机制。相信在和平合作、开放包容、互学互鉴、互利共赢的丝路精神的引领下，中国与沿线各国不仅能重现历史上繁华的丝路交通，更能给疫情下的世界注入强劲的发展力量，贡献中国智慧。

通过对"一带一路"倡议与人类命运共同体理念的探讨，我们可以看到：中国共产党以百年奋斗深刻影响了世界历史进程。一百年来，中国共产党既为中国人民谋幸福、为中华民族谋复兴，也为人类谋进步、为世界谋大同，以自强不息的奋斗深刻改变了世界发展的趋势和格局。中国共产党领导人民成功走出中国式现代化道路，创造了人类文明新形态，拓展了发展中国家走向现代化的途径，给世界上那些既希望加快发展又希望保持自身独立性的国家和民族提供了全新选择。中国共产党推动构建人类命运共同体，为解决人类重大问题，建设持久和平、普遍安全、共同繁荣、开放包容、清洁美丽的世界贡献了中国智慧、中国方案、中国力量，成为推动人类发展进步的重要力量。①

❀ 思考题

1. "一带一路"倡议和人类命运共同体理念的提出时间和提出背景分别是什么？

2. "一带一路"倡议从 2013 年提出至今取得了哪些成就？对中国和各参与国有怎样的意义？

_____

① 中共十九届六中全会：《中共中央关于党的百年奋斗重大成就和历史经验的决议》，新华网，http：//www. news. cn/2021 – 11/16/c_1128069706. htm。

结　语

　　读完全书，也许你正在重新审视眼前这个世界。无论居住在亚洲东部的大陆或岛屿，还是生活在大西洋的四周岸边，我们的祖先自远古时代起就彼此张望。尽管陆上有高山、沙漠相隔，海上有风浪、暗礁之险，但是他们无所畏惧，很早就打通了东西交往的道路。于是，摇着大漠驼铃，挂起远洋风帆，梯山航海，万里迢迢，使者们来了，商人们来了，高僧们来了，旅行家们来了……他们满载丝绸、香料、瓷器、玻璃等琳琅满目的商货，带着不一样的生活习俗、歌舞艺术以及琴棋书画、魔术百戏，还带来了不一样的宗教、思想乃至制度文化。正是在这种往来中，东方与西方交融互补，促开了一朵朵文明之花。而将东西方紧密连接起来的丝绸之路，也是充满善意和美好的文明之路、友谊之路。

　　大航海时代值得大书特书。那时候，中国人的对外交往视野已经从"西域"转向"西洋"，郑和的宝船遍至亚、非海岸。而欧洲航海家们的帆船接着绕过好望角，横渡大西洋，到了东方中国，也跨越了太平洋。由此，丝绸之路延伸全球，交往空间拓展，而人类也以东西方大规模密切接触的方式攀登上文明交往更加辉煌的高峰。中国的丝绸、茶叶、陶瓷沿丝绸之路"走"遍亚、非、欧、美；儒学文化不但在东亚筑造起千年传承的文化圈，也为欧洲思想家们准备了启蒙运动的素材。与此同时，"利玛窦"们把西方风物和科技文明带到了中国，新奇的自鸣钟、西洋画，不一样的几何学、宇宙观，样样让中国人眼界大开。东方人对西方文化充满好奇，而西方也兴起了一两个世纪的"中国热"。

　　但我们不得不提的是，西方战舰突然之间用中国人发明的罗盘针驶入东方海岸，用东方火药装膛的大炮轰塌虎门、定海要塞，清朝官员被迫在祖先发明的纸张上签下屈辱的条约。从此以后，西方世界强行用其殖民体系控制东方，而中国人也不得不在民族危亡中艰难探索救国方案。中国人学习了西方，选择了自己的道路，到现在也重新发展起来，然而西方却先是战争、后是冷战，始终对中国充满敌意。这世界到底怎么了？

放眼整个丝绸之路和中外交往的历史，东方和西方曾经是何等的友好？尤其在利玛窦所代表的文明交往时代，东方与西方犹如"初恋"情人（张西平先生语），相互尊重，相互倾慕。而人类发展历史也证明，无论东方和西方，任何文明都有其灿烂的成果，也都有其自主发展的权利，任何歧视和排斥都是没有道理的；而自损和损人的冷战敌对与和平交往相比，又是何等的愚昧和短视？沧海桑田，东西方关系经历了多少变化？上千年的传统友好交往时代过去了，两百年的西方"强权霸语"也要结束了。中国人不再纠结于百年屈辱的"苦难情结"，西方世界也该反思二元对立的文化观逻辑了。

为了赢得当前的合作互利，为了应对未来的生存挑战，所有文明区域和社会应该联合起来，让彼此交往更多，关系更近。人类文明共同体有其理论根源、历史基础和现实需要，我们为什么不能重新回到平等对话的原点上（张西平先生语），重新开创文明交往和人类发展的新征程呢？

附录一

"一带一路" 大事记（2013—2020）

1. 2013 年 9 月 7 日　首次提出"丝绸之路经济带"

2013 年 9 月 7 日，中国国家主席习近平在哈萨克斯坦纳扎尔巴耶夫大学发表题为"弘扬人民友谊　共创美好未来"的重要演讲，倡议共同建设"丝绸之路经济带"。

2. 2013 年 10 月 3 日　首次提出"21 世纪海上丝绸之路"

2013 年 10 月 3 日，中国国家主席习近平在印度尼西亚国会发表题为"携手建设中国—东盟命运共同体"的重要演讲，倡议筹建亚洲基础设施投资银行，与东盟国家共同建设"21 世纪海上丝绸之路"。

3. 推进丝绸之路经济带、海上丝绸之路建设写入《中共中央关于全面深化改革若干重大问题的决定》

2013 年 11 月，十八届三中全会通过的《中共中央关于全面深化改革若干重大问题的决定》明确提出"加快同周边国家和区域基础设施互联互通建设，推进丝绸之路经济带、海上丝绸之路建设，形成全方位开放新格局"。

4. 中央经济工作会议提出"推进丝绸之路经济带建设，建设 21 世纪海上丝绸之路"

2013 年 12 月 10—13 日，中央经济工作会议提出"推进丝绸之路经济带建设，建设 21 世纪海上丝绸之路"。

5. 2014 年 9 月 11 日　提出打造中蒙俄经济走廊

2014 年 9 月 11 日，中国国家主席习近平出席中俄蒙三国元首会晤时提出，将"丝绸之路经济带"同"欧亚经济联盟"、蒙古国"草原之路"倡议对接，打造中蒙俄经济走廊。

6. 2014 年 11 月 8 日　宣布成立丝路基金——"一带一路"专项投资基金

2014 年 11 月 8 日，中国国家主席习近平在"加强互联互通伙伴关系"东道主伙伴对话会上宣布中国将出资 400 亿美元成立丝路基金，为"一带一路"沿线国家基础设施、资源开发、产业合作和金融合作等与互联互通有关的项目提供投融资支持。2014年12月29日，丝路基金正式启动运作。

7. 2015年2月1日　"一带一路"建设工作领导小组亮相

2015年2月1日，首次推进"一带一路"建设工作会议在北京召开，推进"一带一路"建设工作领导小组正式亮相。

8. 2015年3月28日　三部委联合发布重要文件，描绘"一带一路"建设的"路线图"

2015年3月28日，国家发改委、外交部、商务部联合发布《推动共建丝绸之路经济带和21世纪海上丝绸之路的愿景与行动》，从时代背景、共建原则、框架思路、合作重点、合作机制等方面对"一带一路"倡议进行阐释。这是中国发布的首份关于"一带一路"的政府白皮书。

9. 2015年4月20日　中巴经济走廊——"一带一路"的旗舰项目正式启动

2015年4月20—21日，中国国家主席习近平访问巴基斯坦期间，中巴确立以走廊为中心，瓜达尔港、交通基础设施、能源、产业合作为重点的"1+4"合作布局，这标志着中巴经济走廊项目的正式启动。中巴经济走廊项目是推动共建"一带一路"的旗舰项目和重要抓手。

10. 2015年5月8日　中俄签署丝绸之路经济带与欧亚经济联盟对接声明

2015年5月8日，中国国家主席习近平出访俄罗斯期间，与俄罗斯总统普京共同签署并发表了《中华人民共和国与俄罗斯联邦关于丝绸之路经济带建设与欧亚经济联盟建设对接合作的联合声明》，声明表示俄方支持丝绸之路经济带建设，愿与中方密切合作，推动落实该倡议。2018年5月17日，中国与欧亚经济联盟签署经贸合作协定。

11. 2015年5月10日　提出重点打造中白工业园——丝绸之路经济带上的明珠

2015年5月10日，中国国家主席习近平在明斯克同白俄罗斯总统卢卡申科举行会谈。习近平建议，要把中白工业园建设作为合作重点，发挥政府间协调机制作用，将中白工业园项目打造成丝绸之路经济带上的明珠和双方互利合作的典范。

12. 法国成为首个与中国建立第三方市场合作机制的国家

2015年6月30日，中法发表第三方市场合作联合声明，法国成为首个与中国建立第三方市场合作机制的国家。

13. 2015年7月9日至10日　上合组织表态支持"一带一路"——"一带一路"倡议获得政府间合作组织的支持

2015年7月9—10日，上海合作组织成员国元首理事会第15次会议在俄罗斯乌法举行。与会元首共同签署并发表了《上海合作组织成员国元首乌法宣言》，支持中国关于建设丝绸之路经济带的倡议。

14. 2015 年 11 月 23 日　匈塞铁路项目——"一带一路"建设和中国—中东欧国家合作的标志性项目启动

2015 年 11 月 23 日，匈塞铁路项目塞尔维亚段举行启动仪式，中华人民共和国国务院总理李克强致信祝贺，塞尔维亚总理武契奇出席并致辞，国家发改委副主任王晓涛赴塞尔维亚诺维萨德出席启动仪式。2018 年 6 月 5 日，匈塞铁路项目塞尔维亚贝尔格莱德—旧帕佐瓦段项目开工建设。2019 年 4 月 25 日，在中国国家主席习近平与来华参加第二届"一带一路"国际合作高峰论坛的塞尔维亚总统武契奇共同见证下，匈塞铁路塞尔维亚诺维萨德—苏博蒂察段项目贷款协议正式签署。同日，中匈企业联合体中标匈塞铁路匈牙利段工程建设项目，是中国企业首次中标欧盟铁路基础设施项目。

15. 2015 年 12 月 2 日　中老铁路开工奠基

中老铁路于 2015 年 12 月 2 日开工奠基。时任全国人大常委会委员长张德江、老挝人民革命党总书记朱马里出席开工奠基仪式。

16. 2015 年 12 月 25 日　亚投行——首个由中国倡议设立的多边金融机构成立

2015 年 12 月 25 日，亚洲基础设施投资银行正式成立，这是全球首个由中国倡议设立的多边金融机构，重点支持基础设施建设，促进亚洲区域的建设互联互通化和经济一体化进程。目前，亚投行拥有 100 个成员。

17. 2016 年 6 月 20 日　统一品牌的中欧班列首抵欧洲

2016 年 6 月 8 日，中国铁路正式启用中欧班列统一品牌。6 月 20 日，中国国家主席习近平同波兰总统杜达在华沙共同出席统一品牌的中欧班列首达欧洲（波兰）仪式，这是中欧班列使用统一品牌和标志的首次抵达欧洲。

18. 2016 年 6 月 23 日　《建设中蒙俄经济走廊规划纲要》——首个"一带一路"框架下的多边合作规划纲要签署

2016 年 6 月 23 日，中国、俄罗斯、蒙古国三国元首共同见证签署了《建设中蒙俄经济走廊规划纲要》，这是共建"一带一路"框架下的首个多边合作规划纲要。

19. 2016 年 8 月 17 日　推进"一带一路"建设工作座谈会——"8·17"座谈召开

2016 年 8 月 17 日，习近平出席推进"一带一路"建设工作座谈会并发表重要讲话，就推进"一带一路"建设提出 8 项要求。

20. 2016 年 9 月 2 日　中哈签署"丝绸之路经济带"建设与"光明之路"新经济政策对接合作规划——"一带一路"框架下首份双边合作规划

2016 年 9 月 2 日，中国与哈萨克斯坦两国元首共同见证签署《"丝绸之路经济带"建设与"光明之路"新经济政策对接合作规划》，这是共建"一带一路"倡议框架下签署发布的第一个双边合作规划，既是中哈两国之间加强发展战略对接、深化务实合作的一项顶层设计，也是构建中国—中亚—西亚国际经济合作走廊迈出的重要一步。

21. 2016 年 9 月 19 日　联合国开发计划署与中国签署"一带一路"合作文件——联合国成为首个加入"一带一路"倡议的国际组织

2016 年 9 月 19 日，在纽约联合国总部，《中华人民共和国政府与联合国开发计划署关于共同推进丝绸之路经济带和 21 世纪海上丝绸之路建设的谅解备忘录》签署。这是中国政府与国际组织签署的第一份政府间共建"一带一路"的谅解备忘录，是国际组织参与"一带一路"建设的一大创新。

22. 2016 年 9 月 20 日　首届丝绸之路（敦煌）国际文化博览会开幕

2016 年 9 月 20 日，首届丝绸之路（敦煌）国际文化博览会在甘肃敦煌开幕，习近平主席致贺信。敦煌文博会是"一带一路"建设的重要合作机制之一，从 2016 年起，每年在甘肃省举办一次。

23. 2016 年 10 月　中欧班列建设发展规划——中欧班列建设发展的首个顶层设计印发

2016 年 10 月，推进"一带一路"建设工作领导小组办公室印发《中欧班列建设发展规划（2016—2020 年)》，全面部署今后 5 年中欧班列建设发展任务，这是中国发布的第一份关于中欧班列建设的指导文件。

24. 2016 年 11 月 17 日　"一带一路"倡议首次写入联合国大会决议——得到国际社会广泛支持

2016 年 11 月 17 日，第 71 届联合国大会协商一致通过第 A/71/9 号决议。这是联合国大会首次在决议中写入中国的"一带一路"倡议，决议得到 193 个会员国的一致赞同，体现了国际社会对共建"一带一路"倡议的普遍支持。2017 年 3 月，联合国安理会一致通过关于阿富汗问题的第 2344 号决议，首次载入"构建人类命运共同体"理念。

25. 2016 年 12 月 25 日　中老铁路全线开工——推动中国与东盟铁路互联互通

2016 年 12 月 25 日，中老铁路全线开工仪式在老挝琅勃拉邦举行，计划于 2021 年 12 月建成通车。中老铁路建成后将与中国铁路网直接连通，对中国与东盟铁路互联互通具有重要意义。

26. 2017 年 1 月 8 日　习近平提出全球发展的中国方案——共建人类命运共同体

2017 年 1 月 8 日，应联合国秘书长古特雷斯邀请，中国国家主席习近平访问联合国日内瓦总部，发表《共同构建人类命运共同体》的主旨演讲，系统阐发了全球发展的"中国方案"，即"构建人类命运共同体，实现共赢共享"。

27. 2017 年 1 月 17 日　习近平出席世界经济论坛 2017 年年会开幕式并发表主旨演讲

2017 年 1 月 17 日，中国国家主席习近平出席世界经济论坛 2017 年年会开幕式并发表了题为"共担时代责任　共促全球发展"的主旨演讲。这是中国国家主席的首次达沃斯演讲。习近平带去了世界经济怎么看、怎么办、怎么干的中国答案，提出了积极引导经济全球化释放正面效应的中国主张，展现了中国作为全球第二大经济体、当今时代全球经济治理重要参与者的决心和信心。

28. 2017 年 1 月 18 日 中国与世界卫生组织签署"一带一路"合作协议——携手打造"健康丝绸之路"

2017 年 1 月 18 日，中国国家主席习近平在日内瓦访问了世界卫生组织并会见陈冯富珍总干事。会见后，习近平和陈冯富珍共同见证了《中华人民共和国政府和世界卫生组织关于"一带一路"卫生领域合作的谅解备忘录》等协议的签署。

29. 2017 年 3 月 21 日 国家"一带一路"官网上线——中国一带一路网

2017 年 3 月 21 日，国家"一带一路"官网——中国一带一路网（http：//www.yidaiyilu.gov.cn）正式上线运行，网站微博、微信同步开通。该网由推进"一带一路"建设工作领导小组办公室作为指导单位，国家信息中心主办，为沿线各国企业、社团组织和公民积极参与"一带一路"建设提供信息服务和互动交流。

30. 2017 年 3 月 27 日 中国与新西兰签署"一带一路"合作协议——首个西方发达国家"入群"

2017 年 3 月 26 日至 29 日，中华人民共和国国务院总理李克强访问新西兰。27 日，两国政府签署了《中华人民共和国政府和新西兰政府关于加强"一带一路"倡议合作的安排备忘录》，新西兰成为首个签署"一带一路"合作协议的西方发达国家。

31. 2017 年 4 月 10 日 《中缅原油管道运输协议》签署——在缅实施的"先导项目"

2017 年 4 月 10 日，中国国家主席习近平在北京人民大会堂同缅甸时任总统吴廷觉举行会谈。在中缅两国元首的共同见证下，《中缅原油管道运输协议》在北京正式签署。夜间，运载 14 万吨原油的苏伊士型"联合动力号"油轮成功靠泊中缅原油管道起点——马德岛港并开始卸油，中缅原油管道工程正式投入运营。

32. 2017 年 4 月 20 日 七国铁路部门签署《关于深化中欧班列合作协议》——中欧班列受到周边国家认同

2017 年 4 月 20 日，中国、白俄罗斯、德国、哈萨克斯坦、蒙古、波兰、俄罗斯七国铁路部门正式签署《关于深化中欧班列合作协议》。这是中国铁路第一次与"一带一路"沿线主要国家铁路签署有关中欧班列开行方面的合作协议。

33. 2017 年 5 月 10 日 发布《共建"一带一路"：理念、实践与中国的贡献》——"一带一路"三年工作总结

2017 年 5 月 10 日，推进"一带一路"建设工作领导小组办公室发布中、英、俄、法、西、阿、德七个语种的《共建"一带一路"：理念、实践与中国的贡献》文件，进一步阐释了"一带一路"建设的内涵、理念和实质，总结了三年多来共建"一带一路"的丰富成果。

34. 2017 年 5 月 12 日　"一带一路"中国—捷克合作中心——首个共建"一带一路"双边合作中心宣布成立

2017 年 5 月 12 日，国家发改委与捷克工贸部签署《关于共同协调推动"一带一路"倡议下合作规划及项目实施的谅解备忘录》，提出建立"一带一路"中国—捷克合作中心。捷克成为首个与中国建立"一带一路"双边合作中心的国家。

35. 2017 年 5 月 13 日　中国与格鲁吉亚签署自贸协定——"一带一路"倡议提出后签署的首个自贸协定

2017 年 5 月 13 日，中国与格鲁吉亚正式签署自贸协定。这是我国与欧亚地区国家签署的第一个自贸协定，也是"一带一路"倡议提出后我国启动并达成的第一个自贸协定。该协定已在 2018 年 1 月 1 日正式生效。

36. 2017 年 5 月 14—15 日　首届"一带一路"国际合作高峰论坛举办——中国最大规模主场外交

2017 年 5 月 14—15 日，首届"一带一路"国际合作高峰论坛在北京举行，主题为"加强国际合作，共建'一带一路'，实现共赢发展"。来自 29 个国家的国家元首、政府首脑与会，来自 130 多个国家和 70 多个国际组织的 1 500 多名代表参会，形成了 76 大项、270 多项具体成果，并在 2019 年 4 月全部落实。

37. 2017 年 5 月 31 日　蒙内铁路正式通车——海外首条采用"中国标准"的干线铁路

2017 年 5 月 31 日，蒙内铁路正式通车。铁路全长 480 公里，连接肯尼亚东部港口城市蒙巴萨和首都内罗毕。这是肯尼亚独立后首条新建铁路，由中国公司承建，全线采用中国标准。同时，蒙内铁路也是海外首条采用"中国标准"全方位运营维护的国际干线铁路。

38. 2017 年 6 月 8 日　中哈亚欧跨境运输——"一带一路"标杆和示范项目正式启动

2017 年 6 月 8 日，中国国家主席习近平与哈萨克斯坦时任总统纳扎尔巴耶夫出席中哈亚欧跨境运输视频连线仪式。中哈物流合作实现了港口、航运、铁路的优势集成，为实现"丝绸之路经济带"与"21 世纪海上丝绸之路"贸易联通提供了重要物流保障。

39. 2017 年 6 月 8 日　萨希瓦尔电站——中巴经济走廊首个大型能源项目投产

2017 年 6 月 8 日，巴基斯坦萨希瓦尔电站正式投产，成为中巴经济走廊首个投产的大型能源项目。

40. 2017 年 6 月 14 日　建设郑州—卢森堡"空中丝绸之路"——首次提出"空中丝绸之路"

2017 年 6 月 14 日，中国国家主席习近平在会见卢森堡首相贝泰尔时，提到了"空中丝绸之路"的概念，表示中方支持建设郑州—卢森堡"空中丝绸之路"。这标志着郑州—卢森堡"双枢纽"合作模式由河南方案正式上升为国家战略。

41. 2017 年 6 月 19 日　《"一带一路"建设海上合作设想》发布——首提"一带一路"海上合作中国方案

2017 年 6 月 19 日，国家发改委和国家海洋局联合发布《"一带一路"建设海上合作设想》，提出共同建设中国—印度洋—非洲—地中海、中国—大洋洲—南太平洋，以及中国—北冰洋—欧洲三大蓝色经济通道。这是中国政府首次就推进"一带一路"建设海上合作提出中国方案，也是首届"一带一路"国际合作高峰论坛的领导人成果之一。

42. 2017 年 7 月 4 日　首次提出"冰上丝绸之路"——开展北极航道合作

2017 年 7 月 4 日，中国国家主席习近平在莫斯科会见俄罗斯总理梅德韦杰夫，提出要开展北极航道合作，共同打造"冰上丝绸之路"，落实好有关互联互通项目。

43. 2017 年 7 月 24 日　亚洲金融合作协会（亚金协）成立——搭建亚洲金融机构交流合作平台

2017 年 7 月 24 日，亚洲金融合作协会（亚金协）在北京成立。亚金协创始会员多达 107 家相关机构，覆盖了五大洲 20 多个国家和地区，涵盖银行、证券、保险、基金、资产管理、金融教育及金融服务等领域。

44. 2017 年 9 月 30 日　中央机构编制委员会办公室批复成立首个推进"一带一路"建设专门机构——国家发展和改革委员会一带一路建设促进中心

2017 年 5 月 14 日，中国国家主席习近平在首届"一带一路"国际合作高峰论坛上宣布成立一带一路建设促进中心。2017 年 9 月 30 日，中央机构编制委员会办公室批复成立国家发展和改革委员会一带一路建设促进中心，2019 年 1 月 2 日正式运转。该中心的主要职责是：配合开展共建"一带一路"重大问题、政策法规、国际合作研究和国际形势分析研判，推进相关政策落实、战略规划和重大合作对接，实施相关对外合作、援助、培训和宣传，承担推进"一带一路"建设工作领导小组办公室交办的其他任务等。

45. 2017 年 10 月 24 日　"一带一路"写入党章——全党意志，长期坚持

2017 年 10 月 24 日，中国共产党第十九次全国代表大会通过了《中国共产党章程（修正案）》的决议，将推进"一带一路"建设写入党章。这体现了中国共产党高度重视"一带一路"建设、坚定推进"一带一路"国际合作的决心和信心。

46. 2017 年 11 月 14 日　中老签署政府间共建中老经济走廊的谅解备忘录

2017 年 11 月 14 日，在中国国家主席习近平和老挝国家主席本扬的见证下，中华人民共和国发展改革委主任何立峰和老挝计划投资部部长苏潘签署政府间《关于共同建设"中老经济走廊"的谅解备忘录》。

47. 2017 年 11 月 17 日　中国与首个加入"一带一路"倡议的拉美国家巴拿马签署"一带一路"合作文件

2017 年 11 月 16 日至 24 日，巴拿马共和国时任总统巴雷拉访华，17 日同中国签署了《关于共同推进丝绸之路经济带和 21 世纪海上丝绸之路建设的谅解备忘录》，巴拿马成为首个同中方签署"一带一路"合作谅解备忘录的拉美和加勒比国家。

48. 2017 年 11 月 26—29 日　中国与三国签署合作文件——"一带一路"倡议实现与中东欧全面对接

2017 年 11 月 26—29 日，中华人民共和国国务院总理李克强赴匈牙利出席第六次中国—中东欧国家领导人会晤。会晤期间，中国与爱沙尼亚、立陶宛、斯洛文尼亚三国签署合作文件，实现了共建"一带一路"倡议与中东欧 16 国的全面对接。

49. 2017 年 12 月 3 日　七国共同发起《"一带一路"数字经济国际合作倡议》——数字经济合作开启新篇章

2017 年 12 月 3 日，在第四届世界互联网大会上，中国、老挝、沙特、塞尔维亚、泰国、土耳其、阿联酋等国家相关部门共同发起《"一带一路"数字经济国际合作倡议》，称将致力于实现互联互通的"数字丝绸之路"，打造互利共赢的"利益共同体"和共同发展繁荣的"命运共同体"。这标志着"一带一路"数字经济合作开启了新篇章。

50. 2017 年 12 月 8 日　中俄亚马尔项目首条 LNG 生产线——全球最大的北极液化天然气项目投产

2017 年 12 月 8 日，中俄亚马尔项目首条 LNG（液化天然气）生产线投产，该项目是中国提出"一带一路"倡议后实施的具有代表性的海外特大型项目，也是全球最大的北极 LNG 项目。

51. 2017 年 12 月 21 日　中泰铁路合作项目举行项目一期工程（曼谷—呵叻段）开工仪式

中泰铁路合作项目于 2017 年 12 月 21 日在泰国呵叻举行项目一期工程（曼谷—呵叻段）开工仪式。中华人民共和国国务院总理李克强致信祝贺项目开工，并委派发改委副主任王晓涛现场宣读贺信，泰国总理巴育出席开工仪式并致辞。

52. 2018 年 1 月 22 日　《"一带一路"特别声明》发布——"一带一路"倡议得到拉美国家广泛认同

2018 年 1 月 22 日，中华人民共和国外交部长王毅出席在智利圣地亚哥举行的中国—拉美和加勒比国家共同体论坛第二届部长级会议。在本次会议上，中方介绍了"一带一路"倡议，得到与会各国热烈响应，中拉双方就此形成政治共识，共同发表《"一带一路"特别声明》，"一带一路"倡议得到拉美国家广泛认同。

53. 2018 年 1 月 26 日　发布《中国的北极政策》白皮书——中国政府发表的首份北极政策文件

2018 年 1 月 26 日，中国政府发表首份北极政策文件——《中国的北极政策》白皮书，其中提出，"中国愿依托北极航道的开发利用，与各方共建'冰上丝绸之路'。"

54. 2018 年 4 月 8 日　中国与首个加入"一带一路"倡议的欧盟发达成员国奥地利签署"一带一路"合作文件

2018 年 4 月 8 日，奥地利总统范德贝伦访华期间，中国与奥地利正式签署《关于未来就共建"一带一路"倡议开展合作的联合声明》，奥地利成为第一个与中国签订"一带一路"合作文件的欧盟发达成员国。

55. 2018 年 6 月 21 日　中国与首个加入"一带一路"倡议的太平洋岛国巴布亚新几内亚签署"一带一路"合作文件

2018 年 6 月 21 日，中国与巴布亚新几内亚签署《中华人民共和国政府与巴布亚新几内亚独立国政府关于共同推进丝绸之路经济带和 21 世纪海上丝绸之路建设的谅解备忘录》，巴布亚新几内亚成为太平洋岛国地区首个与中方签署"一带一路"建设谅解备忘录的国家。

56. 2018 年 6 月　"一带一路"国际商事争端解决机制和机构建立——针对国际商事争端解决机制和机构改革创新的重要探索

2018 年 6 月，中共中央、国务院印发《关于建立"一带一路"国际商事争端解决机制和机构的意见》，提出将在深圳、西安两地设立国际商事审判机构、组建国际商事专家委员会并构建多元化国际商事纠纷解决机制。两个国际商事法庭于 6 月底正式挂牌，国际商事专家委员会也于 8 月 26 日正式成立。

57. 2018 年 7 月 21 日　中国与首个加入"一带一路"倡议的西非国家塞内加尔签署"一带一路"合作文件

2018 年 7 月 21 日，中国和塞内加尔签署了共建"一带一路"合作文件，塞内加尔成为第一个同中国签署"一带一路"合作文件的西非国家。

58. 2018 年 8 月 27 日　推进"一带一路"建设工作 5 周年座谈会召开——向高质量发展转变

2018 年 8 月 27 日，习近平出席推进"一带一路"建设工作 5 周年座谈会并发表重要讲话，提出"一带一路"建设要从谋篇布局的"大写意"转入精耕细作的"工笔画"，向高质量发展转变，造福沿线国家人民，推动构建人类命运共同体。

59. 2018 年 9 月 3 日　中非合作论坛北京峰会召开——共建中非命运共同体

2018 年 9 月 3—4 日，中非合作论坛北京峰会在北京举行，峰会达成共建"一带一路"重要共识，中非一致同意将"一带一路"同联合国 2030 年可持续发展议程、非盟《2063 年议程》和非洲各国发展战略紧密对接，并同意将论坛作为中非共建"一带一路”的主要平台。峰会期间，28 个非洲国家和非盟均与中国签订了"一带一路"政府间谅解备忘录。

60. 2018 年 9 月 9 日　中缅签署政府间共建中缅经济走廊的谅解备忘录——中缅经济走廊迈出重要一步

2018 年 9 月 9 日，中国国家发改委主任何立峰与缅甸计划与财政部部长吴梭温分别代表两国政府签署了《中华人民共和国政府与缅甸联邦共和国政府关于共建中缅经济走廊的谅解备忘录》。建设中缅经济走廊的设想由中方提出，是中国"一带一路"倡议中的一环。

61. 2018 年 10 月 10 日　《罗马宣言》——"一带一路"国际商事调解重要文件发布

2018 年 10 月 10 日，"'一带一路'国际商事调解论坛暨'一带一路'国际商事调解中心调解规则评议研讨会"在罗马举行。经过充分讨论，会议签署并发布了针对"一带一路"国际商事调解具有重要意义的文件《罗马宣言》。

62. 2018 年 11 月 5—10 日　首届中国国际进口博览会——世界上首个以进口为主题的大型国家级展会举行

2018 年 11 月 5—10 日，以"新时代，共享未来"为主题的首届中国国际进口博览会（进博会）在上海召开。进博会吸引 172 个国家、地区和国际组织参会，3 600 多家企业参展，超过 40 万名境内外采购商到会洽谈采购，展览总面积达 30 万平方米。

63. 2018 年 11 月 16 日　习近平主席同太平洋岛国领导人举行集体会晤，深化共建"一带一路"共识

2018 年 11 月 16 日，中国国家主席习近平在莫尔兹比港同建交太平洋岛国领导人以及斐济政府代表、国防部长昆布安博拉举行集体会晤。太平洋岛国领导人表示，愿积极参加共建"一带一路"，加强同中国在贸易、投资、渔业、旅游、基础设施建设等领域合作。此次会晤前，中国与建交太平洋 8 个岛国已全部签署共建"一带一路"政府间合作文件。

64. 2018 年 11 月 20 日　中国与东盟 10 国全部签署共建"一带一路"政府间合作文件。

2018 年 11 月 20 日，中国国家主席习近平对菲律宾进行国事访问期间，中菲双方签署《中华人民共和国政府与菲律宾共和国政府关于"一带一路"倡议合作的谅解备忘录》，标志着中国与东盟 10 国（印度尼西亚、马来西亚、菲律宾、新加坡、泰国、文莱、越南、老挝、缅甸、柬埔寨）已全部签署共建"一带一路"政府间合作文件。

65. 2018 年 12 月 18 日　改革开放 40 周年大会召开

2018 年 12 月 18 日，中共中央、国务院召开大会，隆重庆祝改革开放 40 周年，中共中央总书记、国家主席、中央军委主席习近平发表重要讲话。讲话中提到，必须坚持

扩大开放，不断推动共建人类命运共同体，要以共建"一带一路"为重点，同各方一道打造国际合作新平台，为世界共同发展增添新动力。

66. 2019年3月23日　中国与首个加入"一带一路"倡议的G7成员国意大利签署"一带一路"合作文件

2019年3月21日至24日，中国国家主席习近平对意大利进行国事访问。23日，中意双方签署政府间关于共同推进"一带一路"建设的谅解备忘录。意大利成为首个加入"一带一路"倡议的七国集团（G7）成员国。

67. 2019年4月18日　"一带一路"税收征管合作机制建立

2019年4月18日，以"共建一带一路：加强税收合作，改善营商环境"为主题的首届"一带一路"税收征管合作论坛在浙江乌镇召开。34个国家和地区税务部门共同签署《"一带一路"税收征管合作机制谅解备忘录》，正式建立"一带一路"税收征管合作机制。

68. 2019年4月22日　《共建"一带一路"倡议：进展、贡献与展望》——全面反映"一带一路"建设进展情况的官方报告发布

2019年4月22日，推进"一带一路"建设工作领导小组办公室发布八语种撰写而成的《共建"一带一路"倡议：进展、贡献与展望》报告，这是中国政府全面反映"一带一路"建设进展情况的官方报告，也是第二届"一带一路"国际合作高峰论坛的重要成果之一。

69. 2019年4月23日　"一带一路"新闻合作联盟——各国媒体交流合作的重要平台成立

2019年4月23日，"一带一路"新闻合作联盟首届理事会议及配套活动在北京人民日报社举行。习近平主席发来贺信。"一带一路"新闻合作联盟首届理事会议的举行，标志着"一带一路"新闻合作联盟正式成立并启动运行。

70. 2019年4月24日　"一带一路"国际智库合作委员会成立——"一带一路"国际智库合作迈上新台阶

2019年4月24日，由新华社研究院联合15家中外智库共同发起的"一带一路"国际智库合作委员会在北京宣告成立。习近平主席向大会致贺信。"一带一路"国际智库合作委员会的成立，标志着"一带一路"国际智库合作迈上了新台阶。

71. 2019年4月25日　第二届"一带一路"国际合作高峰论坛举行——擘画共建"一带一路"新画卷

2019年4月25—27日，以"共建'一带一路'、开创美好未来"为主题的第二届"一带一路"国际合作高峰论坛在北京举行。37个国家的元首、政府首脑等领导人出席圆桌峰会，来自150多个国家和90多个国际组织的近5 000位外宾确认出席论坛。会议形成了共6大类283项成果，通过了《第二届"一带一路"国际合作高峰论坛圆桌峰会

联合公报》。

72. 2019 年 6 月 17 日　中英签署第三方市场合作谅解备忘录

2019 年 6 月 17 日，第十次中英经济财金对话期间，中英签署《关于开展第三方市场合作的谅解备忘录》。英国成为与中国正式开展第三方市场合作的欧洲又一重要国家，中英双方将积极推动两国企业按照市场原则在第三方市场重点开展基础设施领域的投融资合作。

73. 2019 年 6 月 27 日　首届中国—非洲经贸博览会开幕——搭建中非深化经贸合作重要平台

2019 年 6 月 27—29 日，首届中国—非洲经贸博览会在湖南长沙举行。博览会聚焦贸易、农业、合作园区、基础设施及投融资等领域，举办了 14 场活动和 1 场展览展示。本届博览会吸引了 10 多万人次参展，签署了 84 项中非合作文件，项目总金额合计 208 亿美元。

74. 2019 年 8 月 30 日　中国自贸试验区增至 18 个——中国继续扩大开放

2019 年 8 月 30 日，中国新设的山东、江苏、广西、河北、云南、黑龙江六个自贸试验区陆续揭牌，至此，中国的自贸试验区阵容扩大到 18 个，空间布局上遍布东西南北中，功能定位差异化明显，用实际行动表明了中国继续扩大开放的决心。

75. 2019 年 9 月 11 日　中哈签署政府间《关于落实"丝绸之路经济带"建设与"光明之路"新经济政策对接合作规划的谅解备忘录》

2019 年 9 月 11 日，中国与哈萨克斯坦签署了政府间《关于落实"丝绸之路经济带"建设与"光明之路"新经济政策对接合作规划的谅解备忘录》，旨在深化"丝绸之路经济带"建设与"光明之路"新经济政策对接，以路线图的形式突出战略对接的重点任务和主要举措，共同绘制中哈共建"一带一路"的"工笔画"。

76. 2019 年 11 月 5—10 日　第二届中国进口博览会举行

2019 年 11 月 5—10 日，第二届中国进口博览会举行。第二届中国国际进口博览会在上海举行，来自全球 150 多个国家和地区的 3 000 多家企业、50 万采购商和观众参会。按一年计，第二届进博累计意向成交 711.3 亿美元。

77. 2019 年 12 月 2 日　中俄东线天然气管道投产通气

2019 年 12 月 2 日下午，中国国家主席习近平在北京同俄罗斯总统普京视频连线，共同见证中俄东线天然气管道投产通气仪式。习近平指出，东线天然气管道是中俄能源合作的标志性项目，也是双方深度融通、合作共赢的典范。

78. 2020 年 3 月 2 日　"一带一路"银行间常态化合作机制倡议支持抗疫

2020 年 3 月 2 日，"一带一路"银行间常态化合作机制（BRBR）发布《支持中国等国家抗击新冠肺炎疫情的倡议》，呼吁"一带一路"金融机构为全球抗击疫情、保持经济稳定增长作出积极贡献。

79. 2020 年 5 月 18 日　中国倡议构建人类卫生健康共同体

2020 年 5 月 18 日，中国国家主席习近平在第 73 届世界卫生大会视频会议开幕式上发表题为"团结合作战胜疫情　共同构建人类卫生健康共同体"的致辞。宣布中国为推进全球抗疫合作的五大举措，呼吁各国携起手来，共同构建人类卫生健康共同体。

80. 2020 年 6 月 15—16 日　联合国全球契约组织启动"一带一路"相关行动平台

2020 年 6 月 15—16 日，联合国全球契约组织 2020 年领导人峰会以线上形式举行，并正式启动"可持续基础设施建设助力'一带一路'，加速实现联合国可持续发展目标"行动平台。该平台旨在成为由联合国机构发起的、"一带一路"框架下的、协调企业运营与联合国可持续发展目标相统一的重要多边合作机制。

81. 2020 年 6 月 18 日　"一带一路"国际合作高级别视频会议举行

2020 年 6 月 18 日，"一带一路"国际合作高级别视频会议举行。会议主题为"加强'一带一路'国际合作、携手抗击新冠肺炎疫情"。会议由中国国务委员兼外交部长王毅主持，25 个国家的外长或部长级官员及联合国、世卫组织负责人将与会。会议由中国外交部、发改委、商务部、卫生健康委共同举办，旨在落实第二届"一带一路"国际合作高峰论坛共识，推动"一带一路"合作伙伴加强抗疫国际合作，开展复工复产经验交流与政策协调，推进高质量共建"一带一路"。

82. 2020 年 8 月 31 日　"一带一路"智库合作联盟举办国际高端智库云端论坛

2020 年 8 月 31 日，由中共中央对外联络部发起成立的"一带一路"智库合作联盟以"超越意识形态差异，共建人类命运共同体"为主题，举办国际高端智库云端论坛。中联部部长宋涛和斯洛文尼亚前总统图尔克、波黑前总理拉古姆季亚、埃及前总理沙拉夫、泰国前国会主席颇钦、马来西亚前国会副议长翁诗杰等作主旨发言。与会专家学者表示，国际形势发展变化彰显人类命运共同体理念和"一带一路"倡议重大现实意义，各国应超越意识形态分歧，推动世界沿着正确方向前进。会上，全球近两百家智库共同发表《关于加强国际合作、推动构建人类命运共同体的共同倡议》。

83. 2020 年 11 月 11 日　国际海底管理局签署共建"一带一路"谅解备忘录

2020 年 11 月 11 日，中国常驻国际海底管理局代表、驻牙买加大使田琦代表中国政府与国际海底管理局秘书长迈克·洛奇在牙买加首都金斯敦签署《关于推进丝绸之路经济带和 21 世纪海上丝绸之路建设的谅解备忘录》。至此，中国已与 138 个国家、31 个国际组织签署 201 份共建"一带一路"合作文件。

84. 2020 年 11 月 15 日　区域全面经济伙伴关系协定正式签署

2020 年 11 月 15 日，《区域全面经济伙伴关系协定》（RCEP）第四次领导人会议通过视频方式举行。会上，中国、日本、韩国、澳大利亚、新西兰和东盟十国正式签署了RCEP 协定，标志着当前世界上人口最多、经贸规模最大、最具发展潜力的自由贸易区正式启航。

85. 2020 年 11 月 17 日　"一带一路"减贫与发展联盟在云南成立

2020 年 11 月 17 日，经"一带一路"国际科学组织联盟（ANSO）批准，来自中国、波兰、匈牙利等国家和地区的 14 家科研机构和政府组织在云南省临沧市共同发起成立"一带一路"减贫与发展联盟，旨在聚焦"一带一路"区域扶贫与发展的共性挑战和重大需求。

86. 2020 年 11 月 19 日　2020 年亚太经合组织（APEC）工商领导人对话会开幕

2020 年 11 月 19 日，2020 年亚太经合组织（APEC）工商领导人对话会开幕，以线上形式举行。会议主题为"亚太经合重新构想：新冠疫情后的首要任务"，围绕亚太地区乃至全球最迫切的挑战、政府和工商界如何合作促进疫情后经济发展等议题展开讨论。中国国家主席习近平在北京以视频方式出席亚太经合组织工商领导人对话会并发表题为"构建新发展格局　实现互利共赢"的主旨演讲，强调世界是不可分割的命运共同体，要全面深化抗疫国际合作，推动世界经济复苏。中国积极构建新发展格局，坚持对外开放，同世界各国实现互利共赢，共创亚太和世界更加美好的未来。

87. 2020 年 11 月 27—30 日　第 17 届中国—东盟博览会和中国—东盟商务与投资峰会开幕

2020 年 11 月 27—30 日，以"共建'一带一路'，共兴数字经济"为主题的第 17 届中国—东盟博览会和中国—东盟商务与投资峰会在南宁开幕，中国国家主席习近平在开幕式上发表视频致辞。习近平强调，当今世界正在经历百年未有之大变局，各国人民的命运从未像今天这样紧密相连。中方视东盟为周边外交优先方向和高质量共建"一带一路"重点地区，愿同东盟推进各领域合作，维护本地区繁荣发展良好势头，建设更为紧密的中国—东盟命运共同体。

88. 2020 年 12 月 14 日　"一带一路"智库合作联盟举办"中国新发展格局与高质量共建'一带一路'"国际视频研讨会

2020 年 12 月 14 日，中联部发起成立的"一带一路"智库合作联盟举办"中国新发展格局与高质量共建'一带一路'"国际视频研讨会。中联部部长宋涛和埃及前总理伊萨姆·沙拉夫，坦桑尼亚前总理米曾戈·平达，波黑前总理兹拉特科·拉古姆季亚，澳大利亚前总理、美国亚洲协会政策研究院主席陆克文，泰国前国会主席颇钦·蓬拉军，马来西亚前国会副议长翁诗杰等参会并作主旨发言，30 多位中外智库专家学者围绕"中国新发展格局与世界合作共赢新机遇""高质量共建'一带一路'与推动建设开放型世界经济"等议题进行研讨交流。

89. 2020 年 12 月 15 日　中国政府与非洲联盟签署共建"一带一路"合作规划

2020 年 12 月 15 日，中国国家发改委主任与非洲联盟委员会主席签署《中华人民共和国政府与非洲联盟关于共同推进"一带一路"建设的合作规划》，这是中国和区域性国际组织签署的第一份共建"一带一路"规划类合作文件。

90. 2020 年 12 月 18 日　"一带一路"国际合作高峰论坛咨询委员会举行会议

2020 年 12 月 18 日，2020 年度"一带一路"国际合作高峰论坛咨询委员会（咨委会）会议以视频形式举行。中华人民共和国国务委员兼外长王毅致开幕词，咨委会全体委员参加。会议讨论了"一带一路"国际合作取得的进展、面临的机遇和挑战以及新形势下拓展合作的领域。

91. 2020 年 12 月 23 日　中国与乌克兰政府签署共建"一带一路"合作规划

2020 年 12 月 23 日，在中乌政府间合作委员会中方主席刘鹤与乌方主席斯特凡妮希娜共同见证下，中乌两国政府签署《中华人民共和国政府和乌克兰政府关于共建丝绸之路经济带和 21 世纪海上丝绸之路的合作规划》。至此，中国已经与 138 个国家、31 个国际组织签署了 203 份共建"一带一路"合作文件。

92. 2020 年 12 月 30 日　中欧领导人共同宣布如期完成中欧投资协定谈判

2020 年 12 月 30 日晚，中国国家主席习近平在北京同德国总理默克尔、法国总统马克龙、欧洲理事会主席米歇尔、欧盟委员会主席冯德莱恩举行视频会晤。中欧领导人共同宣布如期完成中欧投资协定谈判。

附录二
阅读参考书目

一、中央社会主义学院培训材料

[1]《中华文明通论》，中央社会主义学院 2017 年版。

[2]《东学西传与西学东渐比较研究》，统一战线高端智库 2019 年版。

[3] 潘岳：《秦汉与罗马》，《中央社会主义学院学报》2020 年第 6 期。

[4] 潘岳：《战国与希腊》，《中央社会主义学院学报》2020 年第 4 期。

[5] 张西平：《文化传播与文明互鉴》，中西比较论坛系列讲座 2021 年。

二、史籍

[1]（汉）司马迁：《史记·大宛列传》，北京：中华书局 1959 年版。

[2]（宋）范晔：《后汉书·西域传》，北京：中华书局 1965 年版。

[3]（唐）姚思廉：《梁书》卷五四《诸夷·中天竺国》，北京：中华书局 1973 年版。

[4]（梁）沈约：《宋书》，北京：中华书局 1974 年版。

[5]（后晋）刘昫等：《旧唐书》卷二九《音乐二》，北京：中华书局 1975 年版。

[6]（元）汪大渊著，苏继顾校释：《岛夷志略校释》，北京：中华书局 1981 年版。

[7]（北魏）杨衒之著，范祥雍校注：《洛阳伽蓝记校注》，上海：上海古籍出版社 2011 年版。

三、专著

[1] 张星烺编注，朱杰勤校订：《中西交通史料汇编》，北京：中华书局 1977 年版。

［2］章巽：《我国古代的海上交通》，北京：商务印书馆 1986 年版。

［3］方豪：《中西交通史》，长沙：岳麓书社 1987 年版。

［4］周一良：《中外文化交流史》，郑州：河南人民出版社 1987 年版。

［5］刘迎胜等：《丝路文化》，杭州：浙江人民出版社 1995 年版。

［6］于语和、庚良辰：《近代中西文化交流史论》，太原：山西教育出版社 1997
年版。

［7］戴逸主编，吴建雍著：《18 世纪的中国与世界：对外关系卷》，沈阳：辽海出
版社 1998 年版。

［8］向达校注：《郑和航海图》，北京：中华书局 2000 年版。

［9］荣新江：《敦煌学十八讲》，北京：北京大学出版社 2001 年版。

［10］林延清、李梦芝：《五千中外文化交流史》，北京：世界知识出版社 2002
年版。

［11］吴玉贵：《唐代文化》，北京：中国社会科学出版社 2002 年版。

［12］张海林：《近代中外文化交流史》，南京：南京大学出版社 2003 年版。

［13］傅起凤、傅腾龙：《中国杂技史》，上海：上海人民出版社 2004 年版。

［14］王介南：《中外文化交流史》，太原：书海出版社 2004 年版。

［15］王小甫等：《古代中外文化交流史》，北京：高等教育出版社 2006 年版。

［16］沈福伟：《中西文化交流史》，上海：上海人民出版社 2006 年版。

［17］林梅村：《丝绸之路考古十五讲》，北京：北京大学出版社 2006 年版。

［18］张西平：《东西流水终相逢》，北京：生活·读书·新知三联书店 2010 年版。

［19］余太山：《两汉魏晋南北朝与西域关系史研究》，北京：商务印书馆 2011 年版。

［20］张国刚、吴莉苇：《中西文化关系史》（第 2 版），北京：高等教育出版社
2013 年版。

［21］张西平：《儒学西传欧洲研究导论：16—18 世纪中学西传的轨迹与影响》，北
京：北京大学出版社 2016 年版。

［22］张国刚：《胡天汉月映西洋　丝路沧桑三千年》，北京：生活·读书·新知三
联书店 2019 年版。

［23］张国刚：《中西文化关系通史》（上、下），北京：北京大学出版社 2019 年版。

［24］张国刚：《文明的边疆：从远古到近世》，北京：中信出版社 2020 年版。

［25］张西平、李颖主编：《启蒙的先声：中国文化与启蒙运动》，北京：北京大学
出版社 2020 年版。

［26］张西平：《跟随利玛窦来中国：1500—1800 年中西文化交流史》，北京：中国
社会科学出版社 2020 年版。

四、译著

［1］［法］伯希和著，冯承钧译：《交广印度两道考》，上海：商务印书馆 1933

年版。

［2］［法］费琅著，冯承钧译：《昆仑及南海古代航行考》，北京：中华书局 1957 年版。

［3］［英］斯当东著，叶笃义译：《英使谒见乾隆纪实》，北京：商务印书馆 1963 年版。

［4］［英］李约瑟著，《中国科学技术史》翻译小组译：《中国科学技术史》，北京：科学出版社 1978 年版。

［5］［日］三上次男著，李锡经等译：《陶瓷之路》，北京：文物出版社 1984 年版。

［6］［美］马士著，中国海关史研究中心组、区宗华译：《东印度公司对华贸易编年史（1635—1834 年）》，广州：中山大学出版社 1991 年版。

［7］［德］利奇温著，朱杰勤译：《十八世纪中国与欧洲文化的接触》，北京：商务印书馆 1991 年版。

［8］［美］谢弗著，吴玉贵译：《唐代的外来文明》，北京：中国社会科学出版社 1995 年版。

［9］［日］滨下武志著，朱荫贵、欧阳菲译：《近代中国的国际契机：朝贡贸易体系与近代亚洲经济圈》，北京：中国社会科学出版社 1999 年版。

［10］［美］斯塔夫里阿诺斯著，吴象婴译：《全球通史》，上海：上海社会科学院出版社 1999 年版。

［11］［德］弗兰克著，刘北成译：《白银资本：重视经济全球化中的东方》，北京：中央编译出版社 2001 年版。

［12］［法］布尔努瓦著，耿昇译：《丝绸之路》，济南：山东画报出版社 2001 年版。

［13］［日］上杉千年著，大陆桥翻译社译：《郑和下西洋·1421 中国发现世界》，上海：上海社会科学院出版社 2003 年版。

［14］［美］费正清著，杜继东译：《中国的世界秩序：传统中国的对外关系》，北京：中国社会科学出版社 2010 年版。

［15］［美］彭慕兰、史蒂文·托皮克著，黄中宪、吴莉苇译：《贸易打造的世界：1400 年至今的社会、文化与世界经济》，上海：上海人民出版社 2018 年版。

［16］［英］马克曼·埃利斯等著，高领亚、徐波译：《茶叶帝国：征服世界的亚洲树叶》，北京：中国友谊出版公司 2019 年版。

［17］［英］C. R. 博克舍编注，何高济译：《十六世纪中国南部行纪》，北京：中华书局 2002 年版。

［18］FONTANA M. Matteo Ricci, a Jesuit in the Ming Gourt. New York：Rowman & Littlefield Publishers, Inc., 2011.

［19］RICHTHOFEN F V. China：Vol. 1. Berlin：D. Reimer, 1877.

后　记

　　《丝绸之路与中外文明交往》，作为中央统战部下达为外国留学生编著一本思政教材的任务，编撰小组自领命始就以此为第一要务，夜以继日，加班加点，终于在 5 个月后完成了 30 余万字的初稿。

　　回顾这近半年的工作历程，我们收获颇丰，感触也良多。首先，教材编写组认真研读了中央统战部副部长潘岳主编的 20 多本中央社会主义学院的相关教材，特别是其亲自撰写的《秦汉与罗马》《战国与希腊》等著作，以及张西平教授的《文化传播与文明互鉴》等，充分领会作品精神，用以指导编撰工作，并融入此教材中。

　　其次，2021 年 4 月中旬，教材编写组邀请复旦大学文史研究院吴玉贵教授来参加我们的阶段工作会议，审议并指导我们的撰写提纲（第三稿），而教材编写组负责人曾先后两次赴北京、西安，拜访了清华大学张国刚教授，北京大学钱乘旦教授，中外关系史学会原会长丘进教授，中外关系史学会现任会长万明研究员，西北大学周伟洲、王昕、罗丰教授，陕西师范大学沙武田教授等，均向他们请教教材撰写从提纲到内容的具体问题，也得到了诸多宝贵的指导意见，十分有利于我们教材的撰写工作。

　　《丝绸之路与中外文明交往》正文共十五章，纪宗安负责第一章及前言、后记的撰写；刘永连负责第三、八、九、十四章及结语的撰写；王荣湟负责第二、四、五章的撰写；刘旭负责第六、十一、十二、十三章的撰写；刘旭康负责第七、十、十五章的撰写；李新华负责附录一、附录二的整理，每周工作简报的撰写和提交，以及提纲、正文多次修改稿的汇总与编辑。2021 年 6 月完成初稿后，得到了上级有关部门领导及张西平教授、张梧教授、翁贺凯教授等专家的审核意见与建议。遵循其精神，教材编写组成员精益求精，反复过滤、订正，并进行了互审和多次的通篇修改：7 月 24 日完成第一次修改，9 月 29 日完成第二次修改，10 月 6 日、12 月 8 日分别完成了第三次、第四次修改。因为时间紧迫，书中还存在许多不尽如人意之处，恳望专家和读者们多多批评指正。

《丝绸之路与中外文明交往》教材编写组

2021 年 12 月 10 日